职业本科创新融合系列教材

汽车类专业新形态教材

汽车底盘
机械系统检修

潘宗友　张维军　主　编

郭建宏　王　雄　副主编

孙怀君　主　审

化学工业出版社

·北京·

内 容 简 介

本教材从职业教育教学的特点出发，聚焦汽车维修核心岗位技术技能要求，对接行业企业标准和专业教学标准，将职业技能证书考试内容与课程内容融合，注重对学生进行操作规范化、职业化的素质培养。本教材基于任务驱动的项目化教学设计，实现了课程理论与实践的有机统一，并有配套电子课件及内嵌的视频动画，视频动画可通过手机扫描二维码观看。

本教材对汽车底盘四大系统机械部分进行了全面介绍，共分为 4 个项目：汽车传动系统检修、汽车行驶系统检修、汽车转向系统检修和汽车制动系统检修。本教材以汽车底盘典型故障实例为任务引入，系统阐述了汽车底盘四大系统的构造和工作原理，各系统及其总成的拆装、维护工艺、检修方法，常见故障原因及其诊断与排除方法。

本教材可作为高等院校职业本科和应用型本科汽车类专业的学生用书，也可作为高职高专、成人教育等汽车工程类专业的教材和各类汽车技术人员培训的参考用书。

图书在版编目（CIP）数据

汽车底盘机械系统检修 / 潘宗友，张维军主编.
北京 ：化学工业出版社，2025. 8. -- （职业本科创新融合系列教材）（汽车类专业新形态教材）. -- ISBN 978
-7-122-48545-8

Ⅰ. U472.41

中国国家版本馆 CIP 数据核字第 20254QL111 号

责任编辑：韩庆利　　　　　　　　文字编辑：吴开亮
责任校对：李雨函　　　　　　　　装帧设计：刘丽华

出版发行：化学工业出版社
　　　　　（北京市东城区青年湖南街 13 号　邮政编码 100011）
印　　装：大厂回族自治县聚鑫印刷有限责任公司
787mm×1092mm　1/16　印张 19¼　字数 514 千字
2025 年 10 月北京第 1 版第 1 次印刷

购书咨询：010-64518888　　　　　售后服务：010-64518899
网　　址：http://www.cip.com.cn
凡购买本书，如有缺损质量问题，本社销售中心负责调换。

定　　价：59.80 元　　　　　　　　版权所有　　违者必究

本教材根据《国家职业教育改革实施方案》（国发〔2019〕4号）、《国务院关于加快发展现代职业教育的决定》及最新修订的《职业教育专业目录》等有关文件精神，总结了编者多年来汽车专业教学经验，并注意吸收先进的教学理念和方法，以"教材内容与产业需求对接""教材内容与职业标准对接""教材内容与生产过程对接""教材内容与职业资格证书对接""教材内容与终身学习对接"等为设计核心，以促进教材更好地服务于职业院校教学和学生学习的需求为目的，以职业能力培养为主线，以项目引领、任务驱动教学思想来组织编写。同时，为了适应新的职业本科教育模式和教材改革的要求，使学生能够系统地学习汽车底盘机械系统检修的知识与技能，将"做中学、学中做"和"基于工作过程"的教学理念有效融于教材之中。

本教材主要有以下特色与创新：

1. 汽车文化传承育人

为响应教育部课程思政建设的相关要求，帮助学生树立正确的世界观、人生观、价值观，本教材通过汽车传承文化模块融入了中国汽车文化传承思政元素，润物细无声地将汽车优秀文化传承、汽车维修行业的工匠精神、劳模精神等思政元素融入其中，在潜移默化中激发学生对专业的兴趣和爱好，培养学生精益求精、科学严谨、追求卓越的大国工匠精神。

2. 校企合作，工学结合

教材编写过程中充分参考、吸收汽车领域的专家和企业一线工作人员的意见。教材由具有汽车维修工作经验的专家担任第二主编，统筹把握教学内容设计；由具有汽车维修工作经验的国家级大师工作室负责人担任主审；邀请汽车行业专家和全国技术能手参与编写工作，并提供资料和技术支持。教材充分考虑了汽车底盘机械系统维修相关岗位的实际情况，将理论知识和工作内容有机结合起来，可帮助学生在掌握理论知识的同时，深入了解相关岗位要求，掌握实际岗位所需的职业技能。

3. 项目引领，任务驱动

本教材从实际应用出发，根据项目教学的要求，采用"项目引领，任务驱动"的模式编写，每一个项目分为4大部分：项目描述—学习目标—任务×××—汽车文化传承；每个项目包含多个任务，每个任务又分6大教学模块：任务引入—任务分析—（任务工单）—知识准备—任务实施—维修案例，将理论和实践有机融合，满足了职业教育教学的需求，顺应职业院校学生的认知习惯。

4. 任务工单，项目化教学

任务工单单独成册，便于学生学习理论知识、锻炼实践技能，教师开展考核评价，同时方便学生进行学习反思及对问题进行总结归纳。任务工单包括"任务目的""学生分组""工作准备""任务实施""考核评价"和"总结反思"6部分。任务工单与教材相互补充，相辅相成。

5. 注重技能培养，实用性强

本教材从职业本科、应用型本科、高职专科教育的实际出发，结合教学、行业的实际需要及职业技能取证、1+X技能取证、技能竞赛等要求，在内容上注重职业情境和实践技能的培养。以典型汽车底盘的典型维修案例为切入点，有针对性地强化实践教学，开发学生参与活动能力，提升学生知识应用能力和技能迁移能力。

6. 依托真实任务，提高素质

以工作实践为起点，用真实任务和问题培养学生观察能力、思维能力，以真实现场及真实任务实施教学，提高学生实践操作技能，并通过组织学生小组活动，培养学生勇于担当、乐于奉献精神和团队协作精神，提高学生"与人合作、与人沟通""学思结合、知行合一"的素质。

本教材主要面向职业本科、应用型本科和高职专科汽车类专业的学生，内容丰富，不同层次、不同专业在使用时，可根据自身的特点和需要加以取舍。同时，本教材也可作为成人院校汽车类专业学生的教材，以及从事汽车相关专业的技术人员、管理人员的培训参考书。

本教材由兰州石化职业技术大学潘宗友、张维军担任主编，郭建宏、王雄担任副主编，孙怀君担任主审。编写具体分工：潘宗友编写项目一中任务二到任务五，张维军编写项目一中任务一，郭建宏编写项目二和项目三中任务一，兰州现代职业技术学院王雄编写项目四中任务二到任务五，陈丽霞和兰州知豆电动汽车有限公司张建涛编写项目四中任务一，张亚宁和康众汽配有限公司崔建安共同编写项目三中任务二。

本教材在编写过程中得到了同行和同事们的大力支持和帮助，在此表示衷心的感谢！在编写过程中，参考了大量的相关著作和文献资料，在此一并向有关作者和文献资料的提供者表示真诚的感谢！

限于编者水平有限，教材中难免有不妥之处，敬请读者批评指正。

编　者

目录

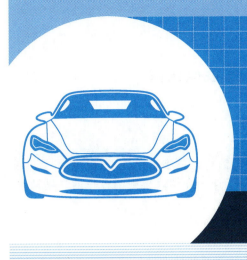

项目一
汽车传动系统检修

 项目描述

　　汽车传动系统是汽车底盘的重要组成部分之一，其位于发动机和驱动轮之间，可使发动机输出的动力特性适应汽车各种工况下行驶的需求，以保证其能正常行驶。

　　本项目主要介绍汽车机械传动系统各组成部分的结构、工作原理及检修方法，并对各组成部分进行拆检与调试、对常见故障进行诊断与排除。

 学习目标

知识目标： 1. 熟悉汽车底盘的基本组成和汽车传动系统的布置形式。

　　　　　 2. 掌握离合器的功用、类型、基本结构及工作原理。

　　　　　 3. 掌握手动变速器的功用、类型、基本结构及工作原理。

　　　　　 4. 理解分动器的功用、基本结构及工作原理。

　　　　　 5. 掌握万向传动装置的功用、应用场合、各组成部分及其类型、工作原理和应用。

　　　　　 6. 掌握驱动桥的功用、类型，驱动桥各组成部分及其类型、工作原理和应用。

技能目标： 1. 能够正确使用拆装工具，按照维修技术标准完成汽车传动系统总成的拆装与调试。

　　　　　 2. 能够正确使用拆装工具和量具，按照维修技术标准对传动系统各组成部分进行拆装、检修和调整。

　　　　　 3. 能够按照技术规范，对汽车传动系统各组成部分常见故障进行诊断与排除。

素质目标： 1. 培养爱岗敬业、诚实守信、奉献社会的高尚职业道德和品质。

　　　　　 2. 加强实践练习，注重学思结合、知行合一，增强勇于探究的创新意识。

　　　　　 3. 弘扬精益求精、科学严谨、追求卓越的大国工匠精神。

任务一 汽车底盘认识

【任务引入】

客户来到汽车4S店，想购买一辆新款轿车。汽车销售人员小王接待了这位客户，小王根据客户的需求，对车辆的配置、性能及特点等进行了详细介绍，得到了客户的高度认可，并成功签下一辆前置后驱轿车的销售订单。

【任务分析】

该任务是给客户介绍汽车底盘的基本组成、汽车传动系统的布置形式及其特点。要完成本任务，学生需要熟悉汽车底盘的基本组成和功用、汽车传动系统的布置形式及其特点和应用等。

【知识准备】

一、汽车底盘技术发展概况

在20世纪90年代以前，汽车底盘和车身各系统、各总成主要由机械零件构成，主要采用机械控制方式，部分总成采用液力传动形式。

20世纪90年代以后，随着电气自动化和计算机通信技术的快速发展，在汽车上，电子控制技术应用越来越广泛，特别是汽车底盘电子控制技术得到了迅猛发展。例如，液力控制自动变速器逐渐转变为电子控制自动变速器。电子控制自动变速器通过适时、准确的自动换挡控制，提高了汽车的操纵性、舒适性和安全性，同时也使汽车燃油消耗有可能比手动变速器的汽车更少。电子控制悬架可根据不同的路面、车速等情况，自动控制悬架的刚度和阻尼以及车身的高度，进一步提升汽车的乘坐舒适性和操纵稳定性。此外，动力转向电子控制系统、汽车行驶速度控制系统、汽车防抱死制动系统、汽车驱动防滑系统、车身电子稳定控制系统等电子控制系统的使用都使汽车的操纵性、舒适性和安全性等得到了进一步的提高。

现代汽车正从传统机械结构向电子化、网联化、智能化等方向发展。电子器件在汽车中所占的比例大幅度提高，这使汽车在舒适性、安全性、驾驶操纵性等方面大为改善。随着能源、排放、安全等法规的不断提出和完善，以及人们对舒适、豪华、便利的不断追求，人们对汽车性能提出了越来越高的要求，而电子技术的发展使汽车性能的进一步提高和改善成为现实。

虽然汽车电子电控技术的发展促进了汽车底盘电控技术和汽车性能大幅提升，但是汽车底盘电控技术是在汽车底盘机械系统的基础上发展起来的，汽车底盘机械系统在现在的汽车底盘中仍占有主导地位。故本书针对汽车底盘机械系统进行全面阐述和讲解，使学生能够进行汽车底盘机械系统各组成部分的拆装、检修与调试，并能够诊断与排除各系统组成部分的常见故障。

二、汽车底盘的基本组成和功用

汽车种类繁多，结构各异。以往复活塞式内燃机为动力装置的汽车，一般由发动机、底盘、车身和电气设备四部分组成。汽车底盘是汽车的重要组成部分之一，是汽车装配的基础，底盘性能优劣将直接影响汽车的舒适性、操控性和驾驶稳定性，并在一定程度上影响汽车的安全性，进而影响车辆的正常使用。

汽车底盘一般由传动系统、行驶系统、转向系统和制动系统四大系统组成，如图 1-1 所示，其功用为接受发动机的动力，使汽车运动并保证汽车能够按照驾驶员的操纵正常行驶。

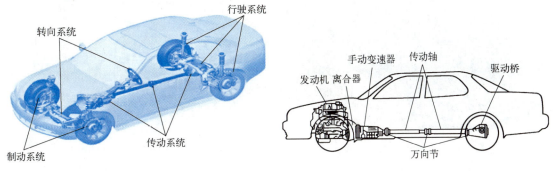

图 1-1　汽车底盘的组成　　　　图 1-2　汽车传动系统的组成

1. 传动系统

汽车传动系统是指从发动机到驱动轮之间所有动力传动装置的总称。其功用是将发动机的动力传给驱动车轮，并根据行驶条件的需要改变转矩大小，以保证汽车正常行驶。此外，传动系统还有改变车速、倒向行驶、切断动力和差速等功能。

按结构和传动介质的不同，汽车传动系统可分为机械式、静液式、液力机械式和电力式，其中机械式和液力机械式传动系统应用最为广泛。机械式传动系统一般由离合器、手动变速器、万向传动装置（万向节和传动轴）和驱动桥（主减速器、差速器、半轴和桥壳）等组成，如图 1-2 所示。现代轿车中广泛采用的自动变速器一般属于液力机械式传动系统，其包括自动变速器、万向传动装置和驱动桥等，即用 AT 自动变速器取代了离合器和手动变速器。如果是越野汽车（包括运动型多功能车 SUV），还应包括分动器。本书主要讲解机械式传动系统。

机械式传动系统各组成部件的功用如下。

① 离合器：保证换挡平顺，必要时中断动力传动。

② 手动变速器：变速、变矩、变向、中断动力传动。

③ 万向传动装置：实现有夹角的和相对位置经常变化的两转轴之间的动力传动。

④ 主减速器：将动力传给差速器，并实现降速增矩、改变传动方向。

⑤ 差速器：将动力传给半轴，并允许左右半轴以不同的转速旋转。

⑥ 半轴：将差速器的动力传给驱动轮。

⑦ 分动器：对于四轮驱动的汽车，在变速器与万向传动装置之间还装有分动器，其作用是将发动机的动力分配给前后驱动轮。

2. 行驶系统

汽车行驶系统一般由车架、悬架、车桥和车轮等组成，如图 1-3 所示。车轮通过轴承安装在车桥两边，车桥通过悬架与车架（或车身）连接，车架（或车身）是整车的装配基体。

汽车行驶系统功用是支撑、安装汽车的各零部件总成，传递和承受车上、车下各种载荷的作用，缓和冲击，减少振动，以保证汽车的平稳行驶。

3. 转向系统

汽车转向系统的功用是保证汽车能够按照驾驶员选定的方向行驶。汽车转向系统主要由转向操纵机构（转向盘、转向轴等）、转向器、转向传动机构（转向横拉杆、转向节臂、转向节等）等组成，如图 1-4 所示。现代汽车普遍采用动力转向装置，其中电子控制转向系统（EPS）应用越来越广泛了。

图1-3 汽车行驶系统的组成

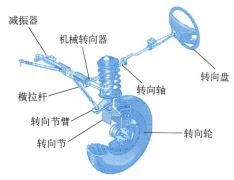

图1-4 汽车转向系统的组成

4. 制动系统

　　汽车制动系统的功用是使汽车减速、停车并能保证可靠地驻停。汽车制动系统至少包括行车制动系统和驻车制动系统两套相互独立的制动系统，每套制动系统都包括制动器和制动传动机构等。

　　现代汽车的行车制动系统都普遍装有防抱死制动系统（ABS）及驱动防滑控制系统（TCS，也称 ASR 或 TRC）。ABS 的作用是不论车辆在任何情况下制动，即使在滑溜路面上，也能保持车轮抱死，从而保持车辆的最大制动力，使车辆的方向保持稳定；ASR 的作用是在车辆起步或加速时，防止驱动轮打滑，以保持最大的驱动力及方向稳定性。制动系统基本组成如图1-5所示。

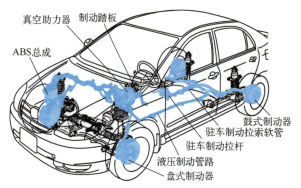

图1-5 汽车制动系统的组成

三、汽车传动系统的布置形式

　　汽车传动系统的布置形式主要取决于传动系统与发动机在汽车上的相对位置及汽车驱动形式。汽车的驱动形式通常用车轮总数×驱动车轮（车轮总数指轮毂数）来表示。普通汽车大多装有 4 个车轮，常见的驱动形式有 4×2、4×4 等；重型货车大多装 6 个车轮，其驱动形式有 6×6、6×4 和 6×2 等。此外，也有用车桥总数×驱动车桥数来表示汽车的驱动形式的，如 2×1、2×2 等。

　　就目前常见的汽车而言，汽车传动系统的布置形式可分为五种，即发动机前置后轮驱动（简称前置后驱，FR）、发动机前置前轮驱动（简称前置前驱，FF）、发动机后置后轮驱动（简称后置后驱，RR）、发动机中置后轮驱动（简称中置后驱，MR）、发动机前置全轮驱动（简称前置全驱，也称前置四驱，4WD）。

1. 前置后驱（FR）

　　发动机前置后轮驱动如图1-2所示。发动机布置在汽车前部，动力经过离合器、变速器、万向传动装置、后驱动桥，最后传到后驱动车轮，使汽车行驶。这是一种传统的布置形式，应用广泛，适用于除越野汽车外的各类汽车，大多数的货车、部分轿车和部分客车等都采用这种形式。

　　这种布置形式通常将发动机、离合器、变速器各总成连成一体，安装于汽车前部；主减速器、差速器安装于后桥中部，构成后驱动桥；在变速器与后驱动桥之间用万向传动装置进行连接。

　　这种布置形式的优点是轴荷分配较合理，能够获得足够的驱动力，发动机散热条件好，离合器、变速器的操纵机构简单、维修方便。其缺点是需要一根较长的传动轴，不仅增加了整车质量，还影响了传动系统的效率。

2. 前置前驱（FF）

　　发动机前置前轮驱动如图 1-6、图 1-7 所示。发动机布置在汽车前部，动力经过离合器、变速器、前驱动桥传到前驱动车轮。这种布置形式将发动机、离合器和变速器都布置在驱动桥的前方，而且三者与主减速器、变速器装配成一个整体，安装在车架或车身的底架上，前桥为独立悬架，省去了变速器与驱动桥之间的万向传动装置，使结构简单紧凑，整车质量小，为现在大部分轿车采用的布置形式。此外，根据发动机布置方向的不同，又可分为发动机前纵置前轮驱动式（图 1-6）和发动机前横置前轮驱动式（图 1-7）。

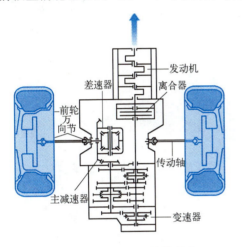

| 图 1-6　发动机前纵置前轮驱动 | 图 1-7　发动机前横置前轮驱动 |

　　这种布置形式的优点是整车质心降低，有助于提高乘坐舒适性和高速行驶时的操纵稳定性。其缺点是上坡行驶时汽车质量后移，前驱动轮的附着质量减小，爬坡能力相对较差；下坡制动时则由于汽车质量前移，前轮负荷过重，高速行驶时易发生翻车事故，前轮的轮胎寿命也比较短。

3. 后置后驱（RR）

　　发动机后置后轮驱动如图 1-8 所示。发动机布置在汽车后部，动力经过离合器、变速器、角传动装置、万向传动装置、后驱动桥，最后传到后驱动车轮。大部分大型客车上采用这种布置形式，少量轿车和微型汽车也采用这种布置形式。

　　这种布置形式的优点是前轴不易过载，并能更充分地利用车厢面积，可有效地降低车身地板的高度或充分利用汽车中部地板下的空间安置行李，还有利于减轻发动机的高温和噪声对驾驶员的影响。其缺点是发动机冷却条件较差，有些故障不易被察觉，远距离操纵使操纵机构较为复杂、维修调整不便。

4. 中置后驱（MR）

　　发动机中置后轮驱动如图 1-9 所示。发动机布置在驾驶位后、汽车的中部，后轮驱动，前后轴可实现较为理想的轴荷分配。基本上目前的赛车和超级跑车都采用这种布置形式，还有部分大中型客车也采用这种布置形式。

　　这种布置形式的优点是将车辆中惯性最大的发动机置于车体的中央，车身前后轴重量的比例为 50：50，也就是说车身的重心几乎在轴线中间位置，这就使 MR 车辆获得了最佳的运动性能，转向灵敏准确，刹车时不会出现头沉尾翘的现象。其缺点是车厢太窄、空间小，一般只有两个座位；发动机离驾驶员较近，噪声较大；此外，直线稳定性较差。为解决直线稳定性较差这一缺点，所有的 MR 车辆的车轮轮胎较宽，且后轮的尺寸均较前轮大。

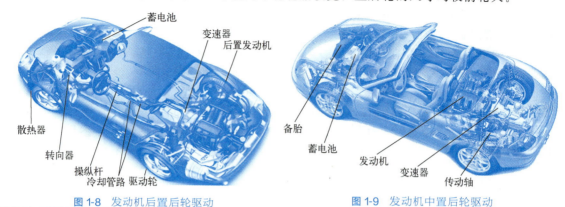

图 1-8　发动机后置后轮驱动　　　　　图 1-9　发动机中置后轮驱动

5. 前置全驱（4WD）

发动机前置全轮驱动如图 1-10 所示。发动机布置在汽车前部，动力经过离合器、变速器、分动器、万向传动装置分别到达前后驱动桥，最后传到前后驱动轮。全轮驱动布置形式根据分动器的类型，可分为分时四驱、全时四驱和适时四驱 3 种类型。这种布置形式适用于需要越野能力的越野汽车、军事车辆、SUV、部分旅行轿车、高级轿车和重型货车等。

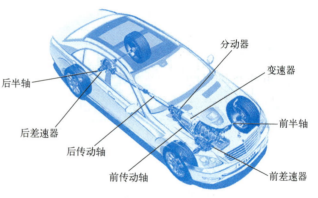

图 1-10　发动机前置全轮驱动

这种布置形式的优点是所有车轮都是驱动轮，可以最大限度地利用地面附着条件获得尽可能大的驱动力，从而提高了汽车的越野通过性和驾驶操纵稳定性。其缺点是结构比较复杂，成本较高，占用空间较大，传动效率低于两轮驱动，经济性较差。

 【任务实施】

汽车底盘认识

1. 请结合实训室实训车辆或零部件总成认识汽车底盘传动系统的布置形式和各系统、零部件的连接关系，熟悉各零部件的名称。

2. 完成任务工单："四、2. 写出下列汽车传动系统的布置形式"。

 任务二　**离合器检修**

 【任务引入】

客户反映，他所驾驶的轿车行驶里程为 6.8 万千米。该车辆起步时踩下离合器踏板挂入变速器一挡，当慢慢抬起离合器踏板时，车速提升不柔和、不平稳，车身抖动严重，直到离合器踏板完全抬起为止。在车辆行驶过程中变换挡位时，也能明显感到车身抖动等不良现象。师傅让小王对车辆进行检查，查找并排除故障。小王很快查找到故障并成功排除，顺利完成此项任务。

 【任务分析】

该任务是检修汽车离合器。要完成此项任务，需要了解离合器的功用，掌握摩擦式离合器的基本组成和工作原理，熟悉摩擦式离合器的构造和原理，熟悉离合器操纵机构的结构和工作原理，掌握离合器的检修方法及常见故障的诊断与排除。

 【知识准备】

一、离合器的功用、要求和分类

1. 离合器的功用

从离合器的名称可以知道，离合器是一个可以分离、接合的零件或总成。离合器位于发动机与变速器之间，是汽车传动系统中直接与发动机相联系的总成，用来切断和实现发动机对传动系统的动力传递，如图 1-2 所示。

离合器安装于发动机和变速器之间，其主动部分与飞轮相连，从动部分与变速器相连。在汽车行驶过程中，驾驶员可根据需要踩下或松开离合器踏板，使发动机与变速器暂时分离或逐渐接合，以切断或传递发动机向变速器输入的动力。下面就离合器的基本功用进行具体阐述。

（1）保证汽车平稳起步

汽车起步时是从完全静止的状态到移动，并逐渐加速行驶。如果传动系统与发动机刚性连接，则变速器一挂上挡时，静止的汽车突然接上动力，将突然向前冲，产生很大的惯性力，对发动机造成很大的阻力矩。在这个惯性阻力矩的作用下，发动机转速在瞬时急剧下降到最低稳定转速（一般 300～500r/min）以下，发动机将熄火而不能正常工作，汽车将无法起步。

在发动机与传动系统之间安装离合器，在发动机启动后、汽车起步之前，驾驶员先踩下离合器踏板，将离合器分离，使发动机和传动系统脱开，再将变速器挂上挡，然后逐渐松开离合器踏板，使离合器逐渐接合。在接合过程中，同时逐渐踩下加速踏板，逐步增加对发动机的输出转矩，使发动机的转速始终保持在最低稳定转速，而不致熄火。同时，由于离合器的逐渐接合，发动机经传动系统传给驱动轮的转矩便逐渐增加；当驱动轮上产生的驱动力足以克服起步阻力时，汽车便由静止开始运动并缓慢地加速，从而实现平稳起步。

（2）保证汽车平顺换挡

在汽车行驶过程中，为适应不断变化的行驶条件，传动系统需要更换不同挡位工作。实现齿轮式变速器的换挡，需使原挡位的某一齿轮副退出传动，再使另一挡位的齿轮副进入工作。在换挡前必须踩下离合器踏板，中断动力传动，便于使原挡位的齿轮副脱开，同时使新挡位齿轮副的啮合部位的圆周速度逐步同步，以减轻啮合时的冲击，从而实现汽车平顺换挡。

（3）防止传动系统过载

当汽车进行紧急制动时，如果将发动机和传动系统刚性连接，则发动机转速将急剧降低，传动系统各零件将产生很大的惯性力矩，其数值可能大大超过发动机正常工作时所发出的最大转矩，从而造成传动系统过载，甚至损坏零件。装设离合器后，便可以依靠离合器主动部分和从动部分之间产生的相对运动来消除这一危险，起到过载保护的作用。

此外，现在大多数汽车离合器上还装有扭转减振器，能衰减发动机和传动系统间的扭转振动。

2. 对离合器的要求

为使离合器具有上述功能，保证汽车正常行驶，离合器应满足下列要求。

① 具有合适的转矩储备能力，从而保证既能传递发动机输出的最大转矩而不打滑，又能防止传动系统过载。

② 分离迅速彻底，保证变速器换挡平顺和发动机启动顺利。

③ 接合时应平顺柔和，保证汽车平稳起步，减少冲击。

④ 从动部分的转动惯量要尽可能小，以减少换挡时的冲击。

⑤ 具有良好的通风散热能力，防止离合器温度过高，保证离合器工作可靠。由于离合器接合过程中主从动部分有相对的滑转，频繁使用时会产生大量的热量，如不及时散热，会严重影响离合器的使用寿命和工作可靠性。

⑥ 操纵轻便，以减轻驾驶员的疲劳强度。

3. 离合器的类型

汽车上应用的离合器主要有摩擦式离合器、液力式离合器和电磁式离合器三种类型。

液力式离合器主要依靠主从动件之间的液体介质进行转矩传递，有液力耦合器和液力变矩器两种，主要用于自动变速器。目前，液力耦合器在汽车上几乎不采用，液力变矩器将在汽车底盘电控系统中讲解。

电磁式离合器指利用磁力传动的离合器，靠线圈的通断电来控制离合器的接合与分离，如汽车空调电磁离合器等。

摩擦式离合器结构简单、性能可靠、维修方便，目前在汽车上应用得最广。

摩擦式离合器可以从不同角度来分类，具体如下。

① 按从动盘片数分为单片式、双片式和多片式 3 种。轿车、客车及部分中小型货车多采用单片式离合器，双片式离合器多用于重型车辆，多片式离合器多用于液力自动变速器。

② 按压紧弹簧的形式及布置形式分为周布弹簧式、中央弹簧式、膜片弹簧式和斜臂弹簧式。周布弹簧式离合器和中央弹簧式离合器采用螺旋弹簧，分别沿压盘的圆周和中央布置；膜片弹簧式离合器采用膜片弹簧，目前膜片弹簧式离合器在汽车上应用得最广。

③ 按是否浸在油中分为干式摩擦式离合器和湿式摩擦式离合器。与手动变速器相配合的绝大多数离合器为干式摩擦式离合器；湿式摩擦式离合器一般为多片式，浸在油中以便于散热，液力自动变速器中的离合器多为此类。

④ 按操纵机构结构形式分为机械式（杆式和绳式）、液压式、气压式和空气助力式。

本书主要介绍在汽车传动系统中应用最广的摩擦式离合器中的膜片弹簧式离合器和周布弹簧式离合器。

摩擦式离合器的基本组成

二、摩擦式离合器的构造

1. 基本组成

以目前汽车上广泛应用的摩擦式离合器为例，其主要由主动部分、从动部分、压紧机构和操纵机构四部分组成，如图 1-11 所示。

主动部分包括飞轮、离合器盖和压盘。离合器盖用螺栓固定在飞轮上，压盘后端圆周上的凸台伸入离合器盖的窗口中，并可沿窗口轴向移动。这样，当发动机转动时，动力便经飞轮、离合器盖传到压盘上，使三者一起转动。

从动部分包括从动盘和从动轴。从动盘带有双面摩擦片，离合器正常接合时其分别与飞轮和压盘相接触。从动盘通过花键毂装在从动轴的花键上，从动轴是手动变速器的输入轴（一轴），其前端通过轴承支撑在曲轴后端的中心孔中，后端支撑在变速器壳体上。

压紧机构由若干根沿圆周均匀布置的压紧弹簧组成。这些弹簧装在压盘与离合器盖之

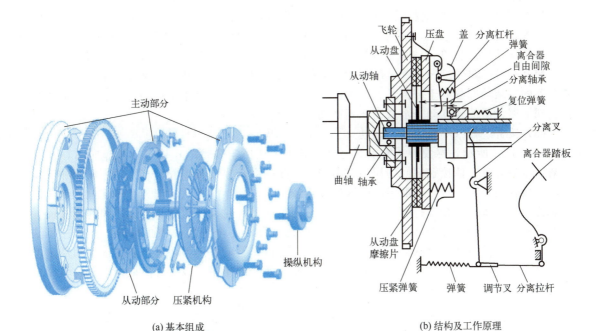

(a) 基本组成　　　　　　　　　　　　(b) 结构及工作原理

图 1-11 离合器的基本结构、组成和工作原理

间，用来将压盘和从动盘压向飞轮，使飞轮、从动盘和压盘三者压紧在一起。

操纵机构由离合器踏板、分离拉杆、调节叉、分离叉、分离轴承、分离杠杆、复位弹簧等组成。

2. 工作过程

（1）接合状态（全联动状态）

未踩下离合器踏板时，离合器处在接合状态，压紧弹簧将压盘、飞轮及从动盘压紧在一起。此时发动机的转矩经飞轮及压盘，通过摩擦面的摩擦作用传到从动盘，再经从动轴输入变速器，即离合器处于全联动状态。

摩擦式离合器的工作过程

具体过程为：离合器处于接合状态时，压盘在压紧弹簧作用下压紧从动盘，发动机的转矩经飞轮及压盘通过摩擦片两个摩擦面的摩擦作用传给从动盘，再由从动轴输入变速器。当发动机输出的转矩超过离合器所能传递的最大转矩时，离合器打滑，从而起到过载保护的作用。未踩离合器踏板时，离合器踏板处于最高位置，此时分离杠杆内端与分离轴承之间存在间隙。

摩擦式离合器所能传递的最大转矩取决于摩擦面之间的压紧力和摩擦因数，以及摩擦面的数目、尺寸。使用过程中，从动盘的磨损、压紧弹簧因疲劳使弹力下降、摩擦因数减小等原因，将降低离合器传递最大转矩的能力。为了保证离合器能将发动机输出的最大转矩传递给传动系统，离合器应具有一定的转矩储备能力，即

$$M_e = ZP \sum \mu R_c = \beta M_{emax}$$

式中，M_e 为离合器传递的最大转矩；M_{emax} 为发动机输出的最大转矩；β 为离合器转矩储备系数；Z 为摩擦面数；P 为压盘对摩擦片的总压紧力；μ 为摩擦因数；R_c 为摩擦片的平均摩擦半径。

储备系数大小应适中，β 过小，使用一段时间后，易出现离合器打滑；过大，离合器将失去对传动系统的过载保护作用。对于轿车、轻型货车及客车，β 取 1.25～1.75；对于中型及重型货车，β 取 1.60～2.25；对于带拖挂的重型货车及牵引车，β 取 2.0～4.0。

（2）分离过程（全联动→半联动→不联动的过程）

如图 1-12 所示，驾驶员踩下离合器踏板，分离拉杆拉动分离叉外端向右（后）移动，分离叉内端与分离轴承则一起向左（前）移动，先消除分离轴承与分离杠杆内端之间的间隙，然后推动分离杠杆内端前移，使分离杠杆外端带动压盘克服压紧弹簧作用力右（后）移，使其在进一步压缩压紧弹簧的同时，解除对从动盘的压力，从而使摩擦作用消失。于是离合器的主从动部分处于分离状态，中断动力传递，即离合器处于不联动状态。整个分离过程实现了离合器的全联动→半联动→不联动的过程。

（3）接合过程（不联动→半联动→全联动的过程）

如图 1-13 所示，驾驶员缓慢抬起离合器踏板，在压紧弹簧的作用下，压盘向前移动并逐渐压紧从动盘，使接触面间的压力逐渐增大，摩擦力矩也逐渐增大；当飞轮、压盘和从动盘之间接合还不紧密时，所能传动的摩擦力矩较小，离合器的主从动部分有转速差，离合器处于打滑（半联动）状态；随着离合器踏板逐渐抬起，飞轮、压盘和从动盘之间的压紧程度逐渐紧密，主从动部分的转速也渐趋相等，直到离合器完全接合而停止打滑，接合过程结束，即离合器重新处于全联动状态。接合后，在复位弹簧的作用下，离合器踏板回到最高位置，分离叉内端回至最右位置，分离轴承则在复位弹簧的作用下离开分离杠杆，向右紧靠在分离叉上。

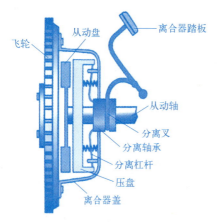

图 1-12   离合器分离过程

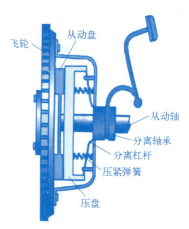

图 1-13   离合器接合过程

（4）半联动状态

在离合器的接合过程中，当飞轮、压盘和从动盘之间的接合还不紧密时，所能传递的摩擦力矩较小，其主从动部分未达到同步，处于相对打滑的状态称为半联动状态。正因为离合器有半联动状态，只要操作合理，就能使汽车平稳起步。

3. 离合器的自由间隙和离合器踏板的自由行程

离合器处于接合状态时，分离轴承与分离杠杆内端之间预留的间隙称为离合器的自由间隙（图 1-11）。其作用：一是防止从动盘摩擦片磨损变薄后压盘不能向前移动而造成离合器打滑，二是减少从动盘摩擦片和分离轴承的磨损。

消除离合器的自由间隙和操纵机构零件的弹性变形所需要的离合器踏板的行程，称为离合器踏板的自由行程。其大小应符合标准，故需要定期检查并调整。

4. 压盘的传动、导向和定心方式

压盘是离合器主动部分的重要组成零件之一，工作过程中既要接受离合器盖传来的动力，又要在离合器分离和接合过程中轴向移动。为了将离合器盖的动力顺利传递给压盘，并保证压盘只做沿轴线方向的平动而不发生歪斜，压盘应采用合适的传动、导向和定心方式。目前，根据车型的不同，压盘的传动、导向和定心方式主要有传动片式、凸台窗孔式、传动

块式和传动销式。

三、典型摩擦式离合器

在此主要讲解汽车底盘的机械传动系统中最常用的膜片弹簧式离合器和周布弹簧式离合器。

（一）膜片弹簧式离合器

1. 膜片弹簧式离合器的结构

膜片弹簧式离合器的结构

采用膜片弹簧作为压紧弹簧的离合器，称为膜片弹簧式离合器。图 1-14 所示为某微型汽车上采用的膜片弹簧式离合器，其主要由从动盘、膜片弹簧、压盘、离合器盖等零部件组成。

膜片弹簧实质上是一种用优质薄弹簧钢板制成的带有锥度的碟形弹簧，如图 1-14 所示。蝶形膜片弹簧凹面进行喷丸处理，开有径向切槽，切槽内端开通，外端为圆孔，形成多个弹性杠杆。在切槽的根部都钻有孔，以防止应力集中；而膜片弹簧真正产生压紧力的是孔以外的部分。

膜片弹簧式离合器的主要特点是用一个膜片弹簧代替了传统的螺旋弹簧和分离杠杆。开有径向槽的蝶形膜片弹簧，既充当压紧机构的弹簧，又充当分离杠杆，简化了离合器的结构，缩短了离合器轴向尺寸。膜片弹簧的两侧有钢丝支撑环，膜片弹簧的末端圆孔穿过固定铆钉而处在两个支撑环之间，借助于固定铆钉安装在离合器盖上，两个支撑环成为膜片弹簧的工作支点。

压紧装置由离合器盖、主动压盘、膜片弹簧、支撑定位铆钉、分离钩及传动钢片等组成，如图 1-14 所示。传动钢片共三组，均布于压盘周围，其两端分别与离合器盖和压盘连接，飞轮旋转时，转矩通过离合器盖、传动钢片传给压盘。离合器分离和接合过程中依靠传动钢片的弯曲，使压盘前后移动。正常工作时，离合器盖通过传动钢片拉动压盘旋转，对压盘起传动、导向和定心的作用。

这种传动方式的传动钢片式压盘定位和驱动结构无摩擦和磨损，无传动间隙，传动效率高，冲击噪声小。但传动钢片的反向承载能力较差，汽车反拖时易折断传动钢片。

支撑环在膜片弹簧中部，左右各一根，由定位铆钉固定，作为膜片弹簧变形时的支点。压盘周边对称固定有多个分离钩，把膜片弹簧的外边缘和压盘钩在一起，膜片弹簧外边缘就压在压盘的环形台上。

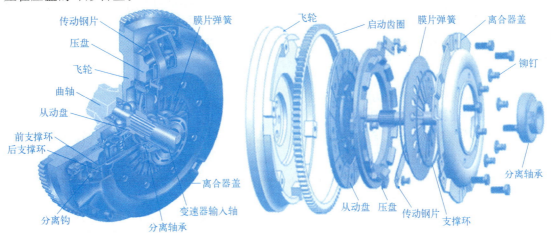

图 1-14 膜片弹簧式离合器结构

2. 膜片弹簧式离合器的工作原理

当离合器盖未固定到飞轮上时，膜片弹簧不受力而处于自由状态，如图 1-15（a）所示。此时离合器盖与飞轮之间有一距离 L。当离合器盖用螺栓固定到飞轮上时，由于离合器盖靠向飞轮，消除距离 L 后，离合器盖通过支撑环压膜片弹簧使其产生弹性变形（膜片弹簧锥顶角增大），此时膜片弹簧的外圆周对压盘产生压紧力而使离合器处于接合状态，如图 1-15（b）所示。当踩下离合器踏板时，分离轴承被推向前，使膜片弹簧压在支撑环上，并以此为支点产生反向锥形变形，膜片弹簧的外圆周向后翘起，通过分离钩拉动压盘后移使离合器分离，如图 1-15（c）所示。

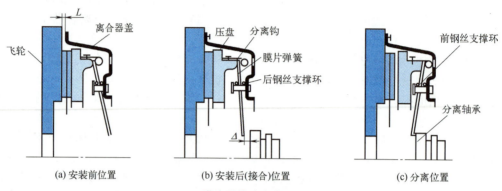

图 1-15 膜片弹簧式离合器工作原理

3. 膜片弹簧的弹性特性

图 1-16 所示为两种弹簧的特性曲线。曲线 1 为膜片弹簧特性曲线，呈非线性特性；曲线 2 为螺旋弹簧特性曲线，呈线性特性。

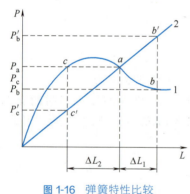

图 1-16 弹簧特性比较
1—膜片弹簧；2—螺旋弹簧

图中 a 点表示两种弹簧离合器的接合状态，其压紧力都为 P_a。分离时，两种弹簧都附加压缩变形量 ΔL_1，此时膜片弹簧的压力 P_b 小于螺旋弹簧的压力 P_b'，且 $P_b < P_a$，即膜片弹簧分离时的压力小于接合时的压力，因而具有操纵轻便的特点。

当摩擦片磨损变薄使弹簧都伸长 ΔL_2 时，螺旋弹簧的压紧力由 P_a 直线下降为 P_c'，而膜片弹簧的压力 P_c 却几乎未变，仍等于 P_a。因此，膜片弹簧式离合器的压紧力在摩擦片允许磨损的范围内基本不变，确保摩擦片在整个使用周期内工作可靠。

此外，膜片弹簧不像螺旋弹簧在高速旋转下会因离心力产生弯曲而导致弹力下降，它的压紧力几乎与转速无关，具有高速旋转时压紧力稳定的特点。

4. 膜片弹簧式离合器的特点

① 膜片弹簧的轴向尺寸较小而径向尺寸很大，这有利于在提高离合器传递转矩能力的情况下减小离合器的轴向尺寸。

② 膜片弹簧本身具有分离杠杆的作用，故不需专门的分离杠杆及其高度调整装置，使离合器结构大大简化，零件数目少，整体质量小。

③ 由于膜片弹簧轴向尺寸小，所以可以适当增加压盘的厚度，从而提高其热容量；另外，还可以在压盘上增设散热筋及在离合器盖上开设较大的通风孔来改善散热条件。

④ 膜片弹簧式离合器的主要部件——蝶形弹簧，形状简单，可以采用冲压加工，大批

量生产时可以降低生产成本。

⑤ 膜片弹簧具有非线性的特性曲线。当摩擦片磨损后，压紧力几乎保持不变，且压盘不易变形、离合器操纵轻便、接合柔和、传动可靠。

⑥ 膜片弹簧的中心位于旋转轴线上。在汽车行驶过程中，膜片弹簧的压紧力几乎不受离心力的影响，高速旋转时性能较稳定。因此，这种离合器更适合用于高速发动机。

⑦ 膜片弹簧与压盘在整个圆周方向上接触，压紧力分布均匀，使得摩擦片与压盘接触良好，磨损均匀。

（二）周布弹簧式离合器

采用若干个螺旋弹簧作为压紧弹簧并沿从动盘圆周分布的离合器，称为周布弹簧式离合器。

图 1-17 为某载货汽车的单片周布弹簧式离合器的结构。离合器的主动部分、从动部分和压紧机构都装在离合器壳 18（飞轮壳）的内部，而操纵机构的各部分则分别位于离合器壳（飞轮壳）的内部、外部和驾驶位。

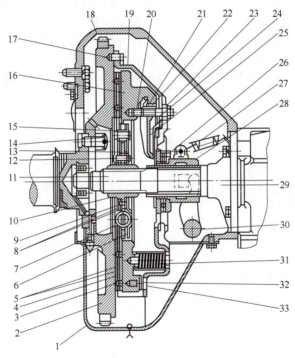

图 1-17　单片周布弹簧式离合器的结构

1—离合器壳底盖；2—发动机飞轮；3—摩擦片铆钉；4—从动盘本体；5—摩擦片；6—减振器盘；7—减振弹簧；8—减振器阻尼片；9—阻尼片铆钉；10—从动盘毂；11—变速器第一轴（离合器从动轴）；12—阻尼弹簧铆钉；13—减振器阻尼弹簧；14—从动盘铆钉；15—从动盘铆钉隔套；16—压盘；17—离合器定位销；18—离合器壳（飞轮壳）；19—离合器盖；20—分离杠杆支撑柱；21—摆动支撑片；22—浮动销；23—分离杠杆调整螺母；24—分离杠杆弹簧；25—分离杠杆；26—分离轴承；27—分离套筒复位弹簧；28—分离套筒；29—变速器第一轴轴承盖；30—分离叉；31—压紧弹簧；32—传动片铆钉；33—传动片

1. 主动部分

主动部分由发动机飞轮 2、离合器盖 19 和压盘 16 等组成。离合器盖用低碳钢板冲压而成，通过固定螺钉与飞轮固定。离合器盖通过四组传动钢片将动力传递给压盘。传动钢片用弹簧钢片制成，沿圆周方向均匀分布，每组两片，一端用铆钉铆在离合器盖上，另一端则用螺钉与压盘连接。这样，在离合器接合和分离过程中，依靠弹簧钢片产生的弯曲变形，压盘相对于离合器盖可做轴向平行移动。为保证离合器拆装后不失动平衡，用定位销确保飞轮与离合器盖之间的安装位置。

2. 从动部分

从动部分为带扭转减振器的从动盘。从动盘铆接在从动盘毂 10 上，由薄钢片制成，故其惯性小。两面各铆有一片由石棉合成物制成的摩擦片。从动盘毂的花键孔套在从动轴的花键轴上，可轴向移动。

3. 压紧机构

压紧机构由压盘和离合器盖之间周向均布的 16 个螺旋弹簧组成。为减少弹簧的受热，在压盘与弹簧接触处铸有筋条，以减小受热面积，并在接触处装有隔热垫。当离合器处于接合状态时，从动盘被飞轮和压盘压紧，发动机的转矩通过三者间的摩擦力传递给从动盘，进而通过花键轴输出。

4. 分离机构

（1）分离叉　分离叉与其转轴制成一体，轴的两端靠衬套支撑在离合器壳上。

（2）分离杠杆　该离合器用的是薄钢板冲压制成的分离杠杆，并配备了点移动、重点摆动的综合式防干涉机构。如图 1-18 所示，分离杠杆支撑柱前端插入压盘相应的孔上，分离杠杆的中部通过浮动销支撑在方孔的平面 A 上，并通过扭簧使其与平面 A 靠紧。凹字形的摆动支撑片以刃口支撑于分离杠杆外端和压盘凸块之间。这样就可利用浮动销在平面 A 上滚动和摆动支撑片的摆动来消除运动干涉。这种方式结构简单，且分离杠杆的工作高度可以通过调整螺母改变支点位置来调整。

从动盘和
扭转减
振器

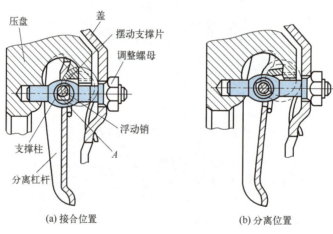

(a) 接合位置　　　　　　　　(b) 分离位置

图 1-18　综合式防干涉分离杠杆及其工作情况

四、从动盘和扭转减振器

离合器从动部分的主要部件是从动盘。由于发动机传到汽车传动系统的转速和转矩是周期性不断变化的，这会使传动系统产生扭转振动；另外，由于汽车行驶在不平的道路上，使汽车传动系统出现角速度的突然变化，也会引起扭转振动。这些都会对传动系统零件造成冲击性载荷，使其寿命缩短，甚至损坏零件。为了消除扭转振动和避免共振，防止传动系统过载，多数离合器从动盘中装有扭转减振器。因此，从动盘可分为不带扭转减振器的从动盘和带扭转减振器的从动盘两种类型。不带扭转减振器的多用在双片式离合器中，而带扭转减振器的则多用在单片式离合器中，特别是轿车离合器中。

1. 从动盘的组成结构

从动盘的组成结构如图 1-19 所示，其基本结构由摩擦片（前后两片）、从动盘本体和从动盘毂三个基本部分组成。

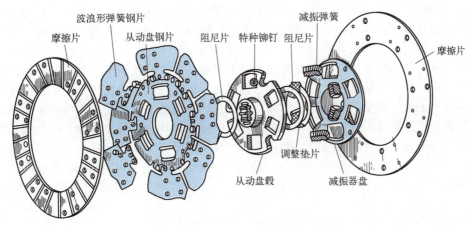

图 1-19 带扭转减振器的从动盘组成结构

从动盘钢片通常用薄弹簧钢板制成，并与从动盘毂铆在一起，其上开有辐射状槽，可防止热变形。摩擦片应有较大的摩擦系数、良好的耐磨性和耐热性。摩擦片是用石棉（或加铜丝、铝丝等）、黏结剂及其他辅助材料经加热压合制成的。摩擦片和从动盘钢片之间一般通过铜铆钉或铝铆钉铆接，也有用树脂黏结的。

为了使离合器接合柔和、起步平稳，单片式离合器从动盘钢片设计有轴向弹性结构。从动盘钢片与后摩擦片之间安装的多片扇形波浪形弹簧钢片，可实现轴向弹性。钢片辐射状切槽之间的扇形面上有 6 个孔，其中两个孔与前摩擦片铆接，有两个孔与后摩擦片铆接，扇形面中间的两个孔将从动盘钢片和波浪形弹簧钢片铆接在一起，如图 1-19 所示。这样，在自由状态时，后摩擦片与钢片之间有一定间隙。在离合器接合时，弹性变形使压紧力逐渐增加，产生轴向弹性，从而实现接合柔和。

注意：双离合器是逐片逐渐接合，接合比较平稳，一般都不采用具有轴向弹性的传动从动盘，否则会使离合器踏板行程大大增加或要缩小分离杠杆比来增大离合器踏板的操纵力。

2. 扭转减振器工作过程

带扭转减振器的从动盘的工作过程，如图 1-20 所示。从动盘和从动盘毂通过减振弹簧弹性地连接在一起，构成减振器的缓冲机构，从动盘毂夹在从动钢片和减振器盘之间，在从动盘毂与从动盘钢片、从动盘毂与减振器盘之间还装有环状形摩擦片（又称阻尼片）——减振器的阻尼耗能元件。从动盘毂、从动盘钢片和减振器盘上都有 6 个圆周均布的孔，减振弹簧装在孔中。特种铆钉将从动钢片和减振器盘铆接成一体，但铆钉中部和从动盘毂上的缺口存在一定的间隙，从动盘毂可相对从动盘钢片和减振器盘做一定量的转动。当从动盘不受转

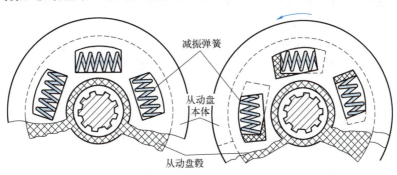

(a) 减振弹簧未压缩不传力　　　　(b) 减振弹簧被压缩传力

图 1-20 带扭转减振器的从动盘工作示意图

矩作用时，减振弹簧在从动盘毂与从动盘钢片和减振器盘之间不起传力作用，如图1-20（a）所示。而从动盘受转矩作用时，由摩擦片传来的转矩首先传到从动盘钢片，再经减振弹簧传给从动盘毂，这时减振弹簧被进一步压缩，如图1-20（b）所示。因而，由发动机曲轴传来的扭转振动所产生的冲击即被减振弹簧缓和以及阻尼片吸收，而不会传到变速器以后的总成部件上；同样，汽车行驶于不平路面上所引起传动系统角速度的变化也不会影响发动机。

离合器的
操纵机构

有些汽车上采用刚度不等（圈数不同）的弹簧，并将装弹簧的孔长度做成不同尺寸。这样可以使弹簧在不同时间发挥作用，从而获得变刚度的特性，可避免传动系统共振和降低传动系统噪声。另外，也可采用橡胶弹性元件来代替减振弹簧。

阻尼片吸收振动能量，使振动衰减。传动过程中的扭转振动会导致从动盘本体、减振盘、从动盘毂之间产生相对运动，而两个阻尼片与上述三者的摩擦则可消除扭转振动的能量。

在安装离合器从动盘时，应具有方向性，以避免出现连接长度不足（花键毂处）、摩擦片悬空、顶分离轴承等现象。需要注意的是，离合器从动盘的安装方向因车型而异。

五、离合器的操纵机构

离合器的操纵机构是驾驶员借以使离合器分离或使之柔和接合的一套机构。它起始于离合器踏板，终止于离合器壳（飞轮壳）内的分离轴承。

由于离合器使用频繁，因此离合器操纵机构首先要求操纵轻便，以减轻驾驶员的操纵强度。操纵轻便性包括两个方面：一是加在离合器踏板上的力不应过大，一般为196～245N；二是离合器踏板总行程应在一个恰当的范围内（一般为100～150mm，最大不超过180mm）。如果上述两方面要求无法协调，则可采用加力机构。离合器操纵机构的另一个要求是应有离合器踏板行程的校正机构，以便当摩擦片磨损时可以进行校正（使分离套筒上的推力球轴承与分离杠杆间能保持正常间隙）。

按照分离离合器时所需操纵能源的不同，离合器操纵机构分为人力式和助力式两种。人力式又可分为机械式和液压式，助力式又可分为气压助力式和弹簧助力式。人力式操纵机构是以驾驶员作用在离合器踏板上的力作为唯一的操纵能源。助力式操纵机构除了驾驶员的力以外，一般主要以其他形式的能源作为操纵能源。

本部分主要介绍在轿车中应用较多的机械式操纵机构、液压式操纵机构和弹簧助力式操纵机构，其中液压式操纵机构应用最多。虽然离合器操纵机构类型较多，但是位于离合器壳内的分离操纵机构的结构基本相同，且前已述及，故这里主要介绍离合器壳外面的部分。

（一）人力式操纵机构

人力式操纵机构按所用传动装置的形式来分，有机械式和液压式两种。

1. 机械式操纵机构

机械式操纵机构有杆系传动和绳索传动两种形式。杆式操纵机构如图1-21所示，其由离合器踏板、连接杆、调节螺母、分离杠杆（分离叉）平衡轴和复位弹簧等组成。调节螺母用螺纹与连接杆连接，可通过调节螺母来调节连接杆的工作长度，从而实现离合器踏板自由行程的调整。杆式操纵机构结构简单、制造容易、工作可靠，广泛应用于各型汽车上。但杆系传动中杆件间铰接较多，摩擦损失大，并且车架或车身变形以及发动机位移时会影响其正常工作。在平头车、后置发动机汽车等的离合器需要远距离操纵时，合理布置杆系比较困难。

如图1-22所示为某车型绳索式操纵机构，主要由离合器踏板、踏板支架、拉索、分离叉、调节螺母等组成。绳索式操纵机构可消除杆系传动机构的一些缺点，可采用便于驾驶员

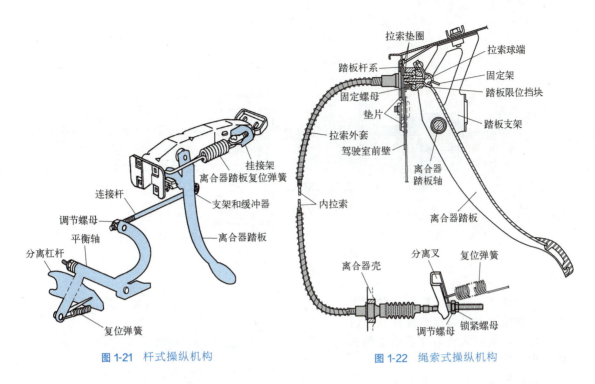

图 1-21　杆式操纵机构　　　　　　　　图 1-22　绳索式操纵机构

操纵的吊挂式踏板，且结构紧凑、柔韧性强，适用于杆系操纵机构布置较为困难的情况。但其绳索寿命较短，拉伸刚度较小，传动效率也不高，故只适用于轻型、微型汽车和某些轿车。

2. 液压式操纵机构

如图 1-23 所示为液压式操纵机构，它主要由主缸、工作缸及管路系统等组成。液压式操纵机构具有摩擦阻力小、传动效率高、质量小、布置方便、接合柔和、工作不受车身或车架变形以及发动机振动的影响以及便于远距离操纵等优点，因此其在各类汽车上应用广泛。

离合器主缸结构如图 1-24 所示。主缸体借助补偿孔、进油孔通过低压油管与储液罐相通。主缸体内装有活塞，使活塞右端的主缸内形成油室。活塞前后端装有皮碗和密封圈。活塞左端中部装有止回阀（单向阀），经小孔与活塞端主缸内腔的油室相通。当离合器踏板处于初始位置时，活塞左端位于补偿孔与进油孔之间，两孔均开放。

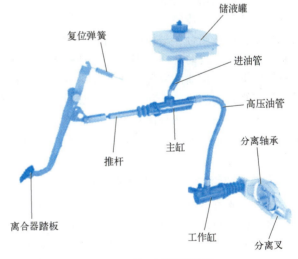

图 1-23　液压式操纵机构

离合器工作缸结构如图 1-25 所示。工作缸内装有活塞、皮碗、推杆等，缸体上还设有放气螺塞。当管路内有空气存在而影响离合器操纵时，可拧松放气螺塞排气。

踏下离合器踏板时，通过主缸推杆使活塞向左移动压缩复位弹簧，止回阀关闭。当皮碗将补偿孔关闭后，管路中油液受压，压力升高。在油压作用下，工作缸活塞被推动向右移动，工作缸推杆接头直接推动分离叉，从而带动分离轴承，使离合器分离，切断传动系统的

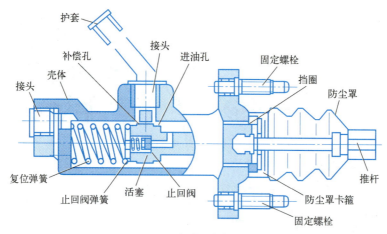

图 1-24　离合器主缸结构

动力传递。

通过调节主缸推杆接头在踏板臂上的连接位置，可以调节推杆在主缸内的位置，从而调整离合器踏板的自由行程。

当需要接合时，逐渐放松离合器踏板，在压紧弹簧和复位弹簧作用下，分离轴承以及离合器踏板等操纵部件回到分离前的初始位置，即离合器接合并恢复动力传递。

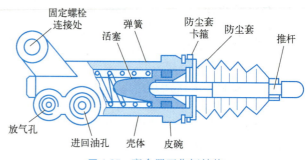

图 1-25　离合器工作缸结构

当迅速松开离合器踏板时，离合器踏板复位弹簧通过主缸推杆使主缸活塞较快右移。由于油液在管路中流动有一定阻力，流动较慢，使活塞左侧可能形成一定的真空度。在左右压差的作用下，少量油液通过进油孔经主缸活塞的止回阀流到左侧弥补真空。当原先已由主缸压到工作缸去的油液又重新流回到主缸时，由于已有少量补偿油液经止回阀流入，故总油量过多。多余的油液将从补偿孔流回储液罐。当液压系统中因漏油或温度变化引起油液容积变化时，则借助补偿孔适时地使整个油路中油量得到适当的增减，以保证正常油压和液压系统工作的可靠性。

（二）弹簧或气压助力式操纵机构

在中型或重型汽车上，压紧离合器需要的力很大，为了在减小所需踏板力的同时不加大离合器踏板行程，可在机械式或液压式操纵机构上加设各种助力装置。目前，常用的有弹簧助力机械式操纵机构、气压助力液压式操纵机构和气压助力机械式操纵机构三种。弹簧助力机械式操纵机构的组成与杆式机械操纵机构相同，只是在离合器踏板与车架之间加装助力弹簧。气压助力式操纵机构一般是将发动机带动的空气压缩机作为主要的操纵能源或与气压制动系统共用一个空气源，其结构较为复杂，可以装在机械式操纵机构中，也可以装在液压式操纵机构中。

六、离合器常见故障的诊断与排除

汽车在使用过程中，经常需要踏下或松开离合器踏板，使离合器因分离或接合而处于滑转状态，加之操作不当，使离合器的技术状况逐渐变差，造成离合器打滑、分离不彻底、抖动和发响等异常现象。

（一）离合器打滑

1. 现象

① 当汽车起步时，如果完全放松离合器踏板，发动机的动力不能完全传至变速器主动轴，使汽车动力下降、油耗增加和起步困难。

② 汽车加速时，车速不能随发动机转速提高而加快，以及行驶时感觉动力不足。

③ 当车辆负载上坡时，离合器打滑明显，严重时会从离合器内部散发出焦臭味。

④ 当挂二挡、拉紧驻车制动器进行起步试验时，发动机本应熄火，但不熄火。

2. 原因

① 离合器踏板自由行程过小或没有，使分离轴承压在分离杠杆或膜片弹簧上。

② 摩擦片表面硬化、有油污、烧蚀、铆钉露头、表面不平，使摩擦因数减小。

③ 摩擦片或飞轮工作面磨损严重，或离合器盖与飞轮之间的固定螺栓松动，使压紧力减弱。

④ 压紧弹簧疲劳或折断，膜片弹簧疲劳或开裂，使压紧力下降。

⑤ 分离轴承套筒与其导管间的油污、尘腻严重，造成操纵机构卡滞，使分离轴承不能回位。

⑥ 分离杠杆弯曲变形，出现运动干涉，不能回位。

3. 诊断与排除

① 拉紧驻车制动器，挂上低速挡，慢慢放松离合器踏板，徐徐加大油门。若汽车不动，发动机仍继续运转而不熄火，说明离合器打滑。挂上挡，拉紧驻车制动器，用手摇柄能摇转发动机，也说明离合器打滑。

② 检查离合器踏板自由行程，如不符合规定，应予以调整。

③ 若离合器踏板自由行程正常、操纵机构无卡滞等，应拆下离合器盖，检查离合器盖与飞轮之间的固定螺栓是否松动，如松动应拧紧。如不松动，应检查离合器盖与飞轮之间有无调整垫片，并视情况减少或拆除垫片后再拧紧。

④ 经上述检查排除后仍然打滑，应拆下离合器检查摩擦片的状况。若有油污，一般应拆下用汽油清洗并烘干，然后找出油污来源，并设法排除。若摩擦片磨损得过薄或多数铆钉头外露，应更换摩擦片。如摩擦片磨损较轻，仅是个别铆钉头外露，可加深铆钉孔，重新铆合使用。

⑤ 如摩擦片完好，则应分解离合器，检查压盘弹簧弹力。若弹力稍有减少，可在弹簧下面加垫圈继续使用；若弹簧过弱或折断，应予以更换。

⑥ 若上述检查均未发现问题，应检查压盘和飞轮的摩擦面的磨损情况。若有伤痕或磨出台阶，可以修理；若压盘翘曲变形过大，应更换新件。

总结：离合器打滑主要可以从从动盘压不紧、从动盘摩擦因数下降等方面加以分析。

（二）离合器分离不彻底

1. 现象

① 当汽车起步时，将离合器踏板踩到底，仍感觉挂挡困难。即使强行挂入挡位，但不抬离合器踏板，汽车就向前行驶，或导致发动机熄火。

② 变速器挂挡困难或无法挂入挡位，且从变速器端发出齿轮撞击声。

2. 原因

① 离合器踏板自由行程过大。

② 分离杠杆弯曲变形、支座松动、支座轴销脱出，使分离杠杆内端高度难以调整。

③ 分离杠杆调整不当，其内端不在同一平面内或内端高度太低。

④ 双片式离合器中间压盘限位螺钉调整不当，个别分离弹簧疲劳、高度不足或折断，中间压盘在传动销上或在离合器驱动窗口内轴向移动不灵活。

⑤ 从动盘钢片翘曲、摩擦片破裂或铆钉松动。

⑥ 新换的摩擦片太厚或从动盘正反装错。

⑦ 从动盘花键孔与变速器第一轴花键轴卡滞。

⑧ 离合器液压操纵机构漏油、有空气或油量不足。

⑨ 膜片弹簧弹力减弱。

⑩ 发动机支撑磨损或损坏，发动机与变速器不同心。

3. 诊断与排除

① 将变速杆放到空挡位置，踏下离合器踏板，用螺丝刀推动离合器从动盘。若能轻易推动，说明离合器能分离；若推不动，说明离合器分不开。

② 检查并调整离合器踏板自由行程，如离合器自由行程过大，则要重新调整。

③ 检查储液罐液面是否过低或液压操纵机构是否漏油、有空气，主缸、工作缸工作是否正常等，机械绳索或传动杆件是否损坏、卡滞等，如不正常，应予以调整或更换。

④ 检查分离杠杆高低是否一致、分离杠杆支架螺栓是否松动，必要时进行调整或拧紧。

⑤ 对于双片式离合器，应检查限位螺钉与中间主动盘的间隙。若间隙不符合要求，应进行调整。调整方法是：把限位螺钉拧到底，使其抵住中间主动盘，然后退回 2/3～5/6 圈（相当于限位螺钉与锁片间发出 4～5 声响声）。

⑥ 如新换摩擦片过厚，可在离合器盖与飞轮间增加适当厚度的垫片予以调整，但各垫片厚度应一致。

⑦ 如经上述检查调整仍无效，应将离合器拆下分解，检查各部件的技术状况，必要时予以修理或换件。

总结：离合器分离不彻底的主要原因可以从离合器踏板自由行程、分离杠杆高度、从动盘等几个方面进行分析。

（三）离合器起步发抖

1. 现象

汽车用低速挡起步时，按操作规程逐渐放松离合器踏板并徐徐踩下加速踏板，离合器不能平稳接合且产生抖振，严重时整车产生抖振。

2. 原因

① 分离杠杆内端高度不处在同一平面内。

② 从动盘或压盘翘曲变形，飞轮工作端面的圆跳动过大。

③ 从动盘摩擦片厚度不均匀，有油污、烧焦，表面不平整、表面硬化，铆钉头露出、铆钉松动或切断，波形弹簧片损坏。

④ 压紧弹簧的弹力不均、疲劳或个别折断，膜片弹簧疲劳或开裂。

⑤ 从动盘上的缓冲片破裂或减振弹簧疲劳、折断。

⑥ 发动机支架、变速器、飞轮、离合器壳等的固定螺栓松动。

⑦ 分离轴承套筒与导管油污、尘腻严重，使分离轴承不能回位。

3. 诊断与排除

① 检查离合器踏板、分离轴承等回位是否正常，如果正常则继续检查其他部位。

② 检查发动机支架、变速器、飞轮、飞轮壳等的固定螺栓是否松动，如果松动则紧固螺栓，否则继续检查。

③ 检查分离杠杆的内端是否在同一平面，如果是则继续检查其他部位。

④ 检查压盘、从动盘是否变形，铆钉是否松动、外露，压紧弹簧的弹力是否不在允许范围内，如果是则更换或修理。

总结：离合器起步发抖的主要原因可以从起步时离合器在接合过程中不平稳进行分析，即发动机在匀速转动，由于离合器接合不平稳使离合器的从动部分转动不平稳，从而导致离合器乃至整车抖动。

（四）离合器异响

1. 现象

异响是指在使用离合器时，离合器分离或接合时发出不正常的响声。

2. 原因

① 分离轴承缺少润滑剂，造成干摩擦或轴承损坏。

② 分离轴承与分离杠杆内端之间无间隙。

③ 分离轴承套筒与导管之间油污、尘腻严重或分离轴承复位弹簧与离合器踏板复位弹簧疲劳、折断、脱落，使分离轴承回位不佳。

④ 从动盘花键孔与其花键轴配合松旷。

⑤ 从动盘减振弹簧退火、疲劳或折断。

⑥ 从动盘摩擦片铆钉松动或铆钉头外露。

⑦ 双片离合器传动销与中间压盘和压盘的销孔磨损而松旷。

3. 诊断与排除

① 稍微踩下离合器踏板，使分离杠杆与分离轴承接触，听到有"沙沙"的响声，为分离轴承响。如加油后仍响，为轴承磨损而松旷或损坏。检查分离轴承，如损坏或磨损过大，应换用新的轴承。

② 踩下、放松离合器踏板时，如出现间断的碰击声，为分离轴承前后滑动造成。应检查分离轴承复位弹簧，如失效，应更换。

③ 将离合器踏板踩到底时发声，放松踏板时响声消失，为离合器传动销与销孔磨损而松旷。检查传动销的磨损，如磨损过大，应更换。

④ 连踩离合器踏板，在离合器刚接触或分开时有响声，应检查分离杠杆或支架销与孔是否磨损而松旷，或铆钉是否松动，摩擦片铆钉是否外露，如有则更换。

⑤ 发动机一启动就有响声，将离合器踏板提起后响声消失，说明离合器踏板复位弹簧失效，则应更换复位弹簧。

总结：离合器异响的主要原因可以从磨损过度、松旷、过紧、运动中刮碰等方面加以分析。

 【任务实施】

离合器的维修

摩擦式离合器在汽车行驶的过程中频繁地接合与分离，会造成其技术状况发生变化，从而出现打滑、分离不彻底、发抖和发响等故障现象。

离合器出现上述故障，说明在使用过程中，离合器各组成部分（如压盘、从动盘、压紧弹簧、分离机构和操纵机构）有可能出现损伤，需要进行维修才能恢复其正常的技术状况。

一、离合器的维护

国产中型载货汽车的离合器进行一级维护时，应检查离合器踏板的自由行程；进行二级维护时，还要检查分离轴承复位弹簧的弹力，如有离合器打滑、分离不彻底、接合不平顺、分离时发响或发抖等故障发生，应进一步对离合器进行拆检，并根据具体情况更换从动盘、压盘、复位弹簧及分离轴承等部件。

对其他车型,应根据用户手册推荐的行驶里程,按离合器维护项目进行相应的检查与维护。

二、离合器的检测与调整

离合器踏板自由行程的检测与调整

1. 离合器踏板自由行程的检测与调整

检测离合器踏板自由行程的方法如图1-26所示。首先用一把钢直尺抵在驾驶室底板上,先测量离合器踏板完全放松时的高度。然后再用手轻按离合器踏板,当感到压力明显增大时,表示分离轴承端面已与分离杠杆内端接触,此时停止按离合器踏板,再次测量离合器踏板高度。两次测量的高度差即为离合器踏板的自由行程A。轿车离合器踏板自由行程一般为15~20mm;货车离合器踏板自由行程一般为30~40mm。

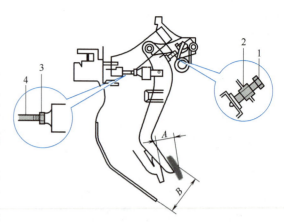

图1-26 离合器踏板自由行程、离合器踏板
高度检测及其调整
1—限位螺栓;2,3—锁紧螺母;4—主缸推杆;
A—自由行程;B—离合器踏板高度

测量离合器踏板的自由行程后,应与该车型的技术标准相比较。如果不符合要求,应进行调整。液压式操纵机构的离合器踏板自由行程的调整如图1-26所示,一般是调整主缸推杆的长度。先将主缸推杆锁紧螺母旋松,然后转动主缸推杆,从而调整离合器踏板自由行程,调整后应将锁紧螺母旋紧。有些车辆的操纵机构具有自调装置,可以免除离合器踏板自由行程的调整。

对于机械杆式操纵机构,离合器踏板自由行程的调整一般是通过分离拉杆调节螺母调整拉杆的长度实现的,如图1-27所示;对于机械绳索式操纵机构,离合器踏板自由行程的调整一般是通过调整绳索的长度实现的,如图1-28所示。

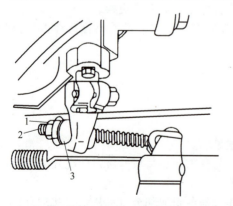

图1-27 杆式操纵机构的离合器踏板自由行程调整
1—锁紧螺母;2—分离拉杆;3—球形调节螺母

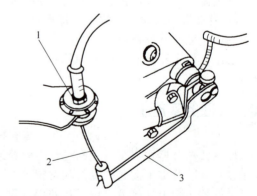

图1-28 绳索式操纵机构的离合器踏板自由行程调整
1—调节螺母;2—绳索;3—分离叉传动臂

2. 离合器踏板高度的检测与调整

离合器踏板高度的检查如图1-26所示,用钢直尺测量地板面到离合器踏板上表面的距离,即为离合器踏板高度B。如果超出标准,应调整离合器踏板高度。拧松锁紧螺母,转动限位螺栓至规定高度,国产轿车一般是180~190mm。

3. 离合器分离杠杆高度的检测与调整

离合器分离杠杆的内端与分离轴承必须同时接触，汽车才能平稳起步。若分离杠杆内端高低不一致，离合器接合时将发生抖动。对于周布弹簧式离合器，将离合器安装到发动机飞轮上后，应检查和调整分离杠杆的内端高度，并使其内端面在同一平面内。如东风 EQ1092 型汽车离合器，要求分离杠杆内端高低之差不得超过 0.2mm，且分离杠杆内端着力面到飞轮工作面的距离为（56±0.5）mm。不符合要求时，可通过分离杠杆支撑柱上的调节螺母调整。此外，如果分离杠杆的端面磨损严重或变形，分离轴承运转不灵活或有噪声，应更换。

离合器分离杠杆高度的检测与调整

对膜片弹簧式离合器，若膜片弹簧分离指因磨损、锈蚀、破裂等致使膜片弹簧所受载荷不均匀或降低时，必须更换。膜片弹簧分离指在圆周上必须均匀排列，其极限偏差不大于 0.5mm。同时，各弹簧分离指的高度应处于同一水平面，其误差应不大于 0.5mm。膜片弹簧分离指高度的检测方法：用专业工具盖住弹簧分离指内端（小端），然后用塞尺测量弹簧内端与专用工具之间的间隙，如图 1-29（a）所示。弹簧内端应在同一平面内，间隙不应超过 0.5mm。如果发现有变形过大的弹簧分离指，可使用专业维修工具将其翘起进行调整，如图 1-29（b）所示。

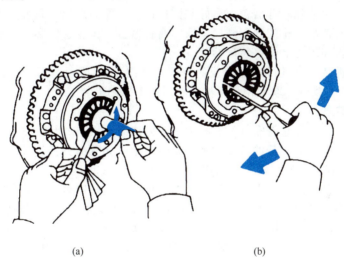

(a)　　　　　　　　　　(b)

图 1-29　膜片弹簧式离合器分离指高度的检测与调整

4. 离合器液压操纵系统排气

离合器液压操纵系统在经过检修后管路可能有空气进入，在添加制动液时也可能使空气进入液压系统中。空气进入后，由于缩短了主缸推杆行程（即离合器踏板工作行程），从而使离合器分离不彻底。因此，液压系统检修后或怀疑有空气进入液压系统时，就要排出液压系统中的空气。排除空气的方法如下。

① 检查离合器管路等各部分，确保没有漏液。

② 擦净储液罐盖周围，并拧开储液罐盖，向储液罐中注入离合器油（制动液）至规定高度。

③ 一人进入驾驶位，另一人将汽车举升至合适的高度并锁止。

④ 准备一根排气软管和装离合器油的容器，将软管的一端与离合器排气孔相连，另一端伸入装离合器油的容器中。

⑤ 放气操作需要两个人配合完成。驾驶位上的人慢慢踩离合器踏板数次，感到有阻力时踩住离合器踏板不动，另一人拧松放气阀，直到离合器油流出。此时，能看到装离合器油

的容器中有气泡冒出。随后，再拧紧放气阀。

⑥ 重复步骤⑤，持续放气直至新离合器油进入装离合器油的容器中，且无气泡冒出。排气操作结束后，解锁，降下车辆。操作过程中应注意观察储液罐中液面的高度，勿使其低过下限，否则空气有可能进入离合器的操纵机构中。

⑦ 空气排干净后，需要再次检查及调整离合器踏板自由行程到规定值。

⑧ 检查储液罐内液面的高度，确认没有问题后拧紧储液罐盖。

三、离合器的拆装

1. 离合器拆装注意事项

① 从飞轮上拆下离合器总成时，应首先检查有无拆装标记，无拆装标记时应补做后再进行拆装，以免组装后破坏原系统的平衡。

② 离合器总成解体时，为防止离合器盖变形和零件弹出，必须用专用拆装工具，并按对角线交替、均匀地拧松紧固螺栓。

2. 离合器的拆卸

① 拆卸离合器前应先拆下变速器总成，再从发动机总成上拆下离合器壳。

② 在发动机飞轮上和离合器盖上做好装配标记，以保证装配后系统的平衡。

③ 拆下离合器盖与飞轮的固定螺栓，取下离合器盖、压盘总成和从动盘总成。

④ 在离合器盖和压盘上做好装配标记。

⑤ 利用专用拆装工具进行压盘总成的分解，如图 1-30 所示。用专用拆装工具压紧后，拧下固定螺栓或钻去铆钉，取下相关零件，然后放松专用拆装工具。

3. 离合器的装复

① 检查各总成、零件是否完好，若有损坏应先成组更换。

② 检查周布离合器的弹簧的长度和弹力是否一致，如有部分弹簧长度较短、弹力稍弱，又在允许范围内，则应将弹力较弱的弹簧均匀对称地排放。

③ 选用专用压具（压床或专用装配台）安装压盘、离合器盖、压紧弹簧和分离杠杆。

④ 装配从动盘时使用专用修理工具（SST）、校正杆或变速器输入轴插入离合器从动盘键槽，使离合器从动盘键槽中心对正（图 1-31），将离合器从动盘装到飞轮上。装配时应仔细观察离合器从动盘的设计和制造品质，表面是否有油污，并注意从动盘的安装方向。

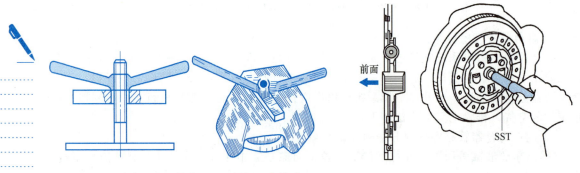

图 1-30　离合器专用拆装工具及拆解压盘总成　　　　图 1-31　从动盘的安装

⑤ 用干净的抹布擦拭压盘和飞轮的工作表面，将离合器盖对正飞轮上的装配标记，均匀地以规定力矩对角分几次拧紧各螺栓到规定力矩。

⑥ 滚针轴承、分离轴承、从动盘花键毂、连接销等活动部位处应涂少许钙基润滑脂。

⑦ 把变速器装到汽车上，连接好操纵机构。

四、离合器主要零部件的检修

1. 从动盘的检修

离合器从动盘的常见损伤有摩擦片的磨损、烧蚀、表面龟裂、硬化、油污，铆钉外露或松动，从动盘钢片翘曲、破裂，花键磨损等。使用不当时，还会出现扭转减振器弹簧折断、钢片与花键毂之间的铆钉松动等现象。

从动盘摩擦片表面有烧焦、开裂现象时，应换用新片。

从动盘摩擦片表面有严重油污，应更换新摩擦片并检查曲轴后油封与变速器一轴的密封情况。

扭转减振器弹簧折断、花键磨损大时应更换，铆钉松动可重新铆接或更换。

从动盘摩擦片表面严重磨损（图1-32），用卡尺测量铆钉头深度，铆钉头深度不小于0.20mm时，应换用新片。注意：检查的是铆钉头的深度，即浅处的深度。

新的或经修复的从动盘装配前应按图1-33所示方法检验其端面圆跳动，其外缘2.5mm处端面圆跳动量一般不超过0.40mm，超过允许值应用专用板钳进行校正或换新。

从动盘的检修

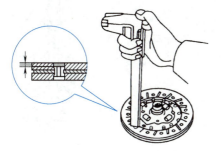

图1-32 离合器摩擦片磨损检查

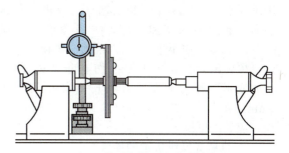

图1-33 从动盘端面圆跳动的检查

2. 压盘和离合器盖的检修

压盘损伤主要是翘曲、破裂或过度磨损等。

先检查压盘表面粗糙度。压盘表面不应有明显的沟槽，沟槽深度应小于0.30mm。轻微的磨损可用油石修平。

再检查压盘平面度。用刀口尺压在压盘上，然后用塞尺测量，如图1-34所示。离合器压盘平面度不应超过0.2mm。

若压盘平面度或表面粗糙度超过要求，可用平面磨床磨平或车床车平，但磨、车的厚度应小于2mm，否则应更换压盘。

离合器盖与飞轮的接合面的平面度应小于0.5mm，如有翘曲、裂纹、螺纹磨损等应更换离合器盖。

3. 飞轮的检修

（1）检测飞轮 飞轮的常见损伤有齿圈轮齿的磨损或打齿，飞轮后端面主要的损伤形式有磨损（沟槽）、翘曲和裂纹等。当齿圈轮齿出现磨损或打齿时，需更换齿

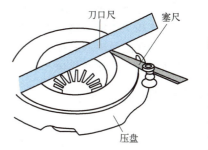

图1-34 压盘平面度的检测

圈；当飞轮端面磨损的沟槽深度超过0.5mm，或平面度误差超过0.12mm时，应修平其平面；当飞轮工作面摆差超过极限值时，则需更换飞轮，其检测方法如图1-35所示。

（2）检查导向轴承 导向轴承通常是一次性润滑的，不需要清洁或加注润滑油，检查方法是：一面用手转动轴承，一面向转动方向施加压力，如轴承卡住或阻力过大，则应更换导向轴承。更换导向轴承时，需用专用修理工具（SST）拆装，其方法如图1-36所示。

压紧弹簧
及分离杠
杆的检修

4. 压紧弹簧的检修

膜片弹簧因长久负荷而疲劳，造成弯曲、磨损、开裂和弹力减弱，从而影响动力的传递。若膜片弹簧出现弯曲，则必须校正；若膜片弹簧出现折断、开裂等，应予以更换。

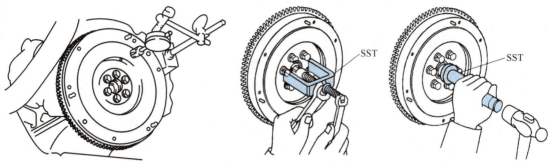

图1-35　飞轮端面圆跳度的检测　　　　图1-36　飞轮导向轴承的更换

膜片弹簧磨损的测量方法如图1-37所示，用游标卡尺测量膜片弹簧内端（与分离轴承接触面）磨损的深度和宽度，一般深度应小于0.6mm，宽度应小于5mm，否则应更换。

螺旋压紧弹簧的主要损伤有断裂或裂纹、弯曲变形、弹力减弱。自由长度减小值大于2mm，在全长上的偏斜量超过1mm，或出现裂纹，应予以更换。

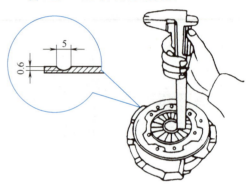

图1-37　膜片弹簧磨损的测量

5. 机械式操纵机构的检修

机械式操纵机构主要检查项目：拉杆弯曲变形后应进行矫正，螺纹损坏的应更换。离合器踏板复位弹簧折断或弹力减弱时应更换。分离叉轴套与叉轴配合松旷应更换衬套。踏板轴与衬套配合松旷应更换衬套。如东风EQ1092型汽车踏板轴与衬套标准配合间隙为：大修标准0.025～0.130mm，大修允许值0.025～0.170mm，使用限度0.25mm。

用手按压分离轴承，分离轴承应转动灵活，无卡滞、异响，否则应更换；前后或上下移动分离轴承内外座圈，应无松旷感，否则需采用磁力座表进一步检测。

6. 主缸和工作缸的检修

主缸和工作缸是离合器液压操纵机构的主要部件，其工作性能直接影响离合器的工作性能。当出现缸筒内壁磨损超过0.125mm，活塞与缸筒的间隙超过0.20mm，缸壁和活塞表面锈蚀、皮碗老化及复位弹簧失效等情况时，应更换相应的零件。

✿【维修案例】

某轿车起步时车身发生抖动故障的检修

故障症状：某轿车起步时，离合器不能平稳接合，车身发生抖动。

故障诊断与排除：先采用经验法确定故障部位。如果踩下离合器踏板，离合器处于分离状态并发抖，则可能是由于分离轴承或分离叉卡滞；如果踩下离合器踏板无阻滞感，感觉轻松，但仍发抖，则故障部位可能在压盘膜片弹簧上；如果松开离合器踏板后发抖，即离合器处于接合状态时发抖，则可能是离合器片上扭转减振弹簧断裂或失去弹性；如果轿车行驶途中和换挡时踩离合器踏板均发抖，则可能是离合器盖螺栓松动造成离合器发抖。

按照以上经验方法，根据故障特征，拆检离合器，检查重点部位，结果拆检后未发现离合器部件损坏。

　　进一步仔细检查离合器部件，发现离合器盖外观粗糙，离合器盖与飞轮接合部分不平整，询问车主，方知该车更换过离合器。试车中还发现一个特征：离合器发抖的振动频率随发动机转速的升高而增长。这说明该车更换了不合格的离合器盖，离合器动平衡被破坏。

　　离合器动平衡应在平衡架上检验和校正。经检验，该车离合器动平衡超标（不平衡量应不大于 2g·cm）。鉴于该离合器动平衡问题是更换不合格离合器盖造成的，因此更换了合格的离合器盖附件板总成。再次在平衡架上检验，达到规定要求，装车后离合器抖动故障排除。

任务三　手动变速器检修

【任务引入】

　　客户反映其轿车出现挂不上前进挡，不能前进只能倒退的故障。故障症状：一辆轿车在交通繁忙路段行驶时，由于驾驶员是新手，换挡过猛，导致突然挂不上挡。驾驶员尝试了所有的前进挡位，都无法使汽车向前行驶。然而，当操作换挡杆时，只有倒挡能使汽车行驶。

【任务分析】

　　本任务是检修汽车手动变速器。要完成本任务，学生需要熟悉汽车手动变速器的功用、组成、类型及传动原理，熟悉常见的两轴式、三轴式变速器各挡位的动力传递路线，熟悉同步器的功用、类型及工作原理，熟悉手动变速器常见故障的诊断与排除方法，掌握手动变速器的拆装及各零部件的检修内容和方法。

【知识准备】

一、变速器认知

（一）变速器的功用

变速器的功用

　　现代的汽车广泛采用活塞式发动机作为动力源，其转矩和转速变化范围较小，而汽车实际行驶时的道路条件非常复杂，这就要求汽车的驱动力和行驶速度必须能够在相当大的范围内变化，以适应复杂道路条件。另外，活塞式发动机的旋转方向是一定的，而汽车在实际行驶过程中常常需要倒向行驶。为此，在汽车传动系统中设置了变速器，其功用如下。

1. 实现变速、变矩

　　汽车上所应用的发动机具有转矩变化范围小、转速高的特点，这与汽车实际的行驶状况是不适应的。如果不通过变速器而直接将发动机与驱动桥连接在一起，首先，由于发动机的转矩小，不能克服汽车的行驶阻力，使汽车根本无法起步；其次，假使汽车行驶起来，也会由于车速太高而不实用，甚至无法驾控。所以，必须改变发动机的转矩、转速特性，使发动机的转矩增大、转速下降，以适应汽车实际行驶的要求。因此，在变速器中通过设置合理的挡位数和传动比来实现这一功用。

2. 实现倒车

　　现代的汽车广泛采用的活塞式发动机的旋转方向是不能改变的（从前往后看，为顺时针方向），而为了实现汽车的倒向行驶，在变速器中设置了倒挡。

3. 实现中断动力传递

　　在发动机启动和怠速运转、变速器换挡、汽车滑行和暂时停车等情况下，都需要中断发动机的动力传递，因此在变速器中设有空挡。

4. 实现动力输出，驱动其他机构

变速器可以作为动力输出装置驱动某些附属装置（如举升、起吊装置等），如自卸车的液压举升装置。

对于多轴驱动的越野汽车，在变速器之后还装有分动器，以便将变速器输出的动力分配到各驱动轮上。

（二）变速器的类型

现代的汽车上所采用的变速器有多种结构形式，一般可以按照传动比的级数和操纵方式进行分类。

1. 按传动比的级数分

变速器按传动比的级数可分为有级式、无级式和综合式三种。

（1）有级式变速器

有级式变速器采用齿轮传动，具有若干个定值传动比，传动比成阶梯式变化。这种变速器按采用的齿轮轮系形式的不同，可分为轴线固定式变速器（普通齿轮变速器）和轴线旋转式变速器（行星齿轮变速器）两种。

普通齿轮变速器按前进挡传递动力的轴数又可分为两轴式和三轴式。两轴式变速器广泛应用于前置前驱的轿车；三轴式变速器应用最广泛，为绝大多数采用机械式传动系统的车辆所采用。普通齿轮变速器具有结构简单、易于制造、工作可靠、传动效率高等优点。

行星齿轮变速器在传动系统中一般不单独采用，常用于液压式传动系统，与液力变矩器一起组成液力机械式变速器（综合式变速器）。

变速器的挡数是指前进挡的数目，不包括倒挡。目前轿车和轻中型货车的变速器通常有3～5个前进挡和1个倒挡，少数也有6个挡位的。对于重型和超重型汽车，为了得到更多挡位，又不使变速器体积和质量过大、结构复杂、拆装困难，将变速器制成主、副变速器两部分。其中，主变速器挡数较多，一般有4～5个挡；副变速器挡数少，一般有2～4个挡，且没有倒挡。通过这种设计，整个变速器系统得到8～20个挡位。

（2）无级式变速器

无级式变速器的传动比在一定范围内是连续变化的，现在常见的有机械式和液压式（液力式）两种。机械式无级变速器一般都是采用金属带传递动力，通过主从动带轮直径的变化实现无级变速，这种变速器在现在的轿车中应用得越来越多。液压式无级变速器主要是液力变矩器，与行星齿轮变速器一起组成液力机械式变速器（综合式变速器）。

（3）综合式变速器

综合式变速器是由液力变矩器和行星齿轮变速器组成的，一般由电脑自动控制换挡，所以这种变速器也称为液力自动变速器。这种变速器的传动比可在最大值与最小值之间的若干个间断范围内实现无级变化，目前应用较为广泛。

2. 按变速器操纵方式分

按变速器操纵方式可分为手动变速器、自动变速器和手动自动一体变速器三种。

（1）手动变速器

手动变速器（manual transmission，MT）通过驾驶员手动操纵变速杆来选定挡位，直接操纵变速器的换挡机构进行挡位变换。大多数齿轮式有级变速器采用这种换挡方式。

（2）自动变速器

自动变速器的传动比由电脑自动进行选择，驾驶员只需操纵加速踏板来控制车速。现在乘用车中广泛应用的自动变速器有液力自动变速器（automatic transmission，AT）、机械无级自动变速器（continuously variable transmission，CVT）、双离合器自动变速器（dual clutch transmission，DCT）和电控机械式自动变速器（automated mechanical transmission，AMT）。

（3）手动自动一体变速器

这种变速器同时存在驾驶员手动操纵和自动操纵两种操纵方式。它结合了手动变速器和自动变速器的优点，能够最大限度减少变速系统的功率损耗。目前，这种变速器在乘用车中也得到广泛应用，如奥迪 A6、上海帕萨特等就装有手动自动一体变速器。

本书主要介绍手动变速器、有级变速器、普通齿轮变速器，一般简称为手动变速器。而自动变速器主要在《汽车底盘电控系统检修》或《汽车电控技术》中讲解。

手动变速器的基本组成有变速传动机构和操纵机构两部分。变速传动机构的主要作用是改变转速和转矩的大小与方向，操纵机构的主要作用是实现传动比的变换——换挡。

（三）普通齿轮变速器的工作原理

1. 变速、变矩原理

变速、变矩原理

普通齿轮变速器利用不同齿数的齿轮的啮合传动来实现转矩和转速的改变。

齿轮传动的基本原理如图 1-38 所示，一对齿数不同的齿轮啮合传动时可以实现变速，而且两齿轮的转速比与其齿数成反比。设主动齿轮转速为 n_1、齿数为 z_1，从动齿轮转速为 n_2、齿数为 z_2。主动齿轮（即输入轴）转速与从动齿轮（即输出轴）的转速比称为传动比，用字母 i_{12} 表示，即由主动齿轮 1 传到从动齿轮 2 的传动比，则有

$$i_{12}=n_1/n_2=z_2/z_1$$

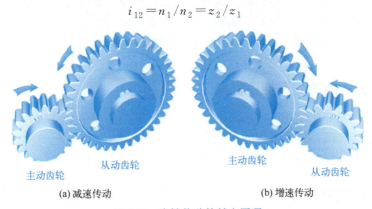

（a）减速传动 （b）增速传动

图 1-38 齿轮传动的基本原理

如图 1-38（a）所示，当小齿轮（为主动齿轮）带动大齿轮转动时，输出转速降低，即 $n_2<n_1$，称为减速传动，此时传动比 $i>1$。如图 1-38（b）所示，当大齿轮驱动小齿轮时，输出转速升高，即 $n_2>n_1$，称为增速传动，此时传动比 $i<1$，这就是齿轮传动的原理。汽车变速器就是根据这一原理，利用若干大小不同的齿轮副传动而实现变速的。

若主动齿轮转矩为 M_1，从动齿轮转矩为 M_2，由齿轮传动的原理可知：$i_{12}=n_1/n_2=M_2/M_1$，即降速则增矩，增速则降矩。齿轮式变速器在改变转速的同时也必然改变了输出转矩，传动比既是变速比也是变矩比，汽车变速器就是利用这一原理，通过改变各挡传动比来改变输出转速，从而改变输出转矩，以适应汽车行驶阻力的变化。

一对齿轮传动只能得到一个固定的传动比，从而得到一种输出转速，并构成一个挡位。为了扩大变速器输出转速的变速范围，普通齿轮变速器通常采用多组大小不同的齿轮来啮合传动，即齿轮轮系，这样就构成了多个不同挡位。对应于不同挡位，均有不同的传动比，从而可得到多种不同的输出转速。由"机械设计"中齿轮轮系传动原理可知，多级齿轮（轮系）传动的传动比 i 为

$$i=\frac{\text{所有各级从动齿轮齿数的连乘积}}{\text{所有各级主动齿轮齿数的连乘积}}=\text{各级齿轮传动比的连乘积}$$

2. 换挡原理

变速器的换挡通常采用接合套、滑移齿轮或同步器等装置，使齿轮或齿圈啮合或脱开来实现。如在图 1-39 中，将齿轮 3 与 4 脱开，再将齿轮 5 与 6 啮合，传动比改变，输出轴Ⅱ的转速、转矩也发生变化，即挡位改变。

在变速器中，把传动比 $i>1$ 的挡位称为降速挡，即其输出轴转速低于发动机转速；把 $i=1$ 的挡位称为直接挡，即其输出轴转速与发动机转速相等；把 $i<1$ 的挡位称为超速挡，即其输出轴转速超过发动机的转速。习惯上把变速器传动比较小的挡位称为高挡，传动比值较大的挡位称为低挡；由低挡向高挡变换称为加挡（或升挡），反之称为减挡（或降挡）。变速器就是通过挡位变换来改变传动比，从而实现多级变速的。

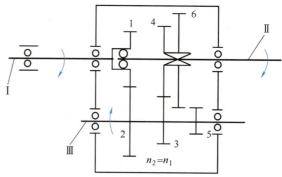

图 1-39　齿轮传动机构的换挡原理
Ⅰ—输入轴；Ⅱ—输出轴；Ⅲ—中间轴；
1~6—齿轮

3. 变向原理

由齿轮传动原理可知，一对相啮合的外齿轮旋向相反，每经过一对传动副，其轴改变一次转向。因此，对于两轴式变速器，在输入轴与输出轴之间加装了倒挡轴和倒挡齿轮（此为惰轮）；而对于三轴式变速器，则在中间轴与输出轴之间加装了倒挡轴和倒挡齿轮，就可以使输出轴与输入轴转向相反，从而使汽车倒向行驶。

二、手动变速器的变速传动机构

两轴式变速传动机构结构原理

手动变速器包括变速传动机构和操纵机构两大部分。变速传动机构的主要作用是改变转速和转矩的大小与方向，操纵机构的主要作用是实现换挡。

变速传动机构是变速器的主体，按工作轴的数量（不包括倒挡轴）可分为两轴式变速器和三轴式变速器。

（一）两轴式变速传动机构

在发动机前置前轮驱动（FF 方式）或发动机后置后轮驱动（RR 方式）的中级和普通级轿车上，由于总体布置的需要，常采用两轴式变速器。这种变速器的特点是输入轴与输出轴平行，且无中间轴，结构简单、紧凑，自身质量小；各前进挡的动力分别经一对齿轮传递，传动效率高，工作噪声低，传动比范围相对三轴式变速器要小。

两轴式变速器用于发动机前置前轮驱动的汽车，一般与驱动桥（前桥）合称为手动变速驱动桥。现在常见的经济型轿车均采用这种变速器。

前置发动机有纵向布置和横向布置两种形式，与其配用的两轴式变速器也有两种不同的结构形式。发动机横置时，主减速器采用一对圆柱齿轮，其结构如图 1-40 所示。发动机纵置时，主减速器采用一对圆锥齿轮，变速器传动示意图 1-41 所示。

1. 基本结构

两轴式变速器的结构基本相同，只是输出轴上的主减速器齿轮不同，一为圆柱齿轮，一为圆锥齿轮；此外主减速器和差速器、半轴输出结构布置形式也有区别。但变速器变速传动机构则基本一致，变速器变速传动机构的输入轴和输出轴平行布置，输入轴也是离合器的从动轴，输出轴也是主减速器的主动齿轮轴。

如图 1-40 和图 1-41 所示，两个变速器均具有五个前进挡和一个倒挡，全部采用锁环式惯性同步器协助换挡。如图 1-41 所示，输入轴是一根细长轴，其前端支撑在发动机曲轴后

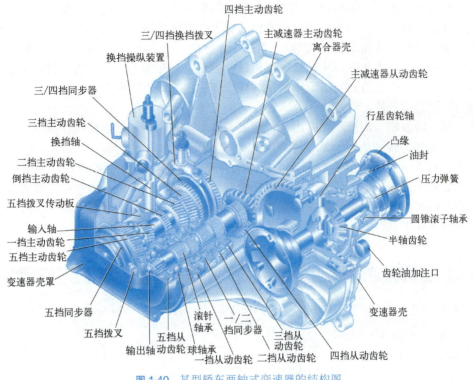

图 1-40　某型轿车两轴式变速器的结构图

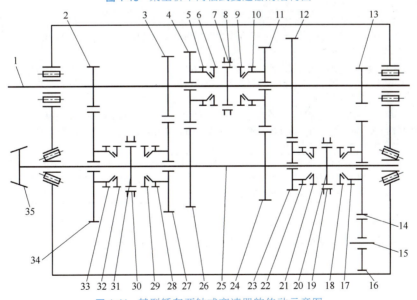

图 1-41　某型轿车两轴式变速器的传动示意图

1—输入轴；2—输入轴一挡齿轮；3—输入轴二挡齿轮；4—输入轴三挡齿轮；5—三挡齿轮接合齿圈；6—三挡同步器锁环；7—三、四挡接合套；8—三、四挡花键毂；9—四挡同步器锁环；10—四挡齿轮接合齿圈；11—输入轴四挡齿轮；12—输入轴五挡齿轮；13—输入轴倒挡齿轮；14—输出轴倒挡齿轮；15—倒挡轴；16—倒挡轴中间齿轮；17—倒挡齿轮接合齿圈；18—倒挡同步器锁环；19—五、倒挡接合套；20—五、倒挡花键毂；21—五挡同步器锁环；22—五挡齿轮接合齿圈；23—输出轴五挡齿轮；24—输出轴四挡齿轮；25—输出轴；26—输出轴三挡齿轮；27—输出轴二挡齿轮；28—二挡齿轮接合齿圈；29—二挡同步器锁环；30—一、二挡接合套；31—一、二挡花键毂；32—一挡同步器锁环；33—一挡齿轮接合齿圈；34—输出轴一挡齿轮；35—主减速器主动锥齿轮

端孔内的滚针轴承上，中间和后端用滚子轴承支撑在变速器前后壳体上。输入轴上有一至五挡主动齿轮，其中一、二、五挡主动齿轮与轴制成一体，三、四挡主动齿轮通过滚针轴承空

套在轴上。输入轴上还有倒挡主动齿轮，它与轴制成一体。三、四挡同步器及其接合套、花键毂也装在输入轴上，其中花键毂以内花键与输入轴上的外花键过盈配合。输出轴前后端用圆锥滚子轴承支撑在变速器前后壳体上，输出轴上有一至五挡从动齿轮和主减速器主动齿轮，其中一、二、五挡和倒挡从动齿轮通过滚针轴承空套在轴上，三、四挡齿轮通过花键套装在轴上。一、二、五挡和倒挡同步器及其接合套、花键毂也装在输出轴上，其中花键毂以内花键与输出轴上的外花键过盈配合。在变速器壳体中还装有倒挡轴，上面通过滚针轴承套装有倒挡轴中间齿轮。倒挡轴要固定于变速器壳体上，防止其转动和轴向移动。

2. 各挡的动力传动路线

如图 1-41 所示为某型轿车两轴式变速器的传动示意图，该变速器各挡均采用同步器换挡。同步器是一种加装了一套同步装置的接合套换挡机构。同步装置的作用是使变速器在汽车行进中换挡时不发生接合齿的冲击，其结构和工作原理将在后续内容中阐述。其各挡的动力传动路线如表 1-1 所示。

表 1-1 某型轿车两轴式变速器的动力传动路线

挡位	动力传动路线	传动比
空挡	操纵变速杆，使各挡同步器、接合套均处于中间位置，此时动力从离合器到输入轴不传给输出轴	/
一挡	操纵变速杆，通过一挡同步器锁环，使一、二挡接合套左移与一挡接合齿圈接合，实现一挡动力传递：动力→输入轴→输入轴一挡齿轮→输出轴一挡齿轮→一挡齿轮接合齿圈→一、二挡接合套→一、二挡花键毂→输出轴→动力输出	3.545
二挡	操纵变速杆，通过二挡同步器锁环，使一、二挡接合套右移与二挡接合齿圈接合，实现二挡动力传递：动力→输入轴→输入轴二挡齿轮→输出轴二挡齿轮→二挡齿轮接合齿圈→一、二挡接合套→一、二挡花键毂→输出轴→动力输出	2.105
三挡	操纵变速杆，通过三挡同步器锁环，使三、四挡接合套左移与三挡接合齿圈接合，实现三挡动力传递：动力→输入轴→三、四挡花键毂→三、四挡接合套→三挡齿轮接合齿圈→输入轴三挡齿轮→输出轴三挡齿轮→输出轴→动力输出	1.429
四挡	操纵变速杆，通过四挡同步器锁环，使三、四挡接合套右移与四挡接合齿圈接合，实现四挡动力传递：动力→输入轴→三、四挡花键毂→三、四挡接合套→四挡齿轮接合齿圈→输入轴四挡齿轮→输出轴四挡齿轮→输出轴→动力输出	1.029
五挡	操纵变速杆，通过五挡同步器锁环，使五、倒挡接合套左移与五挡接合齿圈接合，实现五挡动力传递：动力→输入轴→输入轴五挡齿轮→输出轴五挡齿轮→五挡齿轮接合齿圈→五、倒挡接合套→五、倒挡花键毂→输出轴→动力输出	0.838
倒挡	操纵变速杆，通过倒挡同步器锁环，使五、倒挡接合套右移与倒挡接合齿圈接合，实现倒挡动力传递：动力→输入轴→输入轴倒挡齿轮→倒挡轴中间齿轮→输出轴倒挡齿轮→倒挡齿轮接合齿圈→五、倒挡接合套→五、倒挡花键毂→输出轴→动力反向输出	3.5

3. 传动比计算

由于两轴式变速器前进挡采用一对齿轮传动，故各挡传动比可由 $i_{12}=n_1/n_2=z_2/z_1$ 计算得出。

一挡：$i_1=n_2/n_{34}=z_{34}/z_2=39/11=3.545$

二挡：$i_2=n_3/n_{27}=z_{27}/z_3=40/19\approx2.105$

三挡：$i_3=n_4/n_{26}=z_{26}/z_4=40/28\approx1.429$

四挡：$i_4=n_{11}/n_{24}=z_{24}/z_{11}=35/34\approx1.029$

五挡：$i_5=n_{12}/n_{23}=z_{23}/z_{12}=31/37\approx0.838$

倒挡：$i_R=n_{13}/n_{14}=(z_{14}/z_{16})\times(z_{16}/z_{13})=z_{14}/z_{13}=35/10=3.5$

五挡传动比 $i_5<1$，该挡称为超速挡。超速挡主要用于良好路面上轻载或空车驾驶的场合，借此提高汽车燃油经济性。但如果发动机功率不高，则超速挡适用率很低，节油效果不显著，甚至影响汽车的动力性。超速挡的传动比一般为 0.7～0.85。

倒挡传动比 $i_R=3.5$，倒挡的数值较大，一般与一挡 i_1 相近。这是出于安全考虑，希望倒车时速度尽可能低些。

在变速器中利用同步器和接合套换挡，可把输入轴和输出轴上相啮合的传动齿轮制成常啮合的斜齿轮，从而减小变速器工作时噪声、减小变速器尺寸并延长齿轮使用寿命。

（二）三轴式变速器

在发动机前置后轮驱动（FR）的汽车上，常采用三轴式变速器，如高级轿车丰田皇冠等和货车解放 CA1092、东风 EQ1092 等，其特点是传动比范围较大，有直接挡，传动效率高。

基本结构（三轴式变速器）

1. 基本结构

下面以东风 EQ1092 中型货车变速器为例进行介绍，其结构简图如图 1-42 所示，其有三根主要的轴，一轴、二轴和中间轴，所以称为三轴式变速器。其中一轴和二轴轴线相互重合，倒挡轴及其三根轴相互平行。

一轴为输入轴，也是离合器从动轴，其前端支撑在曲轴的中心孔内的滚子轴承内，后端用球轴承支撑在变速器壳体上，其上制有常啮合齿轮 2 和接合齿圈 3。

二轴为输出轴，其前端通过滚针轴承支撑在一轴后端的内孔中，后端通过球轴承支撑在变速器壳体上。二轴上用花键套装着四挡、五挡与二挡、三挡同步器的花键毂和接合套以及一、倒挡滑移齿轮。

中间轴两端分别用圆柱滚子轴承和球轴承支撑在变速器壳体上，其上装有中间轴常啮合齿轮、二挡、三挡、四挡及一、倒挡齿轮，它们分别与一轴、二轴上的齿轮啮合传递动力。

倒挡轴是固定式轴，其轴端以过盈配合装配在壳体上，其上套装有倒挡中间齿轮。

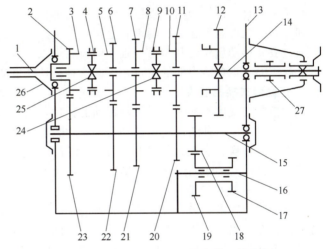

图 1-42 东风 EQ1092 中型货车的三轴式变速器传动机构示意图

1——一轴；2——一轴常啮合齿轮；3——轴常啮合齿轮接合齿圈；4,9—接合套；5—四挡齿轮接合齿圈；6—二轴四挡齿轮；7—二轴三挡齿轮；8—三挡齿轮接合齿圈；10—二挡齿轮接合齿圈；11—二轴二挡齿轮；12—二轴一、倒挡直齿滑动齿轮；13—变速器壳体；14—二轴；15—中间轴；16—倒挡轴；17,19—倒挡中间齿轮；18—中间轴一、倒挡齿轮；20—中间轴二挡齿轮；21—中间轴三挡齿轮；22—中间轴四挡齿轮；23—中间轴常啮合齿轮；24,25—花键毂；26——轴轴承盖；27—回油螺纹

三轴式变速器各挡动力传动路线

2. 各挡的动力传动路线

该变速器为五挡变速器，各挡传动情况如下。

（1）空挡 二轴上的各接合套、传动齿轮均处于中间空转的位置，动力不传给二轴。

（2）一挡 前移二轴一、倒挡直齿滑动齿轮 12 与中间轴一、倒挡齿轮 18 啮合。动力经齿轮 2、23、齿轮 18、齿轮 12，传到二轴，使其顺时针旋转（与一轴同向）。

（3）二挡 后移接合套 9 与二轴二挡齿轮 11 的接合齿圈 10 啮合。动力经齿轮 2、齿轮 23、齿轮 20、齿轮 11、接合齿圈 10、接合套 9、花键毂 24，传到二轴，使其顺时针旋转。

（4）三挡 前移接合套 9 与二轴三挡齿轮 7 的接合齿圈 8 啮合。动力经齿轮 2、齿轮 23、齿轮 21、齿轮 7、接合齿圈 8、接合套 9、花键毂 24，传到二轴，使其顺时针旋转。

（5）四挡 后移接合套 4 与二轴四挡齿轮 6 的接合齿圈 5 啮合。动力经齿轮 2、齿轮

23、齿轮22、齿轮6、接合齿圈5、接合套4、花键毂25，传到二轴，使其顺时针旋转。

（6）五挡　前移接合套4与一轴常啮合齿轮2的接合齿圈3啮合。动力直接由一轴1、齿轮2、接合齿圈3、接合套4、花键毂25，传到二轴，实现机械连接，传动比等于1。由于二轴的转速与一轴相同，故此挡称为直接挡。

（7）倒挡　后移二轴一、倒挡直齿滑动齿轮12与倒挡中间齿轮17啮合。动力经齿轮2、齿轮23、齿轮18、齿轮19、齿轮17、齿轮12，传到二轴，使其逆时针旋转，汽车倒向行驶。倒挡传动路线与其他挡位相比较，由于多了倒挡轴中间齿轮的传动，即3对外啮合齿轮传动（前进挡2对外啮合齿轮），所以改变了二轴的旋转方向。

（三）手动变速器的换挡装置

普通齿轮式变速器的换挡装置有三种：直齿滑动齿轮式、接合套式和同步器式换挡装置。

1. 直齿滑动齿轮式换挡装置

对于采用直齿齿轮传动的挡位，常采用这种换挡装置，如东风EQ1092型汽车变速器的倒挡和一挡。这种装置通过移动齿轮直接换挡。齿轮为直齿轮，内孔有花键孔，套在花键轴上。通过拨叉移动齿轮使其与另一轴上的齿轮进入啮合或退出啮合。由于直齿轮传动存在冲击大、噪声大、承载能力低的缺点，因此这种换挡装置应用得越来越少。

2. 接合套式换挡装置

这种换挡装置用于常啮合斜齿轮传动的挡位，如东风EQ1092型汽车变速器的二挡、三挡、四挡和五挡。这种装置利用移动套在花键毂上的接合套，与传动齿轮上的接合齿圈相啮合或退出来进行换挡。该换挡装置由于接合齿短，换挡时拨叉移动量小，故操作轻便；另外，换挡零件承受冲击的工作面积增加，使换挡冲击减小，从而换挡元件寿命延长。

3. 同步器式换挡装置

这种换挡装置是在接合套式换挡装置的基础上加装了同步零件而构成的一种换挡装置。它可以保证在换挡时，使接合套与待啮合齿圈的圆周速度迅速相等，即迅速达到同步状态，并防止两者同步前进入啮合。因此，这种装置可消除换挡时的冲击，使换挡操作简单，因而得到广泛应用。在现代轿车中，手动变速器普遍采用同步器式换挡装置，如图1-40和图1-41所示变速器各挡位。

手动变速器的润滑与密封

（四）手动变速器的润滑与密封

1. 变速器的润滑

变速器中各齿轮副、轴及轴承等运动部件均有较高的运动速度，因此必须有可靠的润滑。普通齿轮变速器大都采用飞溅润滑，只有少数重型汽车采用压力润滑。

采用飞溅润滑的变速器，其壳体内注一定量的润滑油，依靠齿轮旋转将润滑油甩到各运动部件的工作表面。壳体一侧有加油口，通常润滑油平面应与加油口的下沿保持平齐。壳体底部有放油螺塞。为了润滑第二轴的前轴承和各个空套齿轮的衬套或轴承，有的齿轮钻有径向油孔，或在轮毂端面开有径向油槽，以便润滑油进入各衬套和轴承表面。

2. 变速器的密封

为了防止润滑油泄漏，变速器盖与壳体及各轴承盖与壳体的接合面装有密封垫或用密封胶密封；第一轴和第二轴与轴承盖之间则用自紧油封或回油螺纹密封。在轴承盖下部一般制有回油凹槽，在壳体的相应部位开有回油孔，使润滑油流回壳体内。装配时应使凹槽与油孔对准。如图1-42所示，东风EQ1092型汽车变速器的第一轴与轴承盖之间则由回油螺纹密封。为了防止变速器工作时因油温升高导致气压过大而造成润滑油渗漏，在变速器盖上装有通气螺塞。

（五）组合式变速器

为保证重型汽车具有良好的动力性、经济性和加速性，要求变速器有较多的挡位，以扩大传动比的范围，因此，常采用两个变速器串联的方式构成组合式变速器。

在两个串联的变速器中，其中一个为挡数较多且有倒挡的主变速器，另一个为只有高低两挡的副变速器。副变速器一般有一个直接挡和一个低速挡。当副变速器低速挡传动比较大时，通常将其置于主变速器之后，以利于减小主变速器的质量和尺寸；当副变速器低速挡传动比较小时，则将其置于主变速器之前。

若主变速器各挡传动比间隔较小，而副变速器的低速挡传动比又较大时，由副变速器高、低速两挡传动比分别与主变速器各挡传动比搭配而组成高、低两段传动比范围，这种配挡方式称为分段式配挡。当主变速器各挡传动比较大，而副变速器低速挡传动比又较小时，组合得到的传动比均匀地插入主变速器各挡传动比之间，这种配挡方式称为插入式配挡。

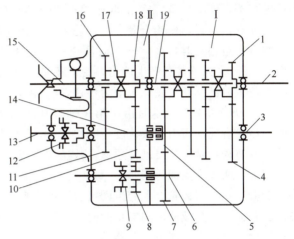

图 1-43 组合式变速器的变速传动机构示意图

Ⅰ—主变速器；Ⅱ—副变速器；
1—输入轴齿轮；2—输入轴；3—第一中间轴；4—第一中间轴主动齿轮；5—第一中间轴一挡齿轮；6—倒挡轴；7—倒挡传动齿轮；8—倒挡齿轮；9,12,17—接合套；10—第二中间轴主动齿轮；11—第二中间轴低速挡齿轮；13—动力输出轴；14—第二中间轴；15—输出轴；16—输出轴齿轮；18—副变速器输入轴齿轮；19—副变速器输入轴

图 1-43 为常见的一种组合式变速器的变速传动机构示意图。它实质上由具有四个前进挡和一个倒挡的主变速器与两挡副变速器串联而成（副变速器输入轴 19 同时也是主变速器的输出轴）。副变速器装在主变速器之后，具有一个直接挡和一个减速比为 3.78 的低速挡，采用分段式配挡。倒挡只用低速挡，其传动比为 $i_R = 10.03$。变速器除倒挡用接合套换挡外，其他挡均为常压式同步器换挡。主变速器由驾驶员通过变速杆操纵换挡，副变速器则由选择开关用压缩空气操纵换挡。倒挡传动由主变速器第一中间轴一挡齿轮 5 驱动倒挡传动齿轮 7。若接合套 9 与倒挡轮 8 的接合齿圈套啮合后，即可驱动副变速器输入轴齿轮 18。动力输出轴 13 与第二中间轴 14 的接合及分离，由动力输出接合套 12 操纵。各挡动力传动路线分析同两轴式、三轴式变速器。

三、同步器

同步器是在接合套换挡基础上发展起来的，其中除有接合套、花键毂、对应齿轮上的接合齿圈外，还增设了使接合套与对应接合齿圈的圆周速度迅速达到并保持一致（同步）的机构，以及阻止两者在达到同步之前接合以防止冲击的结构。

（一）无同步器的换挡过程

当采用直齿滑动式或接合套式换挡时，必须在待啮合的一对齿轮或接合齿圈的圆周速度相等（即同步）时进入啮合，才能保证换挡时齿轮之间无冲击、无噪声，实现平顺换挡。若两齿轮不同步时强制挂挡，势必因两齿轮间存在转速差而发生冲击和噪声，这不但不易挂挡，而且影响轮齿寿命，加剧齿端部磨损，甚至折断轮齿。

为了使换挡平顺，驾驶员在换挡时必须采取合理的换挡操作步骤。在此以如图 1-44 所示的无同步器的两个挡位之间的换挡过程为例，说明其工作原理。

带有接合齿圈的齿轮 4 空套在第二轴上，接合套 3 通过花键毂与第二轴相连，接合套 3 向右移动与齿轮 4 上的接合齿圈相接合构成低速挡，接合套 3 向左移动与齿轮 2 上的接合齿圈相接合构成高速挡（即直接挡）。其换挡过程介绍如下。

1. 由低速挡换入高速挡

当变速器在低速挡工作时，接合套 3 与齿轮 4 上的接合齿圈接合，此时两者接合齿的圆周速度相等，即 $v_3 = v_4$。欲由低速挡换入高速挡时，驾驶员应先使离合器分离，随即将变速器拨入空挡位置，使接合套 3 与齿轮 4 上的齿圈脱离接合。

刚拨入空挡瞬时，$v_3 = v_4$，而低速挡齿轮 4 的转速低于齿轮 2 的转速，因而 $v_4 < v_2$，故有 $v_3 < v_2$。为了避免产生冲击，此时不能立即挂高速挡，而应在空挡位置稍停片刻。由于空挡位置时已中断了发动机动力传递，v_2 和 v_3 都将会逐渐下降，但两者下降的快慢程度不同：v_2 下降得较快（这是由于第一轴及其随动零件因动力中断，其转动惯量较小，加之中间轴齿轮有搅油阻力，故速度下降快），v_3 下降较慢（因接合套 3 与第二轴及整个汽车相连接，其转动惯量大，要维持原速，故速度下降慢），两者因下降速率（斜率）不同而在某时刻相等，两者交点即为同步点（$v_2 = v_3$），如图 1-45（a）所示；如果驾驶员恰好在此时将接合套 3 左移与齿轮 2 上的齿圈接合，就会使两者平顺地进入啮合而不会产生冲击。但这种依靠其惯性自然减速出现同步的时刻太晚，使换挡过程延长。为此，有经验的驾驶员在实际换挡操作时，会在踩下离合器踏板将变速器拨入空挡后，立即抬起离合器踏板，使离合器重新接合。利用发动机的怠速，迫使变速器第一轴及齿轮 2 等迅速减速，从而使 v_2 迅速下降［如图 1-45（a）中虚线所示］，这样可尽早出现同步点，从而缩短换挡时间。

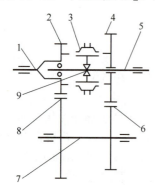

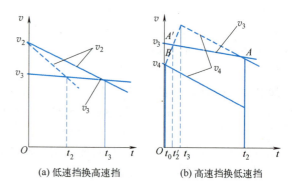

(a) 低速挡换高速挡   (b) 高速挡换低速挡

图 1-44　无同步器变速器的换挡机构示意图

图 1-45　无同步器的换挡过程

1—第一轴；2—第一轴常啮合传动齿轮；3—接合套；
4—第二轴低挡传动齿轮；5—第二轴；6—中间轴低
挡传动齿轮；7—中间轴；8—中间轴常啮合
传动齿轮；9—花键毂

2. 由高速挡换入低速挡

同样，当变速器在高速挡工作时及刚刚由高速挡拨入空挡时，接合套 3 与齿轮 2 上的接合齿圈的圆周速度相等，即 $v_3 = v_2$，并且 $v_2 > v_4$，因而 $v_3 > v_4$，此时两者不同步，不能挂入低速挡。变速器在退入空挡后，v_4 与 v_3 同时下降，但 v_4 比 v_3 下降快，两者不会自然地出现两者相交的同步点，如图 1-45（b）中实线所示。为此，驾驶员应在变速器由高速挡退入空挡时随即抬起离合器踏板，使离合器重新接合，同时踩一下加速踏板使发动机加速，并带动变速器第一轴及齿轮 4 等加速到 $v_4 > v_3$，如图 1-45（b）中虚线所示。然后踏下离合器踏板，使离合器分离并稍等片刻，待到 v_4 与 v_3 出现相交的同步点时即可挂入低速挡。

采用直齿滑动齿轮的换挡过程与上述的接合套换挡过程相同。由此可见，采用上述无同步器的换挡装置的变速器操纵起来相当复杂，并应在短时间内迅速而准确地完成。这即使是对技术很熟练的驾驶员也易造成疲劳，并且易加速齿轮的损坏。因此，现代汽车齿轮式变速器越来越多地采用同步器换挡装置，这样既保证换挡平顺又简化操纵，减轻驾驶员劳动强度。

（二）同步器的结构与工作原理

汽车同步器的功用是使接合套与待接合的齿圈两者之间迅速达到同步，并阻止两者在同步前进入啮合；消除换挡时的冲击，缩短换挡时间；简化换挡过程，使换挡操作简捷而轻便。

同步器有多种结构形式，但均由同步装置（包括推动件和摩擦件）、锁止装置和接合装置三部分组成。同步器主要有常压式、惯性式、自行增力式等种类，目前广泛使用的是惯性式同步器，但按照锁止装置不同，可分为锁环式惯性同步器和锁销式惯性同步器。

1. 常压式同步器

图 1-46 所示为装有常压式同步器的变速器。在第一轴齿轮 2 与空套在第二轴 5 上的第二轴齿轮 4 之间装有花键毂 1。花键毂以其内外花键分别与第二轴 5 和接合套 3 作滑动连接，向左或向右拨动接合套 3，其内花键齿圈可与第一轴齿轮 2 或第二轴齿轮 4 的接合齿圈接合，即挂上直接挡或第二挡。

在齿轮（2 与 4）接合齿圈相对的一侧均有一个外锥面，相应地在花键毂两侧有内锥面。在花键毂的径向孔内装有定位销 6，它借弹簧的压力嵌在接合套 3 内切出的环形凹槽中。图 1-46（a）～（c）为在挂直接挡过程中同步器作用示意图。

图 1-46（a）表示接合套在空挡位置。挂直接挡时，向左拨动接合套，则通过定位销带动花键毂 1 一同左移。当花键毂 1 的内锥面与第一轴齿轮 2 的外锥面接触时，花键毂 1 不能再继续左移。由于接合套 3 与花键毂 1 之间有弹簧顶住的定位销 6，若驾驶员作用在接合套 3 上的力不大，则定位销 6 便阻止接合套 3 在花键毂 1 停止不动的情况下继续向左移动，此时位置如图 1-46（b）所示。两锥面在驾驶员通过操纵机构加于接合套 3 和花键毂 1 上的力的作用下互相压紧。第一轴齿轮 2 与花键毂 1 存在转速差，因而两锥面一经接触便产生摩擦作用，促使第一轴齿轮的转速迅速降低到与花键毂 1 的转速（亦即接合套 3 的转速）相等，因而两者花键齿的圆周速度相等（同步）。此时驾驶员继续增大加于接合套 3 上的推力，使接合套 3 克服弹簧力压下定位销 6，相对花键毂 1 继续左移，其内花键齿圈便与第一轴齿轮 2 的接合齿圈接合，即挂入直接挡，如图 1-46（c）所示。

由此可见，常压式同步器的摩擦作用能使需接合的两花键齿圈迅速地达到并保持同步，并且由于带弹簧的定位销 6 对接合套的阻力，使两齿圈在达到同步之前暂不接合。但在此种同步器中，对接合套的轴向阻力是由弹簧压力造成的，故其大小有限（"常压式"的名称即由此而得）。如果驾驶员用力较猛，则可能在未达到同步前接合套便克服弹簧压力，压下定位销而与第一轴齿轮 2 的接合齿圈接触，此时齿间仍将产生冲击。因此常压式同步器工作不很可靠，目前已基本被淘汰。

2. 锁环式惯性同步器

惯性式同步器与常压式同步器一样，都是依靠摩擦作用实现同步的，但它可以从结构上保证接合套与待接合的花键齿圈在达到同步之前不接触，以避免齿间冲击和发生噪声。

锁环式惯性同步器具有结构紧凑、径向尺寸小、锥面间摩擦力矩小的特点，常用于传递转矩不大的轿车和轻中型货车的手动变速器中。

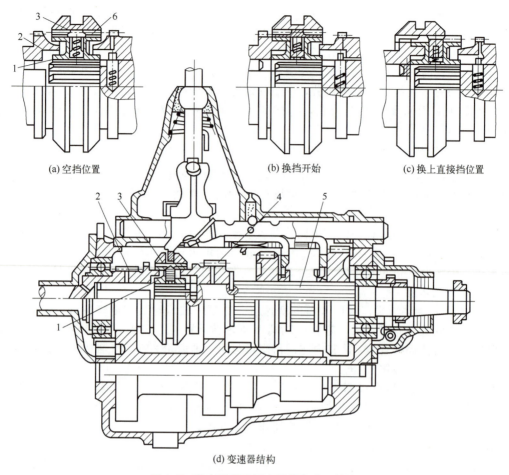

(a) 空挡位置　　　　　　　　　(b) 换挡开始　　　　　　　　(c) 换上直接挡位置

(d) 变速器结构

图1-46　装有常压式同步器的变速器结构
1—花键毂；2—第一轴齿轮；3—接合套；4—第二轴齿轮；5—第二轴；6—定位销

锁环式惯性同步器结构与原理

（1）结构组成

如图1-47所示为某车型变速器锁环式惯性同步器结构，它主要由花键毂7、接合套8、两个锁环（也称同步环）5和9、三个滑块2和弹簧圈6等组成。

花键毂7有内外花键，内花键套装在第二轴上，并用垫圈和卡环轴向固定；外花键与接合套8内花键齿滑动配合，使接合套8可以轴向移动。花键毂7两端与第一轴齿轮1和第二轴齿轮4之间各有一个青铜制成的锁环（同步环）5和9。锁环上有短花键齿圈，其花键的尺寸和齿数，与花键毂8、齿轮（接合齿圈）1和4的外花键齿相同。两个齿轮和锁环上的花键齿在靠近接合套8的一端都有倒角（锁止角），与接合套齿端的倒角相同。锁环有内锥面，与齿轮1、4的外锥面锥角相同。在锁环内锥面上制有细密的螺纹（或直槽），当锥面接触后，它能及时破坏油膜，增加锥面间的摩擦力。锁环内锥面摩擦副称为摩擦件，外沿带倒角的齿圈是锁止件，锁环上还有3个均布的锁环缺口12。3个滑块2分别装在花键毂7上3个均布的轴向槽11内，沿槽可以轴向移动。滑块被两个弹簧圈6的径向力压向接合套，滑块中部的凸起部位压嵌在接合套中部的环槽10内。滑块和弹簧圈是推动件。滑块两端伸入锁环5的缺口12中，滑块窄、缺口宽，两者之差等于锁环的花键齿宽。锁环相对滑块顺转和逆转都只能转动半个齿宽，且只有当滑块位于锁环缺口的中央时，接合套与锁环才能接合。

（2）工作原理

以二挡换三挡为例，如图1-48所示。

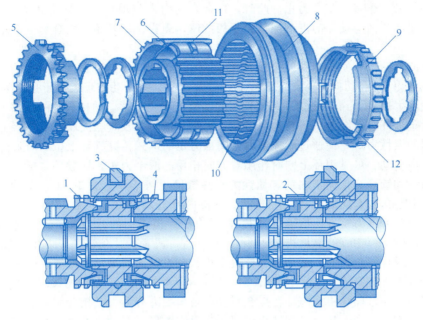

图 1-47　锁环式惯性同步器结构

1—第一轴齿轮（接合齿圈）；2—滑块；3—拨叉；4—第二轴齿轮（接合齿圈）；5，9—锁环；
6—弹簧圈；7—花键毂；8—接合套；10—环槽；11—3个轴向槽；12—锁环缺口

① 空挡位置。接合套 8 刚从二挡退入空挡时 ［图 1-48（a）］，第一轴齿轮 1、接合套 8、锁环 9 以及与其有关联的运动件，因惯性作用而沿原方向继续旋转（图示箭头方向）。设齿轮 1、接合套 8、锁环 9 的转速分别为 n_1、n_8、n_9，因接合套通过滑块前侧（图中下侧）推动锁环一起旋转，所以 $n_8 = n_9$。又由于 $n_1 > n_8$，故 $n_1 > n_9$。此时，锁环是轴向自由的，内锥面与齿轮 1 的外锥面（图中虚线）没有接触重合，无压力和摩擦力。

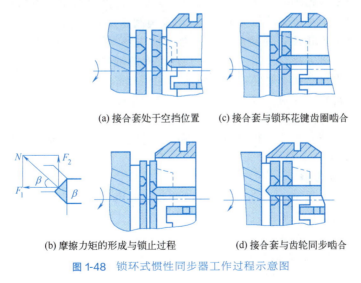

(a) 接合套处于空挡位置　　(c) 接合套与锁环花键齿圈啮合

(b) 摩擦力矩的形成与锁止过程　　(d) 接合套与齿轮同步啮合

图 1-48　锁环式惯性同步器工作过程示意图

② 摩擦力矩的形成与锁止过程。如图 1-48（b）所示，欲换入三挡（直接挡），需推动接合套 8 连同滑块 2 一起向左移动，滑块又推动锁环移向齿轮 1，使锥面接触。驾驶员作用在接合套上的轴向推力，使两锥面有正压力 N，又因两者有转速差（$n_1 > n_9$），所以产生摩擦力矩 M_1。通过摩擦作用，齿轮 1 带动锁环相对于接合套向前转动一个角度，直到锁环缺

口靠在滑块的另一侧（上侧）为止。此时，接合套的内齿与锁环上的齿错开了约半个齿宽，接合套的齿端倒角面与锁环的齿端倒角面互相抵住，锁止作用开始，接合套暂不能前移进入啮合。

驾驶员的轴向推力使接合套的齿端倒角面与锁环的齿端倒角面之间产生正压力 N，N 可分解为轴向力 F_1 和切向力 F_2。其中，F_2 形成一个试图拨动锁环相对于接合套反转的力矩，称为拨环力矩 M_2。F_1 使锁环和齿轮 1 的锥面进一步压紧，两锥面间的摩擦力矩 M_1 使齿轮 1 相对于锁环迅速减速，直至趋向与锁环同步。齿轮 1 及其相关联的零件产生一个与旋转方向相同的惯性力矩，又通过摩擦锥面以摩擦力矩的形式传到锁环上，从而阻碍锁环相对于接合套反向转动。可见锁环上同时作用着方向相反的两个力矩，即拨环力矩 M_2 和惯性力矩。在齿轮 1 和锁环 9 未同步之前，惯性力矩在数值上等于摩擦力矩 M_1。如果 $M_2 > M_1$，则锁环 9 相对于接合套向后退转一个角度，以便两者进入接合；如果 $M_2 < M_1$，则两者不可能进入接合。摩擦力矩 M_1 与轴向力 F_1 的垂直于摩擦锥面的分力成正比，而 M_2 则与切向力 F_2 成正比。F_1 和 F_2 都是法向压力 N 的分力，两者的比值取决于花键齿锁止角的大小。因此，在设计同步器时，适当地选择锁止角和摩擦锥面的锥角，便能保证在达到同步之前，齿轮 1 施加在锁环 9 上的惯性力矩 M_1 总是大于切向力 F_2 形成的拨环力矩 M_2。这意味着不论驾驶员通过操纵机构施加在接合套上的轴向推力有多大，接合套齿端与锁环齿端总是互相抵触而不能接合，从而起到锁止作用。这说明锁环 9 对接合套的锁止作用是由齿轮 1 的惯性力矩造成的，而不像常压式同步器那样由定位销的弹力造成，此即"惯性式"名称的由来。

在达到同步之前，无论驾驶员施加多大的操纵力，都无法挂上挡。推力的加大只能同时增大作用在锁环上的两个力矩，从而缩短同步时间。

③ 同步啮合。随着驾驶员施加于接合套上的推力逐渐加大，摩擦力矩 M_1 不断增加，使齿轮 1 的转速迅速降低。当齿轮 1、接合套 8 和锁环 9 达到同步时，作用在锁环上的惯性力矩消失。此时，在拨环力矩 M_2 的作用下，锁环 9、齿轮 1 以及与之相连的各零件都相对于接合套反转一角度（因轴向力 F_1 仍存在，两锥面以静摩擦方式贴合在一起）。此时，滑块 2 处于锁环缺口的中央位置 [图 1-48（c）]，齿端倒角面不再相互抵触，锁环的锁止作用被消除。接合套压下弹簧圈，使滑块脱离接合套的内环槽而继续左移（但滑块不能左移），并与锁环的花键齿圈进入啮合。由于作用在锁环齿圈的轴向力和滑块推力都不存在，锥面间的摩擦力矩随之消失。若接合套花键齿与齿轮 1 的齿端相抵触 [图 1-48（c）]，齿端倒角面上的切向分力拨动齿轮 1 相对于锁环和接合套转过一角度，让接合套与齿轮 1 进入啮合 [图 1-47（d）]，即换入三挡。

若由三挡换入二挡，上述过程也适用。不过，齿轮 4 应被加速到与锁环 5、接合套 8 同步（图 1-47），接合套进入啮合换入二挡。

3. 锁销式惯性同步器

在中型及大型载货汽车的变速器中，目前较多地采用锁销式惯性同步器。当变速器第二轴上的常啮合齿轮及其接合齿圈直径较大时，装用锁销式惯性同步器不仅使齿轮的结构形式合理，而且还可以在摩擦锥面间产生较大的摩擦力矩，缩短同步时间。现以某中型载货汽车五挡变速器中采用的锁销式惯性同步器的四、五挡为例，说明其结构及其工作原理，如图 1-49 所示。

（1）结构组成

两个带有内锥面的摩擦锥盘 2，以其内花键分别固装在带有接合齿圈的斜齿轮 1 和 6 上，随齿轮一起转动。与之相配合的两个有外锥面的摩擦锥环 3，其上有圆周均布的 3 个锁销 8，3 个定位销 4 与接合套 5 装在一起。定位销与接合套的相应孔是滑动配合，定位销中

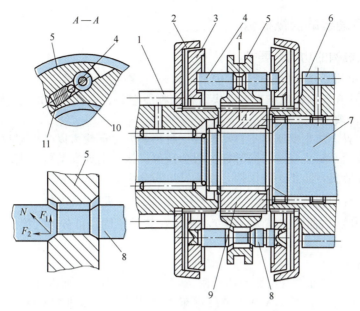

图 1-49　锁销式惯性同步器

1—第一轴齿轮；2—摩擦锥盘；3—摩擦锥环；4—定位销；5—接合套；6—第二轴齿轮；7—第二轴；
8—锁销；9—花键毂；10—钢球；11—弹簧

部切有一小环槽，接合套钻有斜孔，内装弹簧 11，把钢球 10 顶向定位销中部的环槽，使接合套处于空挡位置，定位销随接合套能轴向移动。定位销两端伸入两摩擦锥环 3 内侧面的弧线形浅坑中，定位销与浅坑有周向间隙，摩擦锥环相对接合套在一定范围内作周向摆动。锁销中部环槽的两端和接合套相应孔两端切有相同的倒角（锁止角）；锁销与孔对中时，接合套才能沿锁销轴向移动；锁销两端铆接在摩擦锥环相应的孔中。可见，2 个摩擦锥环（即摩擦件，其上有螺纹槽）、3 个锁销（锁止件）、3 个定位销（推动件）和接合套（接合件）构成一个部件，套在花键毂 9 的齿圈上。

（2）工作原理

锁销式惯性同步器的工作原理与上述锁环式惯性同步器基本相同。

如图 1-49 所示，在由四挡换入五挡时，接合套 5 受到拨叉的轴向推力作用，通过钢球 10 和定位销 4 带动摩擦锥环 3 向左移动，使之与对应的摩擦锥盘 2 接触，即欲挂入五挡。由于摩擦锥环与摩擦锥盘存在转速差，故摩擦锥环与摩擦锥盘一经接触，靠接触面的摩擦使摩擦锥环连同锁销一起相对接合套转过一个角度，因而锁销 8 的轴线相对接合套上销孔的轴线偏移不再同心，于是锁销中部倒角与销孔端的倒角互相抵触，阻止接合套继续前移（图 1-49 左下图所示）。在同步前，作用在摩擦面的摩擦力矩总是大于切向分力 F_1 形成的拨销力矩，接合套被锁住不能前移，防止在同步前接合套与齿圈进入啮合。此时，锁止面上法向压紧力 N 的轴向分力 F_2 作用在摩擦锥环上并使之与摩擦锥盘压紧，因而接合套与待接合的花键齿圈迅速达到同步。只有达到同步时，起锁止作用的惯性力矩消失，作用在锁销上的切向分力 F_1，才能通过锁销使摩擦锥环 3、摩擦锥盘 2 和齿轮一同相对于接合套转过一个角度，使锁销重新与销孔对中。于是，接合套便能轻易地克服弹簧 11 的张力压下钢球 10 而沿锁销向前移动，直至与齿轮 1 的花键齿圈接合，实现挂挡。

自行增力式同步器与常压式和惯性式同步器一样，利用摩擦原理实现同步，主要区别在于同步环产生的摩擦力矩由于同步环内的弹簧片作用而得到成倍增长，使换挡更为省力、迅速，但由于其结构较复杂，因此并未广泛使用。

四、手动变速器的操纵机构

（一）操纵机构的功用与要求

操纵机构
的构造

变速器操纵机构功用是保证驾驶员能准确可靠地将变速器挂入所需要的挡位，并可随时退至空挡。为保证在任何情况下变速器操纵机构都能准确、安全、可靠地工作，对变速器操纵机构应满足以下要求。

① 设自锁装置，防止变速器不自动换挡或脱挡，并保证轮齿以全齿宽啮合。

② 设互锁装置，防止变速器同时挂上两个挡位，以免造成发动机熄火或损坏零部件。

③ 设倒挡锁装置，防止误挂倒挡，以免发生安全事故。

（二）操纵机构的构造

变速器操纵机构按照变速操纵杆（变速杆）位置的不同，可分为直接操纵式和远距离操纵式两种类型。

1. 直接操纵式

这种形式的变速器布置在驾驶员座椅附近，变速杆由驾驶室底板伸出，驾驶员可以直接操纵，如图 1-50 所示。解放 CA1091 中型货车六挡变速器操纵机构就采用这种形式。此类变速器操纵机构结构简单、换挡位置容易确定、换挡平顺、操纵手感好，常用于发动机前置后轮驱动汽车上。

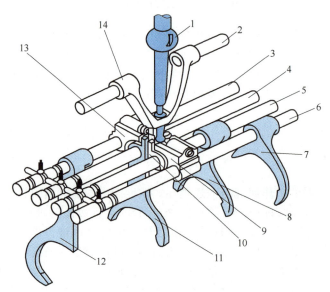

图 1-50　六挡变速器直接操纵式操纵机构

1—变速杆；2—换挡轴；3—五、六挡拨叉轴；4—三、四挡拨叉轴；5——一、二挡拨叉轴；6—倒挡拨叉轴；
7—倒挡拨叉；8——一、二挡拨叉；9—倒挡拨块；10——一、二挡拨块；11—三、四挡拨叉；
12—五、六挡拨叉；13—五、六挡拨块；14—叉形拨杆

拨叉轴 3～6 的两端均支撑于变速器盖的相应孔中，可以沿轴向滑动。所有的拨叉和拨块都以弹性销固定于相应的拨叉轴上。三、四挡拨叉 11 的上端带有拨块。拨叉 11 和拨块 9、10、13 的顶部制有凹槽。变速器处于空挡时，各凹槽在横向平面内对齐，叉形拨杆 14 下端的球头进入这些凹槽中。选挡时，变速杆绕其中部球形支点横向摆动，其下端推动叉形拨杆 14 绕换挡轴 2 的轴线摆动，从而使叉形拨杆下端球头可以对准与所选挡位对应的拨块凹槽。随后，使变速杆纵向摆动，带动拨叉轴及拨叉向前或向后移动，从而实现挂挡。例

如，横向摆动变速杆使叉形拨杆下端球头进入拨块 10 顶部凹槽中，拨块 10 连同拨叉轴 5 和拨叉 8 沿纵向向前移动一定距离，便可挂入二挡；若向后移动一定距离，则挂入一挡。当叉形拨杆下端球头进入拨块 9 顶部凹槽中，并使其向前移动一定距离时，便挂入倒挡。

各种变速器由于挡位数及挡位排列位置不同，其拨叉和拨叉轴的数量及排列位置也不相同。例如，上述的六挡变速器的六个前进挡用了三根拨叉轴，倒挡独立使用了一根拨叉轴，共有四根拨叉轴；而东风 EQ1092 的五挡变速器具有三根拨叉轴，其二、三挡和四、五挡各占一根拨叉轴，一挡和倒挡共用一根拨叉轴。

2. 远距离操纵式

在有些汽车上，由于变速器离驾驶员座位较远，则需要在变速杆与拨叉之间加装一些辅助杠杆或一套传动机构，与变速器壳体上具有类似于直接操纵式的内换挡机构，共同构成远距离操纵机构，如图 1-51 所示。此类操纵机构应具备足够的刚度，且各连接部件之间的间隙不能过大，否则会影响操纵手感，多用于发动机前置前轮驱动的汽车上。如新宝来轿车的五挡手动变速器，由于其变速器安装在前驱动桥处，远离驾驶员座椅，需要采用这种操纵方式。

另外，有些轿车和轻型货车将变速杆安装在转向柱管上，在变速杆与变速器之间通过一系列传动杆件进行传动，这也是远距离操纵方式。这种操纵机构具有变速杆占据驾驶室空间小、驾驶室乘坐方便等优点，但换挡操作的准确性和可靠性稍差。

远距离操纵式操纵机构通常由外部操纵机构和内部操纵机构组成。外部操纵机构（即变速器壳体以外部分的操纵机构），主要由换挡操纵杆、选挡杆、选挡拉索、选挡杠杆等构成。内部操纵机构可以采用四根拨叉轴或一根拨叉轴，分别属于多轨式操作机构（类似图 1-50）和单轨式操纵机构（图 1-51）。

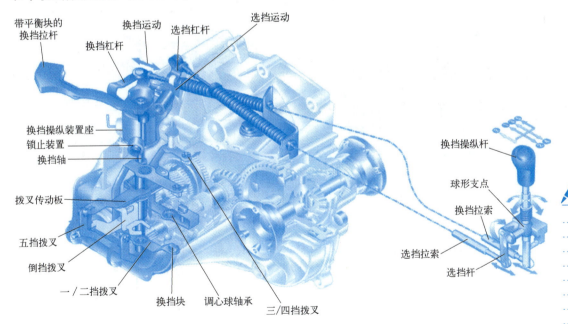

带平衡块的换挡拉杆　换挡运动　选挡杠杆　选挡运动
换挡杠杆
换挡操纵装置座
锁止装置
换挡轴
拨叉传动板
五挡拨叉
倒挡拨叉
一/二挡拨叉　换挡块　调心球轴承　三/四挡拨叉
换挡操纵杆
球形支点
换挡拉索
选挡拉索
选挡杆

图 1-51　五挡手动变速器的远距离操纵机构

（三）操纵机构的换挡锁装置

为保证变速器在任何情况下都能准确、安全、可靠地工作，变速器操纵机构一般都具有换挡锁装置。换挡锁装置包括自锁装置、互锁装置和倒挡锁装置。

操纵机构
的换挡锁
装置

1. 自锁装置

自锁装置的功用是对各挡拨叉轴进行轴向定位锁止，以防止其自动产生轴向移动而造成变速器自动脱挡或挂挡，并保证各挡传动齿轮以全齿宽啮合。

大多数变速器的自锁装置都采用自锁钢球对拨叉轴进行轴向定位锁止。如图 1-52 所示，在变速器盖中钻有三个深孔，孔中装入自锁钢球和自锁弹簧，其位置正处于拨叉轴的正上方，每根拨叉轴对着钢球的表面沿轴向设有三个凹槽，凹槽的深度小于钢球的半径。中间的凹槽对准钢球时为空挡位置，前边或后边的凹槽对准钢球时则处于某一工作挡位置，相邻凹槽之间的距离保证齿轮处于全齿长啮合或完全退出啮合。凹槽对准钢球时，钢球便在自锁弹簧的压力作用下嵌入该凹槽内，拨叉轴的轴向位置便被固定，不能自行挂挡或自行脱挡。当需要换挡时，驾驶员通过变速杆对拨叉轴施加一定的轴向力，克服自锁弹簧的压力而将自锁钢球从拨叉轴凹槽中挤出并推回孔中，拨叉轴便可滑过钢球进行轴向移动，并带动拨叉及相应的接合套或滑动齿轮轴向移动。当拨叉轴移至其另一凹槽与钢球相对准时，钢球又被压入凹槽，驾驶员会感觉到明显的手感。此时，拨叉所带动的接合套或滑动齿轮便被拨入空挡或另一工作挡位。

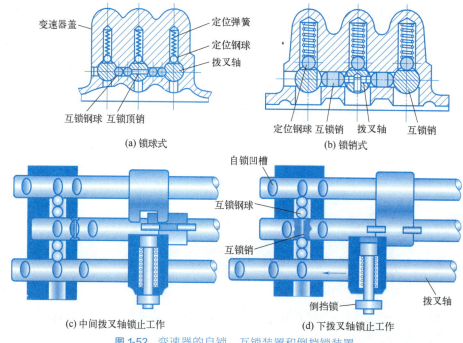

图 1-52 变速器的自锁、互锁装置和倒挡锁装置

2. 互锁装置

互锁装置的功用是阻止两个拨叉轴同时移动。当拨动一根拨叉轴轴向移动时，其他拨叉轴都被锁止，这样可以防止同时挂入两个挡位；避免因同时啮合的两挡齿轮的传动比不同而相互卡住，造成运动干涉甚至损坏零件。

互锁装置的结构形式很多，最常见的有锁球式、锁销式和转动钳口式互锁装置。

（1）锁球（锁销）式互锁装置

在 3 根拨叉轴所处平面且垂直于拨叉轴的横向孔道内，装有互锁钢球 [图 1-52 (a)]、互锁销 [图 1-52 (b)] 或互锁钢球和互锁销 [图 1-52 (c)]。互锁钢球（或互锁销）对着每根拨叉轴的侧面上都制有一个凹槽且深度相等。中间拨叉轴的两侧各压一个凹槽。任一个拨叉轴处于空挡位置时，其侧面凹槽正好对准互锁钢球（或互锁销）。两个钢球直径之和（或一个互锁销的长度）等于相邻两拨叉轴圆柱表面之间的距离加上一个凹槽深度。中间拨叉轴的两个侧面之间有通孔，孔中有一根横向移动的顶销，顶销的长度等于拨叉轴的直径减去一个凹槽深度。当某一换挡轴轴向移动后，钢球相应压入其他轴的凹槽之中，锁止其他轴；该轴本身由自锁机构锁止。

互锁原理：当变速器处于空挡位置时，所有拨叉轴的侧面凹槽同钢球、互锁销都在同一直线上。在移动拨叉轴时［图 1-52 (c)］，轴两侧的钢球从其侧面凹槽中被挤出，两侧面外钢球分别嵌入上拨叉轴和下拨叉轴的侧面凹槽中，将上下两拨叉轴锁止在空挡位置。若要移动下拨叉轴，必须先将中间拨叉轴退回到空挡位置，然后拨动下拨叉轴。当下拨叉轴移动时，钢球从凹槽挤出，通过中间拨叉轴中的互锁销推动上拨叉轴两个钢球移动，将中间拨叉轴和上拨叉轴锁止在空挡位置上［图 1-52 (d)］。

有的变速器的操纵机构只有两根拨叉轴，将自锁和互锁装置合二为一，如北京 BJ2020 型汽车变速器的自锁装置和互锁装置，如图 1-53 所示。该锁止装置有两根空心锁销，内装有自锁弹簧。在图示位置（空挡）时，两锁销内端的距离 a 等于槽深 b，因而同时拨两根拨叉轴是不可能的。自锁弹簧的预压力使锁销对拨叉轴起到自锁定位作用。

（2）转动钳口式互锁装置

如图 1-54 所示，变速杆下端球头置于钳口中，钳形板可绕 A 轴摆动。换挡时，变速杆首先拨动钳形板，使其处于某一拨叉轴的拨叉凹槽中，然后换入需要的挡位，其余两个换挡拨叉凹槽被钳形爪挡住，起到互锁作用。

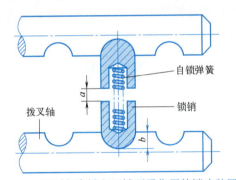

图 1-53 同时起自锁和互锁两重作用的锁止装置

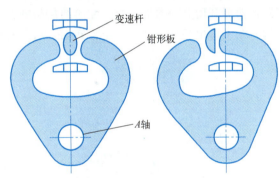

图 1-54 转动钳式互锁装置

总之，不论哪类互锁装置，其工作原理都是一致的，即每一次只能移动一根拨叉轴，其余拨叉轴均在空挡位置不动。

3. 倒挡锁装置

倒挡锁的作用是使驾驶员必须对变速杆施加较大的力，才能使其挂入倒挡，起到提醒作用，防止误挂倒挡而造成安全事故，提高安全性。

倒挡锁装置类型很多，但大多数汽车变速器都采用结构简单的弹簧锁销式倒挡锁装置。如图 1-55 所示，它由倒挡拨块（五挡变速器）中的锁销和弹簧组成。锁销杆部装有弹簧，杆部右端的螺母可调整弹簧的预压力和锁销的长度。欲换倒挡时，须用较大的力向一侧摆动变速杆，推动倒挡锁销压缩弹簧后，变速杆下端进入拨块才能实现换挡。只要换入倒挡，其拨叉轴就接通装在变速器壳上的电开关，触发警告灯亮、报警器响（有的汽车仪表板上有倒挡指示灯），有效地防止误挂倒挡。

五、分动器

（一）四轮驱动系统

为了提高汽车在雨天、雪地和野外越野行驶时的附着力和操纵性能，有些车辆常做成四轮驱动。

四轮驱动
系统概念
意义

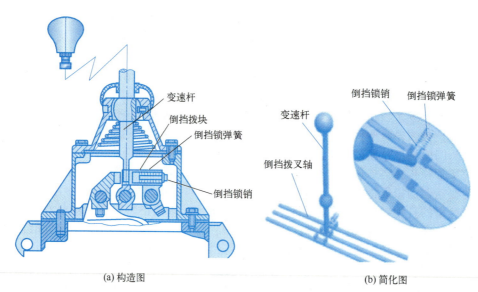

(a) 构造图　　　　　　　　　　　　(b) 简化图

图 1-55　弹簧锁销式倒挡锁装置

传统四轮驱动汽车的基本组成如图 1-56 所示。发动机的动力首先经过离合器传给变速器，然后利用分动器把动力分配给前后传动轴，接着通过传动轴将动力传递给前后差速器，最后经由四个半轴驱动四个车轮转动，从而实现车辆四轮驱动行驶。

四轮驱动
系统类型

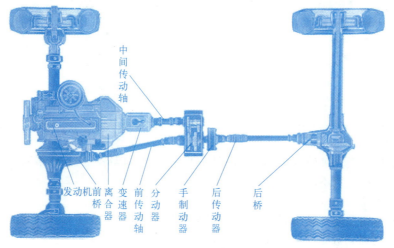

图 1-56　传统四轮驱动汽车的基本组成

现在四轮驱动车辆一般可以分为三种形式：全时四驱、适时四驱和分时四驱。

1. 全时四驱（full-time）

全时四驱（all wheel drive，AWD），即全时全轮驱动系统。所谓全时四驱指的是汽车的四个车轮时时刻刻都能单独提供驱动力。在行驶过程中，车辆一直保持四轮驱动的形式。发动机输出扭矩通过中央差速器以一定的比例分配到前后轮（前后驱动转矩在 30%～70% 之间连续无级可调），其可控性、通过性和稳定性较高。无论车辆行驶在何种天气和何种路面（湿地、崎岖山路、弯路上），驾驶员都能够更好地控制每一个行迹动作，从而保证驾驶员和乘客的安全。全时全驱的转向特性较中性，通常它可以更好地避免前驱车的转向不足和后驱车的转向过度，具有极佳行驶循迹性。

全时四驱科技含量高，车辆的行驶操控性能和舒适性也强，但耗油量较大，经济性相对较差。因此，全时四驱主要应用在高级轿车车型，如奥迪 A6L 轿车、宝马 X5、奔驰的 4MATTC 等。

中央差速器结构及工作原理将在驱动桥部分进行讲解。

2. 分时四驱（part-time）

分时四驱是一种驾驶员可以在两驱和四驱之间手动选择的四轮驱动系统。驾驶员根据路面情况，通过接通或断开分动器来切换两轮驱动模式或四轮驱动模式，这也是越野车或四驱 SUV 最常见的驱动模式，如图 1-56 所示。

分时四驱靠操作分动器实现两驱与四驱的切换。它的优点是结构简单、稳定性高且坚固耐用。其缺点：一是必须由驾驶员手动操作，有些车型的操作步骤较为复杂，甚至还需要停车操作。这样，不仅操作起来比较繁琐，而且遇到恶劣路况时不能迅速切换驱动模式，往往错过了脱困的最佳时机；二是由于分时四驱没有中央差速器，所以不能在硬地面（铺装路面）上使用四驱系统，特别是在弯道上无法顺利转弯。

分时四驱多见于强调越野的硬派四驱车，如帕杰罗、吉姆尼、切诺基等。一些硬派的城市 SUV 车型也采用这种系统，如长城哈弗 H5、陆风 X8、荣威 W5 等。

3. 适时四驱（real-time）

适时四驱又称实时四驱，它由电脑芯片控制两驱模式与四驱模式的切换。该系统的显著特点就是它在继承全时四驱和分时四驱的优点的同时弥补了它们的不足。它能自行识别驾驶环境，根据驾驶环境的变化控制两驱与四驱两种模式的切换。在颠簸、多坡多弯等附着力低的路面，车辆自动设定为四轮驱动模式；而在城市路面等较平坦的路面上，车辆会自行切换为两轮驱动模式。

如图 1-57 所示的智能适时四驱系统是智能转矩分配系统，它能够保证前轮的转矩输出在 50%～100% 的范围内调节。简单地说，这套系统在一般情况下主要以前轮驱动为主。当有车轮出现附着力不足的情况时，系统会配合 ESP 系统将四个轮胎上的驱动力重新分配，此时后轮最多可以分配到 50% 动力。从结构上看，这套四驱系统采用传统的电控多片离合器来接通四驱模式，并且增加了一个可供驾驶员手动开闭的按钮。这样的设计使驾驶员在日常驾驶时选择前驱模式以达到省油的目的，而在需要时打开四驱模式，以在冰雪、雨天等湿滑路面上获得更好的行驶稳定性。

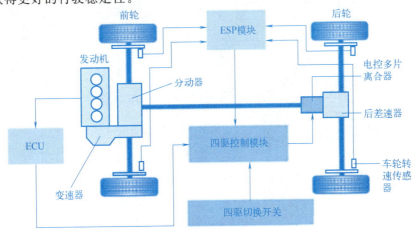

图 1-57　智能适时四驱系统

适时四驱的结构简单、成本较低，有利于减轻整车质量。由于适时四驱的特殊结构，它更适合于前横置发动机前驱平台的车型配备，这使得许多基于这种平台打造的 SUV 或者四驱轿车有了装配四驱系统的可能。因此，它被广泛应用于在城市 SUV 或轿车上，如本田

CR-V、现代 IX35、途胜、丰田 RAV4、通用别克昂科威等。当然，适时四驱的缺点仍然是存在的，目前，绝大多数适时四驱在前后轴传递动力时，会受制于结构本身的限制，无法将50%以上的动力传递给后轴，这使它在主动安全控制方面没有全时四驱的调整范围那么大；同时，相比分时四驱，它在应对恶劣路面时，四驱的物理结构极限偏低。

（二）分动器

1. 功用与组成

硬派越野车因采用多轴驱动而装有分动器（vehicle actuator），其主要功用是把变速器输出的动力分配到各个驱动桥。分动器输入轴直接或通过万向传动装置与变速器第二轴相连，其输出轴有若干根，分别经万向传动装置与各驱动桥连接，如图 1-56 所示。目前大多数越野汽车装用两挡分动器，兼起副变速器的作用。

分动器基本结构也是齿轮传动系统，与变速器相似，主要由齿轮变速机构、操纵机构组成。

2. 齿轮变速机构

分动器的齿轮变速机构由若干齿轮、轴和壳体等零件组成，有的还装有同步器。

（1）三输出轴式分动器

如图 1-58 所示的分动器为三输出轴式两挡分动器，其结构简化如图 1-59 所示。分动器单独安装在车架上，其输入轴 1 通过凸缘与万向传动装置连接，并与变速器第二轴连接。输

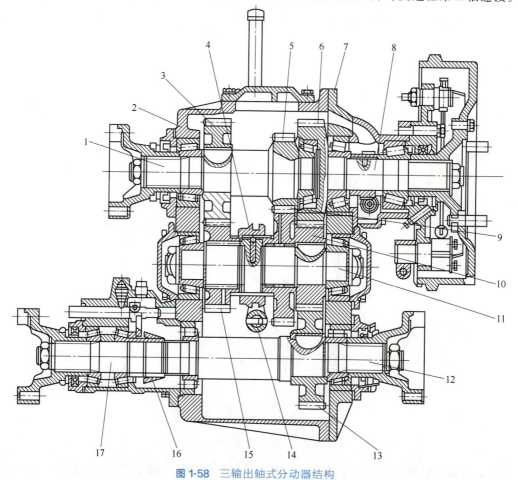

图 1-58 三输出轴式分动器结构

1—输入轴；2—分动器壳；3,5,6,9,10,13,15—齿轮；4—换挡接合套；7—分动器盖；
8—后桥输出轴；11—中间轴；12—中桥输出轴；14—换挡拨叉轴；16—前桥接合套；17—前桥输出轴

出轴 8、12、17 分别经万向传动装置通往后、中、前驱动桥。

　　分动器的降速增矩作用比变速器大，它的常啮合齿轮均为斜齿轮，轴的支撑多采用锥轴承（图 1-58）。输入轴 1 前端通过锥轴承支撑在壳体上，后端通过锥轴承支撑在与轴 8 制成一体的齿轮 6 的中心孔内。齿轮 5 与轴 1 制成一体。齿轮 15 和 9 之间装有接合套 4，前桥输出轴 17 后端装有接合套 16。当接合套 16 右移时，前桥输出轴 17 和中桥输出轴 12 相连接，从而实现前桥驱动。

　　为了调整轴承预紧度，在轴 8 两锥轴承之间（除装有里程表驱动齿轮和隔圈外）装有调整垫片；轴 1 前端、轴 11 两端、轴 12 后端和轴 17 前端的轴承盖处装有垫片，用于密封，也可调整轴承预紧度。另外，轴 11、12 两端轴承盖处的垫片可调整轴及齿轮的轴向位置，保证常啮合齿轮能在全齿长啮合。

　　图 1-59 所示的是分动器空挡位置。将接合套 4 左移与齿轮 15 的齿圈接合时为高速挡，动力经输入轴 1、齿轮 3、齿轮 15、接合套 4 和中间轴 11 传到齿轮 10，再分别经齿轮 6、齿轮 13 传到输出轴 8 和 12，实现中、后两轴动力输出。由于齿轮 6 和 13 的齿数相同，故轴 8 和 12 的转速相等。

　　将接合套 16 右移，则轴 17 和 12 相连接，便接上了前驱动桥。再将接合套 4 右移，与齿轮 9 的齿圈接合时为低速挡。动力由输入轴经齿轮 5、齿轮 9、接合套 4 传到中间轴 11 和齿轮 10，再分别传到输出轴 8、12、17，实现前、中、后三轴动力输出，且三轴的转速相同。

　　（2）两轴式分动器

　　两轴式分动器多用于轻型越野汽车，即前后桥都为驱动桥。齿轮传动机构常采用普通齿轮式和行星齿轮式两种。普通齿轮式的工作原理与前述三轴式分动器类似。下面只介绍行星齿轮式分动器。

　　如图 1-60 所示，齿圈 4、行星轮 3、行星架 5、太阳轮 6 组成行星齿轮机构。换挡齿毂 7 左移与太阳轮 6 的内齿接合为高速挡（传动比为 1）。动力由输入轴 1、太阳轮 6、换挡齿毂

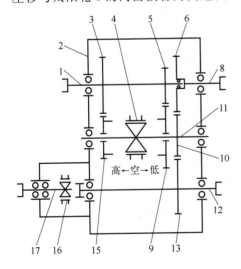

图 1-59　三输出轴式分动器结构简图

1—输入轴；2—分动器壳；3,5,6,9,10,13,15—齿轮；4—换挡接合套；7—分动器盖；8—后桥输出轴；11—中间轴；12—中桥输出轴；14—换挡拨叉轴；16—前桥接合套；17—前桥输出轴

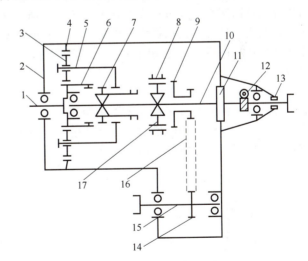

图 1-60　行星齿轮式两输出轴式分动器结构简图

1—输入轴；2—分动器壳；3—行星轮；4—齿圈；5—行星架；6—太阳轮；7—换挡齿毂；8—接合套；9,14—齿轮；10—后桥输出轴；11—转子式油泵；12—里程表；13—油封；15—前桥输出轴；16—锯齿式链条；17—花键毂

7，传到后桥输出轴 10，单轴动力输出。齿圈 4 固定在分动器壳 2 上，行星轮 3 及行星架 5 空转（不传力）。上述过程称为两轮驱动高挡（2H），此分动器也可实现四轮驱动高挡（4H）。

如图 1-60 所示，接合套 8 右移与齿轮 9 接合，换挡齿毂 7 右移与行星架 5 接合，分动器处于四轮驱动低挡（4L）。动力传递情况：

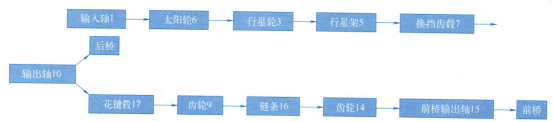

另外，分动器的行星齿轮机构及输出轴 10 所有零件采用压力润滑，油泵 11 的结构、工作原理与发动机润滑系统的转子式机油泵相似。

3. 操纵机构

操纵分动器时，若换入低速挡，输出转矩较大，为避免中后桥超载，前桥需参加驱动，以分担部分载荷。所以，分动器的操纵机构必须保证：非先接上前桥，不得换入低挡；非先退出低挡，不得摘下前桥。为此，要有互锁装置，同时为防止自动换挡和脱挡，必须有自锁装置。

操纵机构由操纵杆、杠杆机构（或摆板机构）、拨叉轴、拨叉、自锁装置及互锁装置等组成。自锁装置的结构、工作原理与变速器自锁装置相同。互锁装置有钉（板）式、球销式和摆板滑槽凸面式。

（1）钉（板）式互锁装置

这种装置在前桥操纵杆上装有螺钉或铁板，与换挡操纵杆互相锁止。多用于两拨叉轴距离较远的操纵机构。

图 1-61 所示的操纵机构采用螺钉式互锁装置。两个支撑臂固定在变速器壳体上，轴与前桥操纵杆固定在一起可在支撑臂上转动。换挡操纵杆松套在轴上。前桥操纵杆下端有互锁螺钉，其头部顶靠在换挡操纵杆的下部。只有前桥操纵杆向前移动接上前桥后，换挡操纵杆才能换低挡；同理，先退出低挡，才能摘下前桥驱动。这样的设计，可以避免中、后桥超载。

（2）球销式互锁装置

球销式互锁装置多用在两拨叉轴距离较近的情况下。如图 1-62 所示，两根拨叉轴之间装有互锁销，与轴上的凹槽对准时（即接上前桥驱动后），轴才能向左移动换入低挡；同理，应先退出低挡后，才能摘下前桥驱动。

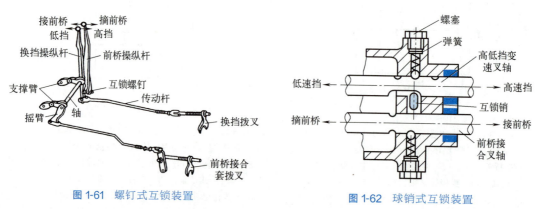

图 1-61　螺钉式互锁装置　　　　　图 1-62　球销式互锁装置

（3）摆板滑槽凸面式互锁装置

如图 1-63 所示，摆板绕转轴的中心线转动，转轴与操纵杆（只有一根）相连；滑槽驱动高低挡拨叉，凸面驱动接、摘前桥拨叉，两拨叉在同一根轴上前后移动，其中拨叉被一个弹簧压靠在凸面上。各挡位两拨叉的相对位置已在图中表明，两运动关系是相互对应的，可见摆板兼起互锁作用。

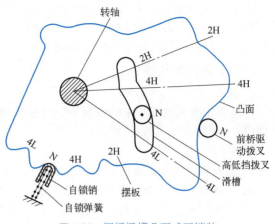

图 1-63 摆板滑槽凸面式互锁装

总之，接上前桥驱动时，前、中、后桥的车轮同步转动。若前、后轮胎磨损不同，气压不等或路面情况不同，易产生滑转或滑移。故在好路上使用高速挡且不接前桥，以免增加功率消耗、轮胎和传动系统零件的磨损；在路况较差的条件下行驶时，为使汽车具备足够的驱动力，应接上前桥，用低速挡或高速挡驱动行驶。

六、手动变速器常见故障诊断与排除

手动变速器的常见故障主要有变速器跳挡、变速器乱挡、变速器挂挡困难、变速器异响和变速器漏油等。

（一）变速器跳挡

1. 现象

汽车在加速、减速或爬坡时，变速杆自动跳回空挡位置。

2. 原因

① 自锁装置的钢球未进入凹槽内或挂入挡后齿轮未达到全齿长啮合。

② 自锁装置的钢球或凹槽磨损严重，自锁弹簧疲劳过软或折断。

③ 齿轮或接合套在轴线方向磨损成锥形，在汽车行驶中因振动、速度变化的惯性等，在齿轮轴向方向产生推力，迫使啮合齿轮沿轴线方向脱开。

④ 第一、二轴轴承过于松旷，使第一、二轴和曲轴三者轴线不同心。此外，变速器壳与离合器壳接合平面相对于曲轴轴线的垂直度也会发生变化。

⑤ 第二轴上的常啮合齿轮轴向间隙或径向间隙过大。

⑥ 操纵机构变形、松旷，变速杆未调整到位，以及远程控制杆机构磨损或调整不良，都会导致齿轮啮合达不到全齿长。

3. 诊断与排除

先确定跳挡挡位：走热全车后，采用连续加减速的方法逐挡进行路试，即可确定跳挡的挡位。如果这种方法效果不明显，可在爬陡坡等条件下利用发动机制动进行检查，从而确定跳挡挡位。

发现某挡跳挡时，仍将操纵杆挂入该挡，将发动机熄火。

① 首先检查操纵机构调整情况及是否存在磨损、弯曲等问题，确认其是否良好。如果操纵机构良好，然后小心拆下变速器盖，观察跳挡齿轮的啮合情况。

② 未达到全齿长啮合，则故障由此引起。

③ 达到全齿长啮合，应继续检查。

④ 检查啮合部位磨损情况，如果磨损成锥形，则故障由此引起。

⑤ 检查第二轴上该挡齿轮和各轴的轴向间隙和径向间隙，如果间隙过大，则故障由此引起。

⑥ 检查自锁装置，若自锁装置的止动阻力很小，甚至手感钢球未插入凹槽（把变速器盖夹在台虎钳上，用手摇动换挡杆），则故障为自锁效能不良；否则，故障为离合器壳与变速器接合平面与曲轴轴线垂直变动等引起。

（二）变速器乱挡

1. 现象

在离合器技术状况正常的情况下，变速器同时挂上两个挡或挂需要挡位时，结果挂入其他挡位，或挂挡后不能退回空挡。

2. 原因

① 互锁装置失效：如拨叉轴、互锁销或互锁钢球磨损过度或漏装等。
② 变速杆下端弧形工作面磨损过大或拨叉轴上拨块的凹槽磨损过大。
③ 变速杆球头定位销折断或球孔、球头磨损过于松旷。
总结：乱挡的主要原因是变速器操纵机构失效。

3. 诊断与排除

① 挂需要挡位时，结果挂入了其他挡位：摇动变速杆，检查其摆转角度，若超出正常范围，则故障由变速杆下端球头定位销与定位槽配合松旷或球头、球孔磨损过大引起。变速杆能摆转360°，则为定位销折断。
② 如摆转角度正常，仍挂不上或摘不下挡，则多为变速杆下端工作面磨损或导槽磨损，使变速杆下端从凹槽中脱出引起。应予以修复或更换。
③ 如同时挂入两个挡：则故障由互锁装置磨损或漏装零件等引起。应进行零件更换或修复。

（三）变速器换挡困难

1. 现象

离合器状况良好，但挂挡时不能顺利挂入挡位，常发生齿轮撞击声，或勉强挂上挡后又很难摘下来。

2. 原因

① 同步器故障（磨损或损坏）。
② 拨叉轴弯曲、锁紧弹簧过硬、钢球损伤等。
③ 变速器轴弯曲或花键损伤。
④ 变速连接杆调整不当或损坏等。
⑤ 自锁或互锁钢球破裂、毛糙卡滞。
说明：除了变速器故障外，离合器分离不彻底、齿轮油规格不符合规定也会造成挂挡困难。

3. 诊断与排除

① 检查变速器拨叉是否弯曲变形、移动是否正常，自锁和互锁钢球是否损坏、弹簧是否过硬。
② 检查操纵机构是否变形或卡滞。
③ 如上述检查正常，应检查同步器是否损坏，主要检视同步器是否散架、同步器锥环内锥面螺纹是否磨损、滑块是否磨损、弹簧是否过软等。
④ 如同步器正常，应进一步检查变速器第一轴是否弯曲、其花键是否耗损。

（四）变速器异响

1. 现象

变速器异响是指变速器工作时发出的不正常的响声，如金属干摩擦声、不均匀的撞击声等。

2. 原因

（1）齿轮异响　①齿轮磨损过甚变薄，间隙过大，运转中有冲击。②齿面啮合不良，如制造差，修理时没有成对更换齿轮，新旧齿轮搭配，齿轮不能正确啮合。③齿面有金属疲劳剥落或个别齿损坏折断。④齿轮与轴上的花键配合松旷，或齿轮的轴向间隙过大。⑤轴弯曲或轴承松旷引起齿轮啮合间隙改变。

（2）轴承异响 ①轴承磨损严重。②轴承内（外）座圈与轴颈（孔）配合松动。③轴承滚珠碎裂或有烧蚀麻点。

（3）其他原因异响 ①变速器内缺油，润滑油过稀、过稠、质量变差或规格不符合要求。②变速器内掉入异物。③某些紧固螺栓松动。④里程表软轴或里程表齿轮异响等。⑤变速器操纵机构各连接处松动，拨叉变形或磨损松旷等。

3. 诊断与排除

在判断异响故障时，根据响声的不均匀程度、出现的时机和发响的部位来判断响声的原因，然后予以排除。

① 变速器发出金属干摩擦声，即为缺油和油的质量不好。应加油和检查油的质量，必要时更换。

② 行驶时换入某挡若响声明显，即为该挡齿轮轮齿磨损；若发生周期性的响声，则为个别齿损坏。

③ 空挡时响，而踏下离合器踏板后响声消失，一般为一轴前后轴承或常啮合齿轮响；如换入任何挡都响，多为二轴后轴承响。

④ 变速器工作时发出突然的撞击声，多为轮齿断裂，应及时拆下变速器盖检查，以防零件损坏。

⑤ 行驶时，变速器只有在换入某挡时齿轮发响，在上述完好的前提下，应检查啮合齿轮是否搭配不当，必要时应重新装配一对新齿轮。此外，也可能是同步器齿轮磨损或损坏，应视情况修复或更换。

⑥ 换挡时齿轮相撞击而发响，则可能由离合器不能分离或离合器踏板行程不正确、同步器损坏、怠速过大、变速杆调整不当或导向衬套紧等导致。遇到这种情况，先检查离合器能否分离，再分别调整怠速或变速杆位置，检查导向衬套与分离轴承配合的预紧度。

如经上述检查排除后，变速器仍发响，应检查各轴轴承与轴孔配合情况、轴承本身的技术状态等。如完好，再查看里程表软轴及齿轮是否发响，必要时予以修理或更换。

（五）变速器漏油

1. 现象
变速器周围出现齿轮润滑油，变速器齿轮箱的油量减少，则可判断为润滑油泄漏。

2. 原因
① 油封磨损、变形或损伤。
② 变速器壳龟裂或损伤或延伸壳破裂。
③ 通气口堵塞、放油螺塞松动。
④ 变速器盖与变速器壳体之间安装松动或者密封垫损坏。
⑤ 齿轮油过多或齿轮油选用不当，产生过多泡沫。
⑥ 车速表接头锁紧装置松动或破损。

3. 诊断与排除
按油迹部位检查油液泄漏原因。
① 检查调整变速器油量。检查齿轮油质量，如质量不佳，应更换合适的齿轮油。
② 检查通气口，如堵塞，则疏通通气口。
③ 检查各处密封垫和油封，如漏油，则更换损坏的密封垫和油封。
④ 检查变速器盖、变速器壳螺栓及放油螺塞处有无漏油，如有则紧固松动的螺栓。

⑤ 检查变速器壳体等，看是否开裂、损坏造成漏油，如有，则更换损坏的变速器壳和延伸壳。

⑥ 检查车速表接头锁紧装置处，如漏油则紧固。如果锁紧装置破损，应予以更换。

 【任务实施1】

手动变速器拆装

一、变速器装配与调整

变速器装配品质的好坏，对变速器的工作品质影响很大。在变速器装配时，应注意以下几个方面。

① 装配前，必须对零件进行认真的清洗，除去污物、毛刺和铁屑等。尤其要注意第二轴齿轮上的径向润滑油孔的畅通。

② 装配各部轴承及键槽时，应涂品质优良的润滑油进行预润滑。总成修理时，应更换所有的滚针轴承。

③ 对零件的工作表面不得用硬金属直接锤击，避免齿轮出现运转噪声。

④ 注意同步器锁环或锥环的装配位置。装配过程中，如有旧件时应原位装复，以保证两零件的接触面积。因此，在变速器解体时，应对同步器各零件做好装配记号，以免装错。

⑤ 组装中间轴和第二轴时，应注意各挡齿轮、同步器固定齿座、推力垫圈的方向及位置，以保证齿轮的正确啮合位置。

⑥ 安装第一轴、第二轴及中间轴的轴承时，只许用压套垂直压在内圈上，禁止施加冲击荷载，轴承内圈圆角较大的一侧必须朝向齿轮。

⑦ 装入油封前，需在油封的刃口涂少量润滑脂，要垂直压入，并注意安装方向。

⑧ 变速器装配后，要检查各齿轮的轴向间隙和各齿轮副的啮合间隙及啮合印痕。常啮齿轮的啮合间隙为 0.15～0.40mm，滑动齿轮的啮合间隙为 0.15～0.50mm。第一轴的轴向间隙≤0.15mm，其他各轴的轴向间隙≤0.30mm。各齿轮的轴向间隙≤0.40mm。

⑨ 装配密封衬垫时，应在密封衬垫的两侧涂以密封胶，确保密封效果。

⑩ 安装变速器盖时，各齿轮和拨叉均应处于空挡位置。必要时，可分别检查各个常用挡的齿轮副是否处于全齿长啮合位置。按规定的力矩拧紧各部螺栓。

二、变速器拆装

下面以上海通用五菱 D16 手动变速器的拆解过程与装配过程进行说明（表 1-2）。

表 1-2　D16 手动变速器的拆解过程与装配过程

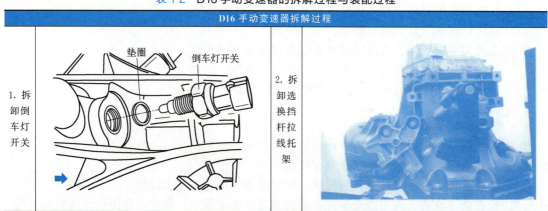

D16 手动变速器拆解过程	
1. 拆卸倒车灯开关	2. 拆卸选换挡杆拉线托架

续表

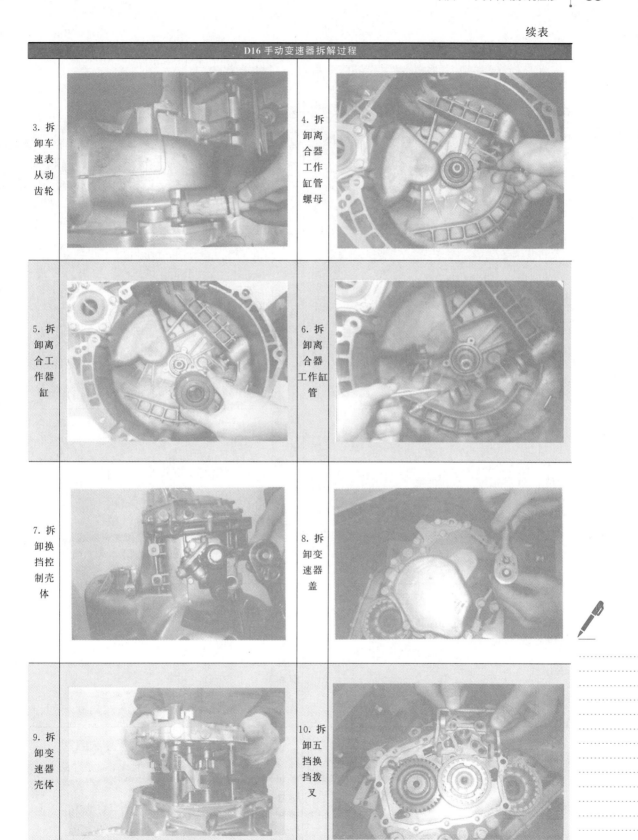

	D16 手动变速器拆解过程		
3. 拆卸车速表从动齿轮		4. 拆卸离合器工作缸管螺母	
5. 拆卸离合器工作缸		6. 拆卸离合器工作缸管	
7. 拆卸换挡控制壳体		8. 拆卸变速器盖	
9. 拆卸变速器壳体		10. 拆卸五挡换挡拨叉	

续表

D16 手动变速器拆解过程			
11. 拆卸五挡同步器		12. 拆卸五挡从动齿轮	
13. 拆卸五挡齿轮		14. 拆卸五挡联锁杆	
15. 拆卸换挡轴止动杆		16. 拆卸倒挡换挡拨叉	
17. 拆卸换挡轴互锁销连接器螺栓		18. 拆卸换挡轴和拨叉总成	
19. 拆卸输入轴和主轴(用卡环钳)		20. 拆卸变速器磁铁	

续表

D16 手动变速器拆解过程	
21.主动轴和从动轴解体	 需要借助液压机和通用轴承拔出器才可以进行零件拆解

D16 手动变速器装配过程

拆卸完成之后,可更换相关损坏的部件,按照拆卸顺序逆向装复。

①安装变速器磁铁。

②安装主轴和输入轴[图(a)]。在主轴底部压紧卡环,并使用卡环固定件将其固定。使用卡环钳使卡环在输入轴底部保持打开。将输入轴/主轴总成安装至变速器壳体上。释放主轴卡环和输入轴卡环。

③安装换挡轴和拨叉总成[图(b)]。

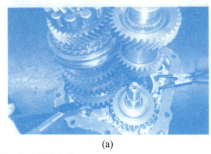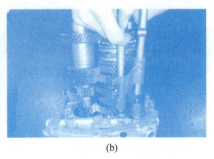

(a)　　　　　　　　　　　　　　　　　(b)

④换挡轴止动杆的安装。

⑤五挡联锁杆的安装。

⑥五挡齿轮、从动齿轮、同步器和换挡拨叉的安装。

⑦变速器壳体的安装。

⑧变速器盖、换挡控制壳体、离合器工作缸、车速表从动齿轮和倒挡开关的安装

【任务实施2】

手动变速器维修

变速器在汽车行驶时,齿轮齿面间的接触在理论上只是线接触,接触压力很大,易使齿面磨损或产生疲劳剥落等现象。此外,汽车行驶时需要根据行驶条件选择合适的挡位,尤其在恶劣道路上行驶时,由于换挡频繁,又会产生冲击荷载,破坏零件的润滑条件。若使用和维修不当,更加剧变速器零件的损伤,从而出现换挡困难、换挡异响、自行脱挡、噪声及渗漏等故障。因此,必须对变速器进行正确的维护维修,以维持变速器良好的技术状况,延长变速器的使用寿命。

一、手动变速器维护

对乘用车进行一级维护时应检查变速器的润滑油量,清洗通气塞。

二级维护时应检查变速器第二轴凸缘的螺母紧固情况。二级维护前的检查作业中,还要检查变速器是否存在运转异响,并了解变速器已经发生的有规律性的小修情况,从而判定齿轮、轴、轴承等零件的磨损情况,以及是否存在断裂的可能性。最后根据检查结果,确定是否需要在二级维护中增加拆检变速器及其他作业项目和作业深度。

其他车型变速器的维护，应按使用说明书的要求进行。

二、手动变速器主要零部件检修

1. 变速器壳体

变速器壳体的主要损伤为壳体的变形和裂纹，定位销孔、轴承孔、螺纹孔磨损等。变速器壳体的变形将造成各轴轴线间的平行度误差增大，轴间距发生改变，进而导致破坏齿轮副啮合精度。轮齿表面的阶梯形磨损不但使传动噪声加大，还会形成轴向力。当齿面上有冲击载荷时，就会形成变速器的早期自动脱挡的故障。

（1）变速器壳体的裂纹

对受力不大的部位的裂纹，可用环氧树脂黏结修复；对重要和受力较大部位的裂纹，可进行焊修。对于轴承孔贯通处和安装固定孔处的裂纹不能修理，应更换变速器壳体。

（2）变速器壳体的变形

检查时，对三轴式变速器用专用量具检查：各轴承孔公共轴线间的平行度、轴间距；上孔轴线与上平面间的距离；前后两端面的平面度。

两轴式变速器的壳体一般由前后两部分组成，其变形主要是检查输入轴与输出轴的平行度及前后壳体接合面的平面度。当上述各项检查超过规定时应进行修复。

当变速器壳体轴承孔磨损超限、变形时，可在单柱立式镗床上，用长度规作定位导向镗削各轴承孔，以修正各轴线间的平行度。镗削扩孔时，常以倒挡轴的轴承孔为基准，因为此处的强度最大，其变形超限的可能性较低。扩孔后采用镶套（轴承孔一般加大 3～4mm）或刷镀的方式修复，超过修理极限时应更换。当壳体平面度超差时，可采用铲、刨、锉、铣等方法修复或更换。

（3）壳体螺纹孔损伤

壳体上所有连接螺纹孔的螺纹损伤不得多于 2 个螺纹。对于螺纹孔的损伤，可采用更换加粗螺栓或者焊补后重新钻孔加工的方法修复。

2. 变速器盖

变速器盖应无裂纹，与变速器壳体接合平面的平面度公差为 0.10～0.15mm；拨叉轴与轴承孔的间隙为 0.04～0.20mm。

3. 齿轮与花键

① 齿轮的啮合面上出现明显的疲劳麻点、麻面、斑疤或阶梯形磨损时，必须更换。齿面仅有轻微斑点或边缘略有破损时，可用油石修磨后继续使用。

② 固定齿轮或相配合的滑动齿轮的端面损伤不得超过齿长的 15%。

③ 齿轮齿面的啮合面中线应在齿高的中部，接触面积不得小于工作面的 60%。

④ 齿轮与齿轮、齿轮与轴及花键的啮合间隙、径向间隙和轴向间隙应符合原厂规定。检测方法如图 1-64 所示，将齿轮装配在对应的轴上，将轴固定于台虎钳上，磁力表座固定于台虎钳上，百分表的测量针垂直抵在齿轮上压缩 1mm 并调零。然后用手上下推动齿轮，记录百分表读数，读数一般应小于 0.03mm。

注意：如不符合要求，更换齿轮时应成对更换。

4. 轴

轴的主要损伤形式有变形、裂纹、轴颈和花键齿的磨损等。

① 用百分表检查轴的变形时（图 1-65），以第一轴、第二轴和中间轴两端轴颈的公共轴线为基准，测量中部的径向圆跳动公差一般为 0.03mm（轴长 120～250mm）或 0.06mm（轴长 250～500mm）。若超出此范围，应更换新轴。

② 用千分尺检查各轴颈的磨损，超过规定值时可堆焊、镀铬后修复或更换。

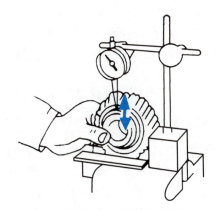

图 1-64 齿轮和轴间隙的检测

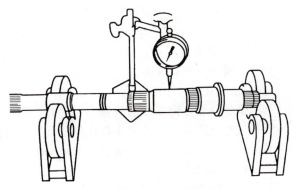

图 1-65 轴弯曲度的检测

③ 检查轴上定位凹槽的最大磨损量，超过规定值时应更换。

④ 轴体上不得有任何性质的裂纹，否则应更换。

⑤ 一般拨叉轴的直线度公差为 0.05mm，轴上定位凹槽的最大磨损量为 0.5mm，超过此标准应换新轴。

⑥ 检查所有油封是否磨损或损坏。包括前轴承盖、里程表从动齿轮、选挡外杆、延伸壳上的油封等，如有必要应更换。

5. 轴承

轴承应转动灵活，滚动体与内外圈滚道不得有麻点、麻面、斑疤和烧灼磨损等缺陷；保持架完好，径向间隙不得大于 0.10mm。滚动轴承与轴承孔、轴颈或齿轮的配合，应符合技术条件要求。

6. 同步器

目前多数变速器采用锁环式惯性同步器或锁销式惯性同步器。

（1）锁环式惯性同步器的检修

锁环式惯性同步器的主要损伤是：锁环内锥面螺纹槽及锁止角磨损、滑块磨损、接合套和花键毂的花键齿损伤。锁环与滑块的磨损会破坏换挡过程中的同步作用，锁环与接合套锁止角的磨损会使同步器失去锁止作用。这些损伤都会造成换挡困难，发出机械撞击噪声。

① 压转法：把锁环压在相结合齿轮的外锥面上，用手把两者压紧并转动。如果锁环是新锁环或者还能使用，在转动时应能感受到明显的摩擦阻力，甚至转不动，如图 1-66 左图所示。

② 观察触摸法：锁环同步器内锥面螺纹槽被磨平，用手触摸已没有刀刃的感觉，必须更换新锁环。

③ 间隙测量法：用塞尺测量锁环和换挡齿圈端面之间的间隙 a，如图 1-66 右图所示。奥迪、桑塔纳的标准间隙是 1.1～1.9mm，磨损极限是 0.5mm。超过此极限值时，应更换。

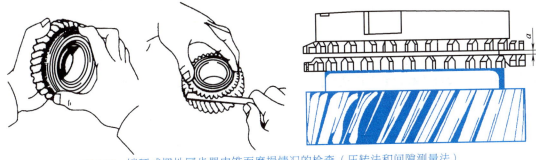

图 1-66 锁环式惯性同步器内锥面磨损情况的检查（压转法和间隙测量法）

同步器滑块顶部凸起磨损出现沟槽，会使同步作用减弱。因此，当滑块顶部磨出沟槽时，必须更换滑块。用塞尺测量滑块与花键毂槽的配合间隙，应符合标准，否则更换。

锁环、接合套的接合齿端磨秃，接合套和花键毂的花键齿磨损，使锁环力矩减弱或消失，导致换挡困难。

此外，滑块支撑弹簧断裂、弹力不足，使锁环失去自动对中性能，接合时会发生噪声，换挡过程延缓。

（2）锁销式惯性同步器的检修

锁销式惯性同步器零件的主要耗损是由于换挡操作不当、冲击过猛使锥盘外张，摩擦角变大造成同步效能降低，锥环锥面上的螺纹槽的磨损严重，使摩擦系数过低，甚至两者端面接触，使同步作用失效。

铝制锥环外锥面上的螺纹槽深（常为 0.4mm）需检查，若因螺纹磨损，锥环端面与锥盘面接触了，可用车削锥环端面修复，但车削总量不得大于 1mm。若锥环外锥面螺纹槽的深度小于 0.1mm，而锥环端面未与锥盘接触，应更换同步器总成。更换新总成时，可保留原有的锥盘，但两者的端面间隙不得小于 3mm。

同步器的锁销和定位销松动或散架，会引起同步器突然失效。一般应更换新同步器。

7. 操纵机构

操纵机构的主要损伤形式有磨损、变形、连接松动和弹簧失效等。

① 检查操纵机构各零件的连接部位是否松旷，若有松旷，应及时紧固或换用新件。

② 检查变速杆、换挡杆及内选挡杆的磨损及变形情况。内选挡杆轴颈磨损严重或其前端选挡销钉轴间宽度磨损超过 0.20mm，应换用新件。

③ 检查拨叉与接合套、拨叉与拨叉轴、换挡轴等处磨损是否过大。拨叉下端工作面磨损量超过 0.20mm，或与接合套拨槽的配合间隙超过 0.50mm 时，应更换。换挡轴轴颈磨损量超过 0.08mm（与轴孔的配合间隙超过 0.20mm），应更换。

④ 检查拨叉或拨叉轴变形是否严重，严重时可进行冷压矫正或更换。拨叉轴的直线度偏差应不大于 0.20mm。

⑤ 检查定位钢球、定位销、锁止弹簧、复位弹簧等，当出现磨损过量或弹簧失效时，应及时更换。自锁及互锁凹槽沿轴向的磨损量应不大于 0.30mm。

三、变速器的磨合与试验

变速器装配后，应按规定进行变速器的磨合与试验，以改善零件摩擦表面的接触状况，检查变速器的修理和装配品质。

变速器的磨合应在试验台上进行，进行无负荷和有负荷条件下的各种转速的运转。磨合前，应按规定向变速器加注清洁的润滑油。磨合时，第一轴转速为 1000～2000/min，各挡磨合时间的总和不得少于 1h。变速器进行有负荷试验时，其负荷为最大传递转矩的 30%，严禁加入研磨用的磨料进行磨合。

在变速器磨合的过程中，油温应为 15～65℃。变速器的变速机构和操纵机构轻便、灵活、迅速、可靠，不允许有自动脱挡现象，运转和换挡时不得有异响，变速杆不得有明显的抖动现象，所有密封部位不得有漏油现象。

变速器经磨合和试验后，应认真进行清洗，并按原厂规定加注润滑油。

 【维修案例】

某轿车挂不上前进挡，不能前进只能倒退故障的检修

故障症状：一辆轿车在交通繁忙路段行驶时，由于驾驶员是新手，换挡过猛，突然挂不

上挡了。驾驶员试过所有的前进挡，都不能使汽车前进行驶。然而，当切换换挡杆到倒挡时，汽车却能够正常行驶。

故障诊断与排除：经分析认为，变速器五个挡同时损坏的可能性较小。该车出现的只有倒挡而无前进挡的故障极有可能是操纵机构存在问题。于是对变速器外操纵机构进行了检查，发现是操纵机构由于换挡过猛而错位，从而导致上述故障的发生。

换挡机构的调整需按以下步骤进行。

① 使变速器在空挡位置上，如不在空挡位置，应使用换挡杆将变速器拨叉拨到空挡位置。然后拆下换挡杆和防护罩，露出球形挡。

② 松开外换挡机构中换挡后连杆总成和换挡前连杆总成的连接螺栓，使夹紧片松动，使前后连杆总成可以在轴线方向移动并能径向转动。

③ 调整变速操纵杆处于垂直位置，使球形挡上的两个悬臂与球形座之间的距离相等。然后带动换挡后连杆总成相对于前连杆总成进行轴向和径向的调整，此时变速器处于空挡位置，换挡操纵杆也处于空挡中间位置，操纵系统处于空挡中间位置。

④ 在保持换挡操纵位置不动的情况下，拧紧六角螺栓。

⑤ 调整好后试挂各挡位，确保每个挡位均应准确有效，倒挡锁止机构应有效。否则，应松开六角螺栓，重新调整。

⑥ 调整完成后，装回护罩和换挡杆。

至此，变速器外操纵机构调整完毕。经试车确认，变速器的所有挡位均已恢复正常，故障排除。

任务四　万向传动装置检修

 【任务引入】

轿车传动轴异响故障的检修。故障症状：一辆轿车在服务站维修差速器后不久，车主要求返修，声称车辆出现较大异响。试车过程中，发现前桥底部发出周期性"嗡、嗡"响声，并且随着车速提高，响声逐渐增大。另外，在某一车速下，车辆还会出现抖动感。维修人员经过对该车故障现象分析，并结合经验判断，此类响声大多是由万向节传动轴装配不当引起的。随后，维修人员重新检查并调整了传动轴的装配。经调整后故障排除，车辆恢复正常。

万向传动装置的概述

 【任务分析】

该任务是对万向传动装置常见故障进行检修和诊断排除。要完成本任务，学生需要熟悉汽车万向传动装置的功用、组成、类型及其应用场合；熟悉万向节、传动轴和中间支撑的类型、应用及其结构特点、工作原理；熟悉万向传动装置常见故障的诊断与排除方法；掌握万向传动装置的拆装及各零部件的检修内容和方法。

 【知识准备】

一、万向传动装置认知

万向传动装置的功用是在轴线相交且相对位置经常发生变化的两转轴之间传递动力。

万向传动装置一般由万向节和传动轴组成，有时长距离传动时还需加装中间支撑，如图1-66 所示。万向传动装置在汽车上的应用如下。

1. 变速器与驱动桥之间

在发动机前置后驱的汽车上，变速器与发动机、离合器连在一起安装在车架上，而驱动桥则通过弹性悬架与车架连接。汽车行驶过程中，弹性悬架受路面冲击而产生振动，使变速器输出轴和驱动桥输入轴的相对位置经常变化，如图 1-67 所示。因此，在变速器的输出轴与驱动桥的输入轴之间不可以直接刚性连接，而必须采用一般由两个万向节和一根传动轴组成的万向传动装置。

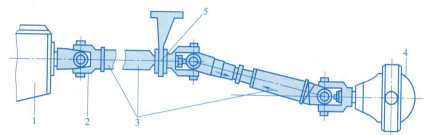

图 1-67　变速器与驱动桥之间的万向传动装置
1—变速器；2—万向节；3—传动轴；4—驱动桥；5—中间支撑

在变速器与驱动桥距离较远的情况下，可将传动轴分成两段，即采用主传动轴和中间传动轴与三个万向节，且中间传动轴后端设置了中间支撑，如图 1-67 所示。这样可以避免因传动轴过长而产生自振频率降低，从而防止在高转速下产生共振，同时提高了传动轴的临界转速和工作可靠性。

2. 变速器与分动器之间及分动器与驱动桥之间

越野汽车中，当变速器与分动器分开布置时，在变速器与分动器及分动器与驱动桥之间常设万向传动装置，以消除车架变形及制造、装配误差等引起的其轴线同轴度误差对动力传递的影响，如图 1-68 所示。

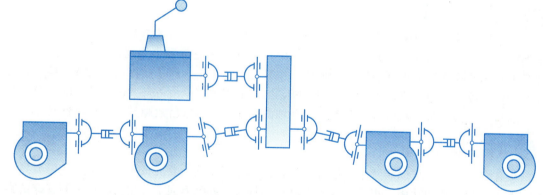

图 1-68　变速器与分动器、分动器与驱动桥之间万向传动装置

3. 断开式驱动桥中的半轴

在断开式驱动桥中，当驱动轮采用独立悬架时，两侧的驱动轮分别通过弹性悬架与车架相连，而减速器壳固定在车架上。在汽车行驶过程中，两侧车轮可彼此独立地相对于车架上下跳动。因此，为了将动力传递给车轮并且不发生运动干涉，断开式驱动桥中必须采用万向节铰接半轴，即采用万向传动装置（驱动桥中如图 1-94 所示）。

4. 转向驱动桥中的半轴

在转向驱动桥中，前轮既是转向轮又是驱动轮。作为转向轮，要求它能在最大转角范围内任意偏转某一角度；作为驱动轮，则要求半轴在车轮偏转过程中能不断地把动力从主减速器传到车轮。因此转向驱动桥的半轴不能做成整体而要分段，且用万向节连接，以适应汽车行驶时半轴各段的交角不断变化的需要。若前桥采用独立悬架，不仅要在转向驱动轮附近安装一个万向节，而且在靠近主减速器处需要有一个万向节，如图 1-69（a）所示；若前桥采用非独立悬架，只需在转向驱动轮附近安装一个万向节即可，如图 1-69（b）所示。

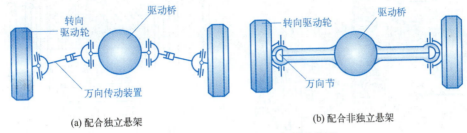

(a) 配合独立悬架　　　　　　　(b) 配合非独立悬架

图 1-69　转向驱动桥中的万向传动装置

万向传动装置除应用于汽车传动系统外，还可应用于汽车转向操纵机构、动力输出装置等。

二、万向节

万向节按在扭转方向上是否有明显的弹性可分为刚性万向节和挠性万向节。在前者中，动力是靠刚性零件的铰链式连接传递的；而在后者中则靠弹性零件传递的，故有一定的缓冲减振作用。刚性万向节按速度特性又可分为不等速万向节（十字轴式）、准等速万向节（双联式、三销轴式等）和等速万向节（球笼式、三枢轴式、球叉式等）。

（一）十字轴式刚性万向节

十字轴式刚性万向节因其结构简单、工作可靠、传动效率高，且允许相邻两传动轴之间有较大的交角（一般为 15°～20°），故广泛地应用于各类汽车的传动系统中。

1. 十字轴式刚性万向节的结构组成及润滑

图 1-70 所示为十字轴式刚性万向节的结构组成。万向节叉 2 和 5 上的孔分别活套在十字轴 4 的两对轴颈上。这样当主动轴转动时，从动轴既可随之转动，又可绕十字轴中心在任意方向摆动。为了减小摩擦损失，提高传动效率，在十字轴轴颈与万向节叉孔之间装有由滚针 7 和套筒 8 组成的滚针轴承，然后用螺钉 9 和轴承盖 1 将套筒固定在万向节叉上，并用锁片 10 将螺钉锁紧。

十字轴式刚性万向节的构造及润滑

通常十字轴内钻有油道，通过注油嘴注入润滑油，以润滑轴承。如图 1-71 所示，为避免润滑油流出及尘垢进入轴承，十字轴轴颈的内端套装有油封。此外，安全阀的作用是当十字轴内腔润滑油压力超过允许值时，阀门会打开使润滑油外溢，从而防止油封因油压过高而损坏。

十字轴式万向节的损坏是以十字轴轴颈和滚针轴承的磨损为标志的，因此润滑与密封直接影响万向节的使用寿命。为了提高密封性能，现代汽车中十字轴式万向节多采用橡胶油封。当油腔内油压大于允许值时，多余的润滑油便从橡胶油封内圆表面与十字轴轴颈接触处溢出，故在十字轴上无需安装安全阀，如图 1-71 所示。

万向节中滚针轴承轴向定位方式有盖板式和内外挡圈固定式，其特点是工作可靠、零件少、结构简单。

2. 十字轴式刚性万向节传动的速度特性

单个十字轴式刚性万向节在输入轴和输出轴有夹角的情况下，如果主动轴以等角速转动，而从动轴则时快时慢转动，此即单个十字轴万向节在有夹角时传动的不等速性，如图 1-72 所示。值得注意的是，所谓"传动的不等速性"，是指从动轴在一周中角速度不匀而言。而主从动轴的平均转速是相等的，即主动轴转过一周，从动轴也转过一周。

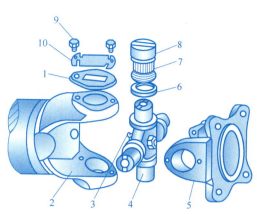

图 1-70 十字轴式刚性万向节的结构组成

1—轴承盖；2,5—万向节叉；3—注油嘴；4—十字轴；
6—油封；7—滚针；8—套筒；9—螺钉；10—锁片

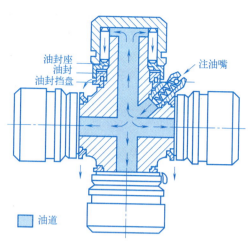

图 1-71 十字轴的润滑油道及密封装置

单十字轴式万向节传动的不等速性，将使从动轴及与其相连的传动部件产生扭转振动，从而产生附加的交变载荷及振动噪声，影响部件寿命。

为避免这一缺陷，在汽车上均采用两个普通十字轴万向节，并且通过传动轴将两者连在一起。利用第二个万向节的不等速效应来抵消第一个万向节的不等速效应，从而实现输入轴与输出轴等角速传动。但要达到这一目的，还必须满足以下两个条件（图 1-73）。

① 第一个万向节的从动叉和第二个万向节的主动叉应在同一平面内，即传动轴两端的万向节叉在同一平面内。

② 第一万向节两轴间夹角与第二万向节两轴间夹角相等，即 $\alpha_1 = \alpha_2$。

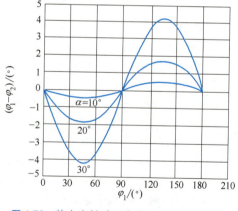

图 1-72 单十字轴式万向节传动的不等速性

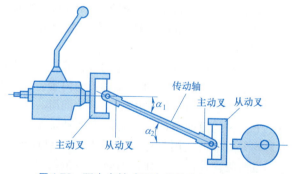

图 1-73 双十字轴式万向节等速传动布置图

前一条件完全可以由传动轴和万向节叉的正确装配来保证。但是，后一条件只有在驱动轮采用独立悬架时，才有可能通过整车的总布置设计和总装配工艺来实现，因为在此情况下主减速器和变速器的相对位置是固定的。而在驱动轮采用非独立悬架时，由于弹性悬架的振动，驱动桥输入轴与变速器输出轴的相对位置不断变化，不可能在任何时候都能保证 $\alpha_1 = \alpha_2$。因此，在这种情况下，这两部件之间的万向传动只能尽量使传动的不等速性减小到最低程度。另外，在以上传动装置中，轴间交角 α 越大，传动轴的转动越不均匀，产生的附加交变载荷也越大，对部件使用寿命越不利，还会降低传动效率。因此，在总体布置上应尽量减小轴间交角。

上述双十字轴式万向节传动虽能近似地解决等速传动问题，但在某些情况下，例如转向驱动桥的分段半轴间，由于布置上受轴向尺寸限制，而且转向轮要求偏转角度大（30°～40°），因此上述双万向节传动已难以满足要求。在长期实践过程中，人们创造出了各种各样的等速万向节和准等速万向节。

（二）准等速万向节

1. 双联式万向节

准等速万向节是根据上述双万向节实现等速传动的原理而设计成的。双联式万向节实际上是一套传动轴长度减缩至最小的双万向节等速传动装置。在图 1-74 中，双联叉相当于两个在同一平面上的万向节叉。欲使万向节叉主动轴和从动轴的角速度相等，应保证 $\alpha_1 = \alpha_2$。因此，在双联式万向节的结构中装有分度机构，以期双联叉的对称线平分所连两轴的夹角。

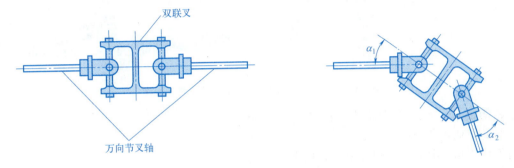

图 1-74　双联式万向节示意图

双联式万向节用于转向驱动桥时，可以没有分度机构，但必须在结构上保证双联式万向节中心位于主销轴线与半轴轴线的交点，以保证准等速传动。双联式万向节允许有较大的轴间夹角，且具有结构简单、制造方便、工作可靠的优点，故在转向驱动桥中的应用逐渐增多。北京吉普切诺基轻型越野汽车的前传动轴与分动器前输出轴之间采用了这种双联式万向节。

2. 三销轴式万向节

三销轴式万向节是由双联式万向节演变而来的准等速万向节，如图 1-75 所示。它由 2 个偏心轴叉和 2 个三销轴以及 6 个滑动轴承（衬套）和密封件等组成。每一偏心轴叉的两叉孔通过轴承和 1 个三销轴大端的两轴颈配合，2 个三销轴的小端轴互相插入对方的大端轴承孔内，形成 Q_1-Q_1'、Q_2-Q_2'、$R-R'$ 3 根轴线。传递转矩时，由主动偏心轴叉经 Q_1-Q_1'、$R-R'$、Q_2-Q_2' 轴传到从动偏心轴叉。

与主动偏心轴叉相连的三销轴的 2 个轴颈端面和轴承座之间装有推力垫片。其余轴颈端面均无推力垫片，且端面与轴承座之间留有较大的空隙，保证转向时三销轴式万向节无运动干涉现象。

三销轴式万向节的最大特点是允许相邻两轴有较大的交角，最大可达 45°。采用此万向节的转向驱动桥可使汽车获得较小的转弯半径，从而提高汽车的机动性。但是，它的外形尺寸较大，零件形状较复杂，并且所连接的两轴会受到附加弯矩和轴向力。因此，三销轴式万向节主要应用于个别中重型越野车的转向驱动桥。

（三）等速万向节

等速万向节的基本原理是从结构上保证万向节在工作过程中，其传力点永远位于两轴交点的平分面上。图 1-76 为一对大小相同的锥齿轮传动示意图。两齿轮的接触点 P 位于两齿轮轴线交角 α 的平分面上，由 P 点到两轴的垂直距离都等于 r。在 P 点处两齿轮的圆周速

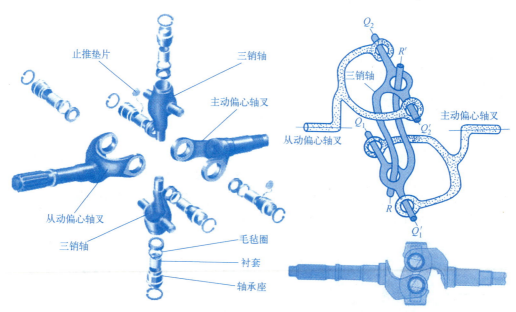

图 1-75 三销轴式万向节组成结构图及其装配图

度是相等的,因而两个齿轮旋转的角速度也相
等。与此相似,若万向节的传力点在其交角变化
时始终位于角平分面内,则可使两万向节叉保持
等角速的关系。

目前采用较广泛的球笼式等速万向节和三枢
轴式等速式万向节就是依据这一原理制成的。

1. 球笼式等速万向节

球笼式等速万向节按主从动轴在传递转矩过
程中轴向是否产生位移,分为固定型球笼式万向
节和伸缩型球笼式万向节。

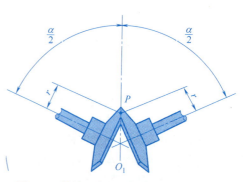

图 1-76 等速万向节等速传动原理示意图

（1）固定型球笼式万向节（RF 节）

固定型球笼式万向节（RF 节）结构如图 1-77 所示。星形套以内花键与主动轴相连,其
外表面有 6 条凹槽,形成内滚道。球形壳的内表面有相应的 6 条凹槽,形成外滚道。6 个钢
球分别装在各条凹槽中,并由球笼使之保持在一个平面内。动力由主动轴经星形套、钢球、
球形壳输出。

固定型球笼式万向节（RF 节）的等角速传动原理,如图 1-78 所示。外滚道的中心 A
与内滚道的中心 B 分别位于万向节中心 O 的两边,且与 O 等距离。钢球中心 C 到 A、B 两
点的距离也相等。保持架的内外球面、星形套的外球面和球形壳的内球面均以万向节中心 O
为球心。故当两轴交角变化时,保持架可沿内外球面滑动,以保持钢球在一定位置。

由图 1-78 可见,由于 $OA=OB$,$CA=CB$,CO 是共边,则两个三角形 $\triangle COA$ 与
$\triangle COB$ 全等。故 $\angle COA=\angle COB$,即两轴相交任意交角 α 时,传力的钢球都位于交角平分
面上。此时钢球到主动轴和从动轴的距离 a 和 b 相等,从而保证了从动轴与主动轴以相等的
角速度旋转。

固定型球笼式万向节（RF 节）两轴允许交角范围较大（45°～50°）,例如奥迪、捷达、
红旗 CA7220 型等轿车的两轴交角最大可达 47°。在工作时,无论传动方向如何,6 个钢球
全部参与传力。固定型球笼式万向节（RF 节）特点是承载能力强,结构紧凑,拆装方便,

因此应用非常广泛。目前国内外大多数轿车的前转向驱动桥在转向节处均采用这种固定型球笼式万向节（RF 节）。

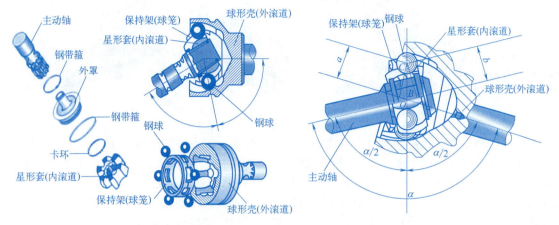

| 图 1-77　固定型球笼式万向节结构 | 图 1-78　固定型球笼式万向节等角速传动原理 |

（2）伸缩型球笼式万向节（VL 节）

图 1-79 为伸缩型球笼式万向节（VL 节），其内外滚道呈圆筒形。在传递转矩过程中，星形套与筒形壳可以沿轴向相对移动，故可省去其他万向传动装置中必须有的滑动花键。这不仅使结构简化，而且由于星形套与筒形壳之间的轴向相对移动是通过钢球沿内外滚道滚动来实现的，与滑动花键相比，其滑动阻力小，最适用于断开式驱动桥。VL 节两轴交角范围为 $20°\sim25°$，较十字轴式刚性万向节相邻两轴的交角范围大，但小于 RF 节。

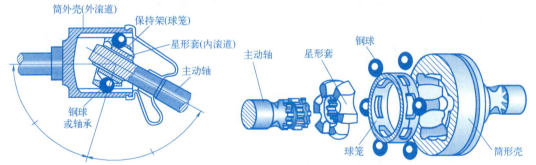

三枢轴式等速万向节

图 1-79　伸缩型球笼式万向节结构组成

这种万向节的保持架的内球面中心与外球面中心位于万向节中心 O 的两边，且与 O 等距离。钢球中心到内外球中心距离相等，以保证万向节作等角速传动。

2. **三枢轴式等速万向节**

如图 1-80 所示为三枢轴式等速万向节，它主要由三枢轴总成、滑动外座圈和保护罩等组成。三枢轴总成上装有三个位于同一平面内且互成 $120°$ 的枢轴，它们的轴线交于输入轴上一点，并垂直于驱动轴。三个外表面为球面的滚子轴承，分别活套在各枢轴上。由于三枢轴的自动定心作用，能使两轴轴线重合，两者等速传动。三枢轴及其球面滚子轴承总成既减小磨损，又保证等速传动。当输出轴与输入轴交角为 $0°$ 时，因三枢轴的定心作用，能使两轴轴线重合；当输出轴与输入轴存在交角时，由于球面滚子轴承既可沿枢轴轴向移动，又可沿滑动外座圈的槽形轨道滑动。这样就可以保证滚子的传力点始终位于两轴交角的平分面，故该万向节为等速传动。此外，万向节由保护罩封护，并用卡箍紧固，防止润滑脂外漏。

三枢轴式等速万向节具有结构简单、体积小、质量小、润滑好、磨损小、散热快、承载

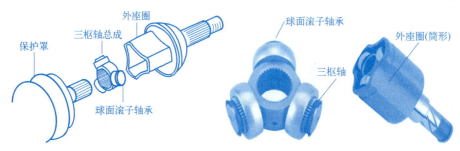

图 1-80　三枢轴式等速万向节

能力大及工作可靠等优点，并且可以实现较大轴向伸缩，因而被广泛应用于汽车驱动桥中。

在前置前驱动且采用独立悬架的轿车的转向驱动桥中，汽车常采用两根传动轴（半轴）总成，一个总成驱动一个车轮，如图 1-81 所示。每一总成都在车轮端装有等速万向节，该等速万向节称为做外置式万向节或固定式万向节，常采用固定型球笼式等速万向节，可以实现汽车转向时车轮较大摆角的需求。而各传动轴在变速驱动桥端有辅助万向节，该万向节称为内置式万向节或伸缩式（滑动式）万向节，可以采用伸缩型球笼式或三枢轴式等速万向节，可以适应运行中传动轴长度的变化的需求。如上海桑塔纳、东风本田、新宝来、捷达、奥迪及红旗等轿车均采用这种布置形式。

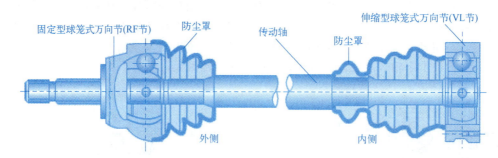

图 1-81　转向驱动桥中等速万向节的布置

（四）挠性万向节

挠性万向节是依靠弹性连接件的弹性变形来保证相交两轴间的转矩传递的，且传动时不会发生机械运动干涉。弹性件可以采用橡胶盘、橡胶金属套筒、六角形橡胶圈等结构，如图 1-82 所示为某自卸汽车上用于连接发动机输出轴与液力机械变速器输入轴的橡胶金属套筒结构的挠性万向节及其弹性连接件的结构图。

挠性万向节在汽车上主要用于后轮驱动的轿车。为了给后排座中间的乘客提供足够的腿部空间，传动轴交角都按近似零度角设计。挠

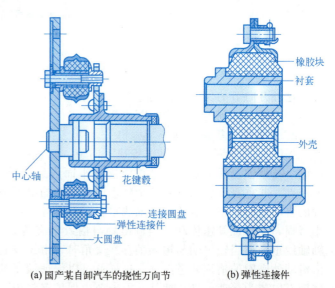

(a) 国产某自卸汽车的挠性万向节　(b) 弹性连接件

图 1-82　挠性万向节及其弹性连接件的结构图

性万向节交角的变化是依靠自身弹性变形来实现的，所以其交角一般不大于<3°～5°。挠性万向节利用自身弹性元件的弹性变形，可以消除安装误差以及车架与车身变形对传动轴传动的影响，还可以吸收传动系统的冲击载荷和衰减扭转振动。此外，挠性万向节还有结构简单、不需润滑等优点。

三、传动轴和中间支撑

1. 传动轴

传动轴是万向传动装置中的主要传力部件。它通常用来连接变速器（或分动器）和驱动桥，在转向驱动桥和断开式驱动桥中，则用来连接差速器和驱动车轮。

传动轴

传动轴通常是一壁厚均匀的管轴，传动轴有实心轴和空心轴之分。为了减轻传动轴的质量，节省材料，提高轴的强度、刚度及临界转速，轻中型货车中传动轴一般用厚度为 1.5～3.0mm 的薄钢板卷焊而成，超重型货车则直接采用无缝钢管。转向驱动桥、断开式驱动桥或微型汽车的传动轴通常制成实心轴。

为了得到较高的传动轴的强度和刚度，满足汽车行驶过程中变速器与驱动桥相对位置的变化，避免运动干涉，传动轴中设有由滑动叉和花键轴组成的滑动花键连接，如图 1-83 所示。

为减小传动轴花键连接部分的轴向滑动阻力和磨损，可加注润滑脂进行润滑，也可以对花键进行磷化处理或喷涂尼龙层，也可在花键槽内设置滚动元件等。

为防止传动轴高速旋转时产生剧烈振动，传动轴与万向节装配后必须满足动平衡要求，必要时焊平衡片（图 1-83）。平衡后，在滑动叉与传动轴上刻上箭头，以便拆卸后重新装配时对齐。

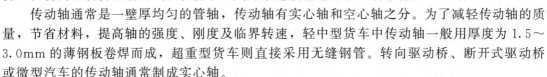
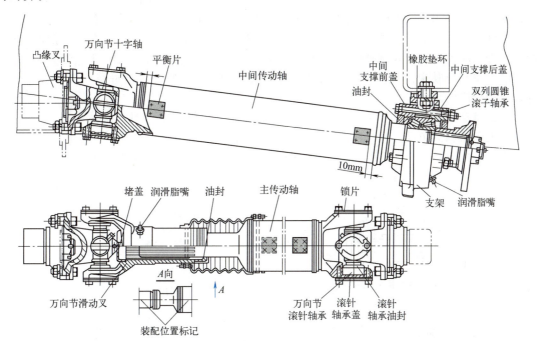

图 1-83　中型载货汽车传动轴与中间支撑

对于发动机前置后轮驱动的汽车，当一定长度和直径的传动轴转速提高到某一限度时，会因产生剧烈振动而损坏。使传动轴产生振动的转速为危险转速，即临界转速。要提高传动轴的临界转速，就需做到以下各项。

① 平衡好，即要满足静、动平衡，尤其动平衡最为重要。

② 直径大：传动轴直径加大，刚度增加，振动随之减小。

③ 长度短：传动轴越短，越不容易产生振抖。

④ 交角小：传动轴角度越小，运转平稳性越好。

因此，为了减小传动轴的交角，提高传动轴的临界转速，发动机的安装通常设计为前高后低，具有 2.5°左右的倾角，变速器也采用类似的倾角。对于轴距较大的汽车，还可以设置中间支撑，以缩短传动轴的长度和交角，如图 1-83 所示。

由于传动轴越长，交角越大，平衡越差；而转速越高，振动频率就越高。为了减少振动和噪声，以往制造商主要通过保证垂直度、焊接平衡片、减小交角和长度等方法来解决。近年来，国内外厂商采取了一些新方法。

① 将厚纸板制成的圆形衬套塞入传动轴管中，通过增加强度来减少轴的振动。

② 在传动轴钢管和硬纸板圆形衬套之间放置圆柱形橡胶块，在传动轴内降低噪声传递。

③ 采用"管中管"结构，即双层钢管，内层钢管外径与伸缩缝处直径相等，两层钢管之间镶上橡胶衬套，可降低中速行驶中急剧改变车速时产生的噪声和振动。

④ 用合成纤维取代无缝钢管。合成纤维线性刚度较强，和无缝钢管比具有下列优点：质量轻，扭转强度高，疲劳抗力强，易于较好的平衡，降低了扭力变换和冲击负载产生的干涉。

2. 中间支撑

传动轴过长时，自振频率降低，易产生共振。故将其分成两段并加中间支撑，前段称为中间传动轴，后段称为主传动轴。通常中间支撑安装在车架横梁上，以补偿传动轴轴向和角度方向的安装误差，以及汽车行驶过程中由于发动机窜动或车架变形等引起的位移。

中间支撑常用弹性元件来满足上述要求，它主要由轴承、带油封的盖、支架、弹性元件等组成。图 1-83 中的中间支撑由支架和轴承等组成，双列圆锥滚子轴承固定在中间传动轴后部的轴径上，带油封的轴承盖之间装有弹性元件橡胶垫环，用 3 个螺栓紧固。紧固时，橡胶垫环会径向扩张，其外圆被挤紧于支撑座的内孔。由于橡胶垫的弹性作用，这种结构能适应安装误差和行驶中出现的位移，同时还可吸收振动、减少噪声。这种结构简单、效果良好，应用较广泛。

有的汽车采用摆动式中间支撑（图 1-84），当发动机轴向窜动时，摆臂可绕支撑摆动，改善了发动机轴向窜动时轴承的受力状况。而橡胶衬套能适应传动轴线在横向平面内少量的位置变化。此外，也有一些汽车采用缓冲垫球轴承（图 1-85）等其他各种中间支撑方式，

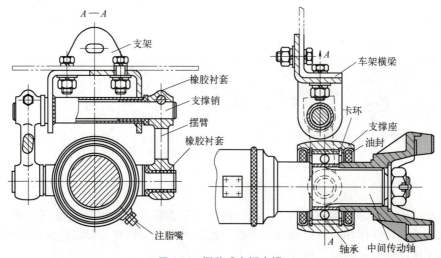

图 1-84　摆动式中间支撑

来满足分段式传动轴的传动要求。

四、万向传动装置常见故障诊断与排除

图 1-85　缓冲垫式中间支撑

万向传动装置在使用过程中会出现各种损伤，尤其是传动轴管长度大、工作条件恶劣、润滑条件极差、行驶在不平坦道路上时，冲击载荷的峰值往往会超过正常值的一倍，以致万向传动装置出现弯曲、扭转和磨损，进而产生振动、异响等故障，破坏万向传动装置的动平衡特性、速度特性，使万向传动装置技术状况变差、传动效率降低，最终影响汽车的动力性和经济性。

万向传动装置常见的故障有传动轴振动、噪声、启动撞击及滑行异响等。产生这些故障的原因是零件磨损、动平衡被破坏、材料质量不佳和加工缺陷等。

（一）传动轴振动

1. 现象

当汽车行驶达到一定速度时，车身出现严重振动，甚至车门、转向盘等均出现剧烈振响。

2. 原因

① 传动轴装配错误，两端万向节不处在同一平面内。
② 传动轴弯曲变形。
③ 传动轴轴管凹陷或平衡片脱落。
④ 中间支撑轴承或支架橡胶垫圈、隔套磨损松旷。
⑤ 十字轴和滚针轴承磨损松旷或破裂。
⑥ 传动轴伸缩套的花键齿与花键槽配合松旷。

3. 诊断与排除

① 汽车行驶时产生周期性异响和振抖，车速越高响声和振抖越严重，应检查装配标记是否对正，如不对正，应重新装配。
② 检查平衡片是否脱落，传动轴管是否凹陷。如平衡片脱落或轴管凹陷，应修理。
③ 拉紧驻车制动器，用两手握住传动轴管来回转动。若有晃动感，应检查各连接螺栓是否松动。若有松动，应予以紧固。再检查传动轴花键配合是否松旷，如松旷，应修理或更换。
④ 以上检查完好，应拆下传动轴，检查传动轴是否弯曲变形。如弯曲变形，应矫正。
⑤ 检查十字轴和滚针轴承是否磨损松旷、破碎。如不符合要求，应修理或更换。
⑥ 汽车行驶时连续振响，熄火后，用手握住中间传动轴径向晃动，检查中间支撑支架固定螺栓是否松动，轴承是否磨损松旷，橡胶垫圈、隔套是否径向间隙过大。如不符合要求，应修理或更换。
⑦ 经以上检查均完好，应拆下中间传动轴检查。如弯曲变形，应矫正。

（二）传动轴噪声

1. 现象

汽车起步或行驶过程中出现撞击声，且在车速变化时响声更加明显。

2. 原因

① 传动轴装配错误，两端的万向节叉不处在同一平面内。

② 万向节十字轴装配过紧。

③ 万向传动装置各连接处松动。

④ 中间支撑轴承、十字轴和滚柱轴承润滑不良，磨损松旷。

⑤ 传动轴花键齿与凸缘花键槽磨损松旷，变速器输出轴花键齿与凸缘花键槽磨损松旷。

⑥ 中间支撑轴承与中间传动轴轴颈配合松旷。

⑦ 传动轴弯曲、凹陷或平衡片脱落。

3. 诊断与排除

① 检查传动轴两端的万向节叉是否在一平面内，若安装错误，应重新装配。

② 检查万向节传动装置各连接处的螺栓是否松动，如松动，应紧固。

③ 拉紧驻车制动器，用两手扭动传动轴，若感到阻力很大，应检查十字轴装配是否过紧或缺油，必要时调整或修理。扭转传动轴感到松旷，应检查轴承是否磨损严重或损坏，伸缩套花键齿与槽是否磨损过大，必要时修理或更换。

④ 检查中间支撑轴承与中间传动轴轴颈的配合，若松旷，应修理或更换轴承。

⑤ 经上述检查后仍有异响，应拆下传动轴，检查传动轴是否弯曲、凹陷或平衡片是否脱落，如是应修理或更换。

（三）启动撞击及滑行异响

1. 现象

汽车起步和滑行时，传动轴有异响。

2. 原因

① 万向节产生磨损或损伤。

② 变速器输出轴花键磨损。

③ 滑动花键磨损或损伤。

④ 传动轴连接部位松动。

3. 诊断与排除

① 检查传动轴连接部位是否松动，如有应拧紧螺栓。

② 检查万向节是否磨损或损伤，如有应更换零件。

③ 检查变速器输出轴花键是否磨损，如有应修理或更换相关零件。

④ 检查滑动花键是否磨损或损伤，如有应更换零件。

万向传动
装置的
维护

【任务实施】

万向传动装置维修

万向传动装置出现故障要及时检测维修，要掌握万向传动装置的维护、拆装及其检修。

一、万向传动装置维护

乘用车一级维护时应进行润滑和紧固作业。对传动轴的十字轴、传动轴滑动叉、中间支撑轴承等加注润滑脂（通常为锂基 2 号润滑脂）；检查传动轴各部螺栓和螺母的紧固情况，特别是万向节叉凸缘连接螺栓和中间支撑支架的固定螺栓等，应按规定的力矩拧紧。

二级维护时，应按图 1-86 所示的方法检查传动轴十字轴轴承的间隙。十字轴轴承的配合应用手不能感觉出轴向移动量。对传动轴中间支撑轴承，应检查其是否松旷及运转中有无异响，当其径向松旷超过规定值或拆检轴承出现黏着磨损时，应更换中间支撑轴承。

拆卸传动轴时，要防止汽车的移动。同时按图 1-87 所示的方法，在每个万向节叉的凸缘上做好标记，以确保作业后原位装复，否则极易破坏万向传动装置的平衡性，造成运转噪声和强烈振动。

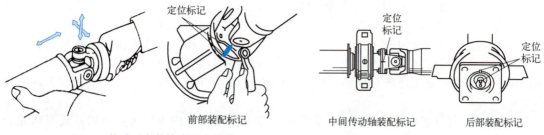

图 1-86　拉动万向节检查配合间隙　　　　图 1-87　传动轴拆卸前的标记

前部装配标记　　中间传动轴装配标记　　后部装配标记

拆卸传动轴时，应从传动轴后端与驱动桥连接处开始，首先把与后桥凸缘连接的螺栓拧松取下，然后将与中间传动轴凸缘连接的螺栓拧下，拆下传动轴总成。接着松开中间支撑支架与车架的连接螺栓，最后松下前端凸缘盘，拆下中间传动轴。

维护后的传动轴按记号原位装复。（注意清洗检测零件后按原位置装复，加注润滑脂。）

二、万向传动装置拆装

1. 万向传动装置拆卸

常见轿车传动轴（半轴）拆卸基本相似，拆卸方法步骤如下。

① 在车轮着地时拆下传动轴（半轴）与轮毂的锁止紧固螺母。

② 举升车辆到合适高度并锁止。旋下可移动球形接头与下摆臂的紧固螺母，拆下下摆臂。要注意安装的位置，做好安装记号。

③ 拆卸变速器侧半轴凸缘盘螺栓，取下传动轴内端的内等速万向节。

④ 从车轮轮毂轴承内拉出外侧半轴。拆卸后必须装上一根代替的连接轴，以避免损坏前轮总成。

2. 外万向节（RF 型球笼等速万向节）拆卸和分解

① 用钢锯锯开外万向节的金属环，取下防护罩。用轻金属锤将外万向节从传动轴上轻轻敲下，并在其保持架与球形壳上标出星形套的位置。

② 转动保持架与星形套使其倾斜，依次取出 6 个钢球。

③ 转动保持架使保持架上的方孔与球形壳对正（与球形壳垂直），将保持架连同星形套一起从球形壳中取出。

④ 将星形套的扇形齿旋入保持架的方孔（与保持架垂直），再从保持架中取出星形套。

3. 内万向节（VL 型球笼等速万向节）拆卸和分解

① 拆下半轴卡环，用专用工具将内万向节从传动轴上压出。

② 转动星形套与保持架垂直方向，取出保持架和星形套，然后从保持架中依次取出钢球。

③ 将星形套的扇形齿旋入保持架的方孔（与保持架垂直），将其从保持架中取出。

4. 外等速万向节安装

① 将说明书规定的润滑脂总量的一半（45g）注入万向节内。

② 将外球笼的内座圈有倒角的一侧与球笼有倒角的一侧安装在同一方向，两者垂直装入外座圈。

注意：球内座圈有倒角的一侧和球笼有倒角的一侧朝向外座圈的大端。

③ 将保持架和星形套装入球形壳体后，按对角交替地压入钢球。

④ 将弹簧挡圈装入星形套，并将剩余的润滑脂压入万向节。

5. 内等速万向节安装

① 对准凹槽将星形套装入保持架，星形套在保持架中的位置无关紧要。

② 将钢球与星形套垂直装入球形壳体内。安装时应使旋转后的球形壳体上的宽间隙对准星形套上的窄间隙，且球形壳花键齿上的倒角对准保持架的大直径端。

③ 扭转星形套使内座圈上的大面对外座圈的小面，以转出保持架使钢球在与壳体中的球槽配合时有足够的间隙，然后用力将内座圈与球笼一起垂直装入外座圈中，最后将球笼的内座圈有倒角的一侧与外球笼端面不平的一面相反，装入到外球笼中。安装后使球笼内充满润滑脂。

④ 检查万向节的功能。如果用手能将星形套在轴向范围内来回灵活推动，表明球笼壳组装正确。

6. 内外万向节与传动轴组装

① 连接外万向节与传动轴。在传动轴上套上防尘罩、碟形垫圈；在球毂内安装新的弹簧挡圈；用专用工具压入万向节，直至弹簧挡圈与碟形垫圈装在传动轴上的配合位置。

② 连接内万向节与传动轴，以同样方法用专用工具压入内万向节。

③ 安装防尘罩。由于防尘罩经常会受到挤压，因此防尘罩内部会产生真空，从而形成内吸的折痕。装配时要在安装防尘罩小口径之后稍微充气，使得压力平衡，不致产生皱褶，然后夹紧软管箍或夹头。

7. 安装传动轴总成

装配之前应擦净传动轴与轮毂花键上的油。

① 在等速万向节上均匀涂上一圈 5mm 厚的防护剂 D6，然后装上传动轴花键套。涂上防护剂 D6 后应停车 1h 方可使用。

② 先将半轴外侧装入轮毂轴承内，再将半轴内侧装入变速器内原位置，并按规定力矩拧紧螺母。

③ 按原标记位置，安装下摆臂，并按规定力矩拧紧螺栓。在前悬架下臂上固定球形接头时不要损坏波纹管护套。

④ 解锁并降落车辆到着地，按规定力矩拧紧轮毂螺母并锁死。

三、万向传动装置检修

（一）传动轴检修

1. 传动轴外观检查

如果传动轴出现裂纹及严重凹瘪，应更换。防尘套老化破裂，也应更换。

2. 传动轴弯曲度检查

如图 1-88 所示，先用 V 形铁将传动轴两端支起来，再用百分表在轴的中间部位测量传动轴外圆的径向圆跳动，要求传动轴全长上的径向圆跳动应不超过原厂规定。

若传动轴径向圆跳动超过最大极限，应在压力机上矫正。如果矫正后仍不能达到技术要求，则应更换传动轴。

3. 传动轴组件修理要求

传动轴在组件修理后，原有动平衡已不复存在。因此，传动轴组件（包括滑动套）应重新进行动平衡试验。传动轴两端任意端动不平衡量，按国家标准轿

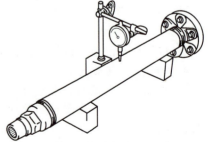

图 1-88　检测传动轴的弯曲度

车应不大于 10g·cm；其他车型传动轴外径≤58mm 的不平衡量要求≤30g·cm，传动轴外径 58～80mm 的不平衡量要求≤50g·cm，传动轴外径＞80mm 的传动轴不平衡量要求≤100g·cm。如超过要求，可在传动轴的两端加焊平衡片，每端最多不超过 3 片。

（二）滑动花键检修

将滑动叉夹持在台虎钳上（图 1-89），按装配标记把花键轴插入滑动叉，并使部分花键露在外面。转动花键轴，用百分表测出花键侧面的读数变化值。配合间隙轿车一般不大于 0.15mm，其他类型的汽车一般不应大于 0.30mm。配合间隙超过规定值或花键齿宽磨损量超过 0.20mm，应更换。

（三）中间支撑轴承检修

若中间支撑轴承的橡胶垫开裂、油封磨损过甚应更换；中间支撑轴承的滚珠、滚道出现烧蚀、裂纹、划痕、金属剥落等现象，也应更换。轴承旋转应灵活，无噪声、停滞和卡住现象。轴承径向间隙的检查如图 1-90 所示，将轴承放在平板上，一手压紧轴承内座圈，一手推动轴承外座圈，百分表的摆动量就是轴承的径向间隙。

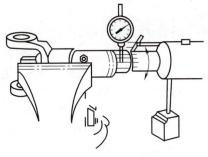

图 1-89　测量花键的侧隙

轴承轴向间隙的检查方法如图 1-91 所示，将轴承外座圈放在两垫块上，在轴承内座圈上放一平板，百分表量头抵在平板中央，上下推动轴承内座圈，在百分表上即可读出轴承的轴向间隙。若径向间隙或轴向间隙过大，应更换。

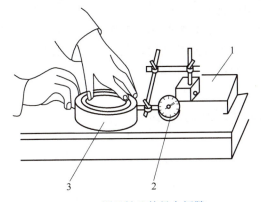

图 1-90　测量轴承的径向间隙

1—检验平台；2—百分表；3—轴承

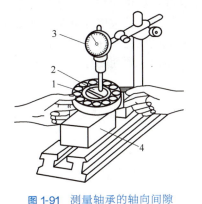

图 1-91　测量轴承的轴向间隙

1—轴承；2—平板；3—百分表；4—垫块

十字轴式
不等速万
向节的
检修

（四）万向节检修

1. 十字轴式不等速万向节

① 十字轴颈不得有疲劳剥落、磨损沟槽等，对于轻微的金属剥落或者压痕，可进行修磨处理。如果压痕深度超过 0.10mm，则应更换十字轴。

② 十字轴与滚针轴承的配合间隙的检查：用手拉动万向节，不能有明显的松旷感，如图 1-86 所示。也可如图 1-92 所示，将十字轴夹在台虎钳上，用百分表抵在轴承外壳上，用手上下推动滚针轴承外壳，百分表指针变化值即为轴承与十字轴配合间隙。一般剖分式轴承孔为 0.10～0.50mm，整体式轴承孔为 0.02～0.25mm，轿车为 0～0.05mm。当配合间隙超过原厂规定的极限值，应更换。

③ 检查轴承壳、滚针及轴承油封等其他零件，如有破

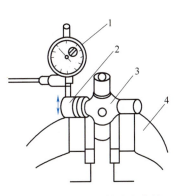

图 1-92　用百分表检查十字轴轴承的配合间隙

1—百分表；2—滚针轴承；

3—十字轴；4—台钳

裂、严重磨损等情况，应更换。

2. 球笼式等速万向节

若内外等速万向节的星形套、保持架、筒形壳（或球形壳）及钢球严重磨损，表面出现疲劳剥落或有裂纹，星形套花键磨损严重，均应更换万向节总成。万向节不得拼凑使用及单件更换。

 【维修案例】

汽车底部发出异响，行驶中有振动感

故障症状：汽车行驶里程为 6.3 万千米。驾驶员说，汽车底部发出异响，行驶中有振动感。

故障诊断与排除：试车中，反复踏动离合器踏板，发现异响并无变化，因此初步判断异响并非来自离合器。该车的异响特征是起步无异响，行驶中会发出"克啦、克啦"金属撞击声，而且响声杂乱无规律，时而出现金属撞击声，因此怀疑为传动轴处异响。

将车停放在举升架上检查，用手摇动前桥两根传动轴，与差速器左右半轴连接的内球笼（VL 型）等速万向节没有异常现象；而靠近车轮外的外球笼（RF 型）等速万向节前右端有明显晃动感，同时观察到该万向节橡胶护套已破损。拆下球笼式万向节后检查，万向节球笼已变形，孔和钢球均已磨损，而且球笼与钢球上积满了污垢。于是更换了前右端外球笼等速万向节总成和橡胶护套。

更换零件后再次试车，故障现象消失，故障得以排除。

故障分析：该故障原因是右前万向节球笼总成、橡胶护套损坏。球笼式万向节是易损部件。故障成因往往不在于球笼式万向节本身，多数是橡胶护套或因老化或因摩擦破损，使泥污混入球笼内，致使钢球与球笼异常磨损，所以应防范此类故障。

 任务五　驱动桥检修

 【任务引入】

客户反映其轿车驱动桥异响故障。故障症状：轿车行驶里程约 9 万千米，在车辆直行时，从汽车底部传出轻微"嗡、嗡"声，而车辆在转弯行驶时，会发出清晰的"咔、咔"异响声。

【任务分析】

该任务是对驱动桥常见故障进行检修与诊断排除。要完成本任务，学生需要熟悉汽车驱动桥的功用、组成和类型；熟悉主减速器和差速器的类型、应用及其结构特点、工作原理；熟悉驱动桥常见故障的诊断与排除方法；掌握驱动桥的拆装及各零部件的检修内容和方法。

 【知识准备】

一、驱动桥概述

1. 驱动桥的组成与功用

驱动桥位于汽车传动系统的末端，主要由主减速器、差速器、半轴和驱动桥壳等组成，如图 1-93、图 1-94 所示。

驱动桥的功用是将由万向传动装置（或变速器）传来的发动机转矩传给驱动车轮，并经降速增矩、改变动力传动方向，使汽车行驶，并允许左右驱动车轮以不同的转速旋转。

驱动桥的
组成与
功用

具体来说：主减速器的功用为降速增矩，改变动力传动方向；差速器的功用是允许左右驱动车轮以不同的转速旋转；半轴的功用是将动力由差速器传给驱动车轮。

说明：如果主减速器为一对圆柱齿轮（发动机横置前置前驱）时，不会改变动力传动方向。

2. 驱动桥的类型

驱动桥的类型有非断开式驱动桥和断开式驱动桥两种，非断开式驱动桥又称为整体式驱动桥。

非断开式驱动桥的结构如图 1-93 所示，一般由驱动桥壳、主减速器、差速器、半轴和轮毂组成。从变速器或分动器经万向传动装置输入驱动桥的转矩首先传到主减速器，在此增大转矩并相应降低转速后，经差速器分配给左右两半轴，最后通过半轴外端的凸缘盘传至驱动轮的轮毂。驱动桥桥壳由主减速器壳和半轴套管组成。轮毂借助轴承支撑在半轴套管上。

整个驱动桥通过弹性悬架与车架连接，由于半轴套管与主减速器壳是刚性连成一体的，因而两侧的半轴和驱动轮不可能在横向平面内做相对运动，故称这种驱动桥为非断开式驱动桥，亦称为整体式驱动桥。这种驱动桥当某一侧车轮通过地面的凸出物或凹坑升高或下降时，整个驱动桥及车身都要随之发生倾斜，车身波动大。

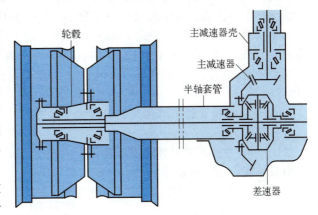

图 1-93 非断开式动桥结构

为了提高汽车行驶平顺性和通过性，有些轿车和越野汽车全部或部分驱动轮采用独立悬架，如图 1-94 所示。这种驱动桥的主减速器固定在车架上，驱动桥壳制成分段并通过铰链连接，半轴也分段并用万向节连接。驱动桥两端分别用弹性悬架与车架相连，从而使两侧的驱动轮及桥壳可以彼此独立地相对于车架上下跳动，这种驱动桥被称为断开式驱动桥。

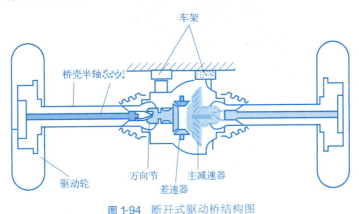

图 1-94 断开式驱动桥结构图

二、主减速器

（一）主减速器概述

1. 主减速器的功用

主减速器的功用是将输入的转矩增大、转速降低，并将动力传递的方向改变后（发动机横置的除外）传给差速器。

2. 主减速器的类型

按参加传动的齿轮副数目，可分为单级式主减速器和双级式主减速器。有些重型汽车又将双级式主减速器的第二级齿轮传动设置在两侧驱动车轮附近，称为轮边减速器。

按主减速器传动比个数，可分为单速式主减速器和双速式主减速器。单速式的传动比是固定的，而双速式则有两个传动比供驾驶员选择。

按齿轮副结构形式，可分为圆柱齿轮式（又可分为定轴轮系和行星轮系）主减速器和圆锥齿轮式（又可分为螺旋锥齿轮和准双曲面锥齿轮）主减速器。

（二）单级式主减速器

目前，对于轿车和一般轻、中型客货车，采用单级式主减速器即可满足汽车动力性要求。单级式主减速器具有结构简单、体积小、质量小和传动效率高等优点。

对于发动机纵向布置的汽车，由于需要改变动力传递方向，单级式主减速器都采用一对圆锥齿轮传动，如丰田陆巡（Land Cruiser200）、霸道（Prado）GRT150、GRT200 系列等。对于发动机横向布置的汽车，单级式主减速器采用一对圆柱齿轮，如捷达、宝来 2025款 200TSI 等。

1. 发动机前置后轮驱动汽车的单级式主减速器

（1）结构

如图 1-95 为某车型单级式主减速器，它由主从动锥齿轮及其支撑调整装置、主减速器壳等组成，此类主减速器的结构组成等基本相同。

发动机前置后轮驱动汽车的单级主减速器调整 1

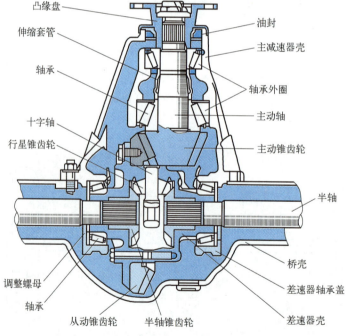

图 1-95 发动机前置后轮驱动汽车的单级式主减速器

主动锥齿轮与主动轴制成一体，为保证主动锥齿轮有足够的支撑刚度，改善齿轮的啮合条件，轻型汽车或轿车用单级式主减速器主动锥齿轮及轴的轴端方向采用两个相向对称布置的圆锥滚子轴承来支撑，形成悬臂梁式支撑方式。布置在主动锥齿轮侧的圆锥滚子轴承内圈压装在轴上，主动锥齿轮轴上的两个轴承外圈压装在主减速器壳体内相应的轴承孔内，从凸缘盘端装入的伸缩套筒与两轴承内圈直接接触，拧紧凸缘盘锁止螺母（达到规定力矩）时，通过凸缘盘的传力作用压紧两轴承内圈，而且依靠伸缩套筒的弹力作用自动调节两圆锥滚子轴承预紧度。改变凸缘盘与其锁止螺母之间的调整垫片厚度，可改变主动锥齿轮轴的轴向位置，增加垫片厚度则主动轴向前移，减小垫片厚度则主动轴向后移。若伸缩套筒因过热使其弹性性能下降后，改变垫片厚度同样也改变了轴承的预紧度，增加垫片厚度则预紧度减小，减小垫片厚度则预紧度增加。因此，每当对主减速器的主动锥齿轮轴进行拆检维修后组装时，应当考虑此类问题。因此拆卸后，组装时伸缩套筒必须换新件。

主动锥齿轮轴承的润滑是依靠从动锥齿轮和差速器壳旋转时飞溅起来的润滑油来实现的。润滑油经由主减速器壳体上靠近从动锥齿轮侧的通道，先到达前端轴承（凸缘盘侧），再流向主动锥齿轮侧的轴承，从而完成润滑过程。同时，凸缘盘端依靠油封来防止润滑油外泄。

从动锥齿轮通过螺栓紧固在差速器壳上，两半差速器壳体也通过连接螺栓紧固，这两种紧固螺栓除按规定力矩要求进行紧固外，还在每相邻两个螺栓间装有锁止片，螺栓紧固后必须锁止锁止片。差速器壳通过在其两端相背对称布置的圆锥滚子轴承支撑在主减速器壳体上的轴承座孔内，轴承座孔内制有螺纹（是将轴承盖按规定力矩紧固后再来加工螺纹的）。因此，两侧轴承盖不能互换，拆卸时应做好装配记号，安装装配时应对齐记号。差速器轴承的预紧度通过紧贴于轴承外圈的蝶形调整螺母来调整，改变蝶形螺母位置可改变差速器壳的位置。每个半差速器壳内装有半轴齿轮，两壳体中间压装有行星齿轮十字轴，十字轴上装配行星齿轮，行星齿轮与半轴齿轮啮合。为保证行星齿轮与半轴齿轮之间的正常啮合，在半轴齿轮背面装有铜质调整垫片，在行星齿轮背面装有球面形调整垫片，装配时应正确调整行星齿轮与半轴齿轮之间的配合间隙。主从动锥齿轮间的啮合间隙及啮合印痕，可通过改变主动锥齿轮轴或差速器壳的相对位置来进行调整。

（2）调整

发动机前置后轮驱动汽车的单级主减速器调整 2

在传动过程中，锥齿轮、圆锥滚子轴承的接触面上的接触压力将分解成径向荷载（径向力）和轴向荷载（轴向力）。径向力的大小影响零件的强度，进而影响零件的磨损；轴向力的大小，将影响零件的轴向位移（或称轴向窜动）。因此，圆锥滚子轴承一般都成对使用，并在装配时应使其具有一定的预紧度，以减小锥齿轮在传动过程中因轴向力而引起的轴向位移，提高轴的支撑刚度，保证齿轮副的正常啮合。但轴承预紧度又不宜过大，否则会导致摩擦磨损增大，传动效率下降。具体调整方法如下：减少主动轴锁止螺母处调整垫片厚度，可以增加主动锥齿轮轴轴承预紧度；反之，增加垫片厚度，则会减小预紧度。对于差速器轴承，拧紧蝶形螺母会增加预紧度，而拧松碟形螺母则会减小预紧度。

为了使齿轮传动工作正常、磨损均匀、延长其使用寿命，必须保证齿轮副正确的啮合。为此，需要对锥齿轮的啮合进行调整。锥齿轮啮合的调整是指齿面啮合印痕和齿侧啮合间隙的调整。正确的啮合印痕和啮合间隙是通过锥齿轮轴的轴向移动，改变主从动锥齿轮的相对位置来得到的。因此，主减速器设置了齿轮啮合的调整装置。主从动锥齿轮的啮合印痕可通过增减调整垫片的厚度来调整：增加垫片厚度，主动轴及主动锥齿轮前移，反之则后移。啮合间隙则通过拧动轴承调整螺母来调整：一端螺母拧入，另一端螺母拧出，即可使从动锥齿轮轴向移动。

应该说明的是：为了保证齿轮啮合调整的正确性，圆锥滚子轴承预紧度的调整必须在齿轮啮合调整之前进行，且当两者采用同一调整装置时，齿轮啮合的调整应保持原已调整好的轴承预紧度不变。例如在调整齿轮啮合间隙时，为保证轴承预紧度保持不变，一端螺母的拧入圈数应等于另一端螺母的退出圈数。一般采用"先退后进"的方法，即退多少圈，再拧入相同圈数。

（3）双曲面齿轮主减速器

轻型汽车、轿车中主减器的主从动锥齿轮采用双曲面锥齿轮，有些车型的主从动锥齿轮采用螺旋锥齿轮，目前主减速器中基本不用直齿锥齿轮。与前两者相比，双曲面锥齿轮的主从动齿轮轴线不相交，使主动锥齿轮轴线可低于（也可高于）从动锥齿轮轴线，在保证一定离地间隙的情况下，与之相连的传动轴的位置也相应降低，从而使汽车质心降低，提高了行驶的稳定性。其次，双曲面齿轮发生根切的最少齿数较少（最少可为 5 个），因此主动齿轮在满足传动比和强度要求的条件下尺寸可尽量减小，相应的从动锥齿轮尺寸也可以减小，从而减小了主减速器壳外形轮廓尺寸，有利于车身布置和提高最小离地间隙。此外，双曲面齿轮的啮合系数大，同时参加啮合的齿数多，传动平稳，噪声小，承载能力强。所以，双曲面锥齿轮不仅在轿车上得到广泛应用，而且在中重型汽车上的应用也日益增多。

双曲面齿轮的缺点是啮合面间相对滑动速度大，接触压力大，摩擦面的油膜易被破坏，因而对润滑油要求高，必须使用专门的双曲面齿轮油。另外，双曲面齿轮螺旋角较大，传动时轴向力大，易造成轴的支撑定位件的损坏而引起轴向窜动。因此对这些部件的强度、刚度要求高，相应的调整精度要求也较高。

2. 发动机前置前轮驱动汽车的单级式主减速器

某些发动机纵向前置前轮驱动轿车用单级式主减速器如图 1-96 所示。由于采用发动机纵向前置前轮驱动，整个传动系统都集中布置在汽车前部，因此其主减速器装于变速器壳体内，没有专门的主减速器壳体。由于省去了变速器到主减速器之间的万向传动装置，所以变速器输出轴即为主减速器主动轴。

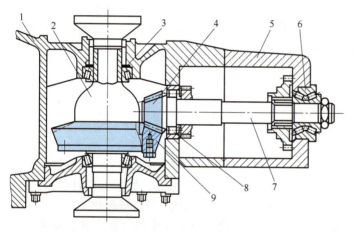

图 1-96 发动机纵向前置前轮驱动汽车的单级式主减速器
1—变速器前壳；2—差速器壳；3—调整垫片；4—主动锥齿轮；
5—变速器后壳；6—双列轴承；7—主动轴；8—轴承；9—从动锥齿轮

主减速器由主从动锥齿轮组成。主动锥齿轮与变速器输出轴制为一体，用双列圆锥滚子轴承和圆柱滚子轴承支撑在变速器壳体内。环状的从动锥齿轮靠凸缘定位，并用螺钉与差速器壳连接。差速器壳由一对圆锥滚子轴承支撑在变速器壳体上。

主动锥齿轮轴上的轴承预紧度无需调整。圆锥滚子轴承的预紧度可通过调整垫片 3 来调整。齿轮啮合的调整通过主从动齿轮轴承调整垫片调整（即增减垫片厚度），使主从动锥齿轮轴向移动。

若发动机横向前置，由于主减速器主动齿轮轴线与差速器轴线平行，因此主减速器采用一对斜齿圆柱齿轮传动即可，无需改变动力的传递方向。

（三）双级式主减速器

当汽车主减速器需要有较大的传动比时，若采用单级主减速器，由于主动锥齿轮受强度、最小齿数的限制，其尺寸不能太小，相应地从动锥齿轮直径将较大。这不仅使从动齿轮刚度降低了，而且会使主减速器壳及驱动桥壳外形轮廓尺寸增大，难以保证足够的离地间隙，这时需采用双级主减速器。这样既能保证足够的动力，又能减小其外廓尺寸，提高汽车的通过性。

如图 1-97 所示为解放 CA1092 型汽车双级式主减速器，其第一级为锥齿轮传动，第二级为圆柱斜齿轮传动。该双级式主减速器具有以下结构特点。

① 第一级传动为一对螺旋锥齿轮，它具有单级锥齿轮的基本调整装置——通过调整垫片、调整螺母来实现轴承预紧度调整和齿轮啮合状况的调整。主动锥齿轮通常采用悬臂式支撑。

② 第二级传动为一对斜齿圆柱齿轮。

③ 多了一个中间轴，因此也多了一套调整装置（调整垫片 6）。但该调整装置只能使第二级圆柱齿轮轴向移动，以调整齿轮的啮合长度，使啮合副互相对正，但不能调整啮合印痕和啮合间隙。

④ 双级主减速器的传动比等于两级齿轮传动比的乘积，即 $i_0=i_{01}i_{02}$。如 CA1092 型汽车的主减速器的第一级主动锥齿轮的齿数有 12 和 13 两种情况，因此该主减速器就有两个传动比可供选择，即

$$i_0=i_{01}i_{02}=25/12\times45/15\approx6.25 \text{ 或 } i_0=i_{01}i_{02}=25/13\times45/15\approx5.77$$

（四）双速主减速器

为了提高汽车的动力性和经济性，有些汽车的主减速器具有两个挡（两个传动比）。可根据行驶条件的变化改变挡位，这种主减速器称为双速主减速器。

图 1-98 所示为行星齿轮式双速主减速器传动简图。它由一对锥齿轮、一套行星齿轮机构及其操纵机构组成。行星齿轮机构的内齿圈与从动锥齿轮组成一体，并用两个圆锥滚子轴承支撑在主减速器壳体上。有内齿圈的行星架与差速器壳连成一体，行星架轴上松套着行星齿轮。在左半轴上松套着接合套，可由气压控制的拨叉操纵。接合套上制有短接合齿和长接合齿（即中心齿轮）。主减速器壳体上制有固定齿圈。

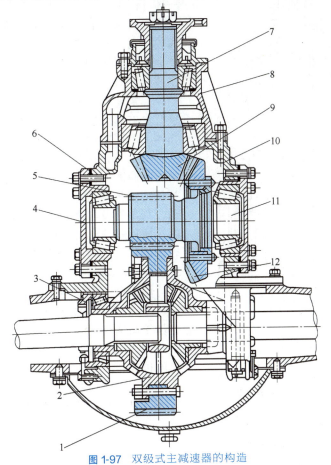

图 1-97 双级式主减速器的构造

1—第二级从动圆柱齿轮；2—差速器壳；3—调整螺母；4—轴承盖；5—第二级主动圆柱齿轮；6—调整垫片；7—第一级主动锥齿轮轴；8—轴承座；9—第一级主动锥齿轮；10—主减速器壳；11—中间轴；12—第一级从动锥齿轮

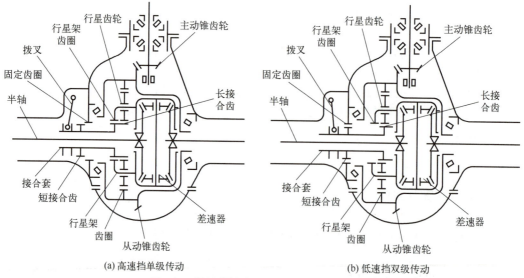

(a) 高速挡单级传动   (b) 低速挡双级传动

图 1-98   行星齿轮式双速主减速器传动简图

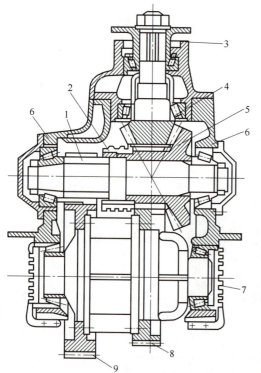

图 1-99   圆柱齿轮式双速主减速器

1—低速挡主动齿轮；2—接合套；3—油封；
4,6—调整垫片；5—高速挡主动齿轮；7—调整螺母；
8—高速挡从动齿轮；9—低速挡从动齿轮

当需要在高速挡行驶时，通过拨叉使接合套的长套圈左移，将行星架内齿圈与行星齿轮连成一体［图 1-98（a）］，行星齿轮不能自转，因此行星齿轮机构不起减速作用，即差速器壳与从动锥齿轮一起以相同转速旋转，传动比等于 1（即直接传动）。这时，主减速器相当于单级锥齿轮传动，主减速器的传动比等于锥齿轮传动的传动比。

当需要在低速挡行驶时，通过操纵拨叉拨动接合套右移，使接合套上的短接合齿与主减速器壳体上的固定齿圈套合，接合套即被固定。此时接合套上的长接合齿（随接合套一起被固定）与内齿圈脱离而仅与行星齿轮啮合［图 1-98（b）］。与从动锥齿轮连在一起的齿圈带动行星齿轮转动，行星架及与之相连的差速器壳将因行星齿轮的自转而降速。整个主减速器的主传动比为锥齿轮副的传动比与行星齿轮机构的传动比之乘积，即 $i_0 = i_{01} i_{02}$。

同组合式变速器相似，同理也有圆柱齿轮式双速主减速器，如图 1-99 所示。第一级为一对锥齿轮减速传动，第二级减速可由齿轮 1→9 或 5→8 来实现，接合套 2 用来改变高低速传动齿轮的传动。

双速主减速器在一般形式条件下均用高速挡工作，只有当行驶条件恶劣且要求有更大驱动力时，才能通过气动操纵机构或电动操纵机构将主减速器换入低速挡。

（五）贯通式双级主减速器

有些多轴驱动的越野汽车，为了简化结构、增大离地间隙，分动器到同一方向的两驱动桥之间只有一套万向传动装置。这样，传动轴须从离分动器较近的驱动桥中穿过，再通向离分动器较远的驱动桥。这种被传动轴穿过的驱动桥称为贯通式驱动桥（图 1-100），相应的主减速器称为贯通式主减速器。

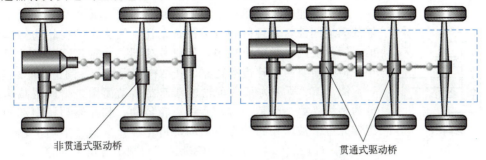

非贯通式驱动桥　　　　　　　　　　　　　贯通式驱动桥

图 1-100　非贯通式和贯通式驱动桥的布置简图

图 1-101 所示为延安 SX2150 型 6×6 越野汽车贯通式双级主减速器（中驱动桥上）。第一级传动为斜齿圆柱齿轮副 1、8，传动比为 1.19。主动斜齿圆柱齿轮 8 用花键套装在贯通轴 12 上，贯通轴穿出驱动桥壳通向后驱动桥。第二级传动为双曲面锥齿轮 15 和 13，传动比为 5.43。故主减速器传动比 $i=1.19×5.43=6.46$。从动准双曲面齿轮 13 用铆钉铆接在差速器壳上。由于准双曲面齿轮副啮合时轴线可以相对偏移，从动齿轮相对上移一段距离，既保证了足够的离地间隙，又使结构紧凑。

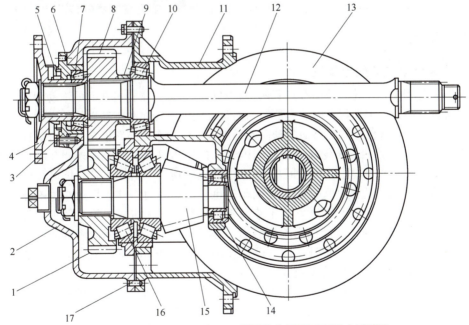

图 1-101　延安 SX2150 型 6×6 越野汽车贯通式双级主减速器

1—从动斜齿圆柱齿轮；2—主减速器盖；3—轴承座；4—传动凸缘；5—油封；6—调整垫片；
7,10,16—圆锥滚子轴承；8—主动斜齿圆柱齿轮；9—隔套；11—主减速器壳；12—贯通轴；
13—从动准双曲面齿轮；14—圆柱滚子轴承；15—主动准双曲面齿轮；17—定位销

在某些汽车贯通式主减速器结构中，也有第一级用锥齿轮传动，第二级用圆柱齿轮传动的设计。

（六）轮边减速器

在有些重型载货汽车或大型公共汽车，不仅要求有较大的传动比，而且要求有较大的最小离地间隙，以提高其通过性和动力性。在这种情况往往将双级主减速器的第二级减速齿轮

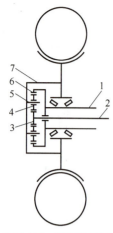

图 1-102　某汽车轮边
减速器传动简图
1—半轴套管；2—半轴；
3—太阳轮；4—行星齿轮；
5—行星齿轮轴；6—齿圈；
7—行星架

机构制成同样的两套，分别安装在两侧驱动车轮的近旁，称为轮边减速器，此时第一级即为主减速器。

轮边减速器可使驱动桥中的主减速器尺寸减小，从而保证了足够的离地间隙，并可得到较大的传动比。因为半轴在轮边减速器之前，所承受的转矩减小很多，所以差速器、半轴等零件尺寸可以减小。但是需要两套轮边减速器，其结构较为复杂，制造成本也较高。

图 1-102 所示为某汽车轮边减速器传动简图。驱动桥减速机构分为两级。第一级是一对螺旋锥齿轮传动，装在驱动桥中部的主减速器壳中。被增大的转矩由从动锥齿轮经差速器、半轴 2 输入到太阳轮 3、行星齿轮 4、行星齿轮轴及行星架 7 传给驱动轮。由于行星轮 4 的自转，行星齿轮轴及与之相连的行星齿轮架和车轮得以降速，这就是两侧的第二级减速机构——行星齿轮式轮边减速器。

在有些越野汽车和大型客车上，还经常采用由一对外啮合圆柱齿轮组成的轮边减速器。其中，主动小齿轮与半轴相连，从动大齿轮与轮毂相连。当主动齿轮位于上方时，可增大驱动桥的离地间隙，从而提高越野车通过性。当主动齿轮位于下方时，能降低驱动桥壳的离地高度，以利于降低客车底板的高度。但采用这种布置方式时，由于受到轴向和径向空间的限制，轮边减速器的传动比有限。

三、差速器

差速器的
功用与
类型

（一）差速器的功用与类型

汽车行驶过程中，车轮与地面存在着两种相对运动状态：车轮沿地面的滚动和滑动。滑动不仅会加速轮胎磨损、增加汽车的动力消耗，而且可能导致转向和制动性能的恶化。所以需要汽车在行驶过程中，仅使车轮沿路面滚动而不滑动，以减少车轮与路面之间的滑磨现象。

汽车转弯时，内外两侧车轮在同一时间内转动的距离显然不相等，外侧车轮移动的距离要大于内侧车轮移动的距离。若两侧车轮用一根刚性轴连接，两侧车轮只能以相同的速度转动，转向时内侧车轮会边滚动边滑转，外侧车轮也会边滚动边滑移，导致车轮不能与地面之间作纯滚动。即使汽车直线行驶时，由于路面不平或其他原因造成车轮半径不相等，仍然会有上述的滑移和滑转现象，从而加剧轮胎磨损，并降低轮胎与地面间的附着力。

为了消除上述不良现象，保证车轮与路面作纯滚动，必须将车轮的驱动轴分成两段，即左右各设一根半轴，并在其间装差速器。

差速器的功用就是将主减速器传来的动力传给左右两半轴，并在必要时允许左右半轴以不同转速旋转，使左右驱动车轮相对于地面作纯滚动而不滑动。

差速器按用途可分为轮间差速器和轴间差速器。轮间差速器装在同一驱动桥两侧驱动轮之间，而轴间差速器则装在多轴驱动桥汽车的各驱动桥之间（越野车等）。

无论是轮间差速器还是轴间差速器，按其工作特性均可分为普通差速器和防滑差速器两大类。

（二）普通差速器

普通差速器有锥齿轮式和圆柱齿轮式两种，因为锥齿轮式差速器结构简单、紧凑，工作平稳，因此目前应用最为广泛。在乘用车和轻型载货汽车上，常用图 1-103 所示的差速器。

（1）结构

普通差速器主要由差速器壳、行星齿轮轴、两个行星齿轮、两个半轴齿轮、复合式推力垫片等组成，如图 1-103 所示。行星齿轮轴装入差速器壳体后用止动销定位。行星齿轮和半轴齿轮的背面制成球面，与复合式的推力垫片相配合，以减少磨损，提高耐磨性。螺纹套用于紧固半轴齿轮。差速器通过一对圆锥滚子轴承支撑在变速器壳体中。

普通差速器

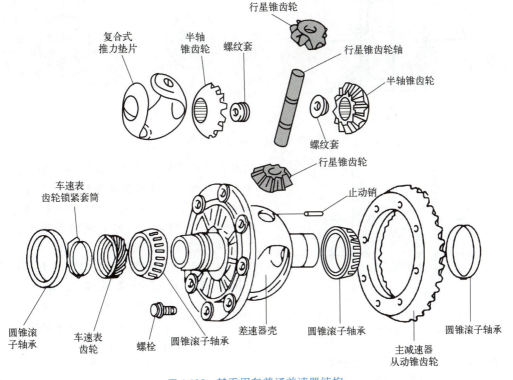

图 1-103 某乘用车普通差速器结构

（2）工作原理

差速器的工作原理如图 1-104 和图 1-105 所示。主减速器传来的动力带动差速器壳（转速为 n_0）转动，经过行星齿轮轴、行星齿轮、半轴齿轮、半轴（转速分别为 n_1 和 n_2），最后传给两侧驱动车轮。

① 汽车直线行驶时，两侧驱动车轮所受到的地面阻力相同，并经半轴、半轴齿轮反作用于行星齿轮两啮合点 A 和 B（图 1-104）。这时行星齿轮相当于等臂杠杆，即行星齿轮不自转，只随差速器壳和行星齿轮轴一起公转，两半轴无转速差，即 $n_1 = n_2 = n_0$，$n_1 + n_2 = 2n_0$。

同样，由于行星齿轮相当于等臂杠杆，主减速器传到差速器壳体上的转矩 M_0 等分给两半轴齿轮（半轴），即 $M_1 = M_2 = M_0/2$。

② 汽车转向行驶时，两侧驱动车轮所受到的地面阻力不同。如果车辆右转，右侧（内侧）驱动车轮所受的阻力大，左侧（外侧）驱动车轮所受的阻力小。这两个阻力经半轴、半轴齿轮反作用于行星齿轮两啮合点 A 和 B（图 1-104），使行星齿轮除了随差速器壳公转外还沿顺时针方向自转，设自转转速为 n_4，则左半轴齿轮的转速增加，右半轴齿轮的转速降低，且左半轴齿轮增加的转速等于右半轴齿轮降低的转速。设半轴齿轮的转速变化为 Δn，则 $n_1 = n_0 + \Delta n$，$n_2 = n_0 - \Delta n$，即汽车右转时，左侧（外侧）车轮转得快，右侧（内侧）车轮转得慢，实现纯滚动。此时依然有 $n_1 + n_2 = 2n_0$。

由于行星齿轮的自转，行星齿轮孔与行星齿轮轴轴颈间以及齿轮背部与差速器壳体之间都产生摩擦。如图 1-105 所示，行星齿轮所受的摩擦力矩 M_T 方向与其自转方向相反，并传

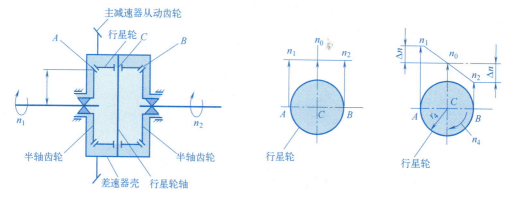

图 1-104　差速器的运动原理

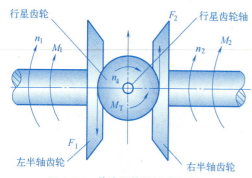

图 1-105　差速器的转矩分配原理

到左右半轴齿轮，使转得快的左半轴的转矩减小，转得慢的右半轴的转矩增加。所以当左右驱动车轮存在转速差时，$M_1=(M_0-M_T)/2$，$M_2=(M_0+M_T)/2$。左右驱动车轮上的转矩之差等于差速器的内摩擦力矩 M_T。

为了衡量差速器内摩擦力矩的大小及转矩分配特性，常以锁紧系数 K 表示：$K=(M_2-M_1)/M_0=M_T/M_0$。故差速器内摩擦力矩 M_T 和其输入转矩 M_0（差速器壳上的力矩）之比定义为差速器锁紧系数 K。快、慢半轴的转矩之比 M_2/M_1 定义为转矩比，以 K_b 表示：$K_b=M_2/M_1=(1+K)/(1-K)$。

目前广泛使用的对称锥齿轮式普通差速器，由于有推力垫片的存在，实际中的内摩擦力矩 M_T 很小，其锁紧系数 K 为 0.05～0.15，转矩比 K_b 为 1.1～1.4，可以忽略不计，则有 $M_1=M_2=M_0/2$。

总结：①普通锥齿轮差速器的运动特性：$n_1+n_2=2n_0$。②普通锥齿轮差速器的转矩分配特性：$M_1=M_2=M_0/2$，即转矩等量分配特性。

普通锥齿轮差速器转矩等量分配的特性对于汽车在好路面上行驶是有利的。但汽车在坏路面上行驶时却会严重影响其通过能力。例如，当汽车的一个驱动轮处于泥泞路面，因附着力小而原地打滑时，即使另一驱动轮处于附着力大的路面上未滑转，汽车仍不能行驶。这是因为附着力小的路面只能对驱动车轮作用一个很小的反作用力矩，而驱动转矩也只能等于这一很小的反作用力矩。由于差速器转矩等量分配的特性，附着力好的驱动轮也只能分配到同样小的转矩，以至于总的驱动力不足以克服行驶阻力，汽车便不能前进。

为了提高汽车通过坏路面的能力，可采用防滑差速器。当汽车某一侧驱动轮发生滑转时，差速器的差速作用即被锁止，并将大部分或全部转矩分配给未滑转的驱动轮，充分利用未滑转车轮与地面之间的附着力，以产生足够的驱动力使汽车能够正常行驶。

（三）防滑差速器

汽车上常用的防滑差速器有人工强制锁止式和自锁式差速器两大类。前者通过驾驶员操纵差速锁，人为地将差速器暂时锁住，使差速器不起差速作用。后者是在汽车行驶过程中，根据路面情况自动改变驱动轮间的转矩分配。自锁式差速器又有摩擦片式、滑块凸轮式和托森式等多种结构形式。各种形式的抗滑差速器的共同出发点是：当一个驱动轮滑转时，设法将大部分甚至全部转矩传给不滑转的驱动轮，并充分利用这一驱动轮的附着力而产生足够的驱动力使汽车继续行驶。

1. 强制锁止式差速器

强制锁止式差速器就是在行星锥齿轮差速器上装设了差速锁。差速锁由接合器及其操纵机构两大部分组成。图 1-106 为某越野汽车所采用的强制锁止式差速器结构图。

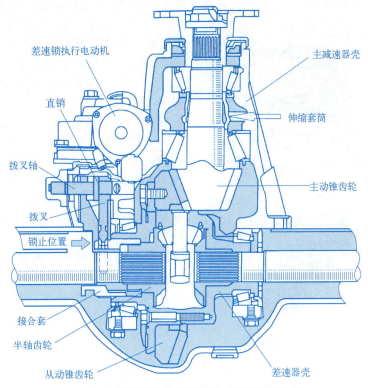

图 1-106　某越野车的强制锁止式差速器结构图

当汽车在好路面上行驶不需要锁止差速器时，接合器的固定接合套与滑动接合套不接合，即处于分离状态，此时为普通行星锥齿轮差速器。

当汽车通过坏路面需要锁止时，驾驶员通过操纵差速锁按钮，差速锁执行电动机动作，通过拨叉轴、拨叉、接合套将半轴与差速器壳连成一个整体，则左右两半轴被联锁成一体随壳体一起转动，即差速器被锁止，不起差速作用。这样，转矩可全部分配给好路面上的车轮。与此同时，差速锁指示灯开关接通，驾驶室内指示灯点亮，以提醒驾驶员差速器处于锁止状态，汽车驶出坏路面后应及时摘下差速器锁。

强制锁止差速器的控制指示装置，通过操纵驾驶室中央仪表台上差速锁按钮至锁止位置，四轮驱动控制 ECU 将驱动电压输送至差速锁执行电动机，并将差速锁换挡拨叉移至锁止侧。此时，四轮驱动控制 ECU 通过差速锁限位开关检测换挡执行电动机的位置，通过差速锁检测开关检测换挡拨叉的锁止位置，当到达锁止位置时，四轮驱动控制 ECU 停止驱动电压的输出。在差速锁还未到达锁止位置时，差速锁指示灯处于闪烁状态，锁止后指示灯常亮。当差速锁按钮开关关闭时，四轮驱动控制 ECU 给换挡电动机输出驱动电压（其电流流向与锁止时相反），使换挡拨叉移至松开侧，到达松开位置时，四轮驱动控制 ECU 停止输出驱动电压，差速锁指示灯熄灭。

强制锁止式差速器结构简单，易于制造，但操纵不便，一般要在停车时进行。如果过早锁止差速器或过晚解锁差速器，左右车轮在好路面上被刚性连接在一起，从而产生无差速器时相同的一系列问题。

因此，有些越野车采用了自锁式差速器，这种差速器能够在行驶过程中根据路面情况自动改变驱动轮之间的转矩分配。

2. 摩擦式自锁式差速器

图1-107所示为摩擦片式自锁式差速器，它是在对称式锥齿轮普通差速器的基础上发展而成的。

摩擦式自锁差速器

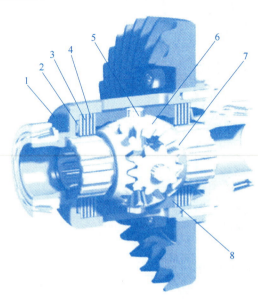

图1-107 摩擦片式自锁式差速器
1—差速器壳；2—膜片弹簧；3—从动摩擦片；
4—主动摩擦片；5—十字轴；6—行星锥齿轮；
7—半轴锥齿轮；8—推力压盘

摩擦片式自锁式差速器为了增加差速器内摩擦力矩，在两半轴齿轮背面与差速器壳之间各安装了一套摩擦式离合器。该离合器由推力压盘、主从动摩擦片组成。推力压盘以内花键与半轴连接，外花键与从动摩擦片的内花键连接。主动摩擦片的外花键与差速器壳的内花键连接。主从动摩擦片及推力压盘均可做微小的轴向移动。推力压盘上的十字轴由两根互相垂直的行星齿轮轴组成，其轴颈端部均加工有凸V形斜面；相应地，推力压盘上也加工有与之配合的凹V形斜面，但配合孔相对轴稍大。两面行星齿轮轴的V形面是反向安装的。

当汽车直线行驶时，两半轴无转速差，转矩平均分配给两半轴。由于差速器壳通过V形斜面驱动行星齿轮轴，在传递转矩时，斜面上产生的摩擦力等于差速器轴线的轴向分力，迫使两根行星齿轮轴分别向左右方向略微移动，通过行星齿轮推动推力压盘压紧摩擦片。此时转矩经两条路径传递给半轴：一路是经行星齿轮轴、行星齿轮和半轴齿轮将大部分转矩传给半轴；另一路则由差速器壳、主从动摩擦片、推力压盘传给半轴。

当汽车转弯或一侧车轮在不良路面上滑转时，行星齿轮自转，差速器起差速作用，使左右半轴转速不相等。由于转速差及轴向力的存在，主从动摩擦片间将产生摩擦力矩，且经从动摩擦片及推力压盘传给两半轴的摩擦力矩方向相反：与转速快的半轴的转向相反，而与转速慢的半轴的转向相同。因而使得转速慢的半轴所分配到的转矩大于转速快的半轴所分配到的转矩。摩擦作用越强，两半轴的转矩差越大，最大可达7倍。

摩擦片式自锁差速器结构简单、工作平稳，锁紧系数K可达0.5甚至更高，多用于轿车或轻型货车。

3. 托森式自锁式差速器

利用蜗杆传动的不可逆性原理和齿面高摩擦条件的托森式自锁式差速器，能根据差速器的内摩擦力矩大小而自动限滑，有效地提高了汽车的通过性。因此，它在四轮驱动轿车上得到日益广泛的使用，其既可应用于轴间差速器，又可应用于轮间差速器。

图1-108所示为奥迪轿车的前后驱动桥之间采用的新型托森差速器。"托森"表示"转矩—灵敏"，它是一种轴间自锁差速器，装在变速器后端。转矩由变速器输出轴传给托森差速器，再由差速器直接分配给前驱动桥和后驱动桥。

托森差速器由差速器壳、6个蜗轮、6根蜗轮轴、12个直齿圆柱齿轮及前轴蜗杆、后轴

蜗杆组成。蜗轮通过蜗轮轴固定在差
速器壳上，三对蜗轮分别与前后轴蜗
杆相啮合；每个蜗轮上固定有两个直
齿圆柱齿轮。与前后轴蜗杆相啮合的
蜗轮彼此通过直齿圆柱齿轮相啮合，
前轴蜗杆与驱动前桥的差速器齿轮轴
为一体，后轴蜗杆与后桥驱动轴的凸
缘盘为一体。转矩由变速器输出轴传
给托森差速器外壳，经差速器的差速
作用，一部分转矩通过差速器齿轮轴
传至前桥，另一部分通过后驱动桥凸
缘盘传至后桥，实现前后轴同时驱动
和转矩的前后轴转矩的自动调节。

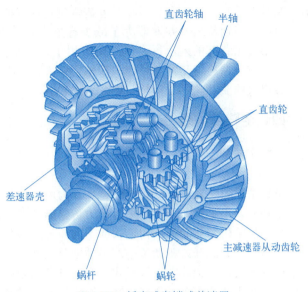

图 1-108 托森式自锁式差速器

当前后驱动桥无转速差时，蜗轮
不绕自身轴自转。各蜗轮、蜗杆与差
速器壳一起等速转动，差速器不起差
速作用。

当前后驱动桥需要有转速差时，如汽车转弯时，因前轮转弯半径大，差速器起差速作
用。此时，蜗轮除公转传递动力外，还要自转。由于直齿圆柱齿轮的相互啮合，使前后蜗轮
自转方向相反，从而使前轴蜗杆转速增加，后轴蜗杆转速减小，实现了差速。托森差速器起
差速作用时，由于蜗杆蜗轮啮合副之间的摩擦作用，转速较低的后驱动桥比转速较高的前驱
动桥所分配到的转矩大。若后桥分配到的转矩大到一定程度而出现滑转时，则后桥转速略微
升高，此时转矩立刻重新分配给前桥一部分，所以驱动力的分配可根据转弯的要求自动调
节，使汽车转弯时具有良好的驾驶性。

当前后驱动桥中某一桥因附着力小而出现滑转时，差速器起作用，将转矩的大部分分配
给附着力好的另一驱动桥（最大可达 3.5 倍），从而提高了汽车通过坏路面的能力。

蜗轮带动蜗杆的逆传动效率取决于蜗杆的螺旋角及传动副的摩擦条件。对于一定的差速器
结构，其螺旋角是一定的，故此时传动主要由摩擦状况来决定，即取决于差速器的内摩擦力矩
M_T，而 M_T 又取决于两端输出轴的相对转速。当前后桥 n_1、n_2 转速差比较小时，后端蜗轮带
动蜗杆的摩擦力亦较小，通过差速器直齿圆柱齿轮吸收两侧输出轴的转速差。当前轴蜗杆 n_1
较高时，蜗轮驱动蜗杆的摩擦力矩也较大，差速器将抑制该车桥的空转，将输入转矩 M_0 多分
配到后端输出轴上。当 $n_2 = 0$（前轴蜗杆空转时），由于后端蜗轮与蜗杆之间的内摩擦力矩 M_T
过高，使 M_0 全部分配到后轴蜗杆上，此时相当于差速器锁死不起差速作用。

蜗轮式差速器转矩比 K_b 取决于蜗杆螺旋角和摩擦角，当两者相等时，转矩比 $K_b \to \infty$，
差速器自锁。一般 K_b 可达 $5.5 \sim 9$，锁紧系数 K 可达 $0.7 \sim 0.8$。选取不同的螺旋角可得到
不同的锁紧系数，使驱动力既可来自蜗杆，也可来自蜗轮。为减少磨损与延长使用寿命，
K_b 一般降低到 $3 \sim 3.5$ 较好。这样即使在一端车轮附着条件很差的情况下，仍可以利用附
着力大的另一端车轮产生足以克服行驶阻力的驱动力。

由于托森差速器在结构及性能上的诸多优点，被广泛用于全轮驱动轿车的中央轴间差速
器及后驱动桥的轮间差速器。但由于在转速转矩差较大时具有自动锁止作用，通常不用作转
向驱动桥的轮间差速器。显然，由于蜗轮蜗杆传动具有自锁功能，只有在两轴转速差不大时
才能实现差速功能。

目前，有些四轮驱动的轿车上，还采用了黏性联轴差速器作为轴间差速器或轮间差速

器，其具有转矩传递柔和、平稳、差速响应特性好的特点，因此得到了越来越多的应用。

总结：普通锥齿轮差速器为了减少行星齿轮、半轴齿轮背部的摩擦、磨损，在行星齿轮、半轴齿轮背部的差速器壳体之间采用了推力垫片，使内摩擦力矩 M_T 很小，可以忽略不计。而防滑差速器是特意增加内摩擦力矩 M_T，使转得慢的驱动轮（驱动桥）获得的转矩大，转得快的驱动轮（驱动桥）获得的转矩小，从而提高了汽车通过坏路面的能力。

四、半轴与桥壳

（一）半轴

1. 概述

半轴是在差速器与驱动轮之间传递动力的实心轴。

半轴的功用是将差速器传来的动力传给驱动轮。因其传递的转矩较大，常制成实心轴。

半轴的结构因驱动桥结构形式的不同而异。整体式驱动桥中的半轴为一根长的刚性轴。而转向驱动桥和断开式驱动桥中的半轴则分段并用万向节连接。半轴内端一般制有外花键与半轴齿轮连接。半轴外端结构形式，有的直接在轴端锻造出凸缘盘；有的制成花键，与单独制成的凸缘盘滑动配合；还有的制成锥形，通过键和螺母与轮毂固定连接。

半轴的受力情况由半轴与驱动轮的轮毂在桥壳上的支撑形式而定。现代汽车常按支撑受力情况，半轴支撑形式可分为全浮式半轴支撑和半浮式半轴支撑两种。

2. 全浮式半轴支撑

全浮式半轴支撑广泛应用于各型货车上。图 1-109（a）是全浮式半轴支撑的结构示意图。它表明汽车半轴外端与轮毂及驱动桥壳的连接情况。半轴外端锻有凸缘，用螺栓紧固在轮毂上，轮毂用两个圆锥滚子轴承支撑在半轴套管上。半轴套管与空心梁压配成一体，组成驱动桥壳。半轴的内端用花键与差速器的半轴齿轮连接，半轴齿轮的毂部支撑在差速器壳两侧轴颈的孔内，而差速器壳又以两侧轴颈直接支撑在驱动桥壳上。因此，这种半轴支撑形式的半轴与驱动桥壳没有直接联系。

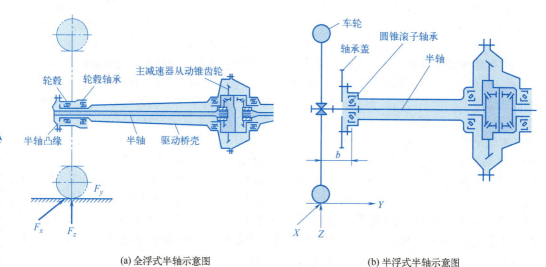

(a) 全浮式半轴示意图   (b) 半浮式半轴示意图

图 1-109 半轴支撑结构示意图

为了防止轮毂连同半轴在侧向力作用下发生轴向窜动，轮毂内的两个圆锥滚子轴承安装方向必须使它们能分别承受向内和向外的轴向力。轴承预紧度可借助调整螺母调整，并用垫圈和螺母锁紧。

由图 1-109（a）可知，在半轴外端，路面对驱动轮的作用力（垂直反力 F_z、切向反力 F_x、侧向反力 F_y）及由它们形成的弯矩，直接由轮毂通过两个圆锥滚子轴承传给驱动桥壳，完全由驱动桥壳承受，半轴只承受转矩。同样，在内端作用在主减速器从动锥齿轮上的力及其形成的弯矩，全部由差速器壳直接承受，半轴内端也只承受转矩。这种使半轴只承受转矩，而两端均不承受其他任何反力和反力矩的半轴支撑形式称为全浮式半轴支撑。所谓"浮"是指半轴不承受弯曲载荷而言。

全浮式半轴支撑便于拆装，只要拧下半轴凸缘上的螺钉，即可将半轴抽出，而车轮和驱动桥壳照样能支撑住汽车。故全浮式半轴在汽车上应用最为广泛，绝大多数轻型、中型、重型货车，越野汽车和客车都采用这种形式的半轴。

3. 半浮式半轴支撑

半浮式半轴支承

图 1-109（b）所示的是半浮式半轴支撑的结构示意图。半轴内端通过花键与半轴齿轮连接，其支撑方式与全浮式半轴支撑方式相同，即半轴内端只承受转矩，不承受弯矩。半轴外端制成锥形，锥面上铣有键槽，最外端制有螺纹。轮毂以其相应的锥孔与半轴上的锥面配合，并用键连接，用锁紧螺母紧固。半轴用一个圆锥滚子轴承直接支撑在驱动桥壳凸缘的座孔内。车轮与驱动桥壳之间无直接联系，而支撑于悬伸出的半轴外端。因此，路面作用于车轮的各种反作用力及其反力矩都须经半轴外端的悬伸部分再传给驱动桥壳，使半轴外端不仅要承受转矩，还要承受各种反力及其反力矩。这种只能使半轴内端免受弯矩，而外端却承受全部弯矩的半轴支撑形式称为半浮式半轴支撑。

为了对半轴进行轴向限位，差速器内装有止推块，以限制其向内轴向窜动；而半轴向外的轴向窜动，则通过制动底板对轴承限位来限制。

半浮式半轴支撑结构简单，但半轴受力情况复杂且拆装不方便，多用于反力、弯矩较小的各类轿车上。

半轴本身的结构除上述两种最常见的形式外，还受到驱动桥结构形式的影响。在转向驱动桥中，半轴应断开并以等角速度万向节连接。在断开式驱动桥中，半轴也应分段并用万向节和滑动花键或伸缩型等角速万向节连接。

（二）驱动桥壳

驱动桥壳既是传动系统的组成部分，也是行驶系统的组成部分。作为传动系统的组成部分，其功用是安装并保护主减速器、差速器和半轴等部件。作为行驶系统的组成部分，其功用是安装悬架或轮毂，与从动桥一起支撑汽车悬架以上各部分质量，承受驱动轮来的反力和力矩，并在驱动轮与悬架之间传力。

由于驱动桥壳承受较复杂的载荷，因此要求驱动桥壳应具有足够的强度和刚度，质量要小，并便于主减速器的拆装和调整。由于驱动桥壳的尺寸和质量一般比较大，制造困难，故其结构形式在满足使用要求的前提下，要尽可能便于制造。

驱动桥壳从结构上可分为整体式和分段式两类，其中分段式驱动桥壳已较为少见。

驱动桥的桥壳多采用可锻铸铁或球墨铸铁，而不采用脆性的灰铸铁。因为驱动桥壳经常承受冲击载荷，为不使其断裂，宁可让其产生少量变形。此外，为减轻质量，某些汽车的驱动桥壳采用铝合金铸造。而半轴套管常用 45Mn 或 45 钢的无缝钢管制成。

为防止主减速器壳内的润滑油经半轴与驱动桥壳的环形空间流向驱动桥壳两端，并从轮毂轴承处漏油，驱动桥都设有密封装置。有的汽车在驱动桥壳的外端，有的在半轴套管内端处压有油封。这种油封的刃口应朝内，导向喇叭朝外。装半轴时，应使半轴居中通过油封，以免把油封顶下来。有的汽车在驱动桥壳内装有挡油盘，可防止汽车侧倾时润滑油流至驱动桥壳一端，而影响主减速器和差速器的润滑。

1. 整体式驱动桥壳

整体式驱动桥壳具有较大的刚度和强度，且便于主减速器的装配、调整和维修，因此广泛应用于各类汽车上。

图 1-110 所示为整体式铸造驱动桥壳。它由空心梁、半轴套管、主减速器壳及后盖等组

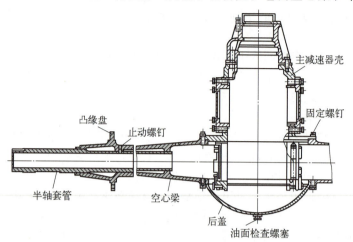

成。空心梁用可锻铸铁铸成，中部有一环形大通孔，前端用以安装主减速器及差速器总成。后端用来检视主减速器、差速器的工作情况，后盖用螺钉装于后端面，后盖上装有检查油面用的螺塞。空心梁上凸缘盘用以固定制动底板，两端压入钢制半轴套管，并用止动螺钉限定位置。半轴套管外端轴颈用以安装轮毂轴承，为了对轴承进行限位及调整轴承预紧度，最外端还制有螺纹。

图 1-110　整体式驱动桥壳

这种铸造的整体式驱动桥壳具有较大的强度和刚度，且便于主减速器的拆装和调整；缺点是质量大，铸造质量不易保证。因此，它适用于中型以上载货汽车。

整体式驱动桥壳因制造方法不同有多种形式。常见的有整体铸造、中段铸造压入钢管式、钢板冲压焊接式等形式。

整体式铸造桥壳为增强刚度和强度，两端压入无缝钢管制成的半轴套管。这种整体式铸造桥壳刚度大、强度高，易铸成等强度梁形状，但质量大，铸造质量不易保证，适用于中重型货车。

中段铸造两端压入钢管式驱动桥壳具有质量小、工艺简单且便于变形的优点，但刚度较差。

钢板冲压焊接式驱动桥壳具有质量小、制造工艺简单、材料利用率高、抗冲击性能好以及成本低等优点，并适用于大量生产。目前，它在轻型货车和轿车上得到广泛应用。

2. 分段式驱动桥壳

分段式驱动桥壳一般分为两段，用螺栓将两段连成一体。它主要由主减速器壳 10、盖 13、两半轴套管 4 及凸缘盘 8 等组成，如图 1-111 所示。分段式驱动桥壳比整体式驱动桥壳易于铸造，但是最大的缺点是不方便对主减速器和差速器进行拆装、维修，操作时必须将整

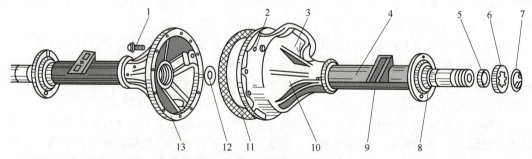

图 1-111　分段式驱动桥壳

1—螺栓；2—注油孔；3—主减速器壳颈部；4—半轴套管；5—调整螺母；6—止动垫片；7—锁紧螺母；
8—凸缘盘；9—弹簧座；10—主减速器壳；11—垫片；12—油封；13—盖

个驱动桥从汽车上拆下来，十分不便，故现在已很少使用。

五、驱动桥常见故障诊断与排除

驱动桥的主减速器、差速器、半轴等不仅承受很大的径向力、轴向力，还要承受巨大的扭力，而且经常受到剧烈的冲击载荷。因此，这些零部件会产生磨损和损坏，进而破坏了原先完好的技术状况，造成驱动桥异响、发热、漏油等故障发生，影响汽车的正常使用。

（一）驱动桥异响

1. 现象

①行驶时驱动桥有异响，脱挡滑行时异响减弱或消失。

② 行驶时驱动桥有异响，脱挡滑行时亦有异响。

③ 汽车直线行驶时无异响，当汽车转弯时驱动桥处有异响。

④ 汽车上坡或下坡时后桥有异响，或上下坡时驱动桥都有异响。

⑤ 车轮有运转噪声或沉重的异响。

2. 原因

① 齿轮油油量不足、油质变差或规格不符合要求，特别是油内有较大金属颗粒。

② 各类轴承损伤、严重磨损松旷。

③ 各类齿轮齿面磨损、点蚀、轮齿变形或折断。

④ 主减速器锥齿轮啮合面调整不当、啮合间隙不符合标准（太大或太小）或未成对更换。

⑤ 差速器壳与十字轴或行星齿轮轴孔与十字轴配合松旷。

⑥ 半轴齿轮与行星齿轮啮合间隙不符合标准（过大或过小）或半轴齿轮与半轴花键配合松旷。

⑦ 主减速器从动齿轮与差速器壳紧固螺栓松动，差速器轴承盖紧固螺栓松动。

⑧ 后轮轮毂轴承损坏，轴承外圈松动。

⑨ 车轮轮辋破碎，轮辋上轮胎螺栓孔磨损过大，使轮辋固定不牢。

3. 诊断与排除

诊断驱动桥异响故障时，应根据异响的具体情况进行检查与判断。诊断方法主要有停车检查和路试检查。停车检查：将驱动桥架起来，启动发动机并挂上挡，然后急剧改变车速等模拟各种工况，查听驱动桥响声的来源，判断故障的所在部位。路试检查：根据汽车在不同行驶工况下可能出现不同的异响，查找故障的原因。

① 行驶时驱动桥有异响，脱挡滑行时异响减弱或消失。若汽车挂挡行驶时驱动桥发出较大异响，而脱挡滑行时异响减弱或消失，应拆下主减速器并分解，检查主从动锥齿轮是否损伤折断、啮合间隙是否过大、啮合印迹是否符合要求等。如果有损伤或啮合不符合要求，应更换或调整。

② 汽车挂挡行驶及脱挡滑行均有异响。检查润滑油量是否充足、润滑油是否符合要求，如果不足或变质，按要求重新添加。否则拆下主减速器和差速器，检查主从动锥齿轮啮合间隙和差速器轴承。如果不符合要求，应调整或更换。

③ 汽车直线行驶时无异响，当汽车转弯时驱动桥处有异响。拆下差速器并分解，检查行星齿轮、半轴齿轮、十字轴及半轴花键配合是否磨损松旷及相互匹配情况。如果磨损松旷或匹配不良，应修理或更换。

④ 汽车上坡或下坡时后桥有异响，或上下坡时驱动桥都有异响。一般驱动桥某一部位的齿轮啮合间隙过小，导致汽车上坡时发响；后桥某一部位的齿轮啮合间隙过大，导致汽车下坡时发响；后桥某一部位的齿轮啮合印痕不当或齿轮轴支撑轴承松旷，导致汽车上下坡时

都发响。

⑤ 车轮有运转噪声或沉重的异响。如果汽车后轮出现异响，检查轮毂轴承是否松旷、轮辋是否变形、制动鼓内是否有异物、轮辋螺栓孔是否磨损过大。如果不符合要求，应修理或更换。

⑥ 若异响时有时无，或有时呈周期性变化，则故障一般由齿轮油中的杂物引起，应更换或滤清齿轮油。

（二）驱动桥发热

1. 现象

汽车行驶一段路程之后，用手触摸驱动桥有无法忍受的烫手的感觉。

2. 原因

① 齿轮油变质、油量不足或规格不符合要求。

② 轴承预紧度调整过大。

③ 各齿轮副啮合间隙过小。

④ 止推垫片与主减速器从动齿轮背隙过小。

⑤ 油封过紧和各运动副、轴承润滑不良而产生干（或半干）摩擦。

3. 诊断与排除

结合发热部位，逐项检查排除。

（1）局部过热

① 如油封处过热，说明油封过紧，更换合适的油封。

② 轴承处过热，说明轴承损坏或调整不当，应更换损坏轴承或调整轴承。

③ 油封和轴承处均不过热，说明止推垫片与主减速器从动齿轮背隙过小，应调整背隙。

（2）普遍过热

① 先应检查齿轮油油面高度、齿轮油规格、黏度或润滑性能是否合适。如不符合要求，应予以更换规定型号的齿轮油到规定油面高度。

② 如不是上述问题，则检查齿轮啮合间隙。先松开驻车制动器，变速器置于空挡，轻轻转动主减速器的凸缘盘，如果转动角度太小，说明故障由主减速器齿轮啮合间隙太小引起；如果转动角度正常，说明故障由行星齿轮与半轴齿轮啮合间隙太小引起。应重新调整上述齿轮啮合间隙。

（三）驱动桥漏油

1. 现象

驱动桥加油口、放油螺塞处，或油封、各接合面处等可见到明显漏油痕迹。

2. 原因

① 加油口、放油螺塞松动或损坏。

② 油封磨损、硬化，油封装反，油封与轴颈不同轴，油封轴颈磨成沟槽。

③ 接合平面变形、加工粗糙，密封衬垫太薄、硬化或损坏，紧固螺钉松动或损坏。

④ 通气孔堵塞。

⑤ 桥壳有铸造缺陷或裂纹。

⑥ 齿轮油过多，运转中壳体内压增高，使齿轮油渗出。

3. 诊断与排除

① 检查驱动桥内润滑油面高度。如果润滑油过多，应将其减少到规定值。

② 检查加油口、放油螺塞等漏油处的紧固螺栓是否松动。若松动，应紧固。

③ 检查驱动桥通气孔是否堵塞。如堵塞，应清洗疏通。

④ 主动锥齿轮处漏油，应拆下油封检查，必要时更换。

⑤ 半轴油封处漏油，应检查油封是否安装歪斜、装反或损坏等，必要时重新安装或更换。

⑥ 驱动桥接合面漏油，应检查衬垫是否损坏，接合面是否不平，紧固螺栓是否松动；如衬垫损坏应更换，如接合面不平应修理，如螺栓松动应紧固到规定值。

⑦ 检查驱动桥壳是否漏油。如漏油，是由桥壳铸造缺陷或裂纹引起的，应更换驱动桥壳。

 【任务实施】

驱动桥维修

汽车行驶时，驱动桥的受力情况十分复杂。各传递动力的零件，由于接近最终传动，其所受的各种应力远远大于传动系统的其他部位。对于后轮驱动的汽车，其驱动桥壳要承受相当一部分的载质量；对于前轮驱动的轿车，半轴暴露在外，两端万向节的防尘套长期使用后容易老化，这些都会影响驱动桥的技术状况，造成传动间隙增大，进而出现异响、主减速器和差速器壳体温度过高、漏油等现象，影响汽车的正常使用。在汽车维修时，应对驱动桥进行有针对性的作业。

一、驱动桥维护

国产中型载货汽车后桥的维护在一、二级维护中占有重要的位置。

1. 一级维护

一级维护时，对驱动桥和车轮应进行下述的维护作业。

① 检查后桥壳是否有裂纹及不正常的渗漏。如有渗漏，应查明原因，予以排除。

② 检查各部分螺栓、螺母的连接是否可靠。

③ 后桥壳体内的润滑油量是否合适，其油面应不低于检视孔下沿 15mm 处。

④ 后桥壳的通气孔应保持畅通。

⑤ 用推动轮毂来检查轴承的预紧度时，应无明显手感的松旷量。

⑥ 检视车轮和半轴上的外露螺栓、螺母，不得有松动。

2. 二级维护

二级维护除进行一级维护的所有项目外，还应要进行以下内容。

① 检查半轴。半轴应无弯曲、裂纹，键槽无过度磨损。如有可视的键槽磨损时，应进行左右半轴的换位。

② 拆下轮毂，检查半轴套管是否有配合松旷和裂纹，各螺纹的损伤不得超过 2 牙。

③ 检视后桥壳是否有裂纹。

④ 放油后，拆下后桥壳盖，清除油污并检视齿轮、轴承及各部螺栓紧固情况，必要时可以更换齿轮和轴承。

⑤ 检视主减速器的油封有无漏油，凸缘螺母是否松动，检查主减速器连接螺栓的松紧度。

⑥ 检查轮毂轴承的紧固情况，必要时按技术条件的要求校紧。

二级维护时，还要根据有无下列现象，决定后桥维护的附加作业项目。

① 主减速器有无异响，主减速器的啮合间隙是否过大。如有上述现象，说明轮齿磨损或啮合间隙过大，应调整啮合间隙并检查齿面接合状况。

② 检查后桥在正常工作时的油温是否超过 60℃ 并伴有异响。如有此现象，说明齿轮啮合不当或轮齿有折齿，也可能是轴承预紧度过大，应拆检主减速器和差速器。

③ 上述作业结束后，装复后桥壳盖，按规定加注符合原厂规定的齿轮油至规定油面。

二、驱动桥主要零件检修

1. 后桥壳和半轴套管

① 桥壳和半轴套管不允许有裂纹存在，半轴套管应进行探伤处理。各部螺纹损伤不得超过 2 牙。

② 钢板弹簧座定位孔的磨损不得大于 1.5mm，超限时先进行补焊，然后按原位置重新钻孔。

③ 整体式桥壳以半轴套管的两内端轴颈的公共轴线为基准。若两外轴颈的径向圆跳动误差超过 0.30mm，应进行校正。校正后的径向圆跳动误差不得大于 0.08mm。

④ 分段式桥壳以桥壳的接合圆柱面、接合平面及另一端内锥面为基准。若轮毂的内外轴颈的径向圆跳动误差超过 0.25mm，应进行校正。校正后的径向圆跳动误差不得大于 0.08mm。

⑤ 桥壳轴承孔与半轴套管的配合及伸出长度应符合原厂规定，如半轴套管轴承孔磨损严重，可将座孔镗至修理尺寸，并更换相应修理尺寸的半轴套管。

⑥ 滚动轴承与桥壳的配合应符合原厂规定。如配合处过于松旷，可刷镀修复轴承孔。

2. 半轴

① 半轴应进行隐伤检查，不得有任何形式的裂纹存在，否则应予以报废。

② 半轴花键应无明显的扭转变形，否则报废。

③ 以半轴轴线为基准，半轴中段未加工圆柱体径向圆跳动误差不得大于 1.3mm，花键外圆柱面的径向圆跳动误差不得大于 0.25mm，半轴凸缘内侧端面圆跳动误差不得大于 0.15mm。若径向圆跳动超限，应进行冷压校正；若端面圆跳动超限，可车削端面进行修正。

④ 半轴花键的侧隙增大量较原厂规定不得大于 0.15mm，否则应报废或堆焊修复。

⑤ 对前轮驱动汽车的半轴总成（带两侧等角速万向节）还应进行以下作业内容。

a. 外端球笼式等速万向节用手感检查应无径向间隙，否则应予以更换。

b. 内侧三枢轴式（伸缩式球笼型）等速万向节可沿轴向滑动，但应无明显的径向间隙感，否则换新。

c. 防尘套是否有老化破裂，卡箍是否有效可靠。如失效，换新。

3. 轮毂

① 轮毂应无裂纹，否则应更换。轮毂各部位螺纹的损伤不得多于 2 牙。

② 轮毂与半轴凸缘及制动鼓的接合端面对轴承承孔公共轴线的端面圆跳动公差均为 0.15mm。如果超出规定值，可车削修复。

③ 轮毂轴承承孔与轴承的配合应符合原厂规定。如果轴承孔磨损超限，可刷镀或喷焊修理。

4. 主减速器壳

① 壳体应无裂损，各部位螺纹的损伤不得多于 2 牙。否则应换新。

② 差速器左右轴承承孔同轴度误差应小于或等于 0.10mm。

③ 主减速器壳纵轴线对横轴线的垂直度公差：当纵轴线长度在 300mm 以上，其值为 0.16mm；纵轴线长度小于或等于 300mm，其值为 0.12mm；纵、横轴线应位于同一平面（双曲线齿轮结构除外），其位置度公差为 0.08mm。

④ 减速器壳与侧盖的配合以及圆柱主动齿轮轴承与减速器壳（或侧盖）的配合应符合原厂规定。

5. 主减速器齿轮副

（1）锥齿轮副

① 主减速器主动齿轮和从动齿轮不应有裂纹，其工作表面不应有明显的斑点、齿面剥脱、缺损和阶梯形磨损，否则，应将主、从动齿轮成对更换。

② 以圆锥主动齿轮壳后轴承孔轴线为基准，前轴承孔的径向圆跳动及各端面的端面圆跳动公差为 0.06mm。圆锥从动齿轮端面对其轴线的圆跳动公差为 0.10mm。圆锥主动齿轮花键与凸缘键槽的侧隙不大于 0.20mm。如果超限，可酌情修理或更换。

③ 圆锥主从动齿轮啮合齿隙一般为 0.15～0.50mm，否则应进行调整。

④ 圆锥主动齿轮轴承预紧度应符合原设计规定或圆锥主动齿轮轴承的轴向间隙不大于 0.05mm。否则应进行调整。

⑤ 主动圆锥齿轮：轮齿锥面的径向圆跳动公差为 0.05mm；前后轴承与轴颈、轴承孔的配合应符合原厂规定；从动锥齿轮的铆钉连接应牢固可靠；用螺栓连接的，连接螺栓的紧固应符合原厂规定，紧固螺栓锁止可靠。

⑥ 齿轮若需更换，必须成对更换。

（2）圆柱齿轮副

① 齿轮不应有裂纹，齿轮工作表面不得有明显斑点、剥落、缺损，否则应更换。

② 圆柱主动齿轮轴承与轴颈的配合间隙不得大于原设计规定，一般为 0.012mm。

③ 圆柱主从动齿轮啮合齿隙一般为 0.15～0.70mm。逾限时应更换齿轮副。

6. 差速器

① 差速器壳产生裂纹，应更换。

② 差速器壳与行星齿轮、半轴齿轮垫片的接触面应光滑、无沟槽。如有小的沟槽可用砂纸打磨，并更换新半轴齿轮垫片。

③ 行星齿轮、半轴齿轮不得有裂纹，工作表面不得有明显斑点、脱落、缺损。

④ 分别测量行星齿轮轴的外径与行星齿轮的内径，其差值应在 0.1～0.2mm 之间，否则应换用新件。

⑤ 检查半轴齿轮花键间隙。在台虎钳上夹紧半轴，然后将半轴齿轮安装在半轴上，前后推动半轴齿轮，使其沿花键齿侧方向摆动，用百分表测量半轴齿轮的摆动值，此值即为花键间隙，它应在 0.2～0.5mm 之间，否则应换用新件。

⑥ 差速器壳体与轴承、差速器壳与行星齿轮轴的配合应符合原厂规定。

7. 滚动轴承

① 轴承的钢球（或滚柱、滚锥）和滚道上不得有伤痕、剥落、严重黑斑或烧损变色等缺陷，否则应更换。

② 轴承架不得有缺口、裂纹、铆钉松动或钢球（或滚柱、滚锥）脱出等现象，否则应更换。

三、差速器装配与调整

不同车型、结构的差速器拆装有所差异，一般应按照维修手册的拆装顺序和要求进行拆装。但差速器装配时，一般应按下述顺序进行，并注意各步骤的注意事项。

1. 装差速器轴承

安装差速器轴承内圈时，应用压力机平稳地压入，不得用手锤敲击，以免损伤轴承的工作表面或刮伤轴颈表面，破坏配合性质。

2. 装齿轮

在与行星齿轮和半轴齿轮配合的工作表面上涂以机油，先装入垫片和半轴齿轮，再装入已装好行星齿轮及垫片的十字轴,并使行星齿轮与半轴齿轮啮合。

在行星齿轮上装入另一侧半轴齿轮及垫片,扣上另一侧的差速器壳。在装入另一侧壳体时,应使两侧壳体上的位置标记对正,以免破坏齿轮副的正常啮合。

3. 从动齿轮的安装和差速器的装合

将主减速器从动齿轮装在差速器壳体上,将固定螺栓按规定方向穿过壳体,套入垫片,用规定力矩交替拧紧螺母,锁死锁片。

四、主减速器装配与调整

不同车型、结构的主减速器拆装有所差异,一般应按照维修手册的拆装顺序和要求进行拆装。

主减速器装配中的调整包括主、从动锥齿轮轴承预紧度的调整和齿轮啮合的调整,而齿轮啮合的调整又包括齿轮啮合间隙和啮合印迹的调整。

主减速器的调整品质是决定主减速器锥齿轮副使用寿命的关键。

(一)调整原则

① 首先调整轴承的预紧度,然后调整啮合间隙,最后调整啮合印痕。啮合间隙的大小直接影响啮合印痕的位置。

② 主从动锥齿轮轴承的预紧度必须按原厂规定的数值和方法进行调整与检查。在主减速器锥齿轮啮合的调整过程中,轴承的预紧度不得变更,始终都应符合原厂规定值。

③ 在保证啮合印痕合格的前提下,调整啮合间隙。啮合印痕、啮合间隙和啮合间隙的变化量都必须符合技术条件,否则应成对更换齿轮副。

④ 主从动锥齿轮啮合间隙和啮合印迹调整方法。

a. 准双曲线锥齿轮和奥利康锥齿轮(等高齿)两种齿轮往往以移动主动锥齿轮调整啮合印痕,以移动从动锥齿轮调整啮合间隙,如桑塔纳 2000 和 EQ1090 的主减速器 。

b. 螺旋锥齿轮和格利森锥齿轮(圆弧非等高齿)两种齿轮啮合印迹调整按照"大进从、小出从,顶进主、根出主"的口诀调整。啮合印痕合适后若啮合间隙不符,则通过轴向移动另一锥齿轮进行调整,如表 1-3 所示。

表 1-3   主从动锥齿轮的啮合间隙及啮合印痕的调整方法

从动锥齿轮啮合印痕		调整方法	主、从动锥齿轮移动方向
凸面	凹面		
		大进从:啮合印痕偏向大端面,应将从动锥齿轮移进;若这时啮合间隙减小,则将主动锥齿轮移出	
		小出从:啮合印痕偏向小端面,应将从动锥齿轮移出;若这时啮合间隙增大,则将主动锥齿轮移进	
		顶进主:啮合印痕偏向齿顶,应将主动锥齿轮移进;若这时啮合间隙过小,则将从动锥齿轮移出	
		根出主:啮合印痕偏向齿根,应将主动锥齿轮移出;若这时啮合间隙过大,则将从动锥齿轮移进	

⑤ 锥齿轮啮合调整时，啮合印痕首要，啮合间隙次要。当锥齿轮啮合印痕和啮合间隙出现矛盾时，应尽可能迁就啮合印痕，啮合间隙可稍大些，但最大不可超过 1mm，否则将加剧齿轮磨损和噪声。超过规定值后需重新选配齿轮，成对更换。

（二）轴承预紧度调整

主减速器装配时，先给轴承施加一定的预紧力，这有利于增强主动锥齿轮的刚度，提高齿轮在工作中的自动定心能力，抑制其径向抖动和轴向窜动，保证啮合间隙和保护润滑油膜，从而提高锥齿轮副的啮合精度。通过改善锥齿轮副的啮合精度，减轻齿轮工作面的磨损和传动噪声，可以延长锥齿轮副的使用寿命。

1. 主动锥齿轮轴承预紧度检测与调整

（1）轴承预紧度的检测方法

轴承预紧度的检测方法有两种：经验检测法和定量检测法。

第一种经验检测法是用手转动主（从）动锥齿轮，应转动自如，且轴向推动无间隙。

第二种定量检测法是将轴承座夹在台虎钳上，按规定力矩拧紧凸缘螺母后，在各零件润滑正常的情况下用弹簧秤测凸缘盘拉力或用指针式扭力扳手在锁紧螺母上测主动锥齿轮的转动力矩，其值应符合规定，如图 1-112 所示。如 EQ1090E 型汽车主减速器的主动锥齿轮的轴承预紧度为凸缘处力矩 1.0～1.5N·m。

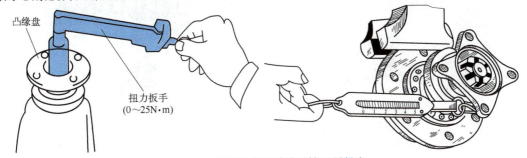

凸缘盘

扭力扳手
（0～25N·m）

图 1-112　定量检测主减速器轴承预紧度

（2）主动锥齿轮轴承预紧度调整方法（两种）

第一种方法是在前轴承内圈下加减调整垫片进行调整。当按规定力矩拧紧主减速器的凸缘盘固定螺母时，垫片越薄，轴承内外圈压得越紧，即预紧度越大。若拧紧力矩大于标准值，说明轴承预紧度过大，应增加调整垫片的厚度。

第二种方法是利用伸缩衬套进行调整。装配时，在前后轴承内圈之间放置一个可压缩的伸缩衬套。按规定力矩拧紧主减速器的凸缘盘固定螺母时，伸缩衬套发生变形，其张力自动适应对轴承预紧度的要求。但采用这种方法时，由于衬套的弹性逐渐衰退，每次都必须换用新的伸缩衬套。这种方法在轿车的主减速器中应用较多，如丰田皇冠 GRS182 系列车型后桥主减速器。

2. 从动锥齿轮轴承预紧度检测与调整

从动锥齿轮轴承预紧度的调整因驱动桥的结构不同而有所不同。

（1）单级式主减速器　对于单级式主减速器，调整从动锥齿轮轴承预紧度时，应慢慢转动两侧调整螺母，同时慢慢转动差速器总成，正确的预紧度可用转动差速器总成的力矩来衡量，如图 1-112 所示。EQ1090E 型汽车主减速器的从动锥齿轮的轴承预紧度为转动差速器组件力矩 1.5～2.5N·m。

（2）双级式主减速器　对于双级式主减速器，从动锥齿轮与第二级主动圆柱齿轮固定在同一根轴上，轴两端用轴承支撑在主减速器壳上。调整时，选择适当厚度的调整垫片，安装在主减速器壳与轴承盖之间，拧紧轴承盖螺栓后，用转动从动锥齿轮的力矩来衡量预紧度是否合适。若所需力矩过大，说明预紧度过大，应增加垫片厚度；反之，应减少垫片厚度。

（三）齿轮啮合调整

1. 啮合印迹检测

正确的啮合印迹如图 1-113 所示，在从动锥齿轮上啮合印迹位于齿高的中间偏小端，并占齿宽 60% 以上。啮合印迹的检查方法是：在主动锥齿轮上相隔 120° 的三处用红丹油在齿的正反面各涂 2～3 个齿，再用手对从动锥齿轮稍施加阻力并正反向各转动主动齿轮数圈，观察从动锥齿轮上的啮合印迹，视需要进行调整。

2. 啮合间隙检测

检测时，将百分表的量头垂直于从动锥齿轮轮齿大端的凸面，在一个极限位置时使指针对零，并固定主动锥齿轮，然后轻轻往复摆转从动锥齿轮，表上所摆动的数据即为啮合间隙值，如图 1-114 所示。中重型汽车一般为 0.15～0.50mm，轻型汽车一般为 0.10～0.18mm，使用极限是 1.00mm。

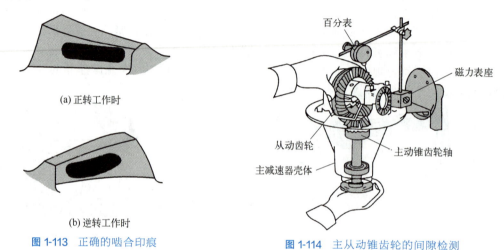

(a) 正转工作时

(b) 逆转工作时

图 1-113　正确的啮合印痕

图 1-114　主从动锥齿轮的间隙检测

3. 锥齿轮啮合调整

主从动锥齿轮啮合间隙和啮合印迹的调整，应按照不同锥齿轮形式采用不同调整方法。

① 准双曲线锥齿轮和奥利康锥齿轮（等高齿）两种齿轮往往以移动主动锥齿轮调整啮合印痕，以移动从动锥齿轮调整啮合间隙，如桑塔纳 2000 和 EQ1090 的主减速器。

② 螺旋锥齿轮和格利森锥齿轮（圆弧非等高齿）两种齿轮啮合印迹调整按照"大进从、小出从、顶进主、根出主"的口诀调整，啮合印痕合适后若啮合间隙不符，则通过轴向移动另一锥齿轮进行调整，具体调整方法如表 1-3 所示。

注意：调整前应先将主动锥齿轮的轴承预紧度调整好，故调整啮合精度时不能破坏轴承的预紧度。应采用两轴承端互动调节的方法，即一边松多少，另一边紧多少，以保持平衡。

如果在调整过程中，啮合间隙与啮合印迹发生矛盾，应以啮合印迹为主，啮合间隙的要求可略微放宽。

啮合印迹与啮合间隙调整完毕后，应紧固支撑螺柱，并使用特制的锁片锁紧从动锥齿轮处的调整螺母。

五、驱动桥磨合试验

驱动桥装配后进行磨合试验的目的在于改善零件相配合表面的接触状况和检查修理装配

的质量。驱动桥的修理和装配质量可从三个方面进行检验：齿轮的啮合噪声、轴承区的温度和渗漏现象。

驱动桥装配后，应按规定加注润滑油进行磨合试验。磨合转速一般为 1400～1500r/min（EQ1090E 型汽车原厂规定转速为 800～1200r/min）。在此转速下进行正反转试验，各项试验的时间不得少于 10mim。

在试验过程中，各轴承区温升不得超过 25℃，齿轮的啮合不允许有敲击声和高低变化的响声，各接合部位不允许有漏油现象。试验后，应进行清洗并换装规定的润滑油。

六、轮毂轴承润滑与调整

轮毂轴承的润滑和调整状况对车辆的动力性、经济性和行驶安全性有很大影响。一、二级维护中都有轮毂轴承的作业项目。

1. 轮毂轴承润滑

在二级维护时，拆检轮毂轴承后，应对其进行润滑。采用汽车通用的锂基润滑脂 2 号，轴承缝隙间应充满润滑脂，加油时可采用专用加注机，也可以边转动轴承边涂抹润滑脂。轮毂内腔不需加注其他的润滑油。

2. 轮毂轴承调整

将加注好润滑脂的内轴承装入半轴套管，依次装入轮毂和外轴承，边调整螺母边从正反两个方向转动轮毂，使轴承滚子正确就位。以规定力矩拧紧调整螺母，并将螺母按规定退回一定角度，然后装上油封和锁紧垫圈，并使调整螺母上的销子穿入锁紧垫圈的孔内。最后将调整螺母以规定力矩拧紧。调整后，轮毂应能自由旋转，无明显的轴向松动和摆动现象。

 【维修案例】

车辆直行时，从底部传出轻微"嗡、嗡"声，弯路上转弯时行驶有清晰的"咔、咔"异响声

故障症状：某轿车行驶里程约 9 万千米，在车辆直行时，从汽车底部有轻微"嗡、嗡"声传出，而车辆在转弯行驶时有"咔、咔"异响声，而且响声十分清晰。

故障诊断与排除：根据故障症状初步判断为差速器有故障。

查看变速器齿轮油油面，低于注油螺塞口许多，因此缺油是造成此故障的一个原因。重新更换齿轮油后架起前桥，发现底部"嗡、嗡"声明显减弱，但差速器与变速器接合部仍有齿轮油渗出。

路试中转弯时"咔、咔"异响仍然发生，决定拆检差速器，检查行星轮和半轮齿轮技术状况。如果不拆检，故障恶化，轮齿折断，将会造成更大的损失。

拆检差速器的结果是行星轮和半轴齿轮齿隙已达 0.50mm（规定值为 0.02～0.20mm），弹性圆柱销块脱落了，行星轮和半轴齿轮齿面已有脱落和沟槽现象，差速器齿圈已有麻点，T 形油封唇口卷曲歪扭。

更换弹性圆柱销块、T 形油封，装回原半轴齿轮垫，并使之达到规定间隙值（0.02～0.20mm），用油尺磨去齿轮毛刺和飞边。鉴于该减速器主从动齿轮隙不能调整，从动齿轮面未严重磨损，可暂时延用一段时间。

彻底清除差速器和变速器壳接合平面密封胶，用砂布打磨干净，均匀涂抹密封胶。

检修和更换差速器，工作量大，因此驾驶员和修理单位往往对异响之类的小故障采取保守的态度，让车辆勉强行驶，但这样往往会造成大的损失。

另外，检修差速器需按规范进行，例如厂家规定弹性圆柱销和 T 形密封橡胶圈在拆检后需更换。显然，上次检修差速器未遵照此规定，为这次故障的产生埋下了隐患。故障原因是缺齿轮油造成差速器故障。

【汽车文化传承】

中国汽车工业的自强之路

　　新中国成立初期，工业基础薄弱，汽车工业更是一片空白。1953年，长春第一汽车制造厂奠基，拉开了中国汽车工业发展的大幕。1956年，第一辆解放牌CA10型载货车下线，标志着中国结束了不能批量制造汽车的历史，迈出了从无到有的第一步。此后，红旗牌轿车等也相继诞生。

　　改革开放后，为了快速提升汽车技术水平与产业规模，中国开启"引进来"战略，与国际汽车巨头开展合资合作。1984年北京吉普成立，1985年上海大众诞生。桑塔纳轿车国产化进程的推进，使得中国汽车产业链得到了初步的升级，零部件制造能力逐步提升。1992年东风神龙汽车有限公司成立，合资模式在带来资金的同时，也带来了先进的技术与管理经验，培养了一批汽车产业人才，为自主品牌的发展奠定了基础。

　　20世纪末至21世纪初，奇瑞、吉利等自主品牌车企开始崭露头角。2009年，中国汽车产销量首次突破1000万辆，成为全球第一大汽车生产和消费国，标志着中国汽车工业进入了新的发展阶段。

　　2009年国家实施新能源汽车发展战略，"十城千辆"工程启动，新能源汽车发展迎来政策东风。此后，中国新能源汽车产业进入了发展的快车道。在电池技术领域，宁德时代研发出高能量密度、低成本的动力电池，在全球市场占据领先地位；智能网联领域，华为、百度等科技企业跨界融合，为汽车赋予了智能属性，使中国新能源汽车在智能化方面走在世界前列。比亚迪等车企不断推出高性能新能源车型，产品竞争力大幅提升。

　　随着国内市场的蓬勃发展，中国汽车开启"走出去"征程。2023年，中国超越日本、德国，成为全球汽车出口第一大国；2024年，中国新能源汽车产销量均首次突破1000万辆，连续10年位居全球第一。中国汽车不仅在数量上领先，更在技术、品质和品牌影响力上实现质的飞跃，从"中国制造"迈向"中国创造"，在全球汽车工业舞台上成为引领者。

　　如今，中国汽车工业已形成完整且强大的产业链，从上游的关键原材料供应，到中游的核心零部件制造，再到下游的整车生产，各环节协同发展，具备强大的国际竞争力。在智能化、电动化、网联化的发展趋势下，中国汽车工业正不断创新，引领全球汽车产业变革，向着汽车强国的目标稳步迈进。

项目二
汽车行驶系统检修

 项目描述

　　汽车行驶系统一般由车架、车桥、车轮和悬架组成。车架是全车装配与支撑的基础，它将汽车的各相关总成连接成一个整体，并与行驶系统共同支撑汽车的质量。车轮安装在驱动桥和从动桥上，支撑着车桥和汽车。为了减少汽车在行驶中受到的各种冲击和振动，车桥和车架之间通过弹性元件（悬架）进行连接。汽车行驶系统的功用是将汽车连成一个整体并支撑汽车的总质量，将传动系统传来的转矩转化为使汽车平顺行驶的驱动力；承受并传递路面作用于车轮上的各种反力和力矩；缓冲振动，保证汽车平顺行驶。此外，汽车行驶系统还与转向系统配合，正确控制汽车的行驶方向。

　　本项目主要介绍汽车行驶系统及其各系统组成部分的功用、结构、工作原理等，并能够对各系统和组成部分进行拆检与调试，同时对常见故障进行诊断与排除。

 学习目标

知识目标：1. 熟悉车架的功用、要求、类型、结构特点和应用。
　　　　　2. 熟悉车桥的功用、类型及其作用、结构特点。
　　　　　3. 掌握车轮定位的内容、作用及调整方法。
　　　　　4. 掌握车轮与轮胎的结构、规格代号、类型及其特点和应用。
　　　　　5. 熟悉悬架的作用、组成、类型及其特点。
　　　　　6. 掌握各种弹性元件的结构和性能特点。
　　　　　7. 掌握双向作用筒式减振器的结构与工作原理。

技能目标：1. 能够正确使用拆装工具，按照维修技术标准完成行驶系统的拆装与调试。
　　　　　2. 能够正确使用拆装工具和量具，按照维修技术标准对行驶系统各组成部分进行拆装、检修和调整。
　　　　　3. 能够对行驶系统各组成部分常见故障进行诊断与排除。

素质目标：1. 养成脚踏实地、认真负责、求真务实、开拓进取的工作作风。
　　　　　2. 加强实践练习，注重理论联系实际，培养勇于探究的创新意识。

3. 弘扬执着专注、科学严谨、精益求精、追求卓越的工匠精神。

 # 任务一　车 架 检 修

【任务引入】

　　客户反映其所驾驶的轿车行驶里程为 9.8 万千米，在行驶过程中出现了明显的异响，且车辆行驶轨迹不稳定，容易跑偏。车主将车辆送至维修厂进行检查，维修技师初步判断问题可能出在车架上，并安排小王对车辆进行检查。小王很快查找到故障并排除，顺利完成此项任务。

【任务分析】

　　本任务是针对车架故障造成汽车跑偏且有异响的检修。要完成本任务，学生需要熟悉汽车车架的功用和基本要求；掌握车架的类型及其结构特点和应用；掌握车架检修的内容和方法。

【知识准备】

一、车架的功用和要求

　　汽车车架俗称"大梁"，是整个汽车的基体，其上装有发动机、变速器、传动轴、前桥和后桥、车身等总成和部件，并使它们保持正确的相对安装位置。

　　车架的功用主要有以下几个。

　　（1）支撑并连接汽车的各零部件。车架是整车的骨架，发动机、传动系统、悬架、转向系统、驾驶室、货箱以及相关操纵机构等，均是通过车架来固定的。车架发挥着支撑并连接汽车各零部件的作用，并承担车内外的各类载荷。

　　（2）契合汽车总体布置的要求。车架的结构形式首先要满足汽车总体布置的要求。汽车在行驶过程中，固定于车架上的各总成和零部件之间不应出现相互干扰的情况。

　　（3）提供舒适性和稳定性。车架通过其结构设计和材料选择，能够有效地降低振动和噪声，提高乘坐的舒适性。

　　同时，车架的强度和刚度也保证了汽车在行驶过程中的稳定性。因此，要求车架必须满足下列要求。

　　① 要有足够的强度。车架必须保证在各种复杂受力的情况下不致破坏。

　　② 要有合适的刚度。车架的变形将改变安装于其上的各总成和零部件之间的正确相对位置，破坏它们的正常工作，故车架必须具有一定的刚度。但是，为了保证汽车对不平路面的适应性，又要求车架的扭转刚度不宜过高。

　　③ 轻量化。为了提升汽车整体的轻量化程度，车架的质量应尽可能小。轻量化可以降低汽车的油耗，提高燃油效率，同时也有利于提高汽车的行驶性能和加速性能。

　　④ 车架的形状要尽可能地降低汽车的重心和获得较大的前轮转向角，以保证汽车行驶的稳定性和机动性。

　　⑤ 要满足汽车总体布置的要求。当汽车行驶在复杂路面上时，固定在车架上的零部件、总成及管路、支架等附件相互之间应不发生运动干涉，以保证汽车正常行驶。

⑥ 符合安全法规和标准。车架的设计应符合相关国家和地区的交通安全法规和标准的要求，确保行车安全。例如，乘用车车架应具有易于吸收撞击能量的特点，以提高汽车的被动安全性。

二、车架的类型和构造

现代汽车的车身结构可分为承载式与非承载式两大类，另外还有一种从性能上区别于上述两类的组合式结构，称为半承载式。非承载式车身有车架。目前，汽车上装用的车架按照结构不同可分为边梁式车架、无梁式车架、中梁式车架和综合式车架，其中以边梁式车架和无梁式车架应用最为广泛。

（一）边梁式车架

边梁式车架是由两根位于两边的纵梁和若干根横梁通过铆接或焊接而成的坚固的刚性构架，如图 2-1 所示。由于边梁式车架便于安装车身和布置总成，有利于满足改装、变形车和发展多品种车型的需要；另外，边梁式车架的结构相对简单，制造和维护成本相对较低。边梁式车架具有以下特点与优势。

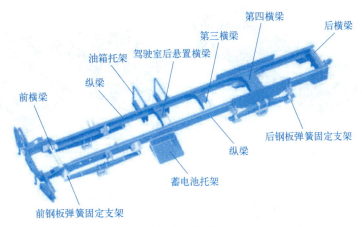

图 2-1　车架的结构

（1）刚性好　由于边梁式车架的主梁和辅梁都是刚性连接，这种结构在承受各种应力时具有较高的稳定性，有助于提高车辆的行驶安全性和舒适性。

（2）空间利用率高　边梁式车架的设计通常允许在车辆的前后部设置较大的乘员舱和行李厢，从而提高了车内空间的利用率。

（3）适用于多种车型　边梁式车架具有较强的通用性，可以广泛应用于轿车、SUV、皮卡、货车等多种车型上。然而，由于边梁式车架的悬挂系统设计较为复杂，因此在一些高性能或豪华车型上较少使用。

（4）前后悬长度较短　边梁式车架将前后悬挂系统集成在车架的两侧，这种设计有助于缩短前后悬的长度，从而提高车辆的操控性能。因此，它被广泛用于载重汽车和特种车上。

1. 纵梁

纵梁一般用低碳合金钢钢板冲压而成。

① 冲压工艺：纵梁的主要制造工艺是冲压。通过模具对钢板进行冲压，可以形成纵梁所需的形状和尺寸。

② 落料与孔加工：在冲压之前，需要对原材料钢板进行落料处理，以获得所需的形状和尺寸。同时，还需要在纵梁上加工所需的装配孔及定位孔。

③ 成形加工：经过落料与孔加工后，需要对钢板进行成形加工，以形成纵梁的最终形

状。成形加工的方法包括模具成形、辊压成形和折弯成形等。

根据汽车总体结构布置的要求，纵梁的形式繁多，若以两根纵梁间的宽度来分有以下几种结构。

① 前窄后宽的结构。前端变窄是为了获得较大的前轮转向角。这种结构在货车上被广泛采用。

② 前宽后窄的结构。装载量较大的汽车，由于发动机体积大、轮胎和后钢板弹簧片较厚，故采用前宽后窄的车架，如图 2-3 所示。

③ 前后等宽的结构。为了简化制造工艺，避免纵梁宽度转折处应力集中，延长车架的使用寿命，有些车架前后等宽，如图 2-1 所示。

从纵梁的平面度来分则有以下几种结构。

① 平行式结构。这种边梁式车架的上翼面是平直的，它不仅制造方便，而且车厢底板平整，便于安装和维修，如图 2-1 所示。

② 弯曲式结构。边梁上安装前桥或后桥的部分做成向上拱曲的形状，其目的是降低车身高度和汽车重心，以提高汽车行驶的稳定性，便于乘客上下车或装卸货物，如图 2-2 所示。

图 2-2　弯曲式边梁式车架

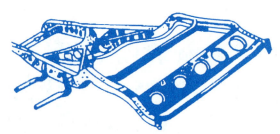

图 2-3　采用 X 形高断面横梁的车架

纵梁的断面形状多种多样，常见的包括槽形、Z 字形和箱形等。其中，槽形断面因其结构特点和制造优势而被广泛应用于各种车型中。槽形断面的纵梁具有紧凑的结构，能够充分利用材料提高车架的强度和刚度。槽形断面的设计使得纵梁能够更好地承受来自车辆各个方向的载荷，从而提高车架的承载能力。在制造过程中，槽形断面的纵梁可以通过冲压、切割等工艺方便地加工出所需的形状和尺寸。此外，槽形断面的纵梁与其他部件的装配相对简单，有利于提高生产效率和降低制造成本。

槽形断面的纵梁因其上述特点而被广泛应用于各种车型上，包括轿车、SUV、卡车、货车等。特别是在商用车上，槽形断面的纵梁因其承载能力强、结构紧凑等优点而备受青睐。由于纵梁中部受到的弯矩最大，故中部槽形断面的高度也最高，而向两端其高度逐渐降低，构成等强度梁，同时又减轻了质量。有的纵梁在承受载荷较大的区段内用加强板进行局部加强，以适当降低其断面高度。

2. 横梁

横梁在边梁式车架中起到关键的连接和支撑作用。它们连接左右两根纵梁，保证车架的扭转刚度和承受一定的纵向载荷。同时，横梁还可以支撑发动机、散热器等主要部件，确保汽车的正常运行。横梁一般用低碳合金钢钢板冲压而成，与纵梁的材质相似。这种材料具有较高的强度和韧性，能够满足汽车对承载性和耐久性的要求。

横梁的数量、结构形式及其在纵梁上的连接位置，由整车总体布置和车架刚度的要求来决定。一般货车采用 5～8 根横梁，分别布置在安装散热器、发动机、驾驶室、传动轴中间轴承、备胎架和钢板弹簧的支点处。大多数横梁为平行式，少数横梁做成 X 形（图 2-3），其目的是提高车架的抗扭刚度。因为当车架受扭时，X形横梁能将转矩转化为弯矩，可以提高整个车架的抗扭强度，这对于短而宽的车架效果较好。小轿车多采用这种横梁。

横梁的形状多种多样，但常见的为槽形。槽形横梁具有结构紧凑、承载能力强等优点，能够满足汽车对车架的要求。横梁的断面形状也可以根据需要进行设计。除了槽形外，还可以采用管形或箱形等断面形状，以增强车架的抗扭强度。

横梁与纵梁的连接通常采用铆接或焊接方法。这些方法能够确保横梁与纵梁之间连接牢固，并提供足够的强度和刚度。同时，连接处的设计也需要考虑便于安装和拆卸，以及便于维修和更换。边梁式车架的横梁一般由低碳钢钢板冲压而成，有些形状较为复杂的横梁则采用压延性能比较好的普通碳素钢。

货车车架的前端和轿车车架的前后两端装有横梁式的保险杠，以防汽车突然发生碰撞时散热器和翼子板等受到损伤。对轿车来说，保险杠还可以起到美化汽车外形的作用。货车的保险杠上还装有挂钩，供牵引用。有些越野车的保险杠后面还装有绞盘，以便汽车陷入打滑路段时进行自救。

在车架的后端一般还装有拖钩。大多数拖钩通过螺旋弹簧与车架横梁弹性连接，并用加强梁和角撑加固。拖钩可以在车架平面内绕轴销摆动，并且拖钩上还装有防脱装置。在牵引时，拖钩具有缓冲、转向和防脱作用。

（二）无梁式车架

无梁式车架用车身兼作车架，汽车的所有零部件、总成都安装在车身上，车身要承受各种载荷的作用，因而这种车身又称为承载式车身，广泛用于轿车和客车。

如图2-4所示，承载式车身由车身前围、车身侧围、车身后围、车门、顶盖、底板、发动机罩及行李舱盖附件组成。车身外覆盖件采用优质低碳合金钢板冲压焊接而成，骨架和部分外覆盖件共同参与承载，从而取代了传统车架的作用。

（三）中梁式车架

如图2-5所示，中梁式车架只有一根位于中央而且贯穿汽车全长的纵梁，亦称为脊骨式车架。中梁的断面可做成管形、槽形或箱形。中梁的前端做成伸出支架，用以固定发动机；而主减速器壳通常固定在中梁的尾端，形成断开式后驱动桥。

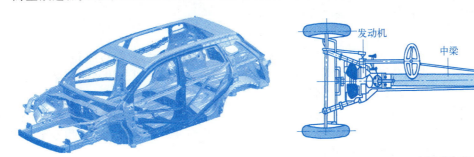

图2-4　无梁式车架　　　　　　图2-5　中梁式车架

中梁式车架有较好的扭转刚度和较大的前轮转向角，便于装用独立悬架，从而提高了汽车的越野性能。与同吨位的载货汽车相比，中梁式车架的车架轻，整车质量小，同时质心也较低，故行驶稳定性好。另外，车架的强度和刚度较大，能够承受较大的载荷和应力。中梁还能起封闭传动轴的防尘罩的作用，保护传动轴免受灰尘和杂质的侵蚀。但是，中梁式车架制造工艺复杂，精度要求高，总成安装困难，维护修理也不方便。由于这些制造工艺和维护方面的限制，中梁式车架目前应用较少。然而，它仍然被广泛应用于某些特定类型的车辆中，如运动型汽车或赛车的限量版或小批量版。

中梁式车架通常采用高强度的低合金钢钢板制造，以确保足够的刚性和耐用性。这种材料能够满足汽车对承载性和耐久性的要求，同时也有利于实现车架的轻量化。根据汽车设计的需求，纵梁可在水平或纵向平面内进行弯曲，以优化空间和承载性能。例如，Z形纵梁设计的优势在于保证了车架前后宽度的一致，便于安置柴油机飞轮壳和启动机。但是，在连接横梁时需要额外的垫板，可能会影响部分总成的安装便利性。

（四）综合式车架

综合式车架是由边梁式车架和中梁式车架结合而成的，如图 2-6 所示。车架前段或后段采用近似边梁式结构，便于安装发动机或驱动桥，而传动轴从中梁中间穿过。这种结构制造工艺复杂，目前应用不多。

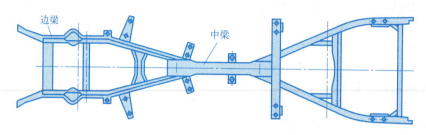

图 2-6　综合式车架

【任务实施】

车架维修

一、车架常见损伤

车架常见的损伤有变形、裂纹、连接松旷等。变形形式主要有车架向下弯曲（下陷）、车架侧向弯曲（侧摆）、车架纵弯曲、车架菱形变形和车架扭曲。

二、车架检修

车架检修通常在二级保养和大修时进行。

1. 外观检查

车架检修前应去除锈层和旧漆，然后从外观上寻找车架是否有严重的弯曲和扭曲变形，是否有开裂、脱焊、锈蚀及铆钉松动等。对于肉眼不易发现的裂纹，可先用水将车架冲洗干净，再涂上滑石粉，然后用锤敲击找出裂纹。

2. 车架变形检修

车架若产生较大的弯曲和扭转变形，用肉眼就可看出。当变形较小时，可采用专用的底盘校正器检查或使用拉线法配以 90°角尺、钢直尺等量具检查。

车架的扭转变形可通过测量对角线法判断。选择车架上平面较大的平整部位作为基准平面，然后在钢板弹簧固定支架轴承孔轴线或与车架侧面左右等距离的对称点上，引出四个在基准面上的投影点，并测出四个点之间的对角线长度。车架各段对角线长度 1—1、2—2、3—3、4—4 的长度差允许值不超过 5mm。

车架纵梁直线度的检查：纵梁直线度允许偏差为在 1000mm 长度上不大于 3mm。检测后若发现车架形位偏差超过允许值，应进行校正。校正方法有冷校或局部加热校正。若变形较严重，可拆散校正，然后重新焊接、铆合，或报废。

目前有一种轿车车体矫正装置，它可以在不解体的情况下，通过测量车体上规定的三维坐标值并与标准值进行比较，找到车体变形的位置，然后利用附带的拉伸、压缩装置进行校正。

3. 铆钉松动检修

铆钉松动可用锤子敲击铆钉检查，听响声来判断是否松动。如发现铆钉松动、错头、歪斜、钉头龟裂或铆钉锈蚀严重，需将铆钉拆除并重新铆接。拆除旧铆钉时不可用气焊枪切割，以免扩大铆钉孔，一般用小于铆钉直径的钻头钻除。

车架的铆接可采用冷铆或热铆。冷铆质量高，但铆合力较大；热铆铆合力较小，应用较多。铆合后的铆钉铆合面应贴合紧密，铆钉杆充满铆钉孔。注意：原铆接部位不可用螺栓代替。

4. 车架裂纹检修

车架出现裂纹，应视裂纹的长短和部位进行修复。焊修时选用碱性的低氢焊条。

① 裂纹较短且受力不大的部位可直接焊接修复。焊接前应在裂纹两端钻止扩孔并沿裂缝开 V 形槽。

② 裂纹较长但没有扩展到整个断面，且在受力不大的部位，应先将裂纹按规定焊好修复，再用三角形腹板进行加强。

③ 当裂纹已扩展到整个断面或在受力较大的部位时，应首先对裂纹进行焊接，然后用三角形腹板或槽形腹板对纵梁翼面及腹面同时进行加强（腹板的两端应做成逐渐减小的斜角形）。

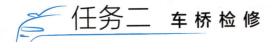

任务二 车桥检修

 【任务引入】

轿车的后轮内侧胎缘磨损严重故障的检修。故障症状：客户驾驶的一辆行驶里程约 9.5 万千米的轿车，后轮内侧胎缘磨损严重。经过维修技术人员的检测，确认是后轮定位不准引起的。经维修后故障排除。

 【任务分析】

本任务是检修汽车车桥及其定位。要完成本任务，需要熟悉车桥功能、类型及其结构特点；掌握转向桥的作用和结构；熟悉转向轮定位的四个参数及其作用和工作原理；掌握转向驱动桥的作用、布置形式及其结构、工作原理；能够对车桥及其各零部件进行拆装、检修和调整。

 【知识准备】

一、概述

车桥（又称车轴）是汽车行驶系统中的重要部件，它通过悬架与车架（或承载式车身）连接，并在其两端安装车轮。车桥是汽车的重要组成部分，其主要功用是传递车架（或车身）与车轮之间各方向的作用力及其力矩，并维持汽车在道路上的正常行驶。具体来说，车桥的作用包括以下几个。

（1）承受汽车载荷　车桥能够承受汽车的质量和各种载荷，包括垂直载荷、纵向的道路阻力、制动力和侧向力等，保证车辆的稳定性。

（2）维持正常行驶　车桥通过悬架系统使车轮与车身保持一定的相对运动，保证汽车在道路上正常行驶。

（3）支撑车身　车桥能够支撑车身，防止车身在行驶过程中产生过大的变形。

（4）分配载荷　车桥能够将汽车的载荷按照一定的比例分配到车轮上，保证车轮与地面接触面积均匀，减少轮胎磨损。

（5）传递动力　在用作驱动桥的情况下，车桥还能够将发动机的动力传递到车轮上，实现汽车动力的输出。

车桥可以根据不同的分类标准进行划分。

① 按位置不同分为前桥和后桥。前桥位于汽车的前部，通常负责转向和承受部分载荷。后桥位于汽车的后部，通常作为驱动桥或支持桥。

② 按悬架结构不同分为整体式车桥和断开式车桥。对于整体式车桥，车桥的中部是刚性实心或空心梁，多配用非独立悬架。对于断开式车桥，车桥为活动关节式结构，与独立悬架配合使用。如图 2-7 所示。

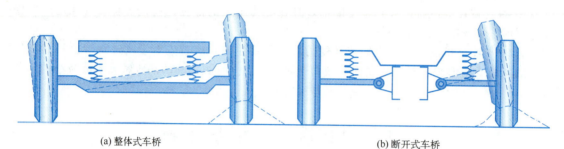

(a) 整体式车桥　　　　　　　　　　　　　　　(b) 断开式车桥

图 2-7　整体式车桥和断开式车桥

③ 按车桥对车轮作用不同分为转向桥、驱动桥、转向驱动桥和支持桥。转向桥：能够使车轮偏转一定角度，实现汽车的转向。驱动桥：将发动机传出的驱动力传给驱动轮，实现降速增矩作用，同时改变动力传递的方向。转向驱动桥：同时具有转向和驱动两种功能的车桥。支持桥（从动桥）：主要起支撑作用，不传递动力。

车桥的组成和结构因类型而异，但通常包括前轴（或桥壳）、转向节（或轮毂）、主销等关键部件。例如，转向桥的结构基本相同，由两个转向节和一根横梁组成。转向驱动桥则具有一般驱动桥的基本部件（如主减速器、差速器、半轴等），也具有转向桥特有的主销、转向节等部件。

驱动桥已在项目一中的任务五介绍过，支持桥除不能转向外，其他功能和结构与转向桥相同。因此，本任务主要讲述整体式转向桥和转向驱动桥。

二、转向桥

（一）转向桥的构造

1. 转向桥的作用与结构

（1）转向桥的作用及要求。汽车前桥一般是转向桥，也称驾驶桥。它能使装在前桥两端的车轮偏转一定的角度，以实现汽车转向的同时，还承受和传递车轮与车架之间的垂直力、垂直反力及其产生的弯矩，以及水平方向的道路阻力、制动力及其产生的水平弯矩和转矩。在汽车行驶过程中，车轮上的各种力均需通过车桥传递给悬架至车架。因此，转向桥首先应该有足够的强度和刚度；其次应使转向传动零部件的摩擦阻力尽可能减小；此外，还应保持车轮具有正确的定位角和合适的转向角，从而保证汽车行驶的稳定性和操纵轻便性。

（2）转向桥的结构。各种车型的整体式转向桥的结构基本相同，都是由前轴、转向节、主销和轮毂四部分组成的。下面以东风 EQ1090 型汽车的前桥为例介绍转向桥的结构（图 2-8）。

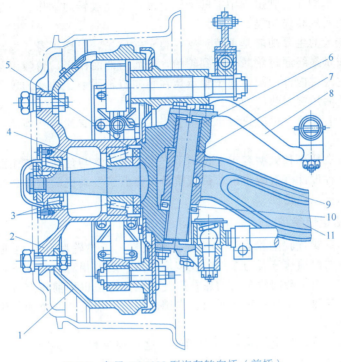

图 2-8　东风 EQ1090 型汽车转向桥（前桥）

1—制动鼓；2—轮毂；3—轮毂轴承；4—转向节；5—油封；6—青铜衬套；
7—调整垫片；8—转向节臂；9—主销；10—圆锥滚子轴承；11—前轴

2. 转向桥主要零部件

（1）前轴。前轴是转向桥的主体，它利用转向节的摆转实现汽车的转向功能。以承受垂直弯矩为主，一般用中碳钢通过模锻和热处理制成，具有较高的强度和刚度。为提高扭转刚度，减小质量，常采用"工"字形断面，在接近两端处各有一个加粗部分成拳形，其中有通孔，主销插入此孔内。前轴中部向下弯曲，以降低发动机的位置和汽车的质心，从而减小传动轴与变速器输出轴的夹角，提高车辆的行驶稳定性。

前轴上平面有两处加宽面，用以支撑钢板弹簧。加宽面上钻有 4 个安装 U 形螺栓的通孔和 1 个位于中心的钢板弹簧定位坑。此外，在前轴两端还制有前轮最大转向角限位块。在主销孔部位有锥形孔，以安装锥形锁销，防止主销转动。

（2）转向节。转向节是车轮转向的铰链。它是一个叉形件，上下两叉有两个同轴孔，用于安装主销，转向节轴颈用来安装车轮。转向节上销孔的两耳通过主销与前轴两端的拳形部分相连，使前轮可以绕主销偏转一定角度，从而实现汽车的转向功能。为了减小磨损，转向节销孔内压入了青铜衬套，衬套的润滑通过装在转向节上的油嘴注入润滑脂来实现。为使转向灵活，在转向节下耳与前轴拳形部分之间装有压力轴承。在转向节上耳与拳形部分之间还装有调整垫片，以调整其间隙。

转向节轴上有两个轴颈，内大外小，用来安装内外轮毂轴承。靠近两叉根部有呈方形的凸缘，其上的通孔用来固定制动底板。一般在左右转向节的下叉上各有一个带键槽的锥孔，分别安装左右梯形臂。在左转向节的上叉上也有一个带键槽的锥孔，用以安装转向节臂。

（3）主销。主销是连接转向节和前轴（工字梁）的销，其功用是传递和承受汽车的前载荷，同时支撑和驱动前轮绕主销转动，从而使汽车转向。主销的中部切有凹槽，安装时通过主销固定螺栓与凹槽配合，将主销固定在前轴的拳形孔中。主销的设计需兼顾转向的灵活性和稳定性，以确保车辆在行驶过程中能够平稳、准确地完成转向动作。主销与转向节上的销孔是动配合，以便实现转向功能。

（4）轮毂。轮毂的主要功能是承载和支撑整车的质量，包括车身、发动机以及其他零部件的质量。这些质量最终通过轮毂传递到轮胎，进而与地面作用。轮毂用于连接制动鼓、轮盘和半轴凸缘，它通过内外两圆锥滚子轴承装在转向节轴颈上。轴承的预紧度可通过调整螺母加以调整，调整后用锁紧垫圈锁紧。

在轮毂外侧装有端盖，以防止泥水和尘土侵入；内侧装有油封、挡油盘，以防止润滑油进入制动器。

断开式转向桥在轿车和微型客车上得到了广泛应用，它与独立悬架相配置，组成了性能优良的转向桥。这种设计有效减小了非簧载质量，降低了发动机的质心高度，从而提高了汽车的行驶平顺性和操纵稳定性。

（二）转向轮定位参数

为了保证汽车直线行驶的稳定性和操纵的轻便性，减少轮胎和其他机件的磨损，转向轮、转向节、车桥的前轴这三者与车架的安装应保持一定的相对位置关系，这种相对位置关系称为转向轮定位。由于转向轮多为前轮，因此转向轮定位也称前轮定位。

转向轮的定位参数主要有主销后倾角、主销内倾角、前轮外倾角和前轮前束。

1. 主销后倾角 γ

主销装在前轴上后，其上端会略向后倾斜，这种现象称为主销后倾。在纵向垂直平面内，主销轴线与铅垂线之间的夹角 γ 称为主销后倾角，如图 2-9 所示。

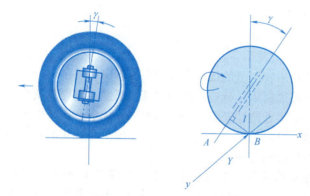

主销后倾角的主要作用是当汽车直线行驶时，若因偶受外力而发生偏离，能够产生相应的稳定力矩，使汽车转向轮自动回正，从而保证汽车稳定直线行驶。具体来说，当汽车直线行驶时，若转向轮受到外力稍有偏转，汽车本身的离心力会产生路面对车轮的侧向反作用力。这个反作用力对车轮形成绕主销轴线的力矩，其方向与车轮偏转方向相反，能使车轮回到原来中间的位置，保证汽车稳定直线行驶，故此力矩称为稳定力矩。主销后倾角通过形成的稳定力矩，促使转弯后的前轮自动回正，提高驾驶的便捷性和安全性。

图 2-9　主销后倾角作用示意图

另外，车轮偏转时，内侧转向轮上的 B 点将向后移动，从而使车桥该端提高；而外侧转向轮上的 B 点则向前移动，从而使车桥该端降低。两个车轮偏转的结果使两边悬架产生不等的变形，同时使车架产生造成扭曲变形的应力，这种应力也力图使偏转的车轮自动回正。这不仅在汽车转弯时会发生，就是在汽车直线行驶时偶尔遇到阻力使车轮偏转，也会产生同样的作用。

主销后倾角越大、车速越高，前轮的稳定效应也越强。但主销后倾角不宜过大，一般 $\gamma = 2° \sim 3°$，否则在转向时为克服此力矩需要在转向盘上施加较大的力。主销后倾角也不能过小，否则会造成高速时转向过于灵敏或汽车在行驶方向上摇摆。现在有些轿车和客车的轮胎气压较低，弹性较大，行驶时由于轮胎与地面的接触面中心向后移动，而引起稳定力矩增大，故主销后倾角就可以减小到接近于零，甚至减小到负值。

主销后倾角一般是通过将前轴、钢板弹簧和车架装配在一起时使前轴向后倾斜而形成的，也可在钢板弹簧底座后部加装楔形垫块而形成。当钢板弹簧因承受载荷不同而挠度发生变化时，主销后倾角也相应改变。车架变形、钢板弹簧疲劳等都会使主销后倾角发生变化。对于独立悬架系统，主销后倾角会受悬架支柱和控制臂衬套磨损或松动的影响。如果车桥两侧车轮的主销后倾角不相等，汽车会向倾角小的一侧跑偏。

主销后倾角的调整通常需要使用专业的设备，如四轮定位仪。调整主销后倾角的一般步骤如下。

① 检测定位数据：利用四轮定位仪精确检测车辆的定位数据，包括主销后倾角、前轮外倾角、前轮前束等。

② 调整螺栓：根据检测结果，调整主销后倾角的调节螺栓，使主销后倾角达到车辆制造商规定的标准范围。

③ 复检数据：调整完成后，再次使用四轮定位仪进行检测，确保所有数据均处于合理范围内。

主销内倾角 β

2. 主销内倾角 β

主销安装到前轴上后，其上端会略向内倾斜，这种现象称为主销内倾。在横向垂直平面内，主销轴线与铅垂线之间的夹角 β 称为主销内倾角，规定向内为正，向外为负，如图 2-10 所示。主销内倾角有如下作用。

(1) 使前轮自动回正　直线行驶的车辆，在转向时前轮绕主销旋转。若前轴的空间位置不动，则前轮将由图 2-10（a）所示位置旋转到图 2-10（b）所示位置。由于主销是向内倾斜的，故车轮旋转到图 2-10（b）

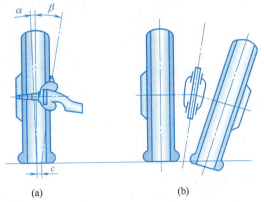

图 2-10　主销内倾角作用示意图及前轮外倾角

主销内倾 c

所示位置后，其最低点将陷入路面以下。但事实上车轮不可能陷入路面以下，而只是前轴（即汽车前部）被路面向上抬起相应的高度。一旦外力消失，前轮就在汽车前部重力作用下自动恢复到原来的直行位置，这就是前轮自动回正的原因。内倾角越大或前轮转角越大，则汽车前部抬起就越高，前轮的自动回正作用就越强。但是转向时转动转向盘费力，转向沉重，转向轮的轮胎磨损增加。反之，主销内倾角或前轮转向角越小，前轮的自动回正作用也就越弱。一般采用长短臂悬架的后轮驱动汽车的内倾角在 5°～8° 之间为宜，采用滑柱式的前轮驱动汽车的主销内倾角在 12°～18°，这有助于提高汽车的方向稳定性。

(2) 使前轮转向轻便　主销内倾后，主销轴线的延长线与路面的交点到车轮与路面的交点之间的距离 c 缩小了（图 2-10），从而使前轮转向时，路面作用在前轮上的阻力力矩减小，可以减小转向时驾驶员加在转向盘上的力，使转向轻便；同时还可减小从转向轮传到转向盘上的反冲击力。力臂 c 越小，转向越轻便。但是，c 过小，方向会不稳定，前轮易摇摆。一般 c 值为 40～60mm。

如果两侧车轮的主销内倾角不相等，即使静态内倾角在规定范围内，也会导致转向沉重和出现蛇行现象。非独立悬架的转向桥的主销内倾角是不能单独调整的。在使用中，如果主销内倾角发生了变化，则主要是由前轴在垂直平面内的弯曲变形，或主销与销孔磨损过大等造成的。对于独立悬架，主销内倾角发生变化，则可能是滑柱的上支座发生错位、下控制臂发生弯曲或中间横梁发生移位。

主销后倾角和主销内倾角都具有使汽车转向自动回正并保持直驶位置的作用。但两者不同的是：主销后倾角的回正作用与车速有关，而主销内倾角的回正作用几乎与车速无关。因此，汽车高速行驶时，主销后倾角的回正作用大，而低速时则主要靠主销内倾角起回正作用。

前轮外
倾角 α

3. 前轮外倾角 α

前轮安装后，其上端会向外倾斜，使得前轮的旋转平面与纵向垂直平面间形成一个夹角，这个夹角被称为前轮外倾角 α，如图 2-11 和图 2-10（a）所示。

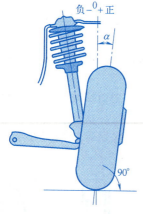

图 2-11　前轮外倾角

前轮外倾角的作用是提高前轮工作的安全性和转向操纵的轻便性。由于主销与衬套之间、轮毂与轴承等处都存在间隙，若空车时车轮垂直于地面，则满载后有可能引起车轮上部向内倾斜，出现车轮内倾。车轮内倾后，地面垂直反力便产生一沿转向节轴向外的分力。此力使外轴承及其锁紧螺母等零件的载荷增大，寿命缩短，严重时使车轮脱出。当车轮预留了外倾角，就能防止上述不良影响。车轮外倾使车轮与拱形路面相适应。此外，车轮外倾与主销内倾相配合还能使汽车转向轻便。

前轮外倾角大时，虽然对安全和操纵有利，但是过大的外倾角将使轮胎横向偏磨增加、油耗增多。一般车轮外倾角为 1°左右。前轮外倾角是由转向节的结构确定的。当转向节安装到前轴上后，其转向节轴相对于水平面向下倾斜，从而使前轮安装后出现外倾。

前轮外倾角不相等会加剧轮胎的磨损，并导致汽车向外倾角较大车轮所在的一侧跑偏。球节、控制臂衬套和车轮轴承的磨损或松动都会影响前轮外倾角。对于有些车辆，前轮外倾角是可调的。

前轮前束

4. 前轮前束

在安装汽车车轮时，使汽车两个前轮的旋转平面不平行，前端略向内束，这种现象称为前轮前束。左右两轮间后方距离 A 与前方距离 B 之差称为前束值（图 2-12）。各种车型规定的对前束值测量的部位不同：有的车型规定在轮胎内侧突出部位测量；有的车型规定在轮胎圆周面上测量；还有的车型规定在轮辋外缘上测量。

前轮前束的作用是减小或消除汽车前进中因前轮外倾和纵向阻力致使前轮前端向外滚开所造成的不良后果。前轮有了外倾后，当它向前滚动时就类似滚锥绕着锥尖滚动，其轨迹不再是直线向前，而是逐渐向外偏斜。但是，受车桥和转向横拉杆的约束，车轮又不能任意向外偏斜，而只能是边向外滚边向内滑动。其结果是轮胎横向偏磨增加，轮毂轴承载荷增大。有了前束，车轮向前滚动的轨迹要向内偏斜。因此，只要前束和外倾角配合适当，轮胎滚动的偏斜方向就会互相抵消，轮胎内外偏磨的现象就会消失。

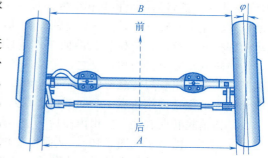

图 2-12　前轮前束（俯视图）

前轮前束可通过改变转向横拉杆长度来调整，一般汽车的前束值为 0～12mm。有些车取负前束值。检查和调整时可根据规定的测量位置和测量方法使两轮的前后距离之差符合要求。此外，前束也可以用角度来表示，即前束角 φ。汽车两侧车轮的前束值必须相等，如果两侧车轮的前束值不相等，就会拉动转向盘偏离中间位置。前束值过大或过小都会增加轮胎的磨损。前束值过大，会使轮胎外缘发生磨损；前束值过小，会使轮胎内缘发生磨损。

5. 后轮定位

车轮定位通常是就汽车的前转向轮而言。但是，现代汽车不仅前转向轮有外倾角和前束，有些汽车的后轮也有外倾角和前束。如桑塔纳 2000GSi 型轿车，后轮设置有前束角 $25'±15'$ 和外倾角 $-1°40'±20'$，汽车的驱动力通过纵臂作用于后轴上，如图 2-13 所示。如果车轮没有前束角，当汽车行驶时，在驱动力作用下，后轴将产生一定的弯曲，使车轮出现前张现象，预先设置的前束角就是用来抵消这种前张的。后轮外倾角的作用：由于外倾角是负值，可增加后车轮接地点的跨度，增加汽车的横向稳定性；负外倾角用来抵消当汽车高速行驶且驱动力较大时，车轮出现的负前束（前张），以减少轮胎的磨损。该前束角和外倾角均不可调整。对于有些轿车、越野车，其后轮的前束和外倾角是可以调整的。

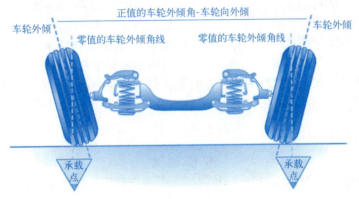

图 2-13 驱动力作用在后轴上的示意图

三、转向驱动桥

在前轮驱动的轿车和全轮驱动的越野汽车上，前桥除作为转向桥外，还兼起驱动桥的作用，故称为转向驱动桥，如图 2-14 所示。它同一般驱动桥一样，有主减速器和差速器。但

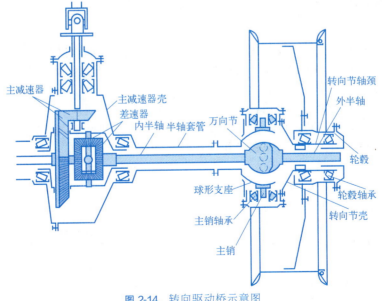

图 2-14 转向驱动桥示意图

由于转向时转向轮需要绕主销偏转一个角度，故与转向轮相连的半轴必须分成内外两段（即内半轴和外半轴），其间用万向节（一般多用等角速万向节）连接，同时主销也因此分制成上下两段。转向节轴颈部分做成中空，以便外半轴穿过其中。

图 2-15 桑塔纳 2000 型轿车的前转向驱动桥

现代轿车多采用发动机前置前轮驱动的布置形式，其前桥既是转向桥又是驱动桥。此类转向驱动桥多与麦弗逊式独立悬架配合使用。由于其前轮内侧空间较大，便于布置，因此具有良好的接近性和维修方便性，而且转弯半径小，机动性好。

如图 2-15 所示为桑塔纳 2000 型轿车的前转向驱动桥（主减速器和差速器在图中未画出）。其动力经主减速器和差速器传至左右内半轴和左右内等角速万向节及左右外半轴（传动轴），并经球笼式左右外等角速万向节及左右外半轴凸缘传到左右两轮毂，使驱动轮旋转。当转动转向盘时，通过齿轮齿条式转向器和转向横拉杆使前轮偏转，以实现转向。

【任务实施】

车 桥 维 修

汽车的车桥包括驱动桥、转向桥、转向驱动桥和支持桥四种形式。本任务主要讲转向桥的维修。

转向桥直接关系到汽车行驶的稳定性和安全性。在长期的运行中，转向桥因承受路面传来的各种力、力矩及冲击载荷，各零件会发生各种损耗（如磨损、变形、裂纹）和车轮定位参数改变等。这些都会影响汽车的正常运行，使汽车出现在行驶中转向沉重、方向不稳、行驶跑偏、前轮摇摆等故障，增加了驾驶员的劳动强度，甚至影响行驶的安全性。

一、前轴检修

1. 前轴的损耗形式

前轴的损耗形式主要是主销轴承孔、钢板弹簧座、定位孔的磨损及前轴的变形与裂纹。

（1）前轴的磨损　钢板弹簧座平面磨损大于 2mm，定位孔磨损大于 1mm，应堆焊后加工修复或更换新件。

（2）主销轴承孔的磨损　主销轴承孔与主销的配合间隙：轿车不大于 0.10mm，载货汽车不大于 0.20mm。磨损超过极限值后，可采用镶套法或修理尺寸法修复。主销轴承孔端面磨损后可采用堆焊进行加工修复或更换新件。

2. 前轴变形检修

对于一些规模较大的维修企业，多用前轴检测仪或其他简易方法检测前轴的弯曲、扭曲等变形。利用前轴检测仪检测，结果准确、精度高，且检测过程方便快捷。

对于一些中小型维修企业，一般使用角尺检测法，如图 2-16 所示。通过测量

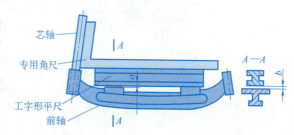

图 2-16 用角尺检测法检测前轴的变形

a、b 值，可以判断前轴是否有弯曲和扭转变形。

3. 前轴变形校正

前轴变形的校正必须在主销轴承孔、钢板弹簧座和定位孔磨损修复后进行，以便减小检验、校正的累积误差，提高检修效率。校正时，采用冷压校正法为佳，但冷压校正一次会使前轴疲劳强度降低 10% 左右。因此，除合理选择冷压校正工艺参数外，前轴的冷压校正次数不宜超过两次。

二、转向节检修

1. 隐伤检验

转向节的油封轴颈处，因断面的急剧变化，容易产生应力集中，是一个典型的危险断面，易产生疲劳损坏，从而导致转向节轴颈断裂。因此，二级维护和修理时要对转向节轴进行隐伤检验。一旦发现疲劳裂纹，只能更换，不许焊修。

2. 磨损检修

（1）转向节轴磨损的检修 轴颈与轴承的配合间隙：轴颈直径不大于 40mm 时，配合间隙为 0.040mm；轴颈直径大于 40mm 时，配合间隙为 0.055mm。转向节轴颈磨损超标后应更换新件。

（2）转向节轴锁止螺纹的检验 锁止螺纹损伤不多于 2 牙。锁止螺母只能用扳手拧入，若能用手拧入，说明螺纹中径磨损松旷，应予以修复或更换转向节。

（3）转向节上面的锥孔的检验 与转向节臂等杆件配合的锥孔磨损，应使用塞规进行检验，其接触面积不得小于 70%，与锥孔配合的锥颈的推力端面沉入锥孔的沉入量不得小于 2mm，否则更换转向节。

（4）主销衬套的更换 主销衬套与主销的配合间隙大于 0.15mm 时必须更换主销衬套，以免引起汽车前轮摆振等故障。

三、轮毂检修

（1）轮毂轴承孔磨损的检修 轮毂轴承孔与轴承座的配合过盈量不得小于 0.009mm。

（2）轮毂变形的检修 轮毂变形会引起车轮的不平衡，影响汽车行驶的稳定性和制动性。轮毂变形可通过测量凸缘的圆跳动来检测，其圆跳动公差不超过 0.15mm。

四、前轮定位参数调整

前轮定位是保证汽车行驶稳定性的关键因素，因此前轮定位参数的检测和调整是汽车总装后的一项重要作业，同时在汽车二级维护时也必须进行检查和调整。具体车桥调整情况如下。

（1）整体式车桥前束值的调整 整体式车桥中，主销内倾角、主销后倾角、前轮外倾角这三个定位参数由车桥的结构保证，其大小一般不可调，而前束值可通过改变转向横拉杆的长度予以调整。

（2）断开式车桥前轮定位参数的调整 在断开式转向桥的主销后倾角一般由结构来保证，一般不需要也不能进行调整，而前轮外倾角是可以调整的。通常前轮外倾角与主销内倾角的调整同时进行，前轮外倾角调整好了，则主销内倾角也调整好了。前束值的调整仍然靠调整转向横拉杆的长度来实现。

五、前轮最大转向角检查和调整

将前轮转向角调到最大的目的是获得最小的转弯半径，以保证汽车的通过性和机动性。

转向角最简易的检查调整方法是：将转向盘向左或向右打到底，前轮轮胎不与翼子板、钢板、直拉杆等机件碰擦，并保持 8～10mm 的距离。各种车辆规定了不同的最大转向角，以既能保证转向的灵活性，又能保证轮胎不与其他机件碰擦为标准。

调整方法是：旋出或旋入转向节上的转向角限位螺栓，或转动转向节壳上的一个调整螺栓进行调整。调整完毕后，必须旋紧锁紧螺母。

六、轮毂轴承预紧度调整

车轮应能灵活地在轮毂轴承上旋转而无卡滞，且轴向松动量不能过大或过小。轴向松动量过大，是由于车轮轮毂轴承间隙过大或转向节衬套磨损产生的；轴向松动量过小，使车轮旋转时卡滞发热。

调整车轮轮毂轴承间隙时用千斤顶将车轮顶起，拆去轮毂盖，拧下锁止螺母，取下锁片与锁止垫圈，同时向前后两个方向转动车轮，使轴承的圆锥滚子正确地置于轴承圈的锥面上。拧紧后反方向旋松调整螺母 1～2 个锁紧垫圈的孔位，使调整螺母上的止动销与销环上的邻近孔相重合，最后装上锁紧垫圈与锁紧螺母。

 【维修案例】

客户的一汽大众迈腾轿车后轮内侧胎缘磨损严重故障的检修

故障症状：客户所驾驶的一辆行驶里程约 9.5 万千米的轿车，后轮内侧胎缘出现磨损严重的故障。

故障诊断与排除：根据故障症状做如下检查。

① 检查两后轮气压、花纹，均符合要求。

② 检查车架，无变形。

③ 检查后减振器，性能良好，没有漏油现象。

④ 检查连接车架的复式（橡胶-金属）衬套时，发现橡胶块已破损，这便是造成后轮偏磨的原因。

⑤ 更换复式衬套，并进行后轮轮胎换位。使用半年后，后轮轮胎磨损正常。

故障分析：后轮轮胎偏磨主要是由后轮定位角不准引起的。后轮定位角（包括后轮前束）是由后悬架结构保证的，不能调整。一旦后轮定位角不准（外观表现为后轮偏磨），便要检查后悬架各零部件有无损坏以及连接位置是否因零部件变形发生了变化。

任务三 车轮与轮胎检修

 【任务引入】

轿车高速行驶时车辆抖动故障的检修。故障症状：一辆行驶里程 5.43 万千米的轿车，当其车速达到 90km/h 时，车身开始抖动，而且车速越高抖得越厉害，根本不能高速行驶。经过技术人员的检修，发现造成该车抖动的原因是客户自行改装车辆过程中换用了非原厂的轮辋，导致车轮动不平衡。

 【任务分析】

本任务是对车轮与轮胎的常见故障进行检修。要完成本任务，学生需要熟悉车轮总成的功能和组成；熟悉车轮和轮辋的结构、类型及其应用；掌握轮辋的规格及其表示方法；熟悉轮胎的结构、类型、规格及其表示方法；熟悉车轮和轮胎常见故障的诊断与排除；掌握轮胎正确的使用、维护和检查。

【知识准备】

汽车车轮总成如图 2-17 所示，由车轮和轮胎两大部分组成，是汽车行驶系统的重要部件。其功用是：支撑整车；缓和由路面传来的冲击力；通过轮胎与路面间存在的附着作用来产生驱动力和制动力；在汽车转弯行驶时，产生平衡离心力的侧抗力；在保证汽车正常转向的同时，通过车轮产生的自动回正力矩，使汽车保持直线行驶；承担越障功能，提高汽车的通过性。

此外，车轮和轮胎还是汽车重要的安全件，几乎所有的汽车行驶性能都与轮胎有关。

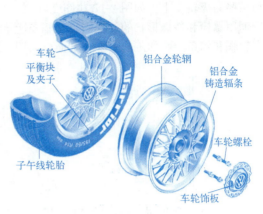

图 2-17　车轮总成（轮胎和车轮）

一、车轮

车轮是轮胎和车轴之间的旋转承载件，通常由轮辋和轮辐两个主要部件组成。轮辋和轮辐可以是整体式、永久连接式或可拆卸式。轮辋是在车轮上用于安装和支持轮胎的部件。车轮除上述部件外，有时还包含轮毂。

（一）车轮的类型

按轮辐的构造，车轮可分为两种主要形式：辐板式和辐条式。按车轴一端安装一个或两个轮胎，车轮又可分为单式车轮和双式车轮。目前，轿车、客车和货车上广泛采用辐板式车轮。

车轮的类型

1. 辐板式车轮

辐板式车轮如图 2-18 所示，由挡圈、辐板、轮辋等组成。其中，用以连接轮辋和轮毂的圆盘称为辐板。辐板大多采用冲压工艺制成，但也有铸造的，铸造的辐板主要用于重型汽车。

货车后桥负荷比前桥大得多，为使后轮轮胎不致过载，后桥一般装用双式车轮，即在同一轮毂上安装了两套辐板和轮辋。为了防止汽车在行驶中固定辐板的螺栓自行松脱，汽车两侧车轮上的辐板固定螺栓一般采用旋向不同的螺纹，左侧用左旋螺纹，右侧用右旋螺纹。目前，在一些载货汽车上采用球面弹簧垫圈，可以防止螺栓自行松脱，因此，汽车左右车轮上固定辐板的螺栓均可用右旋螺纹，从而减少了零件种类。

轿车的车轮辐板所用的钢板较薄，常冲压成起伏多变的形状，以提高其刚度。目前，轿车广泛采用铝合金车轮（图 2-19），且多为整体式结构，即轮辋和轮辐铸成一体。这种车轮

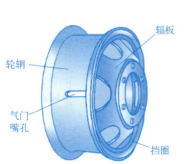

图 2-18　货车辐板式车轮

图 2-19　轿车铝合金辐板式车轮

重量轻、尺寸精度高、生产工艺好、美观大方，并且可以明显改善车轮的空气动力学特性，从而降低汽车油耗。为了保证高速行驶的平衡性，车轮上还加装了平衡块。

2. 辐条式车轮

按辐条结构的不同，辐条式车轮又分为钢丝辐条式车轮和铸造辐条式车轮，如图 2-20 所示。钢丝辐条式车轮的结构与自行车辐条式车轮相似，其价格高、维修安装不便，仅用于赛车和某些高级轿车上，如图 2-17 和图 2-20（a）所示。铸造辐条式车轮的辐条与轮毂铸成一体，轮辋用螺栓和特殊形状的衬块固定在辐条上。铸造辐条式车轮为了使轮辋与辐条很好地对中，在轮辋和辐条上都加工出了配合锥面，如图 2-20（b）所示，此类车轮常用于重型货车上。

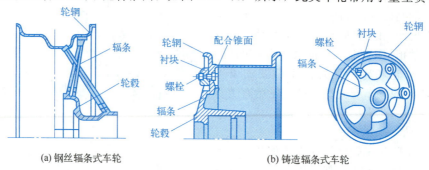

(a) 钢丝辐条式车轮　　　　　　　(b) 铸造辐条式车轮

图 2-20　辐条式车轮

轮辋的
类型

（二）轮辋形式

1. 轮辋的结构形式

轮辋主要有两种常见形式，即深槽轮辋和平底轮辋；此外，还有对开式轮辋、半深槽轮辋、深槽宽轮辋、平底宽轮辋以及全斜底轮辋等。

（1）深槽轮辋　如图 2-21（a）所示，这种轮辋是整体的，其断面中部为一深凹槽，主要用于轿车及轻型越野汽车。它有用于安放外胎胎圈的带肩凸缘，其肩部通常略向中间倾斜。断面的中部制成深凹槽，以便于外胎的拆装。深槽轮辋的结构简单、刚度大、质量较小，特别适合小尺寸且弹性较大的轮胎。但是，对于尺寸较大且较硬的轮胎，则很难装进整体轮辋内。

（2）平底轮辋　这种轮辋的结构形式很多，图 2-21（b）所示是我国货车常用的一种形式。挡圈是整体的，而用一个开口弹性锁圈来防止挡圈脱出。在安装轮胎时，先将轮胎套在轮辋上，然后套上挡圈，并将它向内推，直至越过轮辋上的环形槽，最后将开口的弹性锁圈嵌入环形槽中。

（3）对开式轮辋　这种轮辋由内外两部分组成，如图 2-21（c）所示。内外轮辋的宽度可以相等，也可以不等，两者用螺栓连成一体。拆轮胎时，只需拆卸螺母即可。

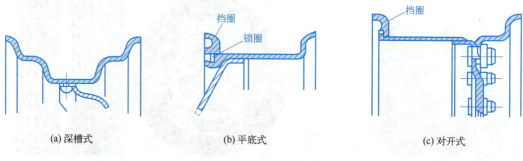

(a) 深槽式　　　　　　　(b) 平底式　　　　　　　(c) 对开式

图 2-21　轮辋结构形式

轮辋是轮胎的装配和固定基础。当轮胎装入不同轮辋时，其变形位置与大小会发生变化。因此，每一种规格的轮胎都优先选用规定的标准轮辋，必要时可选用规格与标准轮胎相近的轮辋。如果轮辋选用不当，会造成轮胎早期损坏。

近年来，为了提高轮胎负荷能力，国内外均朝宽轮辋的方向发展。例如，美国的货车已全部采用宽轮辋，欧洲各国在积极普及宽轮辋，我国也在逐渐由窄轮辋向宽轮辋过渡。试验表明，采用宽轮辋可以延长轮胎的使用寿命，并可改善汽车的通过性和行驶稳定性。

轮辋的
规格标记

2. 轮辋的规格标记

（1）国产轮辋轮廓类型及其代号　轮辋轮廓类型用几个字母表示，每个代号所表示的轮辋轮廓类型如表 2-1 所示。

表 2-1　轮辋轮廓类型、代号及其图示

代号	DC	WDC	SDC	FB
轮辋轮廓类型	深槽式	深槽宽式	半深槽式	平底式
图示				
代号	WFB	TB	DT	
轮辋轮廓类型	平底宽式	全斜底式	对开式	
图示				

（2）国产轮辋的规格代号　轮辋规格用轮辋名义宽度代号、轮缘高度代号、轮辋结构形式代号、轮辋名义直径代号和轮辋轮廓类型代号来共同表示。轮辋名义宽度和名义直径代号的数值以 in（英寸）表示（新设计轮胎以 mm 表示直径时，轮辋直径用 mm 表示）。直径数字前面的符号表示轮辋结构形式代号，符号"×"表示该轮辋为一件式轮辋，符号"-"表示该轮辋为两件或两件以上的多件式轮辋。在轮辋名义宽度代号之后的拉丁字母表示轮缘的轮廓（C、D、E、F、J、JJ、K、L、V 等）。有些类型的轮辋（如平底宽轮辋），其名义宽度代号也代表了轮缘轮廓，不再用字母表示。最后面的代号表示轮辋轮廓类型代号。对于平底宽式轮辋，只有表示轮辋名义宽度和名义直径的数字，而没有表示轮缘轮廓的拉丁字母代号。

现有轮辋规格代号见 GB/T 2933—2009，以下列方式表示。

以下是新设计的轮辋规格代号的示例。

乘用车：13×4.5B，16×6J。

轻型商用车：15×5 1/2J、15-5.50F SDC，其中 SDC 表示半深槽轮辋。

中型/重型商用车：20-7.5、22-8.00、22.5×8.25。

农用机械：28×W12、28×W10H、26×DW16、38×W18LA，其中 DW 表示轮辋有二级槽，L 表示低轮缘，A 表示宽轮缘半径。

非道路车辆：25-13.00/2.5，其中"/2.5"是轮缘高度规格代号。

轮胎

二、轮胎

轮胎是汽车行驶系统的主要组成部分，轮胎的合理使用关系到汽车的安全行驶和运输成本。现代汽车都采用充气式轮胎，其安装在轮辋上，直接与路面接触。它的主要功用如下。

① 支撑汽车的质量，承受路面传来的各种载荷。

② 与汽车悬架共同缓和汽车行驶中所受到的冲击，并衰减由此产生的振动，以保证汽车有良好的乘坐舒适性和行驶平顺性。

③ 保证车轮和路面有良好的附着性，以提高汽车的动力性、制动性和通过性。

总结：概括起来，轮胎的功用可以简记为支撑、缓冲、减振和提高附着性。

轮胎对汽车的性能有很大的影响。正确合理地使用轮胎，对于保证汽车良好的乘坐舒适性和行驶平顺性，保证轮胎与路面具有良好的附着作用，提高汽车的牵引性、操纵性和通过性，有着十分重要的意义。

1. 轮胎的分类

（1）按用途分类　可分为普通轮胎、特殊轮胎、雪地轮胎、雪泥轮胎、缺气保用轮胎等。

（2）按轮胎内空气压力的大小分类　可分为高压胎（0.5～0.7MPa）、低压胎（0.2～0.5MPa）和超低压胎（0.2MPa 以下）三种。低压胎弹性好，减振性能强，壁薄散热性好，与地面接触面积大、附着性好，因而广泛用于轿车。超低压胎在松软路面上具有良好的通过能力，多用于越野汽车及部分高级轿车。

按轮胎
有无内
胎分类

（3）按轮胎有无内胎分类　可分为有内胎轮胎和无内胎轮胎两种。目前轿车上普遍采用无内胎轮胎。

① 有内胎轮胎。由外胎、内胎和垫带等组成，使用时安装在汽车车轮的轮辋上，如图 2-22 所示。内胎是一个环形的橡胶圈，上面装有气门，以便充入或排出空气。为使内胎在充气状态下不产生褶皱，其尺寸应稍小于外胎的内壁尺寸。垫带是一个环形的橡胶带，它垫在内胎与轮辋之间，以保护内胎不被轮辋和胎圈磨伤。

② 无内胎轮胎。俗称真空胎，在外观上与普通轮胎相似，但是没有内胎及垫带。它的气门用橡胶密封衬垫和螺母直接固定在轮辋上，空气直接充入外胎中，其密封性由外胎和轮辋来保证，如图 2-23 所示。

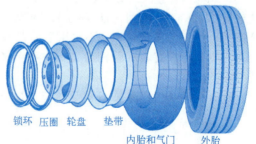

锁环　压圈　轮盘　垫带

内胎和气门　外胎

有内胎轮胎(七个部件组成)

图 2-22　有内胎轮胎

无内胎轮胎的内壁有一层橡胶层（气密层），有的轮胎在该层下面还有一层自黏层，能自行将刺穿的孔黏合。在胎圈外侧有一层密封层，用以加强胎圈与轮辋之间的气密性。无内胎轮胎一旦被刺破，穿孔不会扩大，故漏气缓慢，胎压不会急剧下降，仍能继续行驶一定的距离，从而可有效避免爆胎的危险。由于无内胎，摩擦生热少、散热快，因此适用于高速行驶；此外，无内胎轮胎结构简单，质量较小，维修方便。但其气密层和自黏层易漏气，途中修理也较困难。无内胎轮胎必须配用深槽轮辋，故目前在轿车上应用较多。

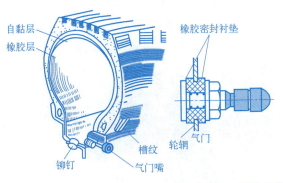
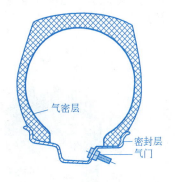

图 2-23　无内胎轮胎

（4）**按胎面花纹分类**　可分为普通花纹（纵向折线花纹、横向花纹）、组合花纹、越野花纹等。如图 2-24 所示，普通花纹中的纵向折线花纹最适合在较好的硬路面上高速行驶，广泛用于轿车、客车及货车等各种车辆；横向花纹仅用于货车；组合花纹由纵向折线花纹和横向花纹组合而成，在良好路面上和不良路面上都可提供稳定的行驶性能，广泛用于客车和货车；越野花纹的凹部深而粗，在软路面上与地面附着性好，越野能力强，适用于在矿山、建筑工地及其他松软路面上使用的越野汽车的轮胎。

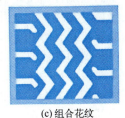

　　（a）纵向折线花纹　　　　　（b）横向花纹　　　　　（c）组合花纹　　　　　（d）越野花纹

图 2-24　胎面花纹形状

按胎体帘布层结构的不同分类

（5）**按胎体帘布层结构的不同分类**　可分为斜交轮胎和子午线轮胎。目前轿车上应用的轮胎主要是低压（超低压）无内胎的子午线轮胎。

2. 外胎的结构

外胎由胎面、帘布层、缓冲层和胎圈组成，如图 2-25 所示。

（1）**胎面**　胎面是轮胎的外表面，可分为胎冠、胎肩和胎侧三部分，如图 2-25 所示。

胎冠与路面直接接触，并产生附着力，使车辆行驶和制动。为使轮胎与地面有良好的附着性能，防止纵横向滑移，在胎冠上制有各种形状的花纹。

胎肩是较厚的胎冠和较薄的胎侧间的过渡部分，一般也制有各种花纹，以提高该部位的散热性能。

胎侧又称胎壁，它由数层橡胶构成，覆盖在轮胎两侧，保护内胎免受外部损坏。在行驶过程中，胎侧不断地在载荷作用下挠曲变形。胎侧上标有厂家名称、轮胎尺寸及其他资料。

图 2-25　外胎的结构

（2）**帘布层**　帘布层是外胎的骨架，主要用于承受载荷，保持外胎的形状和尺寸，并使其具有足够的强度。帘布层通常由成双数的多层帘布用橡胶粘合而成，相邻层的帘线交叉排列。帘布的层数越多，轮胎的强度越大，但弹性下降。

帘线可以是棉线、人造丝、尼龙和钢丝。

按照帘布层帘线排列方式的不同，外胎可分为斜交轮胎和子午线轮胎，如图 2-26 所示。

帘布层

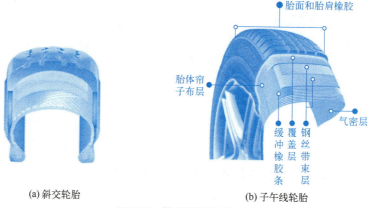

(a) 斜交轮胎   (b) 子午线轮胎

图 2-26　轮胎的结构形式

斜交轮胎帘布层的帘线按一定角度交叉排列，帘线与轮胎横断面的交角通常为50°。子午线轮胎帘布层帘线排列的方向与轮胎横断面一致，即垂直于轮胎胎面中心线，类似于地球仪上的子午线。子午线轮胎的胎侧比斜交轮胎软，在径向上容易变形，可以增加轮胎的接地面积；此外，即使在充足气后，其侧壁上也有特殊的凸起部位。

子午线轮胎与斜交轮胎相比具有行驶里程长、滚动阻力小、节约燃料、承载能力大、减振性能好、附着性能好、不易爆胎等优势，目前在汽车上应用广泛。

（3）缓冲层　缓冲层夹在胎面和帘布层之间，由两层或数层较稀疏的帘布和橡胶制成，弹性较大。其作用是加强胎面与帘布层之间的结合，防止汽车紧急制动时胎面与帘布层脱离，并缓和汽车行驶时所受到的路面冲击。

（4）胎圈　胎圈由钢丝圈、帘布层包边和胎圈包布组成，具有很大的刚度和强度，可以使外胎牢固地安装在轮辋上。

轮胎尺寸及其规格的表示方法

3. 轮胎尺寸及其规格的表示方法

（1）轮胎的主要尺寸　轮胎的主要尺寸包括轮胎断面宽度（B）、轮辋名义直径（d）、轮胎断面高度（H）、轮胎外直径（D）、负荷下静半径和滚动半径等，如图 2-27 所示。

① 轮胎断面宽度 B：轮胎按规定气压充气后，轮胎两外侧面间的距离。

② 轮辋名义直径 d：轮辋规格中直径大小的代号，与轮胎规格中对应的直径一致。

③ 轮胎断面高度 H：轮胎按规定气压充气后，轮胎外直径与轮辋名义直径之差的一半。

④ 轮胎外直径 D：轮胎按规定气压充气后，在无负荷状态下胎面最外表的直径。

（2）轮胎的高宽比和轮胎系列　轮胎的高宽比是指胎断面高度与轮胎断面宽度的百分比，表示为 H/B（％）。轮胎系列是用轮胎高宽比的名义值大小（不带％）表示的，如"80"系列、"75"系列分别指的是轮胎的高宽比为80％和75％。

（3）轮胎的层级　表示轮胎承载能力的相对指数，主要用于区别尺寸相同但结构和承载

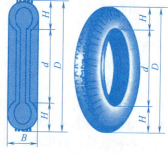

图 2-27　轮胎的主要尺寸
D—轮胎外直径；d—轮辋名义直径；
H—轮胎断面高度；B—轮胎断面宽度

能力不同的轮胎。轮胎的层级数与轮胎帘布层的实际层数没有直接关系，也就是说轮胎的层级不代表轮胎帘布层的实际层数。轮胎层级常用 PR 表示。

（4）轮胎最高速度和速度级别符号　轮胎最高速度是指在规定条件下（路面级别、轮辋名义直径），在规定的持续行驶时间（持续行驶最长时间为 1h）内，允许其使用的最高速度。将轮胎最高速度（km/h）分为若干级，用字母表示，称为速度级别符号。目前采用的轮胎速度级别有 25 个，其中部分如表 2-2 所示。

表 2-2　轮胎速度级别和负荷指数参照表

轮胎负荷指数参照表													
载重指数	78	79	80	81	82	83	84	85	86	87	88	89	90	91
载荷/kg	425	437	450	462	475	487	500	515	530	545	560	580	600	615
载重指数	92	93	94	95	96	97	98	99	100	101	102	103	104	105
载荷/kg	630	650	670	690	710	730	750	775	800	825	850	875	900	925
载重指数	106	107	108	109	110	111	112	120	121	122	123	124	125	126
载荷/kg	950	975	1000	1030	1060	1090	1120	1400	1450	1500	1550	1600	1650	1700
轮胎速度级别参照表													
速度级别	K	L	M	N	P	Q	R	S	T	U	H	V	W	Y
速度/(km/h)	110	120	130	140	150	160	170	180	190	200	210	240	270	300

（5）轮胎负荷能力和轮胎负荷指数　轮胎负荷能力是指在一定行驶速度和相应充气压力时轮胎的最大载重量。轮胎负荷指数是指在规定条件下轮胎负荷能力的数字符号，如表 2-2 所示。轮胎负荷指数用 LI 表示，轮胎负荷能力用 TLCC 表示。

（6）轮胎的规格表示方法

① 轿车轮胎规格代号。GB/T 2978—2024《轿车轮胎规格、尺寸、气压与负荷》规定的轿车轮胎规格代号表示方法如下。

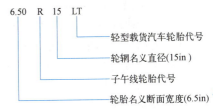

轮胎的规格表示方法

增强型轮胎应增加负荷识别标志"EXTRALOAD（或 XL）"或"REINFORCED（或 RE-INF）"。

T 型临时使用的备用轮胎应增加规格附加标志"T"，如 T135/90D16。

对于最高速度超过 240km/h 的轮胎，结构类型代号可用"ZR"代替"R"。

对于速度超过 300km/h 的轮胎，结构类型代号应用"ZR"来替换"R"，在括号内由速度符号"Y"和相应的负荷指数组成使用说明，如 245/45ZR17（95Y）。

轮胎实际最大负荷能力和速度能力应在轮胎制造商的技术文件（说明书）上予以声明。符合缺气保用轮胎要求的可在结构代号后面标记"F"来识别，如"RF"或"ZRF"。

② 载货汽车轮胎规格代号。GB/T 2977—2024《载重汽车轮胎规格、尺寸、气压与负荷》规定的载货汽车轮胎规格代号表示方法如下。

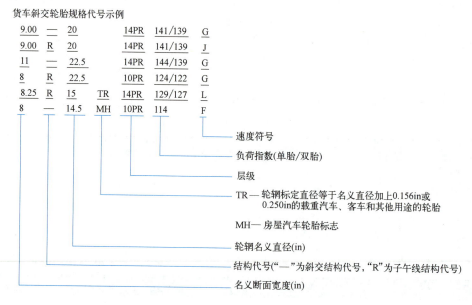

货车斜交轮胎规格代号示例

9.00	—	20		14PR	141/139	G
9.00	R	20		14PR	141/139	J
11	—	22.5		14PR	144/139	G
8	R	22.5		10PR	124/122	G
8.25	R	15	TR	14PR	129/127	L
8	—	14.5	MH	10PR	114	F

- 速度符号
- 负荷指数(单胎/双胎)
- 层级
- TR—轮辋标定直径等于名义直径加上0.156in或0.250in的载重汽车、客车和其他用途的轮胎
- MH—房屋汽车轮胎标志
- 轮辋名义直径(in)
- 结构代号("—"为斜交结构代号,"R"为子午线结构代号)
- 名义断面宽度(in)

（7）胎侧标志　根据国际的有关规定，及方便使用者维修与购置，每条外胎的两侧上必须模刻上规格、制造厂商和厂名（或地点）、标准轮辋、生产编号、骨架材料及结构代号；轿车轮胎还须标有速度级别代号和胎面磨耗标志位置的符号；载重汽车轮胎还须标有层级；胎面花纹有行驶方向的，还须有行驶方向标志。

① 轮胎规格、速度级别代号和层级等的含义如上所述。

② 标准轮辋是指每种规格的轮胎应配用的轮辋，其种类规格应符合国家标准，如前所述。

③ 生产编号用生产年、周顺序号组成的一串数字来表示。一般由4位数字表示，前两位表示第几周生产，后两位表示生产年份，如3513表示2013年第35周生产。

④ 骨架材料是指帘布材料，一般用字母表示。如M表示棉线帘布，R表示人造丝帘布，N表示尼龙帘布，G表示钢丝帘布，ZG表示钢丝子午线帘布。

⑤ 胎面磨耗标志（也称防滑标记）是稍微高出轮胎花纹沟槽底部的凸台。随着轮胎行驶里程的增加，轮胎会逐渐磨损，花纹沟槽变浅；当露出凸台时，说明轮胎花纹即将磨尽，若不更换，可能造成行驶中轮胎打滑，从而引发交通事故。因此，为了便于检查轮胎的磨损，通常在磨耗标志对应的胎肩处标记出"△"或"TWI"等符号，这些符号在轮胎周向上均匀分布，且不少于4个。

三、车轮和轮胎常见故障的诊断与排除

（一）车轮常见故障的诊断与排除

车轮常见故障为轮毂轴承过松或过紧。

轮毂轴承过松，会造成车轮摆振及行驶不稳，严重时还能使车轮甩出。此时，将车轮支起，通过用手横向摇晃车轮即可诊断出轮毂轴承是否松旷。一旦发现轴承松旷，必须立即修理。

轮毂轴承过紧，会造成汽车跑偏。全部轮毂轴承过紧时，会使汽车滑行距离明显下降。轮毂轴承过紧会使汽车行驶一段距离后，轮毂温度明显上升，有时甚至使润滑脂融化从而甩入制动鼓内。将车轮支起后，转动车轮，明显感到费力、沉重。

（二）轮胎常见故障的诊断与排除

轮胎的常见故障是轮胎的异常磨损。轮胎故障诊断时要注意轮胎与车轮、转向系统、悬架总成之间的关系。

1. 胎肩或胎面中间磨损

（1）现象 轮胎的胎肩或胎面出现了磨损，如图 2-28（a）、（b）所示。

（2）原因

① 集中在胎肩上或胎面中间的磨损，主要是未能保持正确的充气压力所致。如果轮胎充气压力过低，轮胎的中间便会凹入，将载荷转移到胎肩上，使胎肩磨损快于胎面中间。

② 如果充气压力过高，轮胎中间便会凸出，承受了较大的载荷，使轮胎中间磨损快于胎肩。

胎肩或胎面中间磨损

（3）诊断与排除

① 检查是否超载。

② 检查充气压力。如果充气过量或充气不足，应调整充气压力。

③ 调换轮胎位置。

2. 内侧或外侧磨损

（1）现象 轮胎的内侧或外侧磨损，如图 2-28（c）所示。

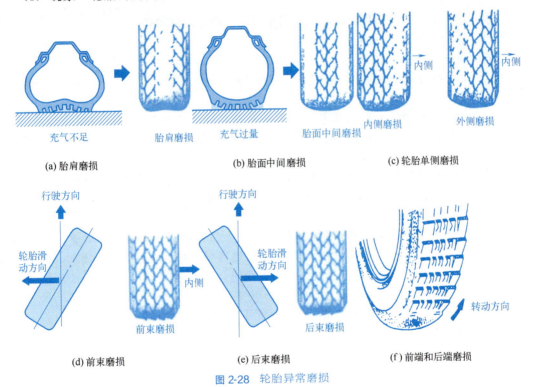

(a) 胎肩磨损 充气不足 胎肩磨损

(b) 胎面中间磨损 充气过量 胎面中间磨损 内侧磨损

(c) 轮胎单侧磨损 内侧 外侧磨损

(d) 前束磨损 行驶方向 轮胎滑动方向 内侧

(e) 后束磨损 行驶方向 轮胎滑动方向

(f) 前端和后端磨损 转动方向

图 2-28 轮胎异常磨损

（2）原因

① 在过高的车速下转弯会造成转弯磨损。转弯时轮胎滑动，便产生了斜形磨损。这是较常见的轮胎磨损原因之一。驾驶员所能采取的唯一补救措施，就是在转弯时降低车速。

② 悬架部件变形或间隙过大，会影响前轮定位，造成不正常的轮胎磨损。

③ 如果轮胎面某一侧的磨损快于另一侧的磨损，其主要原因可能是外倾角不正确。由于轮胎与路面接触面积的大小因载荷而异，对具有正外倾角的轮胎面言，其外侧直径要小于

其内侧直径。因此，胎面必须在路面上滑动，以便胎面的外侧的转动距离与胎面的内侧相等。这种滑动便造成了外侧胎面的过量磨损。反之，对于具有负外倾角的轮胎，其内侧胎面磨损较快。

（3）诊断与排除

① 询问驾驶员是否高速转弯。如果是，则要避免。

② 检查悬架部件。如松动，则将其紧固；如变形和磨损，应修理或更换。

③ 检查外倾角。如不正常，应校正。

④ 调换轮胎位置。

3. 前束和后束磨损（羽状磨损）

（1）现象　车轮出现了前束和后束磨损，如图 2-28（d）、（e）所示。

（2）原因

① 胎面的羽状磨损，主要是前束调整不当所致。过量的前束，会迫使轮胎向外滑动，并使胎面的接触面在路面上朝内拖动，造成前束磨损［图 2-28（d）］，此时胎面呈明显的羽毛形。用手指从轮胎的内侧至外侧划过胎面，便可加以辨别。

② 过量的后束会将轮胎向内拉动，并使胎面的接触面在路面上朝外拖动，造成后束磨损，如图 2-28（e）所示。

（3）诊断与排除

① 检查前束和后束。如果前束过量或后束过量，应该加以调整。

② 调换轮胎位置。

4. 前端和后端磨损

（1）现象　前端和后端磨损，如图 2-28（f）所示。

（2）原因

① 前端和后端磨损是一种局部磨损，常常出现在具有横向花纹和区间花纹的轮胎上，胎面上的区间发生斜向磨损（与鞋跟的磨损方式相同），最终变成锯齿状。

② 具有纵向折线花纹的胎面，磨损时会产生波状花纹。

③ 非驱动轮的轮胎只受制动力的影响，不受驱动力的影响，因此往往会出现前后端磨损。例如，反复使用和放开制动器时，轮胎会在每次短距离滑动时产生磨损。前后端磨损的形式便与这种磨损相似。

斑状磨损

④ 如果是驱动轮的轮胎，由于驱动力的作用，驱动轮轮胎的磨损通常出现在与制动力作用相反的方向上，所以驱动轮轮胎极少出现前后端磨损。对于大客车和大货车，由于制动时产生的摩擦力要大得多，故具有横向花纹的轮胎便会出现与非驱动轮相似的前后端磨损。

（3）诊断与排除

① 检查充气压力。如果充气不足，就将其充至规定值。

② 检查车轮轴承。如果磨损或松动，应更换或调整。

③ 检查外倾角和前束。如果不正确，应加以调整。

④ 检查轴颈或悬架。如果损坏，应修理或更换。

⑤ 调换轮胎位置。

⑥ 注意在今后的驾驶中尽量避免急刹车。

5. 斑状磨损（环状槽形磨损）

（1）现象　轮胎局部斑状磨损。

（2）原因

① 环状磨损是车辆高速行驶时产生的，其特点是在胎面上出现一处或多处杯形凹陷。

② 如果车轮轴承、球节、转向横拉杆端头等部件的间隙过大，或者轴颈弯曲，则轮胎

高速旋转时会在某些特定点上摆振，从而施加产生强大的滑动摩擦力，导致斑状磨损。

③ 制动鼓变形或不规则磨损，会使车辆按一定周期制动，导致轮胎在沿圆周方向相对较宽的面积上出现斑状磨损。

④ 车轮不平衡时，高速转动会使个别部位受力增大，磨损加快，且车辆转向不顺，操纵性能变差。一般情况下，车速越高，车身抖动越厉害，可根据此现象进一步判断车轮是否动不平衡。

（3）诊断与排除

① 车轮轴承、球节、转向横拉杆端头等部件的间隙是否过大，或者轴颈是否弯曲。如有问题，应调整或修理。

② 检查制动鼓是否变形或不规则磨损。如有问题，应调整或修理。

③ 检查车轮动不平衡是否合适。如动不平衡，则进行动平衡调整。

 【任务实施】

车轮与轮胎维修

一、轮胎使用

轮胎的合理使用是延长使用寿命的根本途径。只有合理使用轮胎，才能防止轮胎的异常磨损，诸如爆胎、划伤、漏气等，从而提高轮胎的行驶里程。

轮胎的合理使用主要是指保持轮胎气压正常、防止轮胎超载、合理搭配轮胎、精心驾驶车辆和保持良好的底盘技术状况。

二、轮胎维护

车轮和轮胎的维护应结合车辆的维护强制执行。因为车轮和轮胎的维护侧重于轮胎的维护，所以这里详述轮胎的维护。车辆的维护分日常维护、一级维护和二级维护。轮胎的维护的分级和周期与车辆的维护相同。

轮胎的日常维护包括出车前、行车中和收车后的检视。主要任务是检视轮胎气压是否正常和有无不正常的磨损和损伤，并及时消除造成不正常磨损和损伤的因素。在此不再详述。

1. 一级维护轮胎作业项目

① 紧固轮胎螺母，检查气门嘴是否漏气、气门帽是否齐全。如发现损坏或缺失，应立即修理或补齐。

② 挖出轮胎夹石和花纹中的石子、杂物。如有较深伤洞，应用生胶填塞。特别是子午线轮胎，刺伤后若不及时修补，水气进入胎体会锈蚀钢丝帘线，造成轮胎早期损坏。

③ 检查轮胎磨损情况，如有不正常磨损或起鼓、变形等现象，应查找原因，予以排除。

④ 如需检查外胎内部，应拆卸解体。如有损伤，应及时修补。

⑤ 检查轮胎的搭配是否合理，以及轮辋、挡圈、锁圈是否正常。

⑥ 检查轮胎（包括备胎）气压，并按标准补足。

注意：备胎气压应高于使用中轮胎的气压。提示：厂家一般推荐至少每月或每次长途旅行前检查一次胎压，包括备胎。

⑦ 检查轮胎有无与其他机件刮碰的现象，备胎架是否完好、紧固。如不符合要求，应予以排除。

⑧ 必要时（如单边偏磨严重）应进行一次轮胎换位，以保持胎面花纹磨耗均匀。

完成上述作业后应填写维护记录。

2. 二级维护轮胎作业项目

除执行一级维护的各项作业外，还应进行下列项目。

① 拆卸轮胎，按轮胎标准测量胎面花纹磨耗、周长及断面宽度的变化，作为换位和搭配的依据。

② 轮胎解体检查。

a. 胎冠、胎肩、胎侧及胎内有无内伤、脱层、起鼓和变形等现象。

b. 内胎、垫带有无咬伤、折皱现象，气门嘴、气门芯是否完好。

c. 轮辋、挡圈和锁圈有无变形、锈蚀，并视情况涂漆。

d. 轮辋螺栓孔有无过度磨损或开裂现象。

③ 排除解体检查所发现的故障后，进行装合和充气。

④ 高速车应进行轮胎的动平衡检测。

⑤ 按规定进行轮胎换位。

⑥ 发现轮胎有不正常的磨损或损坏，应查明原因，予以排除。

完成上述作业后应填写维护记录。

3. 轮胎维护操作要点

（1）充气

① 轮胎充气应按照该车型使用说明书上规定的标准气压执行。应在冷态时用气压表测量；若在热态时测量，气压应略高于标准气压，取适当的修正值。气压表应定期校准，以保证读数准确。

② 轮胎装好后，先充入少量空气。待内胎充气伸展后再继续充至要求的气压。

③ 充气前应检查气门芯与气门嘴是否配合平整，并擦净灰尘。充气后应检查是否漏气，并将气门帽装紧。

④ 充入的空气不得含有水分和油雾。

⑤ 充气时应注意安全防护。充气开始时用手锤轻击锁圈，使其平稳嵌入轮辋槽内，以防锁圈跳出。

（2）轮胎换位

① 按时换位可使轮胎磨损均匀，可延长轮胎使用寿命（可达20%）。应结合车辆二级维护定期换位。在路面拱度较大的地区或气温较高的夏季，轮胎磨损差别较大，可适当增加换位次数。

② 常用的轮胎换位方法有交叉换位法和循环换位法。具体的轮胎换位方法如表2-3所示。

表2-3　轮胎换位方法

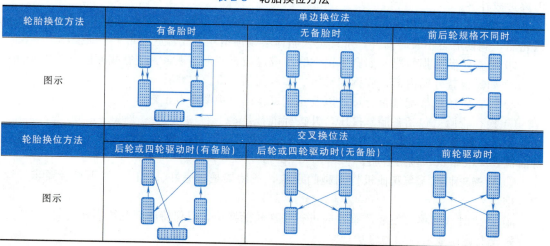

轮胎换位方法	单边换位法		
	有备胎时	无备胎时	前后轮规格不同时
图示			
轮胎换位方法	交叉换位法		
	后轮或四轮驱动时（有备胎）	后轮或四轮驱动时（无备胎）	前轮驱动时
图示			

③ 轮胎换位后，应按所换的轮胎位置要求重新调整气压。

④ 轮胎换位后需做好标记，下次换位时仍按照上次选定的换位方法进行操作。

三、轮胎检查

轮胎的检查主要是检查轮胎的磨损程度和轮胎气压。轮胎的磨损程度的检查包括轮胎外观检查和胎面花纹深度检查。

1. 轮胎外观检查

举升车辆，缓慢转动轮胎，检查轮胎是否有胎体变形、鼓包、开裂、异常磨损及穿刺异物等现象。检查并清除轮胎花纹中堆积的杂物等。

2. 胎面花纹深度检查

擦净轮胎花纹顶面及纹槽，将深度尺垂直插入轮胎花纹槽中，保持深度尺的测量平面与两侧花纹顶面可靠接触；观察并读取深度尺外壳顶端与标尺对齐的刻度线指示的数值，该数值即为轮胎花纹深度值。

胎面花纹
深度检查

如果轮胎花纹深度接近轮胎磨损标记，应更换轮胎。如果经过测量，前轮轮胎比后轮轮胎花纹磨损严重，应进行轮胎换位，这样可保持汽车各轮胎磨损基本均匀，从而延长轮胎使用寿命。

3. 轮胎气压检查

轮胎气压可用气压表进行检查。通常胎压推荐值是指轮胎在冷却情况下测得的胎压（轮胎冷却情况是指停车后至少 3h 或轮胎行驶不超过 2km）。如果只能在热胎时测量胎压，将所测得的胎压数值减去约 0.03MPa 就是轮胎冷却充气压力。

注意：不同的车辆，轮胎的气压值也不同，检查时应参考车辆用户手册，或者查看驾驶室车门（B柱附近）、油箱盖、储物箱等标有轮胎型号的地方，找到车辆的胎压推荐值。例如，一汽大众迈腾轿车在空载时，前轮的胎压为 0.22MPa，后轮的胎压为 0.25MPa。

四、车轮动平衡检验

1. 车轮动不平衡的危害

汽车车轮是高速旋转的构件。如果车轮动不平衡，在高速行驶时会引起车轮跳动和偏摆。这不仅影响汽车的乘坐舒适性，而且使驾驶员难以控制行驶方向，导致汽车制动性能变差，从而影响行车安全。此外，车轮动不平衡还会大大增加各部件所受的力，加剧轮胎的磨损和增大行驶噪声等。因此，汽车在使用和维修中必须进行车轮动平衡试验和校准。

2. 车轮动不平衡原因

车轮动不平衡的主要原因是质量分布不均匀，具体包括以下几方面：轮胎质量欠佳，如翻新胎、补过的轮胎、胎面磨损不均匀以及在外胎与内胎之间垫带等；轮辋、制动鼓变形；轮毂与轮辋加工质量不佳，如中心不准、轮胎螺栓孔分布不均、螺栓质量不佳、安装位置不正确等。

3. 车轮动不平衡检测和调整

车轮动不平衡对汽车的危害很大，因此必须对车轮进行动不平衡的检测和调整。车轮动不平衡检测和调整要在专用仪器上进行，如常见的离车式车轮动平衡机。具体方法和步骤在此不再赘述。

【维修案例】

轿车高速行驶时车辆抖动故障的检修

故障症状：一辆行驶里程 5.43 万千米的轿车，在车速达到 90km/h 时，车身开始抖动，而且车速越高抖得越厉害，根本不能高速行驶。

故障诊断与排除：根据故障症状，初步判断是车轮动不平衡。拆下前轮，在平衡机上检查，4 个车轮的动不平衡量都未超过技术要求（即最大动不平衡量不超过 2N·m），平衡机上显示为 10g，说明车轮本身没有问题。

经检查前悬架和转向横拉杆各球头连接，确认无松旷现象。检查前轮定位，也都正常。经上述检查，仍未找到故障原因。

从另一辆正常的车上拆下 4 个车轮装到故障车上，试车时车身不再抖动，说明故障在 4 个车轮上。怀疑平衡机存在误差，于是将车轮在另一台平衡机上测量动平衡，结果仍然显示正常。更换 4 个轮辋，故障排除。

故障分析：经分析，此车是客户自行改装的豪华车，经鉴定，这 4 个铝合金轮辋并非一汽集团原厂零件。在平衡车轮时，是以车轮的中心孔为旋转中心的，而在车辆行驶时，车轮是以 4 个轮胎固定螺栓定位的，以这 4 个固定螺栓孔的中心为旋转中心。假冒备件的这两个中心不重合，造成车轮在平衡机上检测正常，但行驶时出现抖动故障。

任务四 悬架检修

【任务引入】

轿车高速行驶时摆头故障的检修。故障症状：一辆行驶里程 7.5 万千米的轿车，高速行驶时车速达 120km/h 时摆头，整个前部车身都左右晃动，高于或低于此车速行驶时摆头不明显。维修技术人员根据故障症状，初始认为由前轮动不平衡引起，但通过诊断最终发现是由左前减振器故障引起的，维修后故障排除。

【任务分析】

本任务是对悬架常见故障进行检修。要完成本任务，学生需要熟悉悬架的功用、组成与类型；掌握各种弹性元件的类型、性能特点及其应用；掌握双向作用筒式减振器的结构、工作原理及其性能特点；掌握非独立悬架和独立悬架系统的特点、基本结构、类型及其应用；熟悉悬架常见故障的诊断与排除；能够对悬架进行拆装、检修和调整。

【知识准备】

悬架的
功用

一、概述

1. 悬架的功用

悬架是车架（或承载式车身）和车桥（或车轮）之间的一切传力连接装置的总称。悬架的主要功用如下。

① 与轮胎一起，吸收和减缓汽车行驶中由于路面不平所造成的各种颠动、摇摆和振动，保证乘客和货物的安全，并提高行驶稳定性。

② 将路面作用于车轮的支撑力、轮胎与地面间摩擦产生的驱动力和制动力以及侧向反力等传递至车架（或车身）。

③ 支撑车桥上的车身，并使车身与车轮之间保持适当的动态几何关系，保证汽车具有良好的行驶平顺性和操纵稳定性。

2. 悬架的组成

现代汽车的悬架尽管有各种不同的结构形式，但是一般都由弹性元件、减振器和导向机构（纵、横向推力杆）三部分组成，如图 2-29 所示。此外，有的汽车还辅设缓冲块和横向稳定器。它们不但分别起着缓冲、减振和导向的作用，还共同起着传递力的作用。

（1）弹性元件　起缓冲作用，用于抵消不平路面传来的振动。由于汽车行驶的路面不可能绝对平坦，路面作用于车轮上的垂直反力往往是冲击性的，特别是在不良路面上高速行驶时，这种冲击力很大。当这种冲击力传递到车架和车身上时，不但会加剧汽车部件的损坏，还会使乘客感到不舒服或使汽车上的货物受到损伤。所以，为了缓解冲击，除了采用有弹性的充气轮胎外，悬架还装有弹性元件，使车架与车桥或车身与车轮之间形成弹性连接。

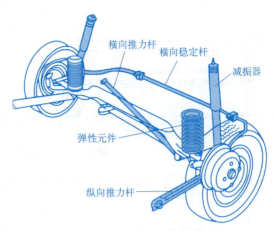

图 2-29　汽车悬架系统组成示意图

（2）减振器　起减振作用。由于弹性元件在受到冲击后会产生振动，而持续的振动会使乘客感到不舒服和疲劳，所以悬架中设有减振器。其作用是限制弹簧的自由振荡，使振动迅速衰减，以提高乘坐舒适性。

导向机构

（3）导向机构　起导向作用。车轮相对于车架和车身跳动时，车轮（特别是转向轮）的运动轨迹应符合一定的要求，否则将影响汽车的驾驶性能（特别是操纵稳定性）。悬架中的导向机构不但要传递力矩，还要保证车轮按照一定轨迹相对于车架和车身跳动。导向机构控制车轮的横向和纵向运动。

（4）横向稳定器　在大多数轿车和客车的悬架系统中还设有横向稳定器，其作用是防止车身在转向等情况下车身发生过大的横向倾斜。

（5）缓冲块　为限制弹簧的最大变形并防止弹簧直接撞击车架，在货车上设有缓冲块。在一些轿车上也设有缓冲块，以限制悬架的最大变形。

悬架只要具备上述功能，在结构上并非一定要设置上述这些单独的部件。例如，在装有钢板弹簧的汽车上，由于钢板弹簧不仅起到缓冲作用，当它在汽车上纵向安装并且一端与车架做固定铰接时，还可起到传递力矩和决定车轮运动轨迹的作用，所以就不必再设置导向机构。此外，钢板弹簧本身就有一定的减振能力，所以对减振要求不高时可以不装减振器。

由此可见，上述三个主要组成部分分别起缓冲、减振和导向的作用，然而三者共同的任务则是传力。

3. 悬架的类型

按控制形式的不同，悬架可分为被动式悬架、主动式悬架和半主动式悬架。被动式悬架指刚度和阻尼在设计时就已确定，不能根据行驶条件进行动态调节的悬架（本任务讲解的悬架即为此类）。主动式悬架指能够根据行驶条件自动调节刚度和阻尼，从而使汽车能主动控制垂直振动状态和车架状态的悬架。半主动式悬架指能够根据行驶条件的变化，在一定范围内自行调节阻尼的悬架。

根据汽车两侧车轮的运动是否相互关联，悬架可分为非独立悬架和独立悬架两大类。

（1）非独立悬架

如图 2-30（a）所示，其结构特点是两侧的车轮由一根整体式车桥相连，车轮连同车桥一起通过弹性悬架与车架（或车身）连接。当一侧车轮因道路不平而发生跳动时，必然引起另一侧车轮在汽车横向平面内发生摆动，故称为非独立悬架。

（2）独立悬架

如图 2-30（b）所示，其结构特点是车桥做成断开形式，每一侧的车轮可以单独地通过

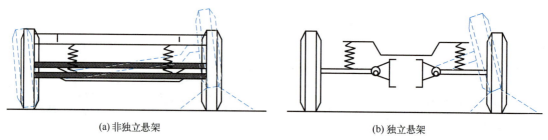

(a) 非独立悬架 　　　　　　　　　　　　　　(b) 独立悬架

图 2-30　非独立悬架与独立悬架示意图

弹性悬架与车架（或车身）连接。当一侧车轮跳动时，对另一侧车轮不产生影响，故称为独立悬架。

二、弹性元件

（一）弹性元件的特性

如果在一个用橡胶材料制成的物体上施加作用力，该力就会使物体产生变形，但当作用力消失后，物体就会恢复原状，物体的这种特性称为弹性。汽车弹簧正是利用弹性原理来缓冲路面对车身和乘客所造成的振动。当弹簧被压缩时，弹簧将施加在其上的力所产生的能量暂时储存起来。其中，钢板弹簧靠弯曲来储存能量，螺旋弹簧和扭杆弹簧靠扭曲来储存能量。当弹簧恢复正常状态时，能量就会被释放出来。

弹簧的变形程度与对它所施加的力成正比，而作用力和变形量的比值是一个常数，这个常数被称为弹性系数。

不同的弹簧，其弹性系数也不同。如果对两个弹簧施加相同的载荷，则弹性系数小的弹簧的收缩量要大于弹性系数大的弹簧的收缩量。因此，弹性系数小的弹簧称为"软"弹簧，而弹性系数大的弹簧则称为"硬"弹簧。

（二）弹性元件的类型

弹性元件
的类型

汽车悬架系统所用的弹簧主要有钢板弹簧、螺旋弹簧、扭杆弹簧、气体弹簧等。在实际应用中，载货汽车的非独立悬架广泛采用钢板弹簧，重载汽车广泛采用气体弹簧，轿车的独立悬架大多采用螺旋弹簧和扭杆弹簧。

1. 钢板弹簧

钢板弹簧由单片或若干片长度不同、宽度相等、厚度相等或不相等的弹簧钢板组成。根据片的数量，钢板弹簧可以分为多片钢板弹簧、单片钢板弹簧和少片钢板弹簧三种。

（1）多片钢板弹簧

如图 2-31 所示，钢板弹簧中最长的一片称为主片，其两端弯成卷耳，卷耳内装衬套，用弹簧销与固定在车架上的支架或吊耳铰链连接。弹簧中部通过 U 形螺栓（也称骑马螺栓）装在车桥上。由于主片卷耳受力较大，是整个弹簧薄弱处，所以为了增加主片的卷耳强度，常将第二片弹簧板的末端也变成卷耳，并包在主片卷耳的外面（这种设计又称包耳）。同时，为了使各个弹簧板变形时能够相对滑动，在主片卷耳和第二片卷耳之间留有较大的间隙。

多片钢板弹簧靠中部的小孔和中心螺栓穿在一起。在装配过程中，必须保证各板的相对位置准确无误。中心螺栓离两端卷耳中心的距离可以相等，也可以不相等，相等的称为对称式钢板弹簧，不相等的称为非对称式钢板弹簧。此外，为了防止钢板滑出原位，可用若干个钢板夹将其固定，这样固定方式可以避免在钢板弹簧反向变形（即车架远离车桥）时，由于各钢板分开而使主片单独承载。

一般来说，钢板弹簧的长度越长，其弹性就越软。钢板弹簧中的弹簧钢板数量越多，其承载能力就越强，但这样弹簧会变硬而影响乘坐舒适性。

早期车辆，为减少弹簧片的磨损，在装配钢板弹簧时，各钢板之间需涂上较稠的右墨基润滑脂，并且应定期维护。此外，为了在使用期间内长期储存润滑脂和防止外界污染，有时将钢板弹簧装在护套内。

钢板弹簧

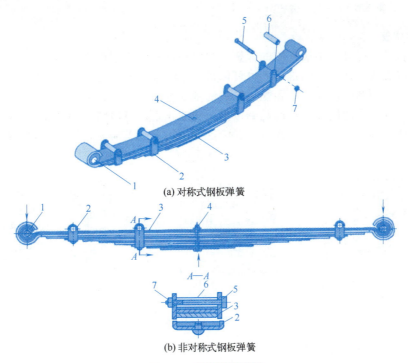

(a) 对称式钢板弹簧

(b) 非对称式钢板弹簧

图 2-31 多片钢板弹簧

1—卷耳；2—弹簧夹；3—钢板弹簧；4—中心螺栓；5—螺栓；6—套管；7—螺母

若钢板弹簧在汽车行驶中折断，尤其是第一片折断，会因弹力不足等导致车身倾斜。前钢板弹簧第一片折断时，车身会在横向平面内倾斜；后钢板弹簧第一片折断时，车身在纵向平面内倾斜。此外，当某一侧的钢板弹簧由于疲劳导致弹力下降，或者更换的钢板弹簧与原钢板弹簧的刚度不一致时，也会使车身倾斜。固定钢板弹簧的钢板弹簧销、衬套或吊耳等部件如果磨损过甚，或者 U 形螺栓松动或者折断时，除了会引起车身倾斜外，还会造成行驶跑偏、行驶不稳、底盘异响等故障。因此，在维护和修理过程中，如果发现钢板销与衬套配合间隙过大，应成对更换。

(2) 单片钢板弹簧

只有一块钢板，钢板中间厚，两端逐渐变薄，如图 2-32 所示。

这种弹簧有非线性特性，能够保证行驶平顺性和恰当的承载能力。此外，当弹簧压缩时，不存在摩擦和噪声问题。

单片钢板弹簧可以纵向安装，也可以横向安装，适用于汽车的前悬架和后悬架。

(3) 少片钢板弹簧

由 2～3 片变截面的弹簧钢板构成，如图 2-33 所示。钢板宽度保持不变，但它的横截面尺寸沿长度方向是变化的。这种弹簧克服了多片钢板弹簧质量大、性能差的缺点。据统计，在多片钢板弹簧和少片钢板弹簧寿命相等的情况下，少片钢板弹簧的质量可减小 40%～50%，因此少片钢板弹簧对减小汽车质量、节约能源和原料都有利，所以这种弹簧的应用日益广泛。目前，我国第二汽车制造厂生产的 EQ1141G 型 8t 货车的前弹簧和后副弹簧，以及第一汽车制造厂生产的 2t 轻型货车的前后钢板弹簧，都采用这种少片变截面钢板弹簧。

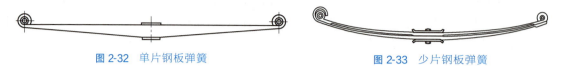

图 2-32　单片钢板弹簧　　　　　　　　　　图 2-33　少片钢板弹簧

螺旋弹簧

2. 螺旋弹簧

螺旋弹簧是前后悬架中最常用的弹簧，它由特殊的弹簧钢杆卷制而成，如图 2-34 所示。螺旋弹簧可以做成圆柱形或圆锥形，也可以做成等螺距或变螺距。其中，等螺距螺旋弹簧的刚度不能改变，而圆锥形或变螺距螺旋弹簧的刚度可以改变。在螺旋弹簧上施加载荷时，弹簧会收缩并储存外力的能量，从而起到缓冲振动的作用；当撤销外加载荷时，螺旋弹簧会伸开并恢复原状。螺旋弹簧作为弹性元件，广泛地应用在汽车前独立悬架中和有些轿车的后非独立悬架中。

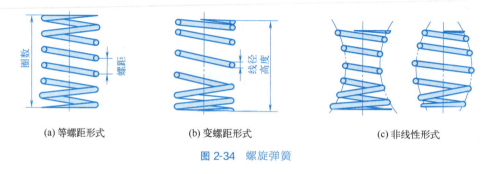

(a) 等螺距形式　　　　　　(b) 变螺距形式　　　　　　(c) 非线性形式

图 2-34　螺旋弹簧

螺旋弹簧又可以分为线性螺旋弹簧和非线性螺旋弹簧两类，如图 2-34 所示。线性螺旋弹簧的螺距相等，簧圈的形状与直径均相同，具有恒定的弹性系数。非线性螺旋弹簧簧圈的粗细和形状不同，最常用的非线性螺旋弹簧簧圈的直径相同但螺距不等，如图 2-34（b）所示。非线性螺旋弹簧没有一定的弹性系数，而只有由预定弹簧变形载荷决定的平均弹性系数。线性螺旋弹簧用于普通承载弹簧和运动车悬架，而非线性弹簧一般用于载荷增加时可自动调节高度的汽车上。

螺旋弹簧与钢板弹簧相比，其单位质量的能量吸收率高、质量小。此外，螺旋弹簧不需要润滑，也不怕泥污。但是由于螺旋弹簧只能承受垂直载荷，所以在螺旋弹簧悬架系统中必须安装导向机构，用于承受并传递除垂直载荷以外的各种力和力矩。此外，由于螺旋弹簧变形时没有钢板弹簧那样的片间摩擦，所以螺旋弹簧本身不能衰减振荡，在悬架系统中必须与减振器一起使用。

当需要更换螺旋弹簧时，要选择合适的弹簧。螺旋弹簧的零件号通常写在绕在弹簧上的标签上。替换弹簧的零件号必须与原车弹簧的零件号相同，而且建议同时更换前面或后面的两根弹簧，以保证相同的缓冲和抗振功能。

3. 扭杆弹簧

扭杆弹簧通常简称为扭杆，它是用其自身的扭转弹性来抵抗扭曲力的弹簧钢杆。扭杆弹簧的断面一般为圆形，也有少数为矩形或管形。此外，还有的扭杆弹簧是由一些矩形断面的薄扭片组合而成的，这种扭杆弹簧更为柔软。扭杆弹簧的两端可以做成花键、方形、六角形或带平面的圆柱形等，其中一端固定在车架或车身其他构件上，而另一端连接在下摆臂上。扭杆弹簧通常为纵向安装 [图 2-35（a）]，但也有一些扭杆弹簧采用横向安装的方式 [图 2-35（b）]。

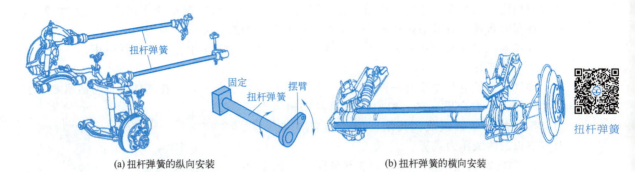

(a) 扭杆弹簧的纵向安装　　　　　　　　　　(b) 扭杆弹簧的横向安装

图 2-35　扭杆弹簧

扭杆弹簧

当车轮在不平路面行驶时，下摆臂上下运动，使扭杆弹簧发生扭转。扭杆弹簧本身抵抗扭转的力使其恢复到原来的位置，从而减弱汽车的振动。扭杆弹簧本身的扭转刚度是常数，但通过改变扭杆弹簧固定端的角度，可以改变悬架系统的刚度。若将扭杆弹簧固定端转过一个角度，则摆臂的初始位置将相应地改变。这样不但可以改变悬架的刚度，还可以调节车架与车轮间的距离（即调节车身高度）。

在制造过程中，对扭杆弹簧施加预应力以保证其疲劳强度，所以扭杆弹簧是有方向性的。左右扭杆弹簧预加扭转的方向与扭杆弹簧安装在车上后承受载荷时扭转的方向相同，不能互换。因此，在左右扭杆弹簧上刻有不同的标识，以示区别。

扭杆弹簧比螺旋弹簧和钢板弹簧能储存更多的能量。短而粗的扭杆比细而长的扭杆具有更强的承载能力。此外，扭杆弹簧还具有质量小、无需润滑以及安装所占空间小等特点。

4. 气体弹簧

气体弹簧是在一个密封的容器中充入压缩气体（气压为 0.5～1MPa），利用气体的可压缩性实现弹簧作用的装置。这种弹簧的刚度是可变的：当作用在弹簧上的载荷增加时，容器内的定量气体受压缩，气压升高，则弹簧的刚度增大；反之，当作用在弹簧上的载荷减小时，弹簧内的气压下降，弹簧的刚度减小。因此，气体弹簧具有比较理想的变刚度特性。气体弹簧有空气弹簧和油气弹簧两种。

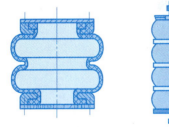
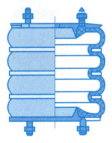

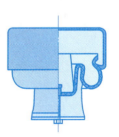

图 2-36　囊式空气弹簧　　　　　　　　　图 2-37　膜式空气弹簧

（1）空气弹簧

空气弹簧又有囊式（图 2-36）和膜式（图 2-37）之分。

① 囊式空气弹簧。由夹有帘线的橡胶气囊和密闭在其中的压缩空气组成。

气囊的内层采用气密性良好的橡胶制成，而外层则采用耐油橡胶制成。气囊一般做成如图 2-36 所示的两节，但也有单节或三节或四节的设计。节数越多，弹性越好。节与节之间围有钢质的腰环，使中间部分不致径向扩张，并可防止两节之间相互摩擦。气囊的上下盖板将气囊密闭。

② 膜式空气弹簧。密闭气囊由橡胶膜片和金属压制件组成，如图 2-37 所示。与囊式空

气弹簧相比，其弹性特性曲线比较理想，刚度较小，车身自然振动频率较低，且尺寸较小，便于在车上布置，故多用在轿车上。但是，其制造较困难，寿命也较短。

近年来，空气弹簧在大客车上，特别是在高档豪华大客车上已得到广泛应用。

（2）油气弹簧

油气弹簧是空气弹簧的一种特例，它以氮气作为弹性介质，并在气体弹簧与活塞之间引入油液作为传力介质。它一般由气体弹簧和相当于液力减振器的液压缸组成。其结构类型主要有单气室、双气室以及两级压力式等。

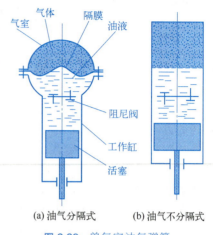

图 2-38 单气室油气弹簧

① 单气室油气弹簧。又分为油气分隔式［图 2-38（a）］和油气不分隔式［图 2-38（b）］两种。前者可防止油液乳化，且便于充气。

图 2-39 所示为一种单气室油气分隔式油气弹簧。上下半球室构成的球形气室固装在工作缸上，球形气室的内腔用橡胶隔膜隔开，上半球室充入高压氮气，下半球室通过减振器阻尼阀与工作缸的内腔相通，并充满了减振器油。工作缸固定在车身（或车架）上，其活塞与导向套连接成一体，悬架活塞杆的下端与悬架的摆臂（或车桥）相连接。当悬架摆臂（或车桥）与车身（或车架）相对运动时，活塞和活塞导向套便在工作缸内上下滑动，而工作油液通过减振器阻尼阀来回运动，起到减振器的作用。

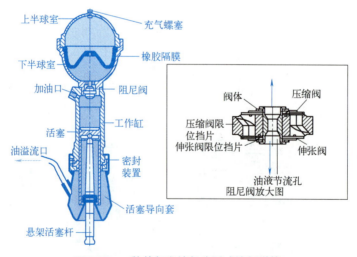

图 2-39 一种单气室油气分隔式油气弹簧

当载荷增加、悬架摆臂（或车桥）与车身（或车架）之间的距离缩短时，活塞及导向套上移，活塞上腔容积减小，使工作油液经压缩阀进入球形气室，推动橡胶隔膜向上移动，使气体容积减小，氮气压力升高。当活塞向上的推力与氮气向下的反作用力相等时，活塞便停止移动。车身（或车架）与悬架摆臂（或车桥）间的相对位置不再变化。当载荷减小（即推动活塞上移的作用力减小）时，橡胶隔膜在高压氮气作用下向下移动，迫使工作油液经伸张阀流回活塞上腔，推动活塞向下移动，车身（或车架）与悬架摆臂（或车桥）之间的距离变长，直到球形气室内的压力和作用在活塞上的力与外界减小的载荷相等时，活塞才停止移动。

在汽车行驶过程中，油气弹簧所受的载荷是变化的，因此活塞便相应地在工作缸中处于不同的位置。由于氮气充满在密闭的球形气室内，作用在橡胶隔膜上的载荷小时，油气弹簧的刚度较小，随着载荷的增加，油气弹簧的刚度变大，故它具有变刚度的特性。

② 双气室油气弹簧。如图 2-40 所示，它比单气室油气弹簧多一个作用力方向相反的反压气室 B 和一个浮动活塞 3。当弹簧处于压缩行程时，主气室 A 中的主活塞 1 上移，使主气室内的气压升高，弹簧的刚度增大。此时，浮动活塞下面的油液在反压气室的气体压力作用下，经通道 2 流入主气室的活塞下面，补充活塞上移后空出的容积，而反压气室内的压力下降。当弹簧处于伸张行程时，主活塞下移，主气室内的气压降低，主活塞下面的油压受挤压，经通道流回浮动活塞的下面，推动活塞上移，而使反压气室内的气压增高，从而提高了伸张行程的弹簧刚度。这种油气弹簧消除了在伸张行程中活塞与缸体底部发生撞击的可能性。

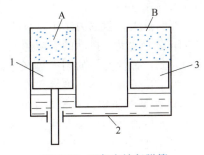

图 2-40　双气室油气弹簧

1—主活塞；2—通道；3—浮动活塞；
A—主气室；B—反压气室

由上述可知，空气弹簧和油气弹簧都同螺旋弹簧一样，只能承受轴向载荷，故气体弹簧悬架中必须设置纵向推力杆和横向推力杆等导向机构。空气弹簧悬架中还必须装有减振器。

气体弹簧可以通过专门的控制阀（高度阀）自动调节气囊或气室的原始充气压力，以使车身离地高度保持一定。空气弹簧的质量比任何弹簧都小，且使用寿命较长，但高度尺寸较大，在布置上有一定困难。此外，其密封环节多，容易漏气。油气弹簧应用于重型汽车时，其体积和质量都较钢板弹簧小（质量可减小 50％以上）。但油气弹簧对气体和油液的密封要求很高，因而对加工和装配的精度要求及对相对滑动工作表面的表面粗糙度和耐磨性要求都很高。此外，油气弹簧的维护也较为复杂。

5. 橡胶弹簧

橡胶弹簧是指利用橡胶本身的弹性来发挥作用的弹性元件，它可以承受压缩载荷和扭转载荷。橡胶弹簧的优点是可以制成任何形状，使用时无噪声，不需要润滑，多用作副簧和缓冲块。

减振器的
功能及
要求

三、减振器

（一）减振器的功能及要求

减振器和弹性元件是并联安装的，如图 2-41 所示。其作用是吸收弹性元件在车辆行驶过程中产生的振动，使其迅速恢复到平稳状态，以改善汽车行驶的平稳性。

减振器的作用实质上是减弱弹簧的运动。若没有减振器，则在一次冲击后，弹簧会不停地伸张和收缩，直至全部能量被消耗为止。所以在连续地冲击后，不但会导致汽车行驶的不平稳和不稳定，还会造成悬架系统和转向系统的严重磨损。而在装有减振器的汽车中，减振器会减弱弹簧的运动，从而大大缩短冲击后弹簧伸张和

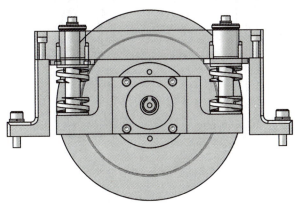

图 2-41　减振器和弹性元件安装关系

收缩的时间，防止汽车出现不平稳和严重磨损。

目前，汽车悬架系统广泛采用液力减振器。其基本原理如下：当车架与车桥作往复相对运动时，减振器中的油液反复经过活塞上的阀孔。由于阀孔的节流作用及油液分子间的内摩擦力，形成了衰减振动的阻尼力，使振动的能量转变为热能，并由油液和减振器壳体吸收，然后散到大气中。

阀门越大，阻尼力越小，反之亦然。相对运动速度越大，阻尼力越大，反之亦然。

阻尼力越大，振动的衰减越快，但悬架弹性元件的缓冲效果不能充分发挥，乘坐也不舒适。因此，弹性元件的刚度与减振器的阻尼力要合理搭配，才能确保乘坐舒适性和操纵稳定性。为了保证减振器与弹性元件能够协调工作，对减振器提出如下要求。

① 在悬架压缩（车架与车桥相互靠近）的行程中，减振器阻尼力应较小，以便充分利用弹性元件的弹性来缓和冲击。这时起主要缓冲作用的是弹性元件。

② 在悬架伸张（车架与车桥相互远离）的行程中，减振器阻尼力应较大（阻尼力为压缩行程的 2~5 倍），以便使振动能够迅速衰减。这时减振器起主要作用。

③ 当车架与车桥之间的相对运动速度过大时，减振器能自动增大油液通孔的截面积，使阻尼力保持在一定的限度之内，以避免承受过大的冲击载荷。

在压缩和伸张两行程内均能起作用的减振器，称为双向作用式减振器；另有一种减振器仅在伸张行程内起作用，称为单向作用式减振器。目前，汽车上广泛采用双向作用筒式减振器。

（二）双向作用筒式减振器

双向作用式减振器

双向作用筒式减振器是在伸张和压缩行程都能起到减振作用的减振器。双向作用筒式减振器一般都具有四个阀，即压缩阀、伸张阀、流通阀和补偿阀，如图 2-42（a）所示。流通阀和补偿阀是一般的单向阀，其弹簧很软。当阀上的油压作用力与弹簧力同向时，阀处于关闭状态，完全不通液流；而当油压作用力与弹簧力反向时，只要有很小的油压，阀便能开启。压缩阀和伸张阀是卸载阀，其弹簧较硬，只有当油压升高到一定程度时，阀才能开启；而当油压降低到一定程度时，阀即自行关闭。

双向作用筒式减振器的工作原理如图 2-42（b）、（c）所示，分为压缩和伸张两个行程加以说明。

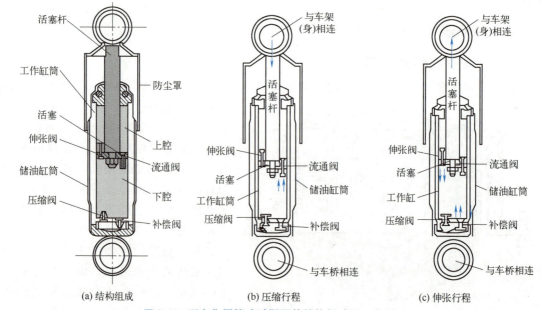

(a) 结构组成　　(b) 压缩行程　　(c) 伸张行程

图 2-42　双向作用筒式减振器的结构组成及工作原理

1. 压缩行程

当汽车车轮滚上凸起或滚出凹坑时，车轮移近车架（车身），减振器受压缩，减振器活塞下移。此时，活塞的下腔容积减小，油压升高，油液经流通阀流到活塞上腔。由于上腔被活塞杆占去一部分空间，上腔内增加的容积小于下腔减小的容积，故还有一部分油液推开压缩阀，流回储油缸筒。这些阀对油液的节流作用，形成了对悬架压缩运动的阻尼力，如图2-42（b）所示。

2. 伸张行程

当车轮滚进凹坑或滚离凸起时，车轮相对车身移开，减振器受拉伸，减振器活塞向上移动。此时，活塞上腔油压升高，流通阀关闭。上腔内的油液便推开伸张阀流入下腔，如图2-42（c）所示。同样，由于活塞杆的存在，自上腔流来的油液还不足以充满下腔所增加的容积，下腔内产生一定的真空度，这时储油缸筒中的油液便推开补偿阀流入下腔进行补充。这些阀的节流作用，形成了对悬架伸张运动的阻尼力。

压缩阀的节流阻力应设计成随活塞运动速度变化而变化。例如，当车架（或车身）振动缓慢时，即活塞向下的运动速度低时，油压作用力不足以克服压缩阀弹簧的预紧力而推开阀门。此时，多余部分的油液便经常通孔隙流回储油缸筒。当车身振动剧烈时，即活塞向下的运动速度高时，则活塞下腔油压作用力骤增，达到能克服压缩阀弹簧的预紧力时，便推开压缩阀，使油液在很短的时间内通过较大的通道流回储油缸筒。这样，油压和阻尼力都不会超过一定限度，以保证压缩行程中弹性元件的缓冲作用得到充分发挥。

同样，在伸张行程中，减振器的阻尼力也应设计成随活塞运动速度变化而变化。当车轮向下运动速度不大时，即活塞向上的运动速度不大时，油液经伸张阀的常通孔隙流入下腔。由于这些常通孔隙的通道截面积很小，因此会产生较大的阻尼力，从而消耗了振动能量，使振动迅速衰减。当车身振动剧烈时，活塞上移速度增大到使油压足以克服伸张阀弹簧的预紧力时，伸张阀开启，通道截面积增大，使油压和阻尼力保持在一定限度以内。这样，可使减振器及悬架系统的某些零件不会因超载而损坏。

由于伸张阀弹簧的刚度和预紧力比压缩阀的大，在同样的油压作用力作用下，伸张阀及其常通孔隙的通道截面积总和小于压缩阀及其常通孔隙的通道截面积总和，这就保证了减振器在伸张行程内产生的阻尼力比在压缩行程内产生的阻尼力大得多。根据上述工作原理所设计的各种双向作用筒式减振器，其构造均大同小异。

（三）充气式减振器

充气式减振器如图2-43所示，其结构特点是在工作缸5的下部安装有一个浮动活塞2，高压的氮气充在浮动活塞2与缸筒一端形成的密闭气室1里。浮动活塞2的上面是减振器油液。O形密封圈3把油液和氮气完全分开，因此浮动活塞也称为封气活塞。在工作活塞7上装有压缩阀4和伸张阀8。这两个阀都是由一组厚度相同、直径不等并按直径由大到小而排列的弹簧钢片组成的。

当车轮上下跳动时，工作活塞7在油液中做往复运动，使工作活塞7的上下腔之间产生油压差，油液便推开压缩阀4或伸张阀8

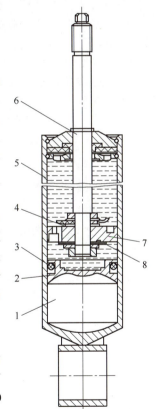

图2-43 充气式减振器
基本结构

1—密封气室；2—浮动活塞；
3—O形密封圈；4—压缩阀；
5—工作缸筒；6—活塞杆；
7—工作活塞；8—伸张阀

而来回流动。由于阀孔对油液产生较大的阻尼力，使振动衰减。

与双向作用筒式减振器相比，充气式减振器有以下优点。

① 采用浮动活塞而减少了一套阀的系统，使结构简化，质量减轻。

② 由于减振器里充有高压氮气，能减少车轮受突然冲击时的振动，并可消除噪声。

③ 由于充气式减振器的工作缸和活塞直径都大于相同条件的双向作用筒式减振器，而其阻尼更大，工作可靠性更强。

④ 充气式减振器内部的高压气体和油液被浮动活塞隔开，消除了油液的乳化现象。

充气式减振器的不足之处是油封要求高，充气工艺复杂，不易维修；此外，当缸筒受外界较大冲击而变形时，则不能正常工作。

四、非独立悬架

非独立悬架的特点有以下几个。

① 组成悬架的构件少，结构简单，易于生产和维修。

② 车轮定位几乎不因车轮上下运动而改变，所以轮胎磨损较少。

③ 转弯时车身倾斜度较小。

④ 乘坐舒适性相对较差。

⑤ 由于左右车轮的运动相互影响，所以很容易产生颤动和摇摆现象。

由于上述特点，非独立悬架广泛地应用于货车的前后悬架，但在轿车上，非独立悬架仅用于后桥。

现在常见的非独立悬架主要有两种：钢板弹簧式非独立悬架和螺旋弹簧式非独立悬架。

1. 钢板弹簧式非独立悬架

载货汽车一般采用钢板弹簧式非独立悬架。这是因为钢板弹簧既有缓冲、减振的功能，又起到传力和导向的作用，从而使非独立悬架的结构大为简化。

钢板弹簧式非独立悬架

在钢板弹簧式非独立悬架中，钢板弹簧通常纵向布置，所以这种悬架系统也称为纵置板簧式非独立悬架。图 2-44（a）所示为轻型货车的钢板弹簧式非独立悬架和图 2-44（b）所示为乘用车的钢板弹簧式非独立悬架。钢板弹簧式非独立悬架的钢板弹簧中部通过 U 形螺栓（骑马螺栓）固定在前桥上。钢板弹簧的前端卷耳用弹簧销与前支架相连，形成固定式铰链支点，起传力和导向作用；而后端卷耳则用吊耳销与可在车架上摆动的吊耳相连，形成摆动式铰链支点，从而保证了弹簧变形时两卷耳中心线间的距离可以发生改变。钢板弹簧后端与车架的连接方式有吊耳支架式［图 2-44（a）］、滑板

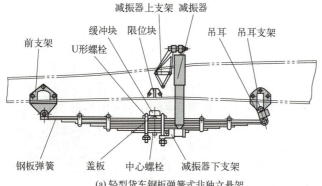

(a) 轻型货车钢板弹簧式非独立悬架

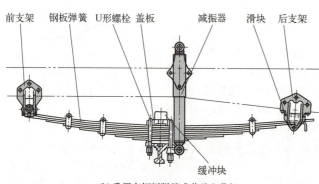

(b) 乘用车钢板弹簧式非独立悬架

图 2-44 钢板弹簧式非独立悬架

支撑式［图 2-44（b）］和橡胶块支撑式三种。

　　为了延长钢板弹簧的使用寿命，在钢板弹簧两端卷耳内压入衬套（橡胶弹簧），使其与钢板弹簧销滑动配合。弹簧销上钻有径向油道和轴向油道，通过油嘴可将润滑脂注入衬套处进行润滑。

　　此外，还有些货车采用主、副钢板弹簧叠合而成的非独立悬架，这种悬架的刚度可以变化，能够适应载重的变化。当副簧向上布置时，在小载荷情况下，仅主簧起作用；而当载荷增加到一定值时，副簧开始与主簧接触，悬架刚度突然增加，弹簧特性突变；当副簧全部接触后，弹簧特性又变为线性。当副簧向下布置时，形成渐变刚度钢板弹簧，其特点是副簧逐渐地起作用，因此悬架刚度的变化比较平稳，从而改善了汽车行驶的平顺性。

2. 螺旋弹簧式非独立悬架

　　图 2-45 所示为某轿车的后悬架，采用的是螺旋弹簧式非独立悬架。螺旋弹簧套在减振器的外面，可节省空间。减振器的下连接环用螺栓与焊在后桥（实心轴）上的支座相连。弹簧下座紧密套在减振器缸筒外面，并通过减振器外筒上沿圆周分布的三个凸台进行限位。弹簧上座用螺栓紧固在车身底板上。弹簧和弹簧上座之间装有弹簧软垫，防止车轮的高频振动传给车身。此外，在弹簧上座和车身之间还装有橡胶隔振块，它除起隔振作用外，还可保证减振器的上铰链点不发生运动干涉。

　　左右车轮用一根整体轴（车桥）相连。纵向推力杆的后端与车桥焊在

螺旋弹簧式非独立悬架

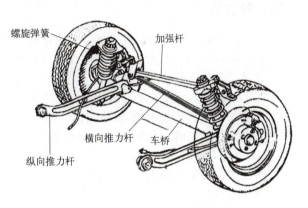

图 2-45　螺旋弹簧式非独立悬架

一起，其前端头部有孔，孔内装有橡胶衬套，连接螺栓穿过橡胶衬套与车身相连，并形成橡胶铰链点。车轮跳动时，整个后轴在汽车纵向平面内绕左右橡胶铰链中心连线摆动。与此同时，左右车轮还绕横向推力杆与车身的铰链点在汽车横向平面内摆动。由于这些铰链点都采用橡胶衬套，故可消除两个方向摆动之间的干涉。

　　螺旋弹簧式非独立悬架一般只用作轿车的后悬架。其纵、横向推力杆是悬架的导向机构，用来承受和传递车桥和车身之间的纵向和横向作用力及其力矩。加强杆的作用是加强横向推力杆的安装强度，并可使车身受力均匀。

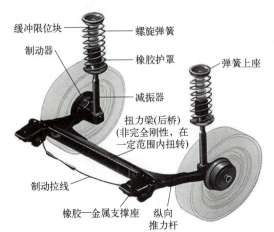

图 2-46　扭力梁式非（半）独立悬架

　　图 2-46 所示为桑塔纳 2000 轿车采用的扭力梁式非独立悬架，其是一种介于非独立悬架与独立悬架之间的一种悬架，可称为半独立悬架。其螺旋弹簧上端装在车身支座中，下端装在纵向推力杆上。由于螺旋弹簧只能承受垂直载荷，所以必须设置导向装置，纵向推力杆、后轴 V 形断面的扭力梁来承受并传递纵向力和横向力。两根纵向推力杆的中部与 V 形断面的扭力梁焊为一体，前端通过带橡胶的支撑座与车身做铰链连接，后端与轮毂相连。其作用是传递驱动力、制动力等纵向力及其力矩。当车轮行驶时因路面颠簸

而上下跳动，致使后桥与车身之间的距离发生变化时，纵向推力杆可绕其与车身的铰接点作上下纵向摆动。V 形扭力梁可以传递悬架系统的横向力，如汽车转向时的离心力等；同时 V 形扭力梁还起着横向稳定杆的作用，将车体倾斜保持在最低程度。当一侧车轮发生跳动时，会在一定程度上影响到另一侧车轮也发生跳动，从而导致车身振动或倾斜，因此其平稳性和舒适性较差。减振器的上端铰接在车身支架上，下端铰接在车桥支架上，起减振作用，以提高汽车的乘坐舒适性。

扭力梁式非（半）独立悬架具有结构简单、质量小、承载力大、性能可靠、占用空间小、易于维修、成本低等优点，因此它被广泛用作发动机前置前轮驱动的中小型轿车的后桥。

此外，还有空气弹簧式和油气弹簧式非独立悬架，其多用于重型车和高级轿车中。现代电子控制主动悬架或半主动悬架多采用空气弹簧作为弹性元件。

独立悬架

五、独立悬架

与非独立悬架不同，独立悬架很少采用钢板弹簧作为弹性元件，而大多采用螺旋弹簧或扭杆弹簧作为弹性元件，因此一般都设有导向机构。独立悬架的特点如下。

① 在悬架弹性元件一定的变形范围内，两侧车轮可以单独运动，互不影响。这不但减小了行驶时车架和车身的振动，而且可以防止转向轮的偏摆。

② 独立悬架系统一般都配备稳定杆，可减少转弯时的左右摇晃，改进稳定性。

③ 采用独立悬架时，非悬架质量只包括车轮质量和悬架系统中部分零件质量，比非独立悬架的非悬架质量要小得多，所以采用独立悬架可提高汽车的平顺性和乘坐舒适性。

④ 前轮定位随车轮的上下运动而改变。

⑤ 由于左右车轮之间没有车轴相连，所以底板和发动机的安装位置可以降低，这样可降低车辆的重心，有利于提高汽车行驶的稳定性。

独立悬架的结构类型一般按照车辆的运动形式可分为四类：横臂式独立悬架，车轮在汽车横向平面内摆动的独立悬架［图 2-47（a）］；纵臂式独立悬架，车轮在汽车纵向平面内摆动的独立悬架［图 2-47（b）］；车轮沿主销轴线移动的悬架，包括烛式独立悬架［图 2-47（c）］和麦弗逊式独立悬架［图 2-47（d）］。

横臂式
独立悬架

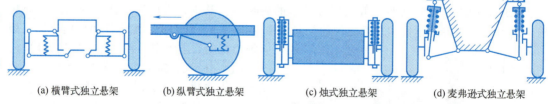

| (a) 横臂式独立悬架 | (b) 纵臂式独立悬架 | (c) 烛式独立悬架 | (d) 麦弗逊式独立悬架 |

图 2-47　独立悬架的结构类型

1. 横臂式独立悬架

横臂式独立悬架有单横臂式独立悬架和双横臂式独立悬架两种形式。

（1）单横臂式独立悬架

图 2-48 所示为戴姆勒—奔驰轿车的后轮单横臂式独立悬架示意图。在此结构中，后桥半轴套管是断开的，主减速器壳的右面有一个单铰链，半轴可绕其摆动。油气弹性组件可以调节车身，安装在主减速器壳上面，和螺旋弹簧一起承受并传递垂直力。纵向推力杆承受着作用在车轮上的纵向力。中间支撑承受侧向力和部分纵向力。当车轮上下跳动时为避免运动干涉，其纵向推力杆的前端用球铰链与车身连接。

这种悬架系统的特点是当弹性元件变形、车轮横向摆动时，车轮平面将产生倾斜而改变两侧车轮与路面接触点之间的距离（轮距），从而使轮胎相对于路面滑移，破坏了轮胎与地面间的附着力，增加了轮胎磨损。此外，如果这种悬架系统用于转向轮，则车轮横向摆动时还会引起主销内倾角和车轮外倾角的变化，从而影响汽车的操纵稳定性。因此，这种悬架系统现在应用越来越少。

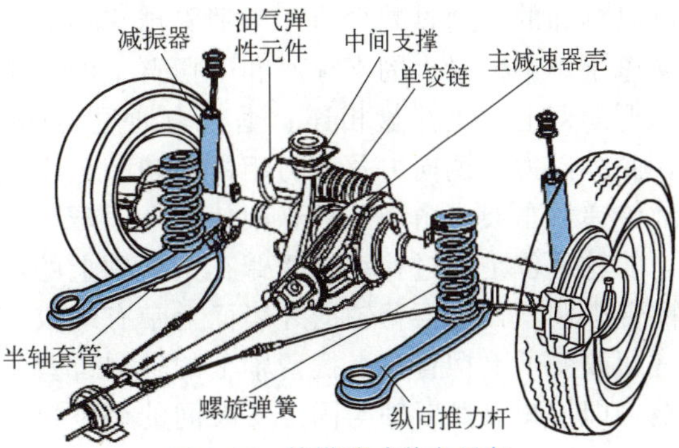

图 2-48　单横臂式独立悬架

（2）双横臂式独立悬架

双横臂式独立悬架示意图如图 2-49 所示，悬架两个横臂（控制臂）的长度可以相等，也可以不等。对于横臂长度相等的双横臂式独立悬架；在车轮因颠簸而跳动时，虽然车轮平面不发生倾斜，但是会使轮距发生较大的变化［图 2-49（a）］，致使车轮产生横向滑移，加剧轮胎的磨损。对于横臂长度不相等的双横臂式独立悬架，如果两横臂的长度选择适当，可以使车轮和主销的角度以及轮距的变化都不会过大［图 2-49（b）］，而不大的轮距变化在轮胎较软时可由轮胎的变形来补偿。由此可见，双横臂式独立悬架既改善了汽车的乘坐舒适性和行驶平顺性，又保证了轮胎的使用寿命，所以在轿车前轮上应用广泛。

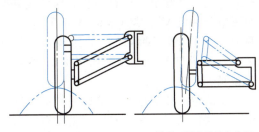

(a) 横臂等长的独立悬架　　(b) 横臂不等长的独立悬架

图 2-49　双横臂式独立悬架示意图

如图 2-50 所示为不等臂双横臂式独立悬架，其上摆臂和下摆臂的一端分别通过两摆臂轴与车架连接，另一端分别通过上下球头销与转向节相连接。上摆臂与上球头销铆接成一体，内部装有螺旋弹簧，能自动消除球头销与销座间磨损后的间隙。下摆臂与下球头销

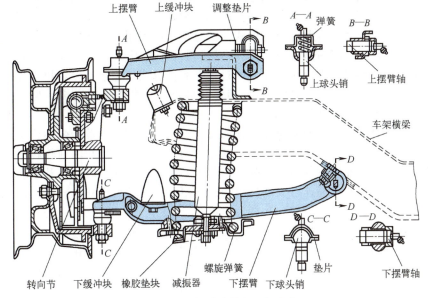

图 2-50　双横臂式独立悬架实物

是可以拆卸的，通过减少垫片来消除球头销处的磨损间隙。螺旋弹簧的两端分别通过橡胶垫块支撑于车架横梁上的支撑座和下摆臂上的支撑盘内。减振器的两端分别通过橡胶垫块与车架和下摆臂上的支撑盘相连。垂直力通过转向节、下球头销、下摆臂和螺旋弹簧传递给车架，而纵向力、侧向力及其力矩由转向节、上摆臂、下摆臂（导向机构）、上球头销、下球头销传递给车架。由于此种悬架使用上下球头销来代替主销，故属于无主销式悬架。

前轮定位是通过移动上摆臂在摆臂轴上的位置来调整的。主销后倾角可以通过纵向移动上摆臂来调整，上摆臂轴的外表面上带有螺纹，转动该轴即可使上摆臂沿着上摆臂轴纵向移动（即改变了上摆臂在上摆臂轴上的轴向位置）。车轮外倾角则可以通过横向移动上摆臂来调整，即增减上摆臂轴与固定支架间的调整垫片来调整前轮外倾角。主销内倾角和车轮外倾角的关系已被转向节的结构所确定，故调整好车轮外倾角以后，主销内倾角也就调整好了。

为了可靠地传递纵向力、侧向力及其力矩，必须使悬架具有足够的纵向和侧向刚度。因此，上下两摆臂都是叉形刚架结构，其内端宽、外端窄。也有一些双横臂式悬架的两横臂制成 V 字形（或称 A 字形），上下两个 V 形臂的一端以一定的距离与车轮连接，另一端与车架连接，如图 2-51 所示的前悬架。

图 2-51 某轿车的前悬架

双横臂式独立悬架的螺旋弹簧有的安装在上下摆臂之间，有的安装在上摆臂与车架之间。

2. 纵臂式独立悬架

纵臂式独立悬架分为单纵臂式独立悬架和双纵臂式独立悬架两种形式。

（1）单纵臂式独立悬架

这种悬架特点是当悬架变形时，轮距不随车轮跳动而变化，具有结构简单、成本低等优点。但这种悬架系统若用于转向轮，则在车轮上下跳动时，前轮外倾角和轮距不变，但主销后倾角将会有很大的变化。因此，单纵臂式独立悬架一般不用于转向轮。

如图 2-52 所示为某轿车的后悬架为单纵臂式扭杆弹簧独立悬架。其特点是两侧车轮不是各自独立地直接与车身弹性连接，而是通过一个后桥总成（它包括左右扭杆弹簧及其支撑架，横向稳定杆及其套管等），用前后自偏转弹性垫块与车身作弹性连接。两个单纵臂通过左右扭杆弹簧与后桥总成弹性连接。

当汽车转弯行驶时，在路面对车轮的侧向反力作用下，前后自偏转弹性垫块产生侧向弹性变形。由于前后自偏转弹性垫块的变形不同，使两后轮产生一个与两前轮转向相同的较小偏转角，从而减小了后轮的侧偏角，增强了汽车的不足转向特性。转弯行驶速度越高，不足转向特性越明显，因此该车高速行驶的操纵稳定性更好。这种后轮随前转向轮按同一方向稍作偏转的特性，称为后桥的随动转向功能。

（2）双纵臂式独立悬架

如图 2-53 所示为双纵臂式独立悬架，它的两根纵臂的长度一般相等，可形成平行四连杆机构。当车轮上下跳动时，其主销后倾角不变，所以这种悬架系统适用于转向轮。双纵臂式独立悬架的两根纵臂的后端与转向节铰接，前端则与纵臂轴刚性连接。纵臂轴支撑在车架横梁内部的衬套中。扭杆弹簧由若干片矩形断面的薄弹簧钢片叠成，它的外端插入纵臂轴的

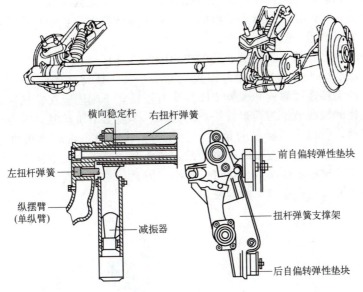

图 2-52 单纵臂式独立悬架

矩形孔内，中部用螺钉与管状横梁固定，悬架两侧车轮共用两根扭杆弹簧。因为双纵臂式独立悬架占用空间较大，故较少采用。

3. 车轮沿主销轴线移动的独立悬架

（1）烛式独立悬架

（车轮沿固定不动的主销轴线移动）

如图 2-54 所示为烛式独立悬架，其主销上下两端刚性地固定在车架上，套在主销上的套筒固定在转向节上。套筒的中部固装在螺旋弹簧的下支座。筒式减振器连接车架和转向节。悬架的摩擦部分套着防尘罩，通气管与防尘罩内腔相通，以免防尘罩内空气被密封而影响悬架的弹性。

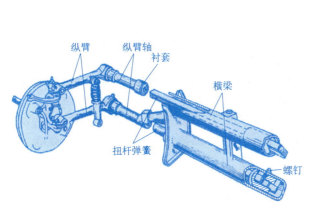

图 2-53 双纵臂式独立悬架

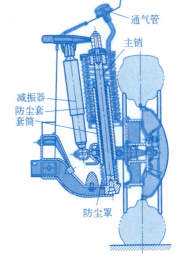

图 2-54 烛式独立悬架

车辆行驶在不平路面时，车轮、转向节和套筒一起沿主销的轴线移动，纵向力、侧向力及其力矩由转向节、套筒经主销传递给车架。

这种悬架在车轮跳动时，轮距和轴距稍有改变，但前轮定位参数不变，有利于汽车的转向操纵性和行驶稳定性。缺点是悬架的侧向力全部由套筒和主销承受，所以套筒和主销之间的摩擦阻力大，磨损严重，故应用很少。

（2）麦弗逊式独立悬架（车轮沿摆动的主销轴线移动）

麦弗逊式独立悬架

如图 2-55（a）、（b）所示为麦弗逊式独立悬架，其下摆臂（横向摆臂）以球铰与转向节相连。减振器的上端通过螺栓和橡胶垫圈与车身连接，下端固定在轮毂轴承壳上，外面套有螺旋弹簧。主销的轴线 AB 为两个铰接点的连线。车轮上下跳动时，因为减振器的下支点随着下摆臂而摆动，所以主销轴线的角度是变化的。这说明车轮沿着摆动的主销轴线而运动。所以，麦弗逊式独立悬架变形时，主销的定位角和轮距都会发生变化。但如果调整杆系的位置合理，车轮的这些定位参数变化可以极小。因此，麦弗逊式独立悬架常用作发动机前置前轮驱动的轿车和某些轻型客车的前悬架。

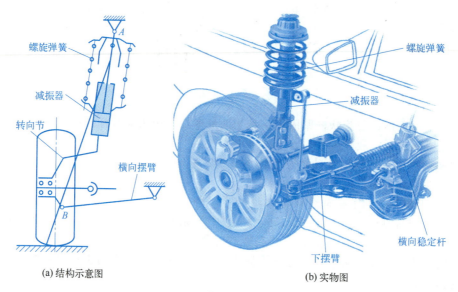

(a) 结构示意图　　(b) 实物图

图 2-55　麦弗逊式独立悬架

麦弗逊式独立悬架的优点主要有：构件少、质量小，所以可以减小非悬架质量；由于悬架所占的空间小，所以可增大发动机舱的可用空间；由于悬架支撑点之间的距离大，所以即使存在安装位置偏差或零件制造误差，前轮定位也不会受到太大的影响。因此，前轮各定位参数的变化较小，除前束可调整外，其他参数在某些车型中被规定为不可调整，而在另一些车型中则可以调整。常见的调整部位及调整方法如下。

① 改变转向节与下摆臂外端的位置。松开转向节球头销与下摆臂的连接螺栓，左右横向移动球头销及转向节，可以改变车轮外倾角。上海桑塔纳轿车即采用这种结构形式。

② 改变弹性支柱上支座的位置。悬架的弹性支柱上支座用螺栓固定在车身上。松开螺栓，左右横向移动上支座，可以调整车轮外倾角。一汽奥迪 100 型轿车即采用这种结构形式。

③ 改变转向节上端的位置。由减振器和螺旋弹簧组成的弹性支柱下端通过上下两个螺栓与转向节上端固定［图 2-55（b）］，其中上螺栓经偏心凸轮将两者连接在一起。转动上螺栓可使偏心凸轮转动，从而带动转向节上端左右横向移动，进而改变车轮外倾角。丰田花冠轿车即采用这种结构形式。

4. 多连杆式独立悬架

除上述几种常见的独立悬架外，现在一些高级轿车中采用多连杆式独立悬架。该悬架是由多根杆件（一般4～5根）组合在一起来控制车轮位置变化的悬架，如图2-56所示。多连杆式独立悬架可分为多连杆式前悬架和多连杆式后悬架。

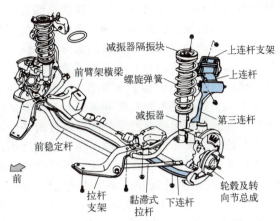

　　如图2-56所示为多连杆式独立悬架结构组成图。多连杆式独立悬架的工作原理较复杂，简而言之，它通过多个连杆共同作用来实现组合效应。由于多连杆式独立悬架具备多根连接杆，并且连杆可对车轮进行多个方面的作用力控制，所以在进行车轮定位时可对车轮单独调整，并且多连杆式独立悬架有很大的调校空间和改装可能性。

图 2-56　多连杆式独立悬架结构组成图

　　多连杆式独立悬架系统的最大优点就在于它可以平衡地实现其他悬架系统所达不到的性能需求。它能够较好地消除车轮外倾角的变化，即使车身晃动时，也能使轮胎保持垂直，这在目前轮胎低扁平率（高宽比）的趋势下是非常重要的特性；同样，它对车轮跳动时车轮前束和轮距的变化具有较好的抑制作用；它还能提高悬架系统的刚度，使其不易受横向力影响而产生几何变化；它能实现主销后倾角的最佳位置，并改善加速和制动时的平顺性和舒适性，并保证直线行驶的稳定性。这里应该指出的是，要想同时具有上述几个优点，除多连杆式独立悬架以外，其他悬架是很难实现的。

　　尽管多连杆式独立悬架具有诸多优点，但是它的应用范围并不广泛。究其原因主要是相对复杂的悬架结构会给发动机的维修保养带来不便，同时材料成本、研发试验成本以及制造成本远高于其他类型的悬架；悬架占用横向空间大，使发动机不便于安置，中小型车由于受到成本和空间限制，很少使用这种悬架。高档轿车由于空间充裕且注重舒适性和操纵稳定性，因此当前对性能要求较高的汽车（尤其是高档轿车），开始越来越多地使用多连杆式独立悬架。

5. 横向稳定器

　　现代轿车悬架很软，即其固有频率很低。汽车高速行驶转弯时，车身会产生较大的侧向倾斜和侧向角振动。为了提高悬架的侧倾角刚度，减小车身侧倾，常在悬架中加设稳定器，其中，用得最多的是杆式横向稳定器。

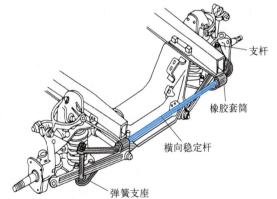

　　杆式横向稳定器在汽车上的安装如图2-57所示。弹簧钢制成的横向稳定器（杆）呈扁平的U形，横向地安装在汽车紧靠悬架的前端或后端（有的轿车前后都装横向稳定器）。横向稳定杆的中部两端自由地支撑在两个橡胶套筒内，而橡胶套筒通过杆固定在车架上。横向稳定杆的两侧纵向部分的末端通过支杆与悬架下摆臂上的弹簧支座相连。

图 2-57　杆式横向稳定器的安装

　　当车身受到振动而两侧悬架变形相同时，横向稳定杆在套筒内自由转动，此时横向稳定杆不起作用。当两侧悬架变形不等且车身相对路面发生侧向倾斜时，弹性的横向稳定杆产生扭杆内力矩就阻碍了悬架弹簧的变形，从而减小了车身的侧倾和侧向角振动。即车架的一侧移近弹簧下支座时，横向稳定杆同侧的末端会相对车架向上抬起；而另一侧车架远离弹簧座时，相应一侧的横向稳定杆末端则会相对车架下移；同时，横向稳定杆中部对于车架没有相对运动，而横向稳定杆两边的纵向部分向不同方向偏转，于是横向稳定杆被扭转。弹性的横向稳定杆抵抗扭转的内力矩就阻碍了悬架弹簧的变形，因而减小了车身的横向倾斜和横向角振动。横向稳定器还可起平衡两侧车轮载荷的作用。

随着电子控制技术的发展和人们对车辆舒适性要求的不断提高，主动式横向稳定器便应运而生。其满足理想横向稳定杆刚度可变的特性：在车速高、离心力大时，横向稳定杆刚度大；而车速低、离心力小时，横向稳定杆刚度小，从而满足汽车在普通行驶状态下对横向稳定功能的要求，从而有效防止车身侧倾并改善行驶平顺性。

例如，现在汽车上应用的主动式横向稳定器，其有两根稳定半杆，通过一个双向液压马达将两者连接在一起。当车辆受到较小的横向力时，两根稳定半杆未耦合，刚度较小，从而使车辆具有较好的平顺性；当车辆受到较大的横向力时，两根稳定半杆耦合，刚度较大，从而使车辆具有较好的侧倾稳定性。使用主动式横向稳定器，可有效防止车身侧倾并改善行驶平顺性。

6. 多轴汽车的平衡悬架

悬架的作用之一是维持车轮与地面之间的良好接触。如果多轴车辆各车轴分别采用非独立悬架形式，则在一般不平路面上，作用于各车轮上的地面法向载荷分配可能会非常不均匀，极端情况下，甚至会出现个别车轮脱离地面而悬空的危险，如图2-58（a）所示。而车轮弹性固定在悬架上，在不平道路上行驶时，虽不一定会出现车轮悬空现象，但各个车轮所分配到的垂直载荷将会有很大的差别。如果是转向轮，则当分配到的垂直载荷较小甚至为零时，将使车轮对地面的附着力变小甚至为零，这会大大降低汽车的操纵稳定性（甚至失去操纵性）。如果是驱动轮，则当分配到的垂直载荷较小甚至为零时，将不能产生足够的驱动力（甚至没有驱动力）。此外，一个车轮上的垂直载荷减小，将使其他车轮承担更多的垂直载荷，严重时可能会造成其他车轮超载。

因此，多轴汽车一般采用平衡悬架来解决上述问题。将两个车桥装在平衡杆两端，而将平衡杆的中部与车架铰接式连接，如图2-58（b）所示。这样，当一个车轮抬高时，将会使另一个车轮降低。如果平衡杆的长度相同，则两个车轮上的垂直载荷将始终保持一致，这样就不会发生车轮悬空和分配到的垂直载荷减小的情况。这种能保证中后桥车轮垂直载荷相等的悬架，称为平衡悬架。

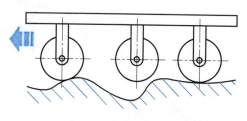 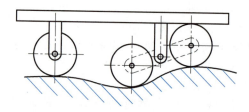

(a) 非独立(平衡)悬架   (b) 平衡悬架

图2-58 三轴车辆行驶示意图

根据结构形式的不同，平衡悬架可分为摆臂式平衡悬架和等臂式平衡悬架两种形式，如图2-59与图2-60所示。

（1）等臂式平衡悬架

它的主要构件包括中后桥、钢板弹簧及其支座、平衡轴及其支架、推力杆、U形螺栓等，如图2-60和图2-61所示。平衡轴支架通过螺栓固定在车架上，左右两个平衡轴支架通过连通轴连接在一起，形成一个整体的可绕平衡轴承毂旋转的结构。钢板弹簧的两端通过板

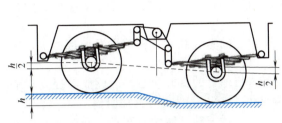

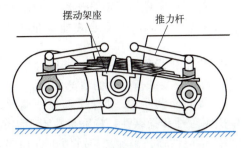

图 2-59 摆动式平衡悬架示意图   图 2-60 等臂式平衡悬架示意图

簧座支撑在中后桥上，中间通过 U 形螺栓固定在平衡轴承毂上。上推力杆的一端与车桥铰接，另一端与车架铰接。下推力杆的一端与车桥铰接，另一端与平衡轴下端铰接。这种悬架在三轴和四轴越野车中应用非常普遍。

（2）摆臂式平衡悬架

它主要用于由 4×2 载货汽车改型得到的 6×2 汽车中。这种车型的结构特点是前桥为转向桥，中桥为驱动桥，后桥为支持桥（可设计成举升式）。由于后桥没有常见的整体梁，降低了非簧载质量，提升了整车行驶平顺性和经济性。摆臂连接车架和前后钢板弹簧，这样摆臂就相当于一个杠杆，中后桥上垂直载荷的分配比例取决于摆臂的杠杆比及钢板弹簧前后段长度之比，如图 2-59 所示。

（3）典型平衡悬架的结构及其工作原理

图 2-61 所示为三轴汽车的中后桥的等臂式平衡悬架。车架与心轴 6 刚性连接，心轴的两端用圆锥滚子轴承 7 装在可动的心轴轴承毂上。钢板弹簧 3 纵向布置，通过 U 形螺栓装在心轴轴承毂上，钢板弹簧 3 的两端自由地支撑在中后桥半轴套管 1 上的滑动板式支架内。这样，中后桥连同钢板弹簧形成一个总的支撑机构，其相当于一根等臂平衡杆，它以悬架心轴为支点转动。当钢板弹簧变形时，中后桥各自单独移位，以适应不同路面上行驶的需要。当中桥和后桥载荷的载荷不一样时，钢板弹簧 3 就会绕心轴 6 中心旋转，从而起到平衡补偿的作用。钢板弹簧 3 承受汽车垂向载荷并同时传递侧向力，而纵向力及其力矩由上下导向杆承受。当汽车中后桥某一桥的车轮高度发生改变时，车架变化的高度仅为车轮的二分之一。

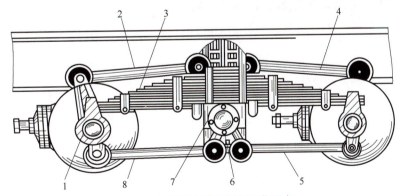

图 2-61 三轴汽车的中后桥平衡悬架
1—半轴套管；2,4,5,8—推力杆；3—钢板弹簧；6—心轴；7—心轴轴承及其端盖

钢板弹簧只能传递垂直力和侧向力，而不能传递驱动力、制动力及其相应的反作用力矩，为此在中后桥上还装有推力杆。这些推力杆通过球销连同橡胶衬套与心轴支架、桥壳推力杆连接，来传递纵向力及其力矩。横向力由装在心轴轴承毂内的推力垫圈和推力环承受。

这种典型的平衡悬架结构具有以下特点。

① 提高稳定性。平衡悬架通过限制车轮在行驶过程中的横向运动，提高了车辆的稳定性。当车辆转弯时，平衡悬架能够抵抗车轮因离心力而上升的趋势，从而保持车辆的稳定性。

② 优化载荷分配。平衡悬架能够确保两个车轴上的垂直载荷在任何情况下都相等，避免了车轮悬空或载荷过大的情况发生，从而优化了载荷分配。

③ 提高操纵性能。由于平衡悬架能够保持车轮与地面的良好接触，因此能够提高车辆的牵引附着性和操纵性。特别是在不平坦的路面上行驶时，这种优势更加明显。

④ 适应性强。平衡悬架适用于各种多轴汽车，包括三轴、四轴等车型。同时，它还能够适应不同的路面条件，确保车辆在各种路况下都能保持良好的行驶性能。

平衡悬架在设计时，需要注意上下推力杆的长度以及连接点的位置，以保证车轮在跳动时尽量减小板簧与板簧座之间的相对位移量。为了显著减少板簧及板簧座的磨损，延长其使用寿命，一般将相对滑动量控制在 2～4mm 范围内。

在设计时，应尽量减少车桥主减速器主动齿轮轴线在纵向平面内倾角变化量。这一设计对于传动轴，特别是中后桥之间的传动轴及万向节的工作非常有利。平衡悬架广泛应用于三轴越野汽车以及三轴重型载货汽车的中后桥。这些车型通常需要在复杂多变的路况下行驶，平衡悬架的引入能够显著提升其行驶稳定性和载荷分配均匀性。

7. 电控悬架

随着电子技术的发展，出现了电控悬架。它是通过电子控制单元（ECU）来控制相应的执行元件，改变悬架特性以适应各种复杂的行驶工况对悬架系统的不同要求，从而使舒适性、平顺性和操纵稳定性同时得到改善。电控悬架可以调节悬架刚度和阻尼系数，突破被动悬架的局限区域，因此，电控悬架是一种主动悬架。电控悬架在电子控制装置的控制下，能根据从外界接收的信息或车辆本身状态的变化，进行动态的自适应性调节，即电控悬架没有固定的悬架刚度和阻尼系数，而是随着道路条件的变化和行驶需要自动调节，从根本上解决平顺性和操纵稳定性之间的矛盾，提高汽车的使用性能。电控悬架的具体工作过程及其结构在《汽车电子控制技术》中详细介绍，本文不再赘述。

六、悬架常见故障的诊断与排除

（一）非独立悬架常见故障的诊断与排除

非独立悬架的常见故障有车身倾斜、异响等。

1. 车身倾斜

（1）现象　汽车停放在平坦路面上时，车身横向或纵向倾斜；汽车行驶过程中方向始终偏向一侧，出现行驶跑偏，还有可能出现行驶摆振。

（2）原因　造成车身倾斜的原因主要有以下几点。

① 钢板弹簧或螺旋弹簧的弹簧力下降。

② 钢板弹簧或螺旋弹簧断裂。

③ U 形螺栓松动或断裂。

④ 钢板弹簧的钢板销、衬套和吊耳磨损过度。

（3）诊断与排除

① 若车身横向倾斜，且汽车行驶过程中自动跑偏，故障通常是由其侧前方钢板弹簧或螺旋弹簧弹力下降或断裂、U 形螺栓松动或断裂引起的；若除上述现象外，还出现行驶摆振，则故障原因还包括钢板弹簧的钢板销、衬套和吊耳过度磨损。

② 若车身纵向倾斜，则故障多由侧后方钢板弹簧、螺旋弹簧弹力下降或折断导致后桥移位引起。此时可测量两侧后轮轮距是否一致，若不一致，则表明后桥移位。

2. 异响

（1）现象　汽车在行驶过程中，特别是在道路颠簸、汽车突然制动、汽车转弯时，悬架部位发出异响。

（2）原因　造成非独立悬架异响的原因主要有以下几点。

① 轮毂轴承松动。

② 悬架各连接部位松动或脱落，铰接点磨损、松旷。

③ 橡胶衬套磨损、老化或损坏。

④ 减振器漏油严重，导致减振性能变差。

⑤ 减振器的活塞与缸筒磨损，配合松旷。

（3）诊断与排除

① 检查轮毂轴承是否松动，悬架各连接部位是否松动或脱落，铰接点是否磨损、松旷，橡胶衬套是否磨损、老化或损坏。若存在这些方面的异常，则故障由此引起。若无异常，则继续检查。

② 检查减振器。用手压下保险杠，然后松开，若汽车无跳跃，说明减振器出现故障，应进行更换；若汽车有 2～3 次跳跃，应进行路试，检查减振器效能。

③ 路试检查减振器效能。若汽车缓慢行驶并不断制动减速，车身跳跃强烈，或行驶一段路程后，减振器外壳温度高于其他部位，说明减振器工作正常；若减振器外壳不发热，说明减振器失效，应更换减振器。

（二）独立悬架常见故障的诊断与排除

独立悬架的常见故障有异响、车身倾斜等。

1. 异响

（1）现象　汽车在行驶过程中，悬架出现异响，在不平路面上转弯时，响声突出。

（2）原因

① 悬架与车架各连接部位松动或脱落。

② 各铰接点磨损、松旷。

③ 减振器衬套磨损、松旷。

（3）诊断与排除

检查悬架与车架各连接部位是否松动或脱落，各铰接点是否磨损、松旷，减振器衬套是否磨损、松旷。若有上述现象，应进行更换。

2. 车身倾斜

（1）现象　汽车在转弯时，车身过度倾斜。

（2）原因

① 螺旋弹簧弹力不足或断裂。

② 减振器密封性变差，导致减振器漏油严重。

（3）故障诊断

检查螺旋弹簧及减振器密封性，若螺旋弹簧弹力不足或断裂，则故障由此引起，应更换螺旋弹簧。若减振器密封性变差，使减振器漏油严重，则故障由此引起，应更换油封。

 【任务实施】

悬架维修

非独立悬架检修

非独立悬架的检修主要针对弹性元件和减振器的检修。

1. 弹性元件的检修

非独立悬架的常用弹性元件是钢板弹簧，也有些采用螺旋弹簧。

（1）钢板弹簧的检修　钢板弹簧在长期使用后，会出现弹簧钢片弹性下降或断裂等情况，同时钢板销、支架和吊耳出现磨损。检修时，可用弹簧实验器检查法、新旧对比法、直观检查法等方法进行检查，并根据检查结果进行维修。检修时，应重点注意以下几点。

① 直观检查时，钢板弹簧不能有裂纹或断裂，否则应进行更换。

② 检查弹簧钢片的弹性时，可在弹簧实验器上检测弹簧钢片无负荷或有负荷时，其弧高相对标准值的减少量；也可使用新的弹簧钢片进行靠合实验，检查弹簧钢片的曲率半径，从而检查其弹性变化情况。

③ 检查左右两侧的弹簧钢片，其总片数应相等，且厚度差不应大于5mm，弧高差不应大于10mm。

④ 测量钢板销衬套磨损超过1mm时，应更换衬套。

⑤ 检查钢板弹簧的夹子、夹子螺栓应完整；U形螺栓和中心螺栓的螺纹损伤超过两牙或出现裂纹时，应更换新件。

⑥ 装配好并压紧的钢板弹簧，片与片之间应紧密配合，相邻两片在总接触长度的1/4长度内，间隙不大于1.2mm。U形螺栓要按规定的力矩拧紧。

（2）螺旋弹簧的检修　检修螺旋弹簧主要检查其自由长度是否正常、是否有裂纹。若出现问题，应换用新件。

螺旋弹簧的检修主要检查螺旋弹簧的自由长度，如自由长度比标准长度缩短了5%，则表示该弹簧已经永久变形，刚度变差，必须更换。更换时要同时更换左右两个螺旋弹簧，以保持车辆两侧高度相同。

（3）减振器的检修　检查时应固定住减振器，用手推拉减振器活塞杆时，应有较大的运动阻力，而且全程阻力大小应均匀，不得有空程和卡滞现象；同时，伸张行程的阻力应大于压缩行程的阻力，否则应更换减振器。若阻力过大，应检查活塞杆是否弯曲；若无阻力，则表示减振器油已漏光或失效，必须更换。

车辆行驶时，有缺陷的减振器会发出冲击噪声，因此应更换减振器。

减振器为免维护机构，减振器外面有轻微的油迹时，不必更换减振器。如有大量油迹（即漏油时），减振器在压缩到底或伸张时会产生跳动现象，这时只能更换减振器。

2. 前独立悬架拆装

某轿车前悬架总成的零件分解图如图2-62所示。其拆解步骤如下。

① 取下车轮装饰罩，旋下轮毂与传动轴的紧固螺母，卸下垫圈。注意：车轮必须着地。

② 拧松车轮紧固螺母，拆下车轮。旋下制动钳紧固螺栓，取下制动盘。

③ 取下制动软管支架，并用铁丝将制动钳固定在车身上。注意：不要损坏制动软管。

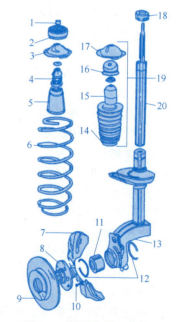

图2-62　某轿车前悬架总成的零件分解图

1—开槽螺母；2—悬架支撑轴轴承；3,17—弹簧护圈；4,15—限位缓冲器；5—护套；6—螺旋弹簧；7—挡泥板；8—轮毂；9—制动盘；10—紧固螺栓；11—车轮轴承；12—卡簧；13—车轮轴承壳；14—辅助橡胶弹簧；16—波纹管盖；18—螺母盖；19—选装件；20—减振器

④ 拆下球头销紧固螺栓。压下转向横拉杆接头。拆下横向稳定杆的紧固螺栓。

⑤ 拆下传动轴与轮毂的固定螺母。

⑥ 向下撬压前悬架下摇臂，从车轮轴承壳内拉出传动轴；或利用两个固定车轮凸缘上的螺孔，将压力装置固定在轮毂上，用压力装置从轮毂中拉出传动轴，然后卸下压力装置。

⑦ 取下前悬架支座上的防尘罩，支撑减振器支柱下部或沿反方向固定减振器。用内六角扳手阻止活塞杆的转动，旋下减振器活塞杆螺母。

⑧ 取下前悬架。

前悬架总成的安装顺序与拆卸顺序相反，但在安装时要注意以下事项。

① 不允许对前悬架总成进行焊接或整形处理，不合格的零部件应更换。

② 所有螺栓和螺母应按规定力矩拧紧。

③ 所有自锁螺母必须更换新件。

3. 独立悬架检修

独立悬架常用在汽车的前桥上，独立悬架的检修包括对弹性元件、减振器、横向稳定杆等的检修。其中螺旋弹簧和减振器的检修与非独立悬架中的检修方法相同，此处不再赘述。其他检修内容包括以下几点。

① 检查前减振器悬架上支撑处轴承的磨损与损坏情况，支撑应能灵活转动，损坏时必须整体更换；

② 检查前减振器悬架上支撑处轴承橡胶挡块的损坏或老化情况。若有问题，应及时更换。

③ 检查前托架、横向稳定杆和下摆臂有无变形或裂纹。若存在变形或裂纹，不得在悬架支撑装置和导向装置部件上进行焊接和校正修复，必须更换新件。

提示：前托架、横向稳定杆和下摆臂等部件若存在变形或裂纹，不建议进行修复，原因在于这些部件的各项数据几乎无法通过人工修复达到规定标准，其刚度也无法通过人工或机械修复而恢复。即便修复后再使用，也会导致汽车性能下降，甚至存在安全隐患。所以遇到这种情况时，通常会直接更换新件。

④ 检查横向稳定杆的橡胶支座和橡胶衬套、下摆臂（梯形臂）衬套的损坏或老化情况。若有问题，应及时更换。

⑤ 检查下摆臂（梯形臂）铰接点处的下球铰。检查下球铰的轴向间隙，轴向间隙应为0；用弹簧秤检查下球铰的拉力（一般 10.8～73.6N），并用扭力扳手检查下球铰的扭力（一般 1.5～3.4N·m）。若检查结果不符合标准，应进行调整或更换新件。

 【维修案例】

客户奥迪轿车高速行驶时摆头故障的检修

故障症状：一辆行驶里程 7.5 万千米的一汽奥迪轿车，高速行驶时车速达 120km/h 时摆头，整个前部车身都左右晃动，高于或低于此车速行驶时摆头不明显。

故障诊断与排除：根据故障症状，认为前轮可能不平衡。对前轮做动平衡后试车，发现摆振仍不能消除。平衡两个后轮，故障还是不能排除。

这种故障属于前轮共振，它和诸多因素有关，包括前轮定位、车轮平衡、减振器紧固情况、阻尼特性、弹簧弹力、横拉杆的状态、横拉杆球头是否松旷、控制臂球头是否松旷、前轮轴承等。

首先用大众公司专用工具 V·A·G1813 检查，发现定位参数基本正常。对相关部位进行详细检查，没有发现异常。经过一天的检查，没有找到故障原因。

再次详细询问用户故障发生的经过，用户表示此车以前高速行驶时并无摆头故障。从上次高速行驶到故障出现期间修理过前悬架，原因是转动转向盘时左前减振器有异响，当时在左前减振器套下底端放置一个平垫后异响消除了，但这次高速行驶时却出现了摆头的故障。

得知此情况，拆下左前减振器，取出减振器套内的平垫，在减振器上端的螺母下放置一个平垫，转动转向盘时减振器无异响，高速行驶时也不再出现摆头现象，故障得以排除。

【汽车文化传承】

红旗汽车自强路，铸就民族汽车辉煌

1958 年，在新中国汽车工业一片荒芜的土地上，红旗汽车破土而出，开启了一段波澜壮阔的自强征程。彼时，国内工业基础薄弱，汽车制造技术近乎空白，一汽人怀揣着打造中国自己高端轿车的梦想，凭借满腔热血与顽强拼搏的精神，仅用 33 天就成功试制出第一辆红旗 CA72 轿车。它的诞生，标志着中国结束了不能制造高级轿车的历史。

红旗 CA72 轿车搭载自主设计的 V8 发动机，融入"天圆地方""中国扇形格栅"和"宫廷式尾灯"等中华文化元素，成为东方艺术与汽车工业技术结合的典范。此后，红旗 CA770 等车型相继问世，凭借卓越品质与独特设计，红旗轿车成为国宾接待车和国庆阅兵检阅车，承载着国家使命，频繁亮相于重要外交场合与盛大庆典，向世界展示着中国汽车工业的成就。

发展之路并非一帆风顺。技术瓶颈的制约，以及市场竞争的冲击，让红旗汽车面临诸多挑战，轿车生产和销售陷入困境，发展步伐放缓。但他们积极探索转型之路，1988 年与德国奥迪签订合作技术协议，引入先进技术，以奥迪 100 为参照开发小红旗轿车，逐步实现技术升级与产品迭代，努力在市场经济浪潮中站稳脚跟。

进入新世纪，随着中国汽车市场的蓬勃发展，红旗品牌迎来新的发展机遇。一汽加大对红旗的投入，在技术研发、产品创新、品牌建设等方面全面发力。2006 年，红旗 HQ3 轿车的推出，标志着红旗轿车复兴的开端；随后，红旗 H7、红旗 H5、红旗 H9 等多款车型陆续上市，覆盖不同细分市场，凭借豪华配置、卓越性能和独特的中式设计美学，赢得了消费者的认可与青睐，品牌知名度和影响力不断提升。

在全球汽车产业向电动化、智能化转型的浪潮中，红旗汽车迅速布局新能源领域。2018 年推出首款纯电动 SUV 红旗 E-HS3，此后不断加大研发投入，发布"天工"纯电平台和"九章"智能平台，推出红旗 EH7、天工 08 等新能源车型。这些车型应用行业领先技术，如低温电芯、超高速电机、灵犀座舱、司南智驾等，在续航能力、动力性能、智能交互等方面表现出色，展现出红旗在新能源领域的技术实力与创新成果。

2024 年，红旗品牌销量达到 41.18 万辆，同比增长 17.4%，连续 7 年实现正增长；红旗新能源产品全年累计销量 11.5 万辆，同比增长 43.7%。红旗不仅在国内市场成绩斐然，还积极拓展海外市场，出口量持续增长，在以色列、日本、巴林等国家上市，让中国红旗飘扬在世界舞台。

六十余载风雨兼程，红旗汽车从无到有、从弱到强，在技术创新、产品品质、品牌形象等方面实现了质的飞跃。

项目三
汽车转向系统检修

项目描述

　　汽车转向系统是指让车辆按照驾驶员的意愿保持或改变行驶及倒退方向的一系列装置。一般是指从驾驶员操作转向盘开始到转向轮相对于车辆纵向轴线偏转之间的所有动力传递装置的总称。汽车转向系统按照动力来源分为机械转向系统和动力转向系统。动力转向系统根据动力源及控制方式又可分为气压动力转向系统、液压动力转向系统和电控动力转向系统。虽然这些系统形式有所不同，但是其基础架构均由转向操纵机构、转向器和转向传动机构三部分组成，其不同之处在于是否采用动力输入与控制装置以及转向器的结构形式。

　　本项目主要介绍汽车转向系统及其各组成部分的功用、结构、工作原理等，并对各系统和组成部分进行拆检与调试，同时对常见故障进行诊断与排除。

学习目标

知识目标：1. 熟悉汽车转向系统的功用、工作原理、类型和组成。
　　　　　2. 掌握机械转向系统主要部件的作用、构造和工作原理。
　　　　　3. 熟悉动力转向系统的功用、类型及其结构、工作原理和特点。
　　　　　4. 掌握常流式液压动力转向系统的结构和工作原理。

技能目标：1. 能够正确使用拆装工具，按照维修技术标准完成汽车转向系统的拆装。
　　　　　2. 能够正确使用拆装工具和量具，按照维修技术标准对机械转向系统和液压动力转向系统各部分进行拆装、检修和调整。
　　　　　3. 能够对机械转向系统和液压动力转向系统常见故障进行诊断与排除。

素质目标：1. 培养良好的职业道德和团队协作意识。
　　　　　2. 加强实践练习，注重学思结合、知行合一。
　　　　　3. 培养重视实践、团结协作的职业素养。

任务一　机械转向系统检修

【任务引入】

　　轿车转向盘转向沉重，车轮不能自动回正故障的检修。故障症状：一辆手动时尚型轿车，行驶里程 14.62 万千米。驾驶员反映，最近感觉车辆转向沉重，不如以前轻松，转弯后车轮不能自动回正。

【任务分析】

　　本任务是对汽车机械转向系统进行检修。要完成本任务，需要熟悉汽车转向系统的功用、类型及组成；掌握机械转向系统主要部件的作用、构造以及工作原理；掌握机械转向系统常见故障的诊断与排除；能够对机械转向系统和转向器进行拆装、检修和调整。

【知识准备】

一、汽车转向系统认识

转向系统
的功能

（一）转向系统的功用

　　汽车在行驶中，需要频繁改变行驶方向。当汽车直线行驶时，转向轮会受到路面侧向扰力的作用而自动偏转从而改变行驶方向。此时，驾驶员需要利用一套机构使转向轮向相反方向转，从而使汽车恢复原来的行驶方向，这套用来改变或恢复汽车行驶方向的专设机构就是转向系统。

　　汽车转向系统的功用就是按照驾驶员的意图改变和保持汽车的行驶方向。汽车转向系统对汽车的行驶安全至关重要，要求转向系统工作可靠、操纵轻便，转向机构能减轻地面传给转向盘的冲击，并保持适当的"路感"。另外，当汽车发生碰撞时，转向装置应能减轻或避免对驾驶员的伤害。

（二）转向系统的类型与组成

　　汽车转向系统可按照转向能源的不同分为机械转向系统和动力转向系统两大类。

1. 机械转向系统

　　机械转向系统以驾驶员的体力作为转向能源，所有传递力的构件都是机械的，主要由转向操纵机构、转向器和转向传动机构三大部分组成，如图 3-1 所示。

　　（1）转向操纵机构　转向操纵机构的作用是将驾驶员的转向操纵力传递给转向器。转向操纵机构主要由转向盘、转向轴、转向万向节、转向管柱等组成，如图 3-1 所示。转向盘是驾驶员操纵汽车转向的主要部件，转向轴是连接转向盘和转向器的部件，转向管柱则用于支撑转向轴。

　　（2）转向器　转向器是将转向盘的转动变为转向摇臂的摆动或齿条轴的直线往复运动，并对转向操纵力进行放大输出的增力装置。转向器通常固定在车架或车身上，是转向系统的核心部件。根据结构和工作原理的不同，转向器可以分为齿轮齿条式转向器、循环球式转向器和蜗杆曲柄指销式转向器等类型。

　　（3）转向传动机构　转向传动机构是将转向器输出的力和运动传给车轮（转向节），并使左右车轮按一定关系进行偏转的机构。转向传动机构包括转向摇臂、转向直（纵）拉杆、转向节臂、左右转向节、梯形臂和转向横拉杆等，如图 3-1 所示。

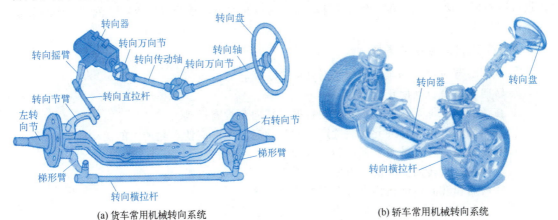

(a) 货车常用机械转向系统

(b) 轿车常用机械转向系统

图 3-1 机械转向系统示意图

动力转向系统

2. 动力转向系统

动力转向系统在驾驶员的控制下，借助于汽车发动机产生的液压力（气压力）或电动机的驱动力来实现车轮转向。所以，动力转向系统也称为助力转向系统，它是在机械转向系统的基础上增设了一套转向助力装置而形成的，如图 3-2 所示。在正常情况下，汽车转向时所需要的动力，只有一小部分由驾驶员独立提供，大部分由发动机通过转向助力装置供给；但在转向助力装置失效时，驾驶员仍能通过机械转向系统实现对汽车转向的控制。

动力转向系统按照动力源及控制方式的不同，又可分为液压动力转向系统、气压动力转向系统和电控动力转向系统。

（1）液压（气压）动力转向系统 以驾驶员的体力作为转向能量，但增加了液压（气压）助力装置来减轻驾驶员的操纵力。液压动力转向系统主要由转向油泵、转向油罐、转向油管、转向控制阀、V 带等部件组成，如图 3-2（a）所示。

（2）电控动力转向系统 在机械转向系统的基础上增加了电控助力装置。按照动力源不

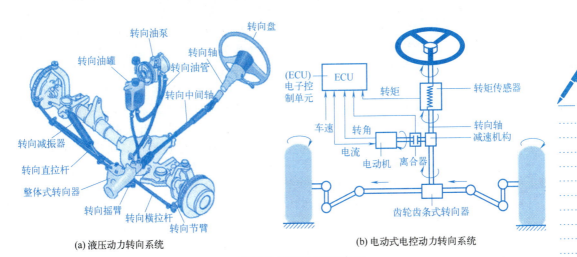

(a) 液压动力转向系统

(b) 电动式电控动力转向系统

图 3-2 汽车动力转向系统示意图

同，又可分为液压式电控动力转向系统（液动式 EPS）和电动式电控动力转向系统（电动式 EPS）。电动式电控动力转向系统由电动机、减速机构、离合器、转矩传感器、ECU 及机

械转向器等部件组成，如图 3-2（b）所示。其具有结构简单、成本低、节能环保等优点，并且可以根据车速、转向角度等因素自动调整助力的大小，从而有效提高了汽车的操纵稳定性和行驶安全性。

（三）对转向系统的要求

① 汽车转弯时，全部车轮应绕瞬时转向中心旋转。
② 转向轮具有自动回正能力。
③ 在行驶状态下，转向轮不得产生自振，转向盘没有摆动。
④ 转向传动机构和悬架导向装置产生的运动应协调，应使车轮产生的摆动最小。
⑤ 操纵轻便、转向灵敏、最小转弯直径小。
⑥ 转向轮传给转向盘的反冲力要尽可能小。
⑦ 转向器和转向传动机构中应有间隙调整机构。
⑧ 转向系统应有能使驾驶员免遭或减轻伤害的防伤装置。
⑨ 转向盘转动方向与汽车行驶方向的改变相一致。

（四）转向原理和参数

（转向）基本原理

1. 基本原理

汽车的转向原理是指通过操纵转向盘及转向机构，使车辆改变行进方向的过程。汽车的转向主要包括前轮转向和后轮转向两种方式。前轮转向是指通过转向机构将驾驶员转动转向盘的信号传递到前轮，从而改变车辆的行进方向。后轮转向则是指后轮在特定条件下也能转动，以增加车辆的稳定性和驾驶性能。

前轮转向是最常见的转向方式，也是目前大多数汽车采用的转向方式。它的原理是通过转向盘与前轮连接的转向机构来实现的。当驾驶员将转向盘转动时，转向机构将转动信号传递到前轮，通过转向拉杆、转向节和转向球头等零部件将转动力矩传递给前轮，使前轮发生转向，从而改变车辆的行进方向，如图 3-3 所示。

（转向）基本原理（四轮转向）

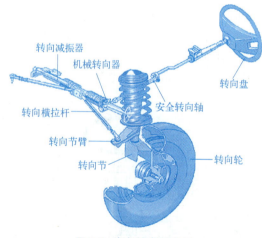

转向减振器
机械转向器
转向盘
转向横拉杆
安全转向轴
转向节臂
转向节
转向轮

图 3-3 汽车转向示意图

后轮转向则是将驾驶员转动转向盘的信号传递到后轮，从而实现车辆的转向。后轮转向通常是通过操纵车辆上的一些装置和传感器来实现的。这些装置和传感器会根据车速、转向角度等要素，自动控制后轮的转向角度。后轮转向能够有效提高车辆的稳定性和驾驶性能，特别是在高速行驶和转弯时，通过使后轮同向或逆向转动，可以在一定程度上减少车辆的侧滑和过度滚动现象，提高车辆的操控性和平稳性。

除了前轮转向和后轮转向，还有一些特殊的转向方式（例如四轮转向、主动转向和电动助力转向等）被广泛应用于汽车上。四轮转向是指将转向信号分别传递到前轮和后轮，从而改变车辆行进方向。主动转向则是利用电子控制系统来控制转向机构，根据车辆的行驶状态和驾驶员的操作意图，自动调整转向角度。电动助力转向在传统的转向机构的基础上，增加了电动助力装置，可以提供更好的转向感受和转向力矩，提高驾驶的舒适性和安全性。

总的来说，汽车的转向原理是通过操纵转向盘和转向机构，将驾驶员的转向信号传递到车辆的前轮或后轮，从而改变车辆的行进方向。通过不断地创新和发展，汽车的转向技术将会进一步发展，从而为人们提供更加安全、高效和舒适的驾驶体验。

2. 转向时车轮的运动规律

汽车转向时，内侧车轮和外侧车轮滚过的距离是不相等的。对于一般汽车而言，后桥左右两侧的驱动轮由于差速器的作用，能够以不同的转速滚过不同的距离。但前桥左右两侧的转向轮要滚过不同的距离，必然引起车轮沿路面边滚动边滑动，致使转向时的行驶阻力增大，轮胎磨损增加。为了避免这种现象，要求转向系统能保证在汽车转向时，所有车轮均做纯滚动。显然，这只有在转向时，所有车轮的轴线都交于一点才能实现。此交点 O 称为汽车的转向中心（图3-4）。由图3-4可见，汽车转向时内侧转向轮偏转角 β 大于外侧转向轮偏转角 α。α 与 β 的关系是

转向时车轮运动规律（梯形机构）

$$\cot\alpha = \cot\beta + B/L \qquad (3\text{-}1)$$

式中 B——两侧主销中心距（略小于转向轮轮距）；

L——汽车轴距。

这一关系是由转向梯形保证的，故式（3-1）也称为转向梯形理论特性关系式。迄今为止，所有汽车的转向梯形的设计实际上都只能保证在一定的车轮偏转角范围内，使两侧车轮偏转角大体上接近以上关系式。

转向时车轮运动规律（转弯半径 R）

从转向中心 O 到外侧转向轮与地面接触点的距离 R 称为汽车转弯半径。转弯半径 R 越小，则汽车转向所需场地就越小，汽车的机动性也越好。从图3-4可以看出，当外侧转向轮偏转角达到最大值 α 时，转弯半径 R 最小。

汽车内侧转向轮的最大偏转角一般为 $35°\sim42°$，最小转弯半径一般为 $5\sim12\text{m}$。

三轴或四轴汽车转向时，与上述情况类似，在此不再赘述。

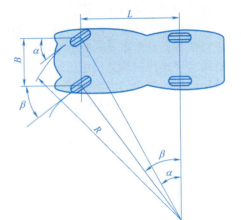

图3-4 双轴汽车转向示意图

3. 转向系统角传动比

转向系统角传动比 i_ω 是指转向盘转角增量与同侧转向节臂带动的车轮偏转角增量之比。转向器角传动比 i_1 为转向盘转角增量和转向摇臂摆角增量之比。转向传动机构角传动比 i_2 为转向摇臂摆角增量与同侧转向节带动的转向轮偏转角增量之比。显然，转向系统角传动比 i_ω 是转向器的角传动比 i_1 与转向传动机构角传

转向系统角传动比

动比 i_2 的乘积，即 $i_\omega = i_1 i_2$。

转向系统角传动比 i_ω 越大，则克服一定的地面转向阻力力矩所需的转向盘的转向力矩就越小，驾驶员的操纵力越小。但 i_ω 不能过大，i_ω 过大将导致转向操纵不够灵敏，即转向盘转动的圈数增加。而转向系统角传动比太小又会导致转向沉重。因此，转向系统角传动比既要保证转向轻便省力，又要保证转向灵敏。但机械转向系统很难做到这一点，所以早期的机械转向系统往往采用变传动比，而现今的车辆多采用动力转向系统来解决这一问题。机械转向系统的转向传动机构角传动比 i_2 一般在 $1.0\sim1.3$ 范围内；转向器角传动比 i_1 对于货车为 $16\sim32$，对于轿车为 $12\sim22$。

4. 转向盘的自由行程

转向盘的自由行程是指转向盘在空转阶段的角行程，这主要是由转向系统各传动件之间

的装配间隙和弹性变形引起的。由于转向系统各传动件之间都存在装配间隙，而且这些间隙会随零件的磨损而增大，因此在一定的范围内转动转向盘时，转向节并不马上同步转动。只有在消除这些间隙并克服机件的弹性变形后，转向节才会开始进行相应的转动，即转向盘有一个空转过程。

转向盘的自由行程对于缓和路面冲击及避免驾驶员过于紧张是有利的，但过大的转向盘自由行程会影响转向的灵敏性。所以，汽车维护工作应包括定期检查转向盘的自由行程。一般汽车转向盘从中间位置向任一方向的自由行程应不超过 $10°\sim15°$，否则应进行调整。通常通过调整转向器传动副的啮合间隙来调整转向盘的自由行程。

二、转向器

1. 转向器的功用、类型和传动效率

转向器是转向系统中降速增矩的传动装置，其功用是增大由转向盘传到转向节的力矩，并改变力矩的传动方向。

转向器的传动效率是转向器输出功率与输入功率之比。当功率由转向盘输入，从转向摇臂输出时，所求得的传动效率称为正传动效率；反之，转向摇臂受到的道路冲击传到转向盘的传动效率，则称为逆传动效率。

按传动效率的不同，转向器可以分为可逆式转向器、极限可逆式转向器和不可逆式转向器。

可逆式转向器是指正、逆传动效率都很高的转向器。这种转向器有利于汽车转向后转向轮的自动回正，转向盘"路感"很强，但在坏路上行驶时容易出现"打手"现象，所以主要应用于经常在良好路面上行驶的车辆。

极限可逆式转向器是指正传动效率远大于逆传动效率的转向器。这种转向器能实现汽车转向后转向轮的自动回正，但"路感"较差，只有当路面冲击力很大时冲击力才能部分地传到转向盘，主要应用于中型以上的越野汽车、工矿用自卸汽车等。

齿轮齿条
式转向器
（原理）

不可逆式转向器是指逆传动效率很低的转向器。这种转向器使驾驶员不能得到路面的反馈信息，没有"路感"，而且转向轮也不能自动回正，所以很少采用。

按转向器中传动副的结构形式的不同，转向器还可以分为循环球式、齿轮齿条式、蜗杆曲柄指销式三种。

2. 齿轮齿条式转向器

齿轮齿条式转向器采用一级传动副，主动副是齿轮，从动副是齿条。其可分为两端输出式 [图 3-5（c）] 和中间（或单端）输出式 [图 3-5（a）] 两种，其结构和工作原理基本相同。

齿轮齿条式转向器主要由壳体、转向驱动齿轮、转向齿条、齿轮轴、轴承、转向横拉杆等组成，如图 3-5 所示。其工作过程为转向盘旋转→齿轮轴旋转→转向（驱动）齿轮旋转→转向齿条直线运动→转向横拉杆带动转向节转动→左右转向轮转动。

一般转向齿轮与齿轮轴制成一体，齿轮轴通过衬套和球轴承装于壳体上，其伸出端通过花键与万向节叉和转向轴连接。齿条由右端壳体装入，其右端孔由螺母、盖、密封圈及卡簧密封。齿条两端伸出，伸出端和左右横拉杆及减振器连接，并安装有橡胶防尘套，以防灰尘进入转向器，如图 3-5（c）所示。

转向器壳体通过左面的凸台和右面的凸缘与车身连接。其中间的凸缘上装有转向器补偿机构。该机构主要由罩盖、压紧弹簧、压簧垫块、调整螺塞等组成 [图 3-5（b）]，其作用是自动调整齿轮与齿条的啮合间隙。调整螺塞用来调整补偿机构中压紧弹簧的预紧力，出厂时已调好，一般不需要再调整。

为了衰减由于道路不平而传递给转向盘的冲击、振动，防止转向盘打手，稳定汽车行驶方向，许多轿车装有转向减振器。转向减振器缸筒一端固定在转向器壳体上，另一端与转向横拉杆支架连接。转向减振器的结构、工作原理与悬架中的减振器类似，这里不再重复介绍。

齿轮齿条式转向器结构简单，可靠性好，也便于独立悬架的布置；同时，由于齿轮齿条直接啮合，转向灵敏、轻便，故多用于采用前轮独立悬架的轿车和微型货车上。

齿轮齿条式转向器（结构、调间隙）

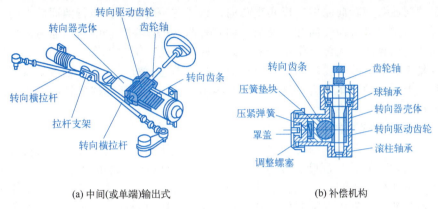

(a) 中间(或单端)输出式　　　　(b) 补偿机构

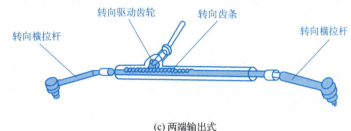

(c) 两端输出式

图 3-5　齿轮齿条式转向器

3. 循环球式转向器

循环球式转向器是目前国内外应用最广泛的转向器之一，其主要由转向螺杆、制有齿的方形的转向螺母、转向器壳体、循环球和推力轴承等组成，如图 3-6 所示。

循环球式转向器

循环球式转向器采用两级传动副，第一级是转向螺杆与转向螺母，第二级是齿条与扇齿。转向螺杆通过一对推力轴承安装于壳体内，其上装有制成方形的转向螺母，形成第一级传动副。在转向螺杆和转向螺母之间形成的螺旋形通道内和转向螺母侧面的两根 U 形导管内装有很多钢球。转向螺杆转动时，钢球在球道内做循环运动，形成"球流"，以提高传动效率，并减少转向螺杆、转向螺母的磨损。转向摇臂轴通过滚针轴承装于壳体内，扇齿与摇臂轴制成一体并与转向螺母上的齿条相啮合，

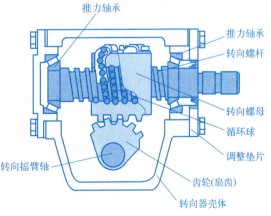

图 3-6　循环球式转向器

形成第二级传动副。当转向螺杆转动时，转向螺母不能转动，只能沿螺杆轴线做轴向移动，并通过螺母下端面的齿条带动扇齿及转向摇臂轴转动。

循环球式
转向器

曲柄指销
式转向器

转向器通过托架安装在车架上，其侧盖上装有调整螺栓和锁紧螺母，用来调整扇齿和转向螺母上齿条的啮合间隙；其底盖与壳体之间装有调整垫片，以调整螺杆两端轴承的预紧度。壳体上方装有通气螺塞，兼作加油用；下方装有放油螺塞。

循环球式转向器工作时，转向螺杆转动，传给转向螺母，转向螺母沿轴线移动。在摩擦力的作用下，所有钢球在转向螺母与转向螺杆之间形成"球流"，并推动转向螺母沿螺杆轴线前后移动，然后通过齿条带动扇齿摆动，并使转向摇臂轴旋转，带动摇臂摆动，最后由传动机构传至转向轮，使转向轮偏转以实现转向。钢球在转向螺母内绕行两周后，流出转向螺母进入导管，再由导管流回转向螺母通道，同时有两列钢球在各自的封闭通道内循环。

循环球式转向器的最大优点是传动效率高、操纵轻便、工作可靠、使用寿命长。其主要缺点是结构复杂、制造精度要求高、逆传动效率高。不过，对于轻型、轴载质量不大而又经常在平坦路面上行驶的汽车而言，这一缺点影响不大。因此，循环球式转向器广泛应用于各类、各级汽车。

4. 蜗杆曲柄指销式转向器

蜗杆曲柄指销式转向器中的传动副是蜗杆和指销。按其传动副中指销的数目分为单指销式和双指销式两种。如图 3-7 所示为某汽车用蜗杆曲柄单指销式转向器，主要由转向器壳体、转向蜗杆、曲柄、指销、上盖、下盖、调整螺塞及锁紧螺母等组成。转向器壳体固定在车架的转向器支架上。壳体内装有传动副，其主动件是转向蜗杆，从动件是装在摇臂轴端部的指销。

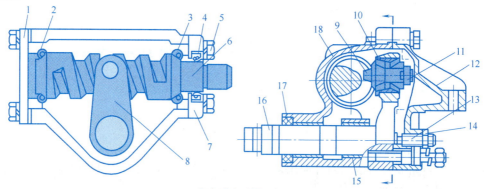

图 3-7 蜗杆曲柄单指销式转向器

1—上盖；2,3—向心推力球轴承；4—调整螺塞；5,14—锁紧螺母；6—转向蜗杆；
7—下盖；8—曲柄；9—指销；10—双排圆锥滚子轴承；11—调整螺母；12—侧盖；13—调整螺钉；
15—衬套；16—转向摇臂轴；17—油封；18—转向器壳体

汽车转向时，驾驶员通过转向盘转动转向蜗杆（主动件），与之啮合的指销（从动件）便一边自转，一边以曲柄为半径绕摇臂轴在转向蜗杆的螺旋槽内做圆弧运动，从而带动曲柄、转向摇臂摆动，实现汽车转向。

具有梯形截面螺纹的转向蜗杆支撑于转向器壳体两端的两个向心推力球轴承 2 和 3 上。转向器盖上装有调整螺塞 4，用以调整上述两轴承预紧度，调整后用螺母 5 锁紧。转向蜗杆与锥形的指销 9 相啮合，指销 9 用双排圆锥滚子轴承 10 支撑于转向摇臂轴 16 内端的曲柄 8 上，其中靠指销头部的一排无内座圈，滚子直接与指销轴颈接触。这样，所受的剪切载荷最大的这段轴颈的直径可以做得大一些，以保证指销有足够的强度。指销装在滚子轴承上可以减轻转向蜗杆和指销的磨损，并提高传动效率。调整螺母 11 用以调整滚子轴承 10 的预紧度，以使指销能自由转动且无明显的轴向间隙为宜。转向摇臂轴 16 用两个粉末冶金衬套 15 支撑在壳体中。指销同转向蜗杆的啮合间隙用侧盖 12 上的调整螺钉 13 调整，调整后用螺母 14 锁紧。如图 3-7 所示。

　　尽管蜗杆曲柄指销式转向器具有传动效率较高、转向轻便、结构简单、调整方便等优点，但其综合性能仍不及循环球式转向器，所以其应用面不广，有逐渐被淘汰的趋势。

三、转向操纵机构

　　转向操纵机构的功用是产生转动转向器所需的操纵力，并具有一定的调节功能和安全性能。它一般由转向盘、转向轴、转向管柱等组成，如图3-8所示。转向操纵机构要将驾驶员操纵转向盘的力传给转向器，同时还要求转向操纵机构可以调节，以满足不同驾驶员的需求；另外，为了防止车辆撞击后对驾驶员造成损伤，还要求转向操纵机构具有一定的安全保护装置。

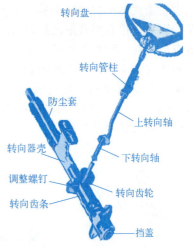

图3-8　转向操纵机构的组成

（一）转向操纵机构的组成和布置

　　转向操纵机构一般由转向盘、上转向轴、转向管柱、下转向轴、转向万向节叉总成、滑动叉万向节总成等组成。转向盘由塑料制成，内有钢制骨架，通过花键将转向盘毂与上转向轴相连，用螺母固定；上转向轴上端支撑在衬套内，下端支撑在轴中，由孔用弹性挡圈和轴用钢丝挡圈进行轴向定位。转向管柱下端压配在下固定支架中，并通过两个螺钉将下固定支架紧固在驾驶室底板上；上端通过橡胶套、盖板由两个螺钉固定在驾驶室仪表板上。弹簧可消除转向管柱上转向轴间的轴向间隙。

　　转向管柱上端装有喇叭接触环、转向灯开关、刮水器开关总成及转向盘锁总成等部件。

（二）转向操纵机构的部件及安全装置

1. 转向盘

　　如图3-9所示，转向盘（俗称方向盘）由轮缘、轮辐和轮毂组成。轮辐一般为3根辐条或者4根辐条，也有2根辐条的。轮毂有圆孔及键槽，利用键和螺母将其固定在转向轴的轴端。转向盘内部由成形的金属骨架构成，骨架外面一般包有柔软的合成橡胶或树脂，也有包皮革的，以具有良好的手感并防止手心出汗时转向盘打滑。

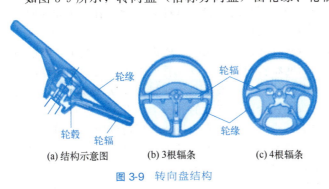

(a) 结构示意图　　(b) 3根辐条　　(c) 4根辐条

图3-9　转向盘结构

　　出于安全考虑，不仅要求转向盘具有可起缓冲作用的柔软表皮，还要求转向盘在汽车发生碰撞时，其骨架能产生变形，以吸收冲击能量，减轻对驾驶员的伤害。

　　转向盘普遍装有喇叭按钮和安全气囊，安全气囊可在汽车发生碰撞时弹出，为驾驶员提供有效的防撞保护。有些轿车的转向盘上还装有车速控制开关、音量调节按钮等。

2. 安全式转向柱

　　为了保证驾驶员的安全，同时为了更加舒适、可靠地操纵转向系统，现代汽车通常在转向操纵机构上增设相应的安全调节装置。这些装置主要反映在转向轴和转向管柱的结构上。

为了叙述方便，将转向轴和转向管柱统称为转向柱。

安全式转向柱按工作原理不同，分为可分离式转向柱和缓冲吸能式转向柱。

（1）可分离式转向柱　可分离式转向柱是一种安全装置，其主要功能是在车辆发生碰撞等紧急情况下，通过转向操纵机构的某些部分的分离或滑动来减少转向盘对驾驶员的冲击和伤害。上海桑塔纳轿车采用了可分离式转向柱，图3-10（a）所示为转向柱的正常工作位置。此类安全式转向柱的转向轴分为上下两段，两段用安全联轴器连接。上转向轴2下部弯曲并在端面上焊接有半月形凸缘盘8，凸缘盘上装有2个驱动销7，与下转向轴上端凸缘6上压装有尼龙衬套和橡胶圈的孔相配合，形成安全联轴器。一旦发生撞车事故，驾驶员因惯性而扑向转向盘5时，迫使转向管柱3压缩位于转向柱上方的可折叠安全元件4向下移动，使2个驱动销7迅速从下转向轴上端凸缘6的孔中退出，从而形成缓冲，以减轻对驾驶员的伤害。图3-10（b）为转向盘受撞击时可折叠安全元件被折叠、压缩和安全联轴器脱开使转向柱产生轴向移动的情形。

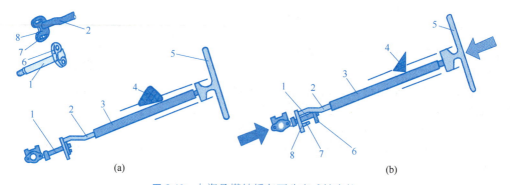

图3-10　上海桑塔纳轿车可分离式转向柱
1—下转向轴；2—上转向轴；3—转向管柱；4—可折叠安全元件；5—转向盘；
6—凸缘；7—驱动销；8—半月形凸缘盘

（2）缓冲吸能式转向柱　缓冲吸能式转向柱是一种能够在车辆发生碰撞时，通过其结构特性使转向轴和转向管柱轴向收缩并吸收冲击能量的装置。这种设计旨在有效缓和转向盘对驾驶员的冲击，从而减轻驾驶员在碰撞中所受的伤害。

缓冲吸能式转向柱通常由转向轴、转向管柱以及吸能装置等部件组成。其中，吸能装置是该机构的核心部分，其有多种形式，如网状转向管柱、波纹管变形吸能装置和钢球滚压变形吸能装置等。这些吸能装置在受到冲击时能够产生塑性变形或错位，从而吸收大量的冲击能量。当车辆发生碰撞时，转向轴和转向管柱会承受巨大的冲击力。此时，缓冲吸能式转向柱中的吸能装置会发挥作用。通过塑性变形或错位等方式，吸能装置能够吸收大量的冲击能量，并减缓转向轴和转向管柱的轴向移动速度。这样，当驾驶员因惯性而向前冲时，转向盘对驾驶员的冲击会得到有效缓和，从而减轻对驾驶员的伤害。

缓冲吸能式转向柱的形式很多，根据结构特点和工作原理可分为网状管柱变形式、钢球滚压变形式、波纹管变形式及支架变形（或可溃缩）式等。

汽车撞车时，首先车身被撞坏（第一次碰撞），转向操纵机构被向后推，从而挤压驾驶员，使其受到伤害；接着随着汽车速度的降低，驾驶员在惯性力的作用下向前冲，再次与转向操纵机构接触（第二次碰撞）而受到伤害。缓冲吸能式转向柱对这两次冲击都具有吸收能量、减轻驾驶员受伤程度的作用。

① 网状管柱变形式。这种转向操纵机构的转向轴分为上下两段，如图3-11所示。上转向轴套装在转向轴的内孔中，两者通过塑料销结合在一起，并传递转向力矩。塑料销的传力

能力受到严格限制，它既能可靠地传递转向力矩，又能在受到冲击时被剪断，因此起到安全销的作用。

这种转向操纵机构的转向管柱的部分管壁制成网格状，使其在受到压缩时很容易产生轴向变形，并消耗一定的能量（图 3-11）。另外，车身上固定的转向管柱的托架通过两个塑料销与转向管柱连接。但这两个塑料销被剪断后，整个转向管柱就能前后自由移动。

当发生第一次碰撞时，存在两个过程：一是塑料销被剪断，上转向轴沿下转向轴的内孔滑动收缩；二是转向管柱上的网格部分被压缩变形。这两个过程都会消耗一部分冲击能量，从而阻止了转向管柱整体向上移动，避免了转向盘对驾驶

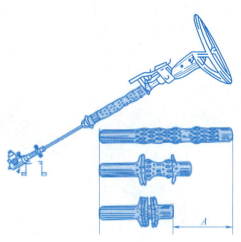

图 3-11　网状管柱变形式转向柱

员的挤压伤害。第二次碰撞时，固定转向管柱的塑料销被剪断，使转向管柱和转向轴的上端能自由移动。同时，当转向管柱受到来自上端的冲击力后，会再次被轴向压缩变形并消耗冲击能量。这样，由转向系统引起的对驾驶员的冲击伤害被大大减轻了。

② 钢球滚压变形式。如图 3-12 所示为一种钢球连接的可分开式转向柱。这种转向柱的转向轴分为上转向轴和套在其上的下转向轴两部分，二者用塑料销钉连成一体。转向管柱也分为上转向管柱和下转向管柱两部分。上下转向管柱之间装有钢球，下转向管柱的外径与上转向管柱的内径之间的间隙比钢球直径稍小。上下转向管柱连同转向管柱托架通过特制的橡胶垫固定在车身上，橡胶垫则利用塑料销钉与转向管柱托架连接。

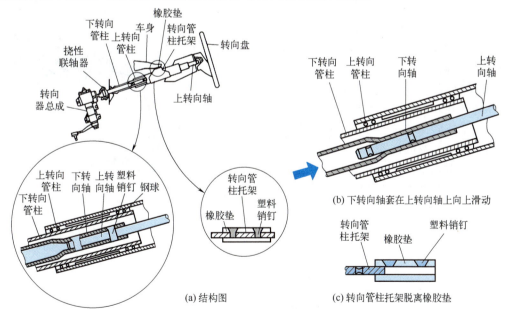

图 3-12　钢球滚压变形式转向柱结构及碰撞时内部安全变形运动情况

当发生第一次碰撞时，将连接上下转向轴的塑料销钉切断，下转向轴便套在上转向轴上向上滑动，如图 3-12（b）所示。在这一过程中，上转向轴和上转向管柱的空间位置没有因冲击而上移，故可使驾驶员免受伤害。第二次碰撞时，则连接橡胶垫与转向管柱托架的塑料销钉被切断，转向管柱托架脱离橡胶垫［图 3-12（c）］，即上转向轴和上转向柱管连同转向

盘、转向管柱托架一起，相对于下转向轴和下转向管柱向下滑动，从而减轻了对驾驶员胸部的冲击。在上述两次冲击过程中，上下转向管柱之间均产生相对滑动，因为钢球的直径稍大于上下转向管柱之间间隙，所以滑动中带有对钢球的挤压，冲击能量就在这种边滑动边挤压的过程中被吸收。日本丰田汽车一些车型的转向柱采用这种形式。

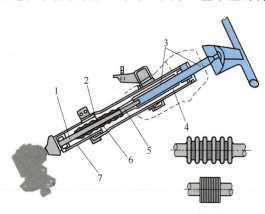

图 3-13　波纹管变形式转向柱

1—下转向轴；2—限位块；3—上转向轴；4—上转向管柱；5—细齿花键；6—波纹管；7—下转向管柱

③ 波纹管变形式。如图 3-13 所示，波纹管变形式转向柱的转向轴和转向管柱都分成两段。上转向轴和下转向轴通过细齿花键结合并传递转向力矩，同时它们之间可以做轴向伸缩滑动。在下转向轴的外边装有波纹管，它在受到冲击时能轴向收缩变形并消耗冲击能量。下转向管柱的上端套在上转向管柱里面，但两者不直接连接，而是通过管柱压圈和限位块分别对它们进行定位。当汽车撞车时，下转向管柱向上移动，在第一次碰撞力的作用下限位块首先被剪断并消耗能量，同时转向管柱和转向轴都做轴向收缩。在受到第二次碰撞时，上转向轴下移，压缩波纹管使之收缩变形并消耗冲击能量。

④ 可溃缩式。可溃缩式转向柱由吸能式转向轴、组合板、剪力板、滑板和伸缩悬臂等组成。当汽车发生严重碰撞时，组合板、剪力板、滑板和伸缩悬臂组成的总成会按照预先的设计发生溃缩变形或折叠，整个转向操纵机构会向汽车下部溃缩，从而吸收冲击能量，实现安全保护，如图 3-14 所示。

3. 可调节式转向柱

不同的驾驶员具有不同的驾驶姿势和身材，因此他们对转向的最佳操纵位置有不同的要求。另外，转向盘的位置往往会与驾驶员进出驾驶室的方便性产生矛盾。所以，一些汽车还会在转向柱上加装调节装置，使其成为可调节式转向柱，使驾驶员可以在一定范围内调节转向盘的位置。

按调节形式不同，调节装置可分为倾斜角度调节装置和轴向位置调节装置，如图 3-15 所示。使用轴向位置调节装置的可调节式转向柱也称为伸缩式转向柱。

图 3-14　可溃缩式转向柱

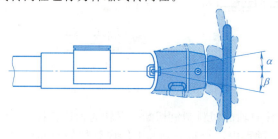

(a) 倾斜角度调节装置

滑轴

楔形锁　转向轴

(b) 轴向位置调节装置

图 3-15　可调节式转向柱的调节装置

四、转向传动机构

（一）转向传动机构的功用

转向传动机构的功用主要是将转向器输出的力和运动传递到转向桥两侧的转向节上，使两侧的转向轮偏转，并根据必要的连接改变两个转向轮的偏转角度，以保证汽车转弯时车轮与地面的相对滑动尽可能小。其作用主要包括以下几个。

① 传递转向力和运动：转向传动机构将驾驶员通过转向盘输入的转向力和运动，经过转向器转换后，传递到转向桥两侧的转向节上，使转向轮产生偏转。

② 调整转向角度：转向传动机构通过内部的连接件和杆件调整两个转向轮的偏转角度，使它们按照一定的关系变化，从而确保汽车在转弯时能够平稳、准确地行驶。

③ 减小车轮滑动：转向传动机构的设计使得两个转向轮在偏转时能够保持一定的关系，从而减小车轮与地面之间的相对滑动，提高汽车的转向效率和稳定性。

④ 提高转向安全性：转向传动机构作为汽车转向系统的重要组成部分，其可靠性和稳定性对于汽车的行驶安全至关重要。通过精确传递转向力和运动，以及调整转向角度，转向传动机构能够确保汽车在转弯时保持稳定的行驶轨迹，从而提高转向安全性。

（二）转向传动机构的组成和构造

转向传动机构的组成和布置因转向器位置和转向轮悬架类型的不同而异。

1. 与非独立悬架配用的转向传动机构

如图 3-16 所示，与非独立悬架配用的转向传动机构一般由转向摇臂 2、转向直拉杆 3、转向节臂 4、两个转向梯形臂 5 和转向横拉杆 6 等组成。各杆件之间都采用球形铰链连接并设有防止松动、缓冲吸振、自动消除磨损后的间隙等结构。

① 当前桥仅为转向桥时，由左右转向梯形臂 5 和转向横拉杆 6 组成的转向梯形一般布置在前桥之后（称为后置式），如图 3-16（a）所示。这种布置简单方便，且后置的转向横拉杆 6 由前面的车桥保护，可避免直接与路面障碍物碰撞而损坏。当转向轮处于与汽车直线行驶相应的中间位置时，转向梯形臂与转向横拉杆在道路水平面内的交角 $\theta > 90°$。

② 当发动机位置较低或前桥为转向驱动桥时，为避免运动干涉，往往将转向梯形布置在前桥之前（称为前置式），此时上述交角 $\theta < 90°$，如图 3-16（b）所示。

③ 若转向摇臂 2 不在汽车纵向平面内前后摆动，而在与路面平行的平面内左右摆动，则可将转向直拉杆 3 横向布置，并借球头销直接带动转向横拉杆 6，从而推动左右转向梯形臂 5 转动，如图 3-16（c）所示。

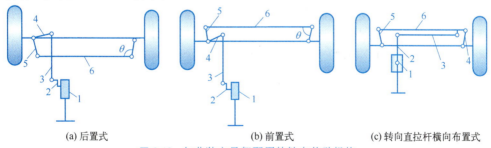

(a) 后置式　　　　　　　　(b) 前置式　　　　　　(c)转向直拉杆横向布置式

图 3-16 与非独立悬架配用的转向传动机构

1—转向器；2—转向摇臂；3—转向直拉杆；4—转向节臂；5—转向梯形臂；6—转向横拉杆

（1）转向摇臂

如图 3-17 所示为常见转向摇臂的结构形式，其大端具有三角细花键锥形孔，用以与转向摇臂轴外端相连接，并用螺母固定；其小端带有球头销，以便与转向直拉杆做空间铰链连接。转向摇臂安装后从中间位置向两边摆动的角度应大致相等，故在把转向摇臂安装到转向摇臂轴上时，二者相应的角度位置应正确。为此，常在转向摇臂大孔外端面上和转向摇臂轴的外端面上刻短线，或在二者的花键部分上都少铣一个齿作为装配标记，装配时应将标记对齐。

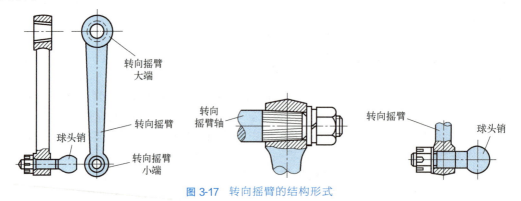

图 3-17 转向摇臂的结构形式

（2）转向直拉杆

转向直拉杆将转向摇臂传来的力和运动传给转向梯形臂或转向节臂。转向直拉杆工作时既受拉力又受压力，一般采用优质特种钢制造，以保证工作的可靠。图 3-18 所示为某汽车的转向直拉杆。由于转向轮偏转或因悬架弹性变形而相对于车架跳动时，它与转向摇臂及转向节臂的相对运动都是空间运动，为了避免运动干涉，三者之间采用球头销连接。

转向直拉杆杆体由两端扩大了的钢管制成，在扩大的端部里装有由球头销、球头座、弹簧座、压缩弹簧和螺塞等组成的球铰链。球头销的锥形部分与转向节臂连接，并用螺母固定；其球头部分的两侧与两个球头座配合，前球头座靠在端部螺塞上，后球头座在压缩弹簧的作用下压靠在球头上，这样，两个球头座就将球头紧紧夹持住。为保证球头与球头座的润滑，可从油嘴注入润滑脂。拆装时，供球头出入的转向直拉杆杆体上的孔口用油封垫的护套封盖住，以防止润滑脂流出和污物侵入。

压缩弹簧能自动消除因球头与球头座间磨损而产生的间隙，并可缓和由转向轮经转向节臂和球头销传来的向前（图中为向右）的冲击。弹簧座的小端与球头座之间留有不大的间隙，作为压缩弹簧的缓冲，并可限制缓冲时压缩弹簧的压缩量（防止弹簧过载）。此外，当压缩弹簧折断时，此间隙可保证球头销不致从管孔中脱出。端部螺塞可以调整此间隙，调整间隙的同时也调整了前压缩弹簧的预紧度。调好后，用开口销固定端部螺塞的位置，以防止其松动。

为了使转向直拉杆在受到向前或向后的冲击力时，都有一个弹簧起缓冲作用，两端的压缩弹簧应装在各自球头销的同一侧。由球头销传来的向后（图中为向左）的冲击力由前压缩弹簧承受。当球头销受到向前的冲击力时，冲击力依次经前球头座、前端部螺塞、转向直拉杆杆体和后端部螺塞传给后压缩弹簧。

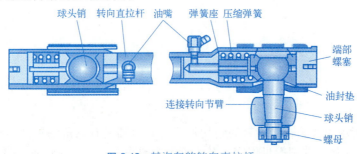

图 3-18 某汽车的转向直拉杆

（3）转向横拉杆

图 3-19（a）所示为汽车转向横拉杆。转向横拉杆杆体用钢管制成，其两端切有螺纹，一端为右旋，一端为左旋，与转向横拉杆接头旋装连接。接头的螺纹孔壁上开有轴向切口，故具有弹性，旋装到杆体上后可用夹紧螺栓夹紧。两端接头结构相同，如图 3-19（b）所示。由于转向横拉杆杆体两端是正反螺纹，因此在旋松夹紧螺栓后转动转向横拉杆杆体，即可改变转向横拉杆的总长度，从而调整转向轮前束。

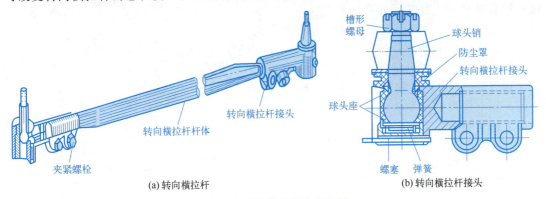

(a) 转向横拉杆　　　　　　　　　　　(b) 转向横拉杆接头

图 3-19 某汽车的转向横拉杆

在转向横拉杆两端的接头上都装有由球头销等零件组成的球铰链。球头销的球头部分被夹在上下球头座内。球头座用聚甲醛制成，有较好的耐磨性。装配时，上下球头座凹凸部分互相嵌合。弹簧通过弹簧座压向球头座，以保证两球头座与球头的紧密接触，在球头和球头座间磨损时能自动消除间隙，同时还起缓冲作用。弹簧的预紧力由螺塞调整。球铰链上部有防尘罩，以防止灰尘侵入。球头销的尾部锥形柱与转向梯形臂连接，并用槽形螺母固定、开口销锁紧。

（4）转向节臂和梯形臂

某货车非独立悬架配用的转向节臂和转向梯形臂结构如图 3-20 所示。转向直拉杆通过

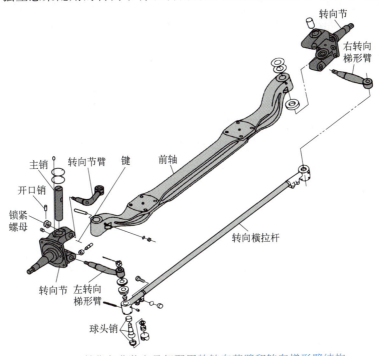

图 3-20 某货车非独立悬架配用的转向节臂和转向梯形臂结构

转向节臂与转向节相连。转向横拉杆两端经左右转向梯形臂与转向节相连。转向节臂和转向梯形臂带锥形柱的一端与转向节锥形孔相配合，用键防止螺母松动。转向梯形臂的另一端带有锥形孔，与相应的拉杆球头销锥形柱相配合，并且用锁紧螺母紧固后插入开口销，将锁紧螺母锁住。

（5）转向减振器

随着汽车车速的不断提高，汽车的转向轮有时会产生摆振，即转向轮绕主销轴线往复摆动，进而引起车身的振动；另外，转向轮的振动会传至转向盘造成冲击和振动，大大影响了汽车行驶的稳定性和舒适性，加剧了前轮轮胎的磨损。为此，越来越多的汽车转向传动机构中安装了转向减振器。

转向减振器缸筒端固定在转向器壳体上。转向减振器一端与车身或前桥铰接，另一端与转向直拉杆或转向器铰连，如图3-21所示。转向减振器的结构和工作原理与悬架减振器类似，但两者特性不同。转向减振器在压缩和伸长时的特性是相同的，即对称。

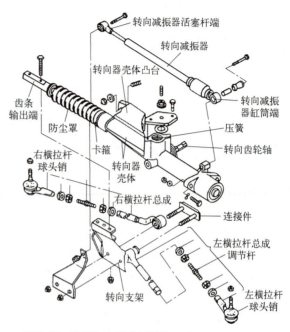

图3-21 轿车转向器中间输出形式及转向减振器

2. 与独立悬架配用的转向传动机构

当转向轮采用独立悬架时，由于每个转向轮都需要相对于车架（或车身）做独立运动，所以转向桥是断开式的，相应地，转向传动机构中的转向梯形也必须是断开式的。转向摇臂在平行于路面的平面内左右摆动，传递力和运动。图3-22所示为几种与独立悬架配用的转向传动机构的示意图。图3-22（a）所示为与循环球式转向器配用的转向传动机构，图3-22（b）所示为与齿轮齿条式转向器配用的转向传动机构。

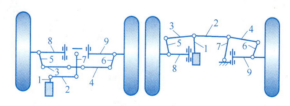

(a) 与循环球式转向器配用的转向传动机构

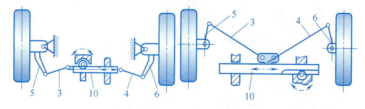

(b) 与齿轮齿条式转向器配用的转向传动机构

图3-22 几种与独立悬架配用的转向传动机构示意图

1—转向摇臂；2—转向直拉杆；3—左转向横拉杆；4—右转向横拉杆；5—左梯形臂；6—右梯形臂；7—摇杆；8—悬架左摆臂；9—悬架右摆臂；10—齿轮齿条式转向器

　　转向器齿条本身就是转向传动机构的一部分，转向横拉杆的内端通过球头销与齿条铰接，外端通过螺纹与连接转向节的球头销总成连接。奥迪 100 型和红旗 CA7220 型轿车的转向传动机构采用如图 3-22（b）左图所示的结构方案。

　　如图 3-21 所示为齿轮齿条式转向器中间输出形式，其示意图如图 3-22（b）右图所示。转向齿条一端输出动力，输出端铣有平面并钻孔，用两个螺栓与转向支架连接。转向支架下端的两个孔分别与左右转向横拉杆总成的内端相连。转向横拉杆外端的球头销分别与左右转向节臂连接。当需要调整前束时，先拧松调整螺栓两端的锁紧螺母，然后转动调整螺栓，左右转向横拉杆同时调整达到合理的前束值后，再将锁紧螺母锁紧。

五、机械转向系统常见故障的诊断与排除

　　汽车转向系统一旦发生故障，直接影响汽车的转向操纵性和行驶稳定性。导致汽车转向系统故障的原因不仅与转向系统有关，还与行驶系统及底盘等其他相关部件密切相关。所以，在诊断汽车转向系统故障时，不能只局限于转向系统，还应充分注意其他部位的影响。

　　机械转向系统由于维护调整不当、磨损、碰撞变形等，会使转向器过紧，转向传动机构和转向操纵机构松旷、变形、发卡等，从而造成转向沉重、行驶跑偏、单边转向不足、低速摆头、高速摆头等故障。

（一）转向沉重

1. 现象

汽车在行驶时，驾驶员转动转向盘感到沉重费力，转弯后又不能及时回正方向。

2. 原因

（1）转向器方面的原因

① 转向器缺乏润滑油。

② 转向轴弯曲或转向管柱凹陷碰擦，有时会发出"吱吱"的摩擦声。

③ 转向摇臂与衬套配合间隙过小或无间隙。

④ 转向器输入轴上下轴承调整得过紧，或因轴承损坏而受阻。

⑤ 转向器啮合间隙调整得过小。

（2）转向传动机构的原因。

① 各处球头销缺乏润滑油（脂）。

② 转向直拉杆和转向横拉杆上的球头销调整过紧，压紧弹簧过硬或折断。

③ 转向直拉杆或转向横拉杆弯曲变形。

④ 转向节主销与衬套配合间隙过小，或衬套转动使油道堵塞，润滑油无法进入，使衬套与转向节主销烧蚀。

⑤ 转向节推力球轴承调整过紧或缺少润滑油或损坏。

⑥ 转向节臂变形。

（3）前桥（转向桥）和车轮方面的原因

① 前轴弯曲、扭转变形，引起前轮定位失准。

② 轮胎气压不足。

③ 前轮轮毂轴承调整过紧。

④ 转向桥或驱动桥超载。

（4）其他部位的原因

① 车架弯曲、扭转变形。

② 前钢板弹簧或前悬架变形。

③ 前轮定位不正确。

3. 诊断与排除

① 顶起前桥，转动转向盘，若感到转向盘变轻，则说明故障部位在前桥、车轮或其他部位。此时应首先检查轮胎气压，如气压偏低，则应充气使之达到正常值。接下来应用前轮定位仪检查前轮，尤其应注意主销后倾角和前束值。如果前束值过大造成转向沉重，也会发现轮胎严重磨损。

② 若转向仍感沉重，说明故障在转向器或转向传动机构。进一步拆下转向摇臂与转向直拉杆的连接。此时若转向变轻，说明故障出在转向传动机构上，应检查各球头销是否装配得过紧，止推轴承是否缺油损坏，各拉杆是否弯曲变形等。检查时，通常可用手扳动两个车轮左右转动检查各传动部分，并转动车轮检查车轮轴承的预紧度。

③ 拆下转向摇臂后，若转向仍沉重，则说明转向器本身有故障，可检查转向器是否缺油，转动转向盘时倾听有无转向轴与转向管柱的碰擦声，检查调整转向器主动轴上下轴承预紧度和啮合间隙，检查转向摇臂轴转动是否发卡等。如不能解决，解体转向器检查内部有无部件损坏。

④ 经过上述检查，如转向仍不见减轻，可检查车桥、车架或下控制臂（独立悬架式）与转向节臂有无变形。如发现变形，应予以修整或更换。同时，检查前弹簧（板簧或螺旋弹簧），看其是否折断，否则应更换。

（二）低速摆头

1. 现象

① 汽车在低速行驶时，方向不稳，产生前轮摆振。

② 常伴有转向不灵敏、操纵不稳定现象；操纵转向盘时感觉松旷范围很大，需要较大幅度转动转向盘才能控制汽车的行驶方向；在汽车直线行驶时，会感到行驶不稳。

2. 原因

① 转向器传动副啮合间隙过大。

② 转向传动机构、转向直拉杆各球头销因磨损而松旷，弹簧折断或调整得过松。

③ 转向节主销与衬套的配合间隙过大或前轴主销孔与主销配合间隙过大。

④ 前轮轮毂轴承装配得过松或紧固螺母松动。

⑤ 后轮胎气压过低。

⑥ 车辆装载货物超长，使前轮承载过小。

⑦ 前悬架弹簧错位、折断或固定不良。

⑧ 转向轮前束值过大。

3. 诊断与排除

（1）外观检查

① 检查车辆是否装载货物超长，从而引起前轮承载过小。

② 检查后轮胎气压是否过低。若轮胎气压过低，应充气使之达到规定值。

③ 检查前悬架弹簧是否错位、折断或固定不良。若错位，应拆卸修复；若折断，应更换；若固定不良，应按规定转矩拧紧。

（2）检查转向盘的自由行程

① 由一人握紧转向摇臂，另一人转动转向盘试验，若自由行程过大，说明转向器啮合传动副的间隙过大，应调整。

② 放开转向摇臂，仍由一人转动转向盘，另一人在车下观察转向拉杆球头销，若有松旷现象，说明球头销或球碗磨损过甚、弹簧折断或调整过松，应先更换损坏的零件，再进行调整。

③ 检查前轴与转向节连接部位是否松旷。通过以上检查，若均正常，可支起前桥，并

用手沿转向节轴轴向推拉前轮，凭感觉判断是否松旷。若有松旷的感觉，可由另一人观察前轴与转向节连接部位。

　　a. 若此处松旷，说明转向节主销与衬套的配合间隙过大或前轴主销孔与主销配合间隙过大，应更换主销及衬套。

　　b. 若此处不松旷，说明前轮毂轴承松旷，应重新调整轴承的预紧度。

　　④ 检查前束值。若各处间隙均正常，应检查转向轮定位情况。若前束值过大，调整前束值以排除故障。

（三）高速摆头

1. 现象

汽车行驶中出现转向盘发抖，车头在横向左右摆动，行驶不稳等。主要有以下两种情况。

　　① 在转速范围内的某一转速出现。

　　② 转速越高，上述现象越严重。

2. 原因

　　① 转向轮动不平衡。

　　② 前轮定位不正确。

　　③ 车轮偏摆量大。

　　④ 转向传动机构有运动干涉。

　　⑤ 车架、车桥变形。

　　⑥ 悬架装置出现故障：左右悬架刚度不等、弹簧折断、减振器失效、导向装置失效等。

3. 诊断与排除

（1）外观检查

　　① 检查减振器是否失效，若漏油或失效，应更换。

　　② 检查左右悬架弹簧是否折断、刚度是否一致，若有折断或弹力减弱，应更换。

　　③ 检查悬架弹簧固定是否可靠，转向传动机构有无运动干涉等，若有应排除。

（2）检查车身和转向盘是否抖动　支起驱动桥，用三角架塞住非驱动轮，启动发动机并逐步使汽车换入高速挡，使驱动轮达到车身摆振的车速。

　　① 若此时车身和转向盘出现抖动，说明传动轴严重弯曲或松旷，转向轮动不平衡或偏摆量大（前驱动）。

　　② 若此时车身和转向盘不抖动，说明车架、车桥变形或前轮定位不正确。

（3）检查前轮是否偏摆

　　① 支起前桥，在前轮轮辋边上放一划针，慢慢地转动车轮，检查轮辋是否偏摆过大。若轮辋偏摆量过大，应更换。

　　② 拆下前轮，在车轮动平衡仪上检查前轮的动平衡情况。若不平衡量过大，应加装平衡块予以平衡。

　　经上述检查均正常，应检查车架、车桥是否变形，并用前轮定位仪检查、调整前轮定位。

（四）行驶跑偏

1. 现象

汽车直线行驶时，转向盘不在中间位置；必须紧握转向盘，预先校正一角度后，汽车才能保持直线行驶。若稍放松转向盘，汽车会自动向一侧跑偏。

2. 原因

　　① 左右前轮气压不相等或轮胎规格、轮胎磨损及花纹等不一致。

② 两前轮的定位角不等。

③ 两前轮轮毂轴承的预紧度不等。

④ 前束过大或过小。

⑤ 前桥（整轴式）弯曲变形或下控制臂（独立悬架式）安装位置不一致。

⑥ 前后车轴不平行。

⑦ 车架变形或左右轮距相差太大。

⑧ 一边车轮制动拖滞。

⑨ 转向桥两侧悬架不一致。

3. 诊断与排除

（1）外观检查

① 检查左右两前轮轮胎气压是否一致。若不一致，应按规定充气，使两前轮轮胎气压保持一致。

② 检查左右两前轮轮胎的磨损程度。若磨损程度不一致，应更换磨损严重的轮胎。

③ 检查左右两前轮轮胎的花纹是否一致。若花纹不一致，应更换轮胎，使花纹一致。

④ 将汽车停放在平坦的地面上，检查汽车前部高度是否一致。若高度不一致，说明悬架弹簧折断或弹力不一致，或减振器性能不一致，应更换。

（2）检查制动鼓与轮毂的温度　用手触摸跑偏一侧的车轮制动鼓和轮毂轴承，感觉温度情况。

① 若感觉车轮制动鼓特别热，说明该车轮制动鼓间隙过小或制动回位不彻底，应检查调整。

② 若感觉轮毂轴承特别热，说明该轮毂轴承过紧，应重新调整轴承预紧度。

（3）测量前后桥左右两端中心距离　测量前后桥左右两端中心的距离是否相等，若不相等，说明轴距短的一边钢板弹簧错位、车轴或半轴套管弯曲等，应检查维修。

（4）检查前轮定位　用前轮定位仪检查前轮定位是否正确，若不正确，应调整。

（五）单边转向不足

1. 现象

汽车转弯时，有时会出现转向盘左右转动量或车轮转角不等。

2. 原因

① 转向摇臂安装位置不对。

② 转向角限位螺钉调整不当。

③ 前钢板弹簧、U形螺栓松动，或中心螺栓松动。

④ 转向直拉杆弯曲变形。

⑤ 钢板弹簧安装位置不正，或中心不对称的前钢板弹簧装反。

3. 诊断与排除

这类故障主要根据使用维修情况来检查。

① 若汽车转向原来良好，由于行驶中的碰撞造成转向角不足或一边大一边小时，应检查转向直拉杆、前轴、前钢板弹簧有无变形和中心螺栓是否折断等。

② 若维修后出现转向角不足，可架起前桥，先检查转向摇臂安装是否正确。将转向盘从左边极限位置转到右边极限位置，记住总圈数，再回转总圈数的一半，检查转向轮是否处于直线行驶位置。如不是，则应重新安装转向摇臂。

a. 若左右转向角不等，则应做相应调整。

b. 当前轮转向靠到转向角限位螺钉时，最大转向角还不够，则说明转向角限位螺钉过长，应予以调整或更换。

c. 如前钢板弹簧中心不对称，则应检查是否装反。

（六）转向发卡

1. 现象

在转动转向盘时，某一位置出现卡滞，必须用较大力气方能通过，有时甚至完全不能转动。

2. 原因

① 转向器内掉入异物。

② 循环球式转向器的钢球破裂。

③ 转向器轴承破裂。

④ 啮合间隙调整不当。

3. 诊断与排除

通过对转向器检查，可发现造成转向发卡的原因。

 【任务实施】

机械转向系统维修

一、转向系统检测与调整

1. 转向系统的技术要求

《机动车运行安全技术条件》（GB 7258—2017）规定转向系统技术状况的主要评价参数有以下三项。

（1）汽车的侧滑量　对于前轴采用非独立悬架的汽车（前轴采用双转向轴时除外），其转向轮的横向侧滑量用侧滑台检验时，应在±5m/km之间，否则表明汽车的操纵性能已变差。

（2）施加于转向盘边缘的最大圆周力　按规定的检测规范进行测量，一般用弹簧秤拉动转向盘边缘（图3-23），施加于转向盘边缘的最大切向力不得大于245N，否则表明汽车操纵的轻便性变差。

（3）转向盘的最大自由行程　对于最大设计车速大于等于100km/h的机动车，转向盘的最大自由行程为15°。若转向盘的自由行程过大，说明转向系统配合松旷，会引起前轮摆动、前轮跑偏、转向盘沉重、转向盘振抖等多种故障。

2. 转向系统检测与调整

（1）转向盘转矩的测定与调整　如图3-23所示，将轮胎压力正确的车辆停放在水平、干燥的水泥路面上，将转向盘位置由直线行驶位置开始转动至360°时，用弹簧秤测定转向盘的转动力，与新车相比，偏差应在−5～+5N之间（使用动力转向器时，在发动机怠速运转下，转向盘转动力应小于40N）。若达不到此值，应调整转向器上的调整螺杆（先松开螺杆上的锁母，再进行调整）。也可以在水平、干燥的路面上进行道路试验，转向器如能自行回到直线位置，则把调整螺杆稍微拧松；转向器如果有间隙，则把调整螺杆稍微拧紧。

（2）转向盘自由行程的检查　如图3-24所示，将车辆停放在水平、干燥的水泥路面上，并让车轮处于直行位置。在车轮不动的条件下，用游标卡尺检查转向盘的转动量，转向盘的空程量应不大于20mm。若超过此值，可能是转向器啮合副间隙过大、有的螺栓（母）松动或转向万向节、转向横拉杆球头销等有故障，应检查、调整转向盘自由行程到规定值。

3. 转向角检查与调整

为了避免转向不足或车轮碰撞到汽车的其他部分，应进行汽车前轮转向角的调整。若转向角过大，轮胎容易与翼子板和转向直拉杆碰擦；若转向角过小，会使转弯困难，影响汽车的最小转弯半径和机动性。

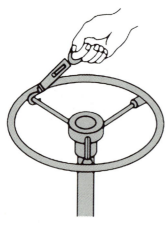

图 3-23 转向盘转矩检测

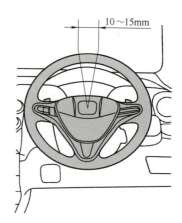

图 3-24 转向盘自由行程检测

转向角的检查应在前束调整之后进行。先将前轴顶起，使前轮处于直线行驶的位置，靠轮胎边缘画出与车轮平行的直线，再把转向盘转到底，画出第二道直线，用量角规测量转向角。左右两边车轮的测量方法一样。

若转向角过大或过小，可旋进或旋出转向节凸缘上的限位螺钉予以调整。一般将车轮偏转到极限位置时，轮胎距最近的可能相碰物保持 8～10mm 的距离。具体数值及调整位置，需根据车型确定。

二、转向操纵机构检修

1. 转向盘移位检查与调整

检查时双手握住转向盘，在轴向和径向方向上用力摇晃，观察转向盘是否移位。如果转向盘移位，应及时调整。

2. 转向盘安装情况检查与维修

检查转向盘的安装情况，应确保转向盘大螺母紧固，支撑轴承不松旷，转向管柱安装稳固。

3. 转向柱与转向管柱检查与维修

转向管柱支架无断裂，螺栓紧固。转向管柱不允许补焊或矫正，若变形或损坏严重，必须更换。检查转向柱轴承的磨损与烧蚀情况，严重时应更换。

4. 转向传动轴万向节检查与装配

用手检查万向节在十字轴的两个方向上的径向间隙，若发现有间隙，应更换万向节的轴承。拆卸万向节时，先将轴承拆下，再拆下十字轴（拆前做好万向节与传动轴的对正标记）。装配时，应先将万向节与传动轴的对正标记对准，先装上十字轴，再用台虎钳压入轴承。

5. 安全销及橡胶支撑套检查

检查轿车转向柱上的安全销是否损坏，橡胶衬套及套管是否损坏，橡胶支撑环是否老化、损坏，弹簧是否损坏或弹力减弱。

三、转向传动机构拆装与检修

1. 转向传动机构拆装

转向传动机构的拆装方法比较简单。应注意在安装转向横拉杆、转向直拉杆的球头销时加足润滑脂，将螺塞旋到底后再退回 1/4～1/2 圈。装好后球头销应转动灵活、不松旷、不卡滞，球节转动稍有阻力，然后上好开口销。

2. 转向摇臂检修

（1）用磁力探伤法检查转向摇臂是否有裂纹，若有裂纹，应及时更换。

（2）检查转向摇臂上端的锯齿花键是否有磨损、损坏，若有，应及时更换。

（3）检查转向摇臂的锁紧螺母，若螺纹有损伤，应及时更换。

（4）检查转向摇臂下端和各拉杆球头销的连接情况，连接应牢固、可靠，不可松旷，否则应及时紧固、修复。

3. 转向直拉杆和转向横拉杆检修

① 检查转向直拉杆和转向横拉杆的杆体有无裂纹、弯曲。若出现裂纹，应及时更换；若出现弯曲，可进行更换或校正。

② 检查各杆件的螺纹部位，若螺纹部位有损坏，或与螺塞配合松旷，应及时更换。

③ 检查球头销、球头座，若出现裂纹、起槽，或磨损程度超过规定值，应及时更换。

④ 检查各连接部位是否有松动。可往复急转转向盘，检查拉杆接头与球头座的间隙。若转向直拉杆、转向横拉杆的球头销松动，可用扳手旋转螺塞进行调整。

4. 转向节臂和转向梯形臂检修

① 检查转向节臂和转向梯形臂是否有裂纹，若有裂纹，应及时更换。

② 检查转向节臂和转向梯形臂两端部的固定与连接部位，若出现松动，应及时紧固。

5. 转向减振器检修

① 检查转向减振器的漏油情况，若漏油严重，应及时更换，也可拆解修理，更换密封圈等零部件。

② 检查其支撑是否开裂，若有开裂，应及时更换。

③ 检查转向减振器的工作行程。操作时需要拆下来试验，检查伸张行程和压缩行程阻力的大小及行程是否合适，若不符合标准，应及时更换。

四、转向器拆装与检修

（一）齿轮齿条式转向器拆装与检修

1. 转向器拆卸［图 3-25（a）］

① 在拆卸分解时，应先在转向齿条端头与转向横拉杆连接处打上安装标记。

② 拆下内外防尘套卡箍，将防尘套从内外转向横拉杆上取下。用台虎钳夹住齿条，并将钩住转向横拉杆端部的锁片拉直。用扳手夹住齿条，拆下转向横拉杆内接头，但不能碰伤转向齿条的外表面。

③ 拆下转向齿条导块组件后，拉住转向齿条，使转向齿条对准转向齿轮，再拆卸转向齿轮。

④ 最后抽出转向齿条。抽出时，注意不能让转向齿条转动，防止碰伤齿面。

2. 转向器主要零件检修

① 零件出现裂纹应更换，转向横拉杆、转向齿条在总成修理时应进行隐伤检验。

② 转向齿条的直线度误差不得大于 0.30mm。

③ 齿面上无疲劳剥落及严重的磨损，若出现左右大转角时转向沉重，且又无法调整时，应更换。

④ 更换转向齿轮轴承。

3. 转向器装配与调整间隙［图 3-25（b）］

① 安装转向齿轮 6。

a. 将上轴承 5 和下轴承 7 压在转向齿轮轴颈上，轴承内座圈与齿端之间应装好隔圈。

b. 把油封 3 压入调整螺塞 4。

c. 将转向齿轮及轴承一块压入齿条壳体 11。

d. 装上调整螺塞及油封，并调整转向齿轮轴承预紧度。手感应无轴向窜动，转动自如，转向齿轮的转动力矩符合原厂规定，一般约为 0.5N·m。

e. 按原厂规定力矩紧固锁紧螺母 2，并装好防尘罩 1。

② 装入转向齿条 13。

③ 安装齿条衬套 23，转向齿条与齿条衬套的配合间隙不得大于 0.15mm。

④ 装入齿条导块 29、隔环 28、导块压紧弹簧 27、调整螺塞（弹簧帽）26 及锁紧螺母 25。

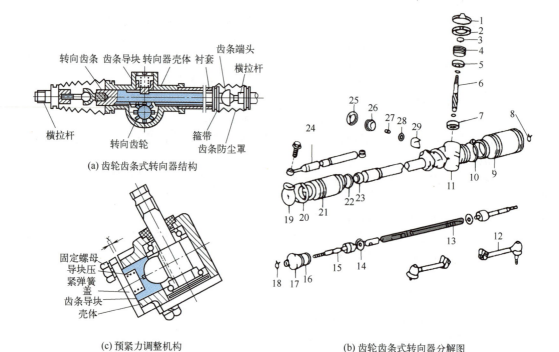

(a) 齿轮齿条式转向器结构

(c) 预紧力调整机构

(b) 齿轮齿条式转向器分解图

图 3-25 齿轮齿条式转向器

1,17,21—防尘罩；2,25—锁紧螺母；3—油封；4—调整螺塞；5—上轴承；6—转向齿轮；7—下轴承；
8,18—夹子；9—齿条防尘罩；10,22—箍带；11—齿条壳体；12—横拉杆；13—转向齿条；
14—垫圈；15—齿条端头；16—固定环；19—减振器支架；20—防尘罩护圈；23—齿条衬套；
24—转向减振器；26—调整螺塞（弹簧帽）；27—导块压紧弹簧；28—隔环；29—齿条导块

⑤ 调整转向齿条与转向齿轮的啮合间隙。转向齿条与转向齿轮的啮合间隙也称为"转向齿条的预紧力"，其调整机构如图 3-25 （c）所示。因结构的差异，调整方法也有所不同。但常见的调整方法有两种：一种方法是改变齿条导块与盖之间的垫片厚度来调整转向齿条与转向齿轮的啮合深度，完成预紧力的调整；另一种方法是用盖上的调整螺塞改变齿条导块与弹簧座之间的间隙值，完成啮合深度即预紧力的调整。

如图 3-25 （c）所示的结构形式，其预紧力的调整步骤是：首先不装壳体、弹簧以及壳体与盖之间的垫片，进行 x 值的调整，使转向齿轮轴上的转动力矩为 1~2N·m；然后用塞尺测量 x 值；最后在 x 值上加 0.05~0.13mm，此值就是应加垫片的总厚度，也就是转向齿条和转向齿轮合格的间隙所要求的垫片总厚度。

结构有弹簧座时，首先旋转盖上的调整螺塞，使弹簧座与齿条导块接触，然后将调整螺塞旋出 30°~60°之后，检查转向齿轮轴的转动力矩，如此重复操作，直至转向齿轮的转动力矩符合原厂规定，最后紧固锁紧螺母。

⑥ 安装垫圈 14 和齿条端头 15 ［图 3-25 (b)］时，应特别注意齿条端头和转向齿条的连接必须紧固、锁止可靠。

⑦ 安装横拉杆和横拉杆端头，并按原厂规定检查调整左、右横拉杆 12 的长度，以保证转向轮前束正确；另外，横拉杆端头球头销的夹角应符合原厂规定；调整合格后，必须按原厂规定的转矩紧固并锁止横拉杆夹子。

（二）循环球式转向器拆装与检修

1. 转向器拆卸

循环球式
转向器的
安装与
调整

① 从车上拆下循环球式转向器的转向摇臂、万向节叉的锁紧螺母；将转向器总成从车上拆下并卸下通气塞，放出转向器内的润滑油。

② 将转向螺杆转至中央位置，标记出转向螺杆与转向器壳体的相对位置。拆下扇形齿轮齿隙调整螺钉的锁紧螺母及侧盖螺钉，用软质锤或铜棒轻敲转向臂端头，拆下侧盖和转向臂轴总成。

③ 从摇臂轴端部拆下调整螺钉及调整垫片，从侧盖上取下摇臂轴。

④ 拧松转向螺杆上下盖固定螺母，用铜棒轻敲转向螺杆的一侧，拆下上下盖、调整垫片、轴承及轴承挡圈。

⑤ 从转向器壳体中取出转向螺杆及转向螺母总成。转向螺杆及转向螺母总成如无异常情况，尽量不要解体。必须解体时先拧下固定导管夹的螺钉，拆下导管，握紧螺母，慢慢转动转向螺杆，排出全部钢球。

⑥ 从转向器壳体上拆下摇臂轴油封。

⑦ 用拉拔器取下轴承。

2. 转向器主要零件检修

(1) 转向器壳体的检修　壳体、侧盖产生裂纹时需更换，二者接合平面的平面度公差为 0.10mm。

(2) 转向螺杆与转向螺母的检修

① 转向螺杆与转向螺母的钢球与滚道无疲劳磨损、划痕等损耗，钢球与滚道的配合间隙不得大于 0.10mm。检验钢球与滚道配合间隙的方法有以下两种。

一种方法是把转向螺母夹持固定后，把转向螺杆旋转到一端的止点，然后用百分表测量转向螺杆另一端的摆动量。其摆动量不得大于 0.10mm，转向螺杆的轴向窜动量不得大于 0.10mm。

另一种方法是将转向螺杆和转向螺母配合副清洗干净后，把转向螺杆垂直提起，转向螺母在重力作用下应能从转向螺杆的一个止点滑到另一个止点，掉转转向螺母后又能顺利地滑到原止点，并且在旋转过程中应越转越快，说明配合副的传动间隙合格。如有问题，应更换转向器总成。注意：不要让转向螺母碰撞螺杆轴的端部。若无其他损耗，传动副组件一般不拆检。

② 检查轴承磨损情况及是否有发蓝等损伤，如有，应更换。装配时，油封应更换。

③ 修理总成时，应检查转向螺杆的隐伤，若产生隐伤、滚道疲劳剥落、三角键有台阶形磨损或扭曲，应更换。

④ 转向螺杆的支撑轴颈若产生疲劳磨损，会引起明显的转向盘沉重、转向迟钝，可按原厂规定的锥角磨削修整轴颈，然后刷镀修复。实践证明，其耐久性可达 10 万千米以上。

(3) 摇臂轴检修

① 总成大修时，必须进行隐伤检验，产生裂纹则更换，不许焊修。

② 轴端花键出现台阶形磨损、扭曲变形，应更换。

③ 检查扇形齿轮轴、调整垫片和调整螺钉是否有磨损。

④ 支撑轴颈磨损逾限，但无其他损耗，可进行刷镀修复或喷焊修复。

3. 循环球式转向器安装与调整

① 安装转向螺杆组件。转向螺杆螺母组件在维修时一般不拆散。若拆散后重新组装，先平稳地逐个装入钢球。在装钢球的过程中，转向螺杆和转向螺母不要相对运动；必要时，只能稍许转动转向螺母或用塑料棒将钢球轻轻送到滚道内（图3-26），然后在装满钢球的滚道的口处涂压润滑脂以防止钢球脱出，并用导管夹将导管固定在转向螺母上。所装钢球的直径和数量必须符合原厂规定。

② 装入钢球后，转向螺母的轴向跳动量不得大于0.10mm。

③ 将轴承内圈压在转向螺杆的轴颈上。

④ 组装摇臂轴，如图3-27所示。

a. 检查转向螺母与扇齿啮合间隙的调整螺钉的轴向间隙，此间隙若大于0.12mm，在调整螺钉与摇臂上的承孔端面间加推力垫片调整。

b. 摇臂轴承预润滑后，将摇臂装入壳体内，并按顺序装入推力垫片、调整螺钉、垫圈、孔用弹簧挡圈。

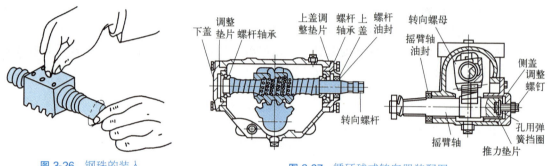

图 3-26　钢珠的装入

图 3-27　循环球式转向器装配图

⑤ 安装转向器下盖和上盖。

a. 把轴承装入下盖承孔中，如图3-27所示。

b. 从壳体孔中放入转向螺杆组件，安装调整垫片和下盖。安装下盖之前在接合平面上涂密封胶。

c. 把轴承外圈和转向螺杆油封压入上盖，并装入上盖调整垫片和上盖。

d. 通过增减下盖调整垫片调整转向螺杆的轴承预紧度，然后检查转向盘的转向力矩（一般为0.6～0.9N·m）。

⑥ 安装转向器侧盖。

a. 给摇臂轴油封涂密封胶后，将油封唇口向内，均匀地压入壳体上的承孔内。

b. 将转向螺母移至中间位置（转向器总圈数的1/2），使扇形齿轮的中间齿与转向螺母的中间齿啮合，装入摇臂轴组件。

c. 侧盖密封垫涂以密封胶，并安装、紧固。

⑦ 调整转向器转向间隙。

a. 使转向器的传动副处于中间位置（直行位置）。

b. 通过调整螺钉调整转向器传动副的啮合间隙，在直行位置上应无间隙啮合。

c. 在中间位置，转向器转动力矩应为1.5～2.0N·m。转向器转动力矩调整合格后，按规定转矩锁紧调整螺钉。

⑧ 安装摇臂时，应注意摇臂与摇臂轴二者的装配记号对正，摇臂固定螺母应确实做到紧固、锁止可靠。

⑨ 按原厂规定加注润滑油。

 【维修案例】

一汽大众速腾轿车转向盘转向沉重，车轮不能自动回正故障的检修

故障症状：一辆一汽大众速腾 2014 款 1.6L 手动时尚型轿车，行驶里程 14.62 万千米。驾驶员反映，最近车辆转向沉重，不如以前轻松，转弯后车轮不能自动回正。

故障诊断与排除：一汽大众速腾轿车的转向机构为齿轮齿条式，转向管柱分为上下两段，其中间用万向节连接。

检查转向沉重时，应首先判断其故障是在转向操纵机构上还是在转向器上或其他零部件上。首先举升车辆，拆卸转向轴与转向器连接的万向节，使两者分离。然后转动转向盘，感觉转向轻便灵活，判断故障在转向器。

在车辆举升的情况下检查转向器。拆卸齿条两端的拉杆球头销，然后在拆卸转向轴连接万向节的情况下，握住转向拉杆向左右拉动，若有卡滞现象，应将转向器拆下进行分解检修。

拆卸并分解转向器时，发现转向器内的尼龙顶块因卡死顶住了齿条，使齿条移动困难。因此，故障原因是转向器内的尼龙顶块卡死顶住齿条。

更换新件，然后清洗、润滑，将转向器装复后试车，转向恢复正常。

任务二 液压动力转向系统检修

 【任务引入】

轿车左右转向轻重不同故障的检修。故障症状：一辆手动挡时尚型轿车，行驶里程 8.3 万千米，转向时，左转向轻，右转向重，给驾驶操纵造成困难。

 【任务分析】

本任务是对液压动力转向系统左右转向轻重不同故障进行检修。要完成本任务，学生需要熟悉汽车动力转向系统的功用、类型及其结构、工作原理和特点；掌握常流式液压动力转向系统的结构组成、工作原理；掌握液压动力转向系统常见故障的诊断与排除；能够对液压动力转向系统及主要零部件进行拆装、检修和调整。

 【知识准备】

转向轻便和转向灵敏对转向系统角传动比 i_w 的要求是互相矛盾的。在机械转向系统中，单靠选择 i_w 改善转向器本身的结构，来同时满足转向轻便和转向灵敏是很有限的。现在越来越多的汽车，特别是高速轿车、重型货车、越野车及自卸汽车等转向时需要克服的阻力力矩比普通汽车要大得多。因此，为了减小驾驶员的疲劳强度，改善转向系统的技术性能，目前很多汽车都采用动力转向系统。采用动力转向系统的汽车转向时，所需的能量只有小部分是驾驶员提供的体力，而大部分能量由发动机驱动转向油泵旋转来提供。发动机将输出的部分机械能转化为压力能，并在驾驶员的控制下对转向传动装置或转向器施加力，从而实现转向。

相较于机械转向系统，对动力转向系统的要求是在保证转向灵敏性不变的条件下，有效地提高转向操纵的轻便性，提高响应特性，以保证高速行驶安全，减小转向盘的冲击。因此，在各国的汽车上普遍采用动力转向系统。

一、动力转向系统的类型及其工作原理

动力转向系统是依靠驾驶员的体力和与其他动力源共同作为转向能源的转向系统。动力转向系统根据动力源及控制方式，可分为气压动力转向系统、液压动力转向系统和电控动力转向系统。

1. 液压动力转向系统和气压动力转向系统

液压（气压）动力转向系统是将发动机输出的部分机械能转化为压力能（液压能或气压能），并在驾驶员控制下，对转向传动装置或转向器中某一传动件施加不同方向的（液压或气压）作用力，以减小驾驶员施加的转向操纵力，如图 3-28 所示。采用动力转向系统的汽车转向所需的能量，在正常情况下，只有小部分能量来自驾驶员提供的体力，而大部分能量是发动机驱动的转向油泵（或空气压缩机）所提供的液压能（或气压能）。

气压动力转向系统主要用于前轴最大轴载质量为 3～7t 并采用气压制动系统的货车和客车。装载质量特别大的货车

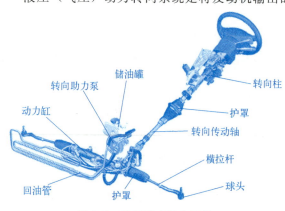

液压和气压动力转向系统

图 3-28　液压动力转向系统

（图中标注：转向助力泵、储油罐、转向柱、动力缸、护罩、转向传动轴、横拉杆、回油管、护罩、球头）

不宜采用气压动力转向系统，因为气压动力转向系统的工作压力较低（一般不高于 0.7MPa），用于这种重型汽车上时其零部件尺寸将过于庞大。

液压动力转向系统的工作压力可达 10MPa 以上，故其零部件尺寸很小。液压系统工作时无噪声，工作滞后时间短，而且能吸收来自不平路面的冲击。因此，液压动力转向系统已在各类各级汽车上获得广泛应用。本节主要讲解液压动力转向系统，气压动力转向系统的结构和工作原理与之类似，在此不再赘述。

2. 电控动力转向系统

液压或气压动力转向系统由于具有转向操纵灵活、轻便，在设计汽车时还能增加对转向器结构形式选择的灵活性，且能吸收路面对前轮产生的冲击等优点，因此已在各国的汽车上得到普遍采用。但是，具有固定放大倍率的动力转向系统的主要缺点是：如果所设计的固定放大倍率的动力转向系统是为了减小汽车在停车或低速行驶状态下转动转向盘的力，则当汽车以高速行驶时，这一固定放大倍率的动力转向系统会使转动转向盘的力显得太小，不利于对高速行驶的汽车进行方向控制。如果所设计的固定放大倍率的动力转向系统是为了增加汽车在高速行驶时的转向力，则当汽车停驶或低速行驶时，转动转向盘就会显得非常吃力。

电子控制技术在汽车动力转向系统上的应用，使汽车的驾驶性能达到了令人满意的程度。电控动力转向系统在低速行驶时可使转向轻便、灵活，当汽车在中高速区域转向时，又能保证提供最优的动力放大倍率和稳定的转向手感，从而提高了高速行驶的操纵稳定性。电控动力转向系统按照动力源不同，又可分为液压式电控动力转向系统（液动式 EPS）和电动式电控动力转向系统（电动式 EPS），如图 3-29 和图 3-30 所示。

（1）液压式电控动力转向系统　其是在传统的液压动力转向系统的基础上增设了电子控制装置而构成的。根据控制方式的不同，可分为流量控制式、反力控制式和阀灵敏控制式三种。如图 3-29 所示为流量控制式液压式电控动力转向系统，其原理是通过在转向油泵或转向器上加装电子控制系统或辅助装置，来根据车速控制液压系统的流量或压力。此系统主要由电动机-油泵组件、助力转向器、电子控制系统等组成。

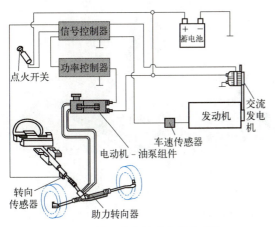

图 3-29　液压式电控动力转向系统

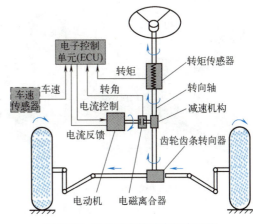

图 3-30　电动式电控动力转向系统

（2）电动式电控动力转向系统　其主要由转矩传感器、车速传感器、电动机、电磁离合器、减速机构、电子控制单元等组成，如图 3-30 所示。电动式电控动力转向系统一般是设定在一个行驶速度范围内才发挥作用的，当车速达到一定值时，就不需要助力转向了，此时电磁离合器会及时分离，使电动机停转，切断助力。另外，当电动式电控动力转向系统发生故障时，电磁离合器也会自动分离，这时可恢复手动控制转向。

3. 电动式电控动力转向系统

（1）组成　汽车电动式电控动力转向系统主要由以下几个关键部件组成（图 3-30）。

① 转矩传感器。转矩传感器能感知转向盘转动的情况，并将其转化为电信号传给电子控制单元（ECU）。它是系统的核心部件之一，用于检测驾驶员对转向盘的操纵力和方向。

② 车速传感器。车速传感器用于检测车辆的行驶速度，为 ECU 提供车速信息。ECU 根据车速和转向角度等调整电动机助力电流的大小，从而提供最佳转向助力。

③ 电子控制单元。ECU 是电动式电控动力转向系统的控制中心，它接收来自转矩传感器和车速传感器的信号，并根据这些信号以及预设的算法计算出所需的助力转矩的大小和方向。然后，ECU 向电动机发出指令，控制其产生相应的助力转矩。

④ 电动机。电动机是电动式电控动力转向系统的动力来源，它根据 ECU 的指令产生转矩，帮助驾驶员转向。通常采用直流无刷电动机或交流感应电动机，具有高效、节能、响应快等优点。

⑤ 电磁离合器。电磁离合器用于控制电动机转矩的传递。在需要助力时，电磁离合器接合，将电动机的转矩传递给转向机构；在不需要助力或发生故障时，电磁离合器分离，保证驾驶员可以手动控制转向。

⑥ 减速机构。减速机构用于调整转矩的大小，使电动机产生的转矩能够适配转向机构的需求。减速机构通常由蜗轮和蜗杆等部件组成，具有减速增矩的作用。

（2）类型　按电动机助力部位的不同，可分为转向轴助力式、齿轮助力式和齿条助力式三种，如图 3-31 所示。

① 转向轴助力式。如图 3-31（a）所示，助力位置在转向轴上。该方案的助力转矩经过转向器放大，因此要求电动机的减速机构传动比较小；电动机布置在驾驶室内，工作环境较好，对电动机的密封要求低。但是，因为电动机安装位置距驾驶员近，所以要求电动机的噪声一定要小；由于电动机距离转向盘较近，电动机的转矩波动容易直接传到转向盘上，导致转向盘振动，使驾驶员手感变差；由于助力转矩通过转向轴传递，因此要求转向轴有较大的刚度和强度。这种助力方式比较适用于前轴负荷较小的微型轿车。

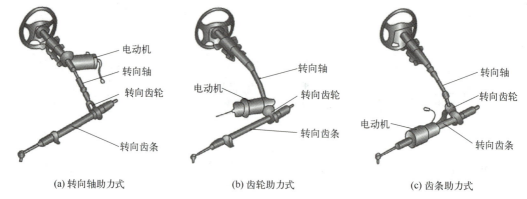

(a) 转向轴助力式　　　　　　(b) 齿轮助力式　　　　　　(c) 齿条助力式

图 3-31　电动式电控动力转向系统的类型

② 齿轮助力式。如图 3-31（b）所示，助力位置在转向器的小齿轮处。该方案的助力转矩经过了转向器放大，因此要求电动机的减速机构传动比相对较小；电动机安装在发动机舱内，工作环境较差，对电动机的密封要求较高；由于电动机的安装位置距离驾驶员有一定距离，对电动机的噪声要求不太高；同时，电动机的转矩波动不太容易传到转向盘上，驾驶员手感适中；助力转矩不通过转向轴传递，因此对转向轴的刚度和强度要求较低。这种助力方式比较适用于前轴负荷中等的轻型轿车。

③ 齿条助力式。如图 3-31（c）所示，助力位置在齿条上。该方案的助力转矩作用在齿条上，助力转矩没有经过转向器放大，对此要求电动机的减速机构具有较大的传动比，减速机构相对较大；电动机布置在发动机舱内，工作环境差，对其密封要求也较高；由于电动机的安装位置距离驾驶员较远，对电动机的噪声要求不高；同时，电动机转矩波动不易传到转向盘，驾驶员手感良好；助力转矩不通过转向轴传递，因此对转向轴的刚度和强度要求较低。这种助力方式较适用于前轴负荷较大的高级轿车和货车。

（3）工作原理　电动式电控动力转向系统的工作原理主要基于电磁感应和力矩原理。具体过程如下：驾驶员操纵转向盘时，转矩传感器检测转向盘的转动情况，并将其转化为电信号传给 ECU。车速传感器同时检测车辆的行驶速度，并将车速信号传给 ECU。ECU 根据接收到的转矩信号、车速信号以及预设的算法，计算出所需的助力转矩的大小和方向。ECU 向电动机发出指令，控制其电流大小和方向，以产生相应的助力转矩。同时，电磁离合器接合，将电动机的转矩传递给转向机构。减速机构对电动机产生的转矩进行调整，使其适配转向机构的需求。最终，转向机构在电动机的助力下完成转向动作。

（4）优点　电动式电控动力转向系统具有以下优点。

① 结构紧凑。电动式电控动力转向系统的部件相对较少，且集成度高，使得整个系统结构更加紧凑。

② 质量小。与液压动力转向系统相比，电动式电控动力转向系统的质量更小，有助于降低车辆的整体质量。

③ 节省发动机功率。电动式电控动力转向系统由电动机提供助力，不需要消耗发动机的功率，从而提高了车辆的燃油经济性。

④ 工作可靠。电动式电控动力转向系统采用电子控制，具有较高的可靠性和稳定性。同时，它还具备故障冗余设计，能够在发生故障时切换到备份模式或提供基本的转向功能。

⑤ 提升驾驶体验。电动式电控动力转向系统能够根据车速和转向角度等参数动态调整助力转矩的大小和方向，使驾驶员在转向时更加轻松、自如。同时，它还能提升车辆的"路感"和操控性能。

二、液压动力转向系统的类型和特点

普通机械转向系统很难同时兼顾转向操纵的轻便性和转向灵敏性，因此中型以上客、货车，特别是轿车，都在普通机械转向系统中加装了转向加力装置，该装置称为动力转向系统（装置）。

液压动力转向系统中主要部件为机械转向器、转向动力缸和转向控制阀三部分。

（1）机械转向器　负责将驾驶员的转向操作传递到转向传动机构，是转向系统的核心部件之一。

（2）转向动力缸　产生液压作用力，帮助驾驶员克服地面作用于转向轮上的转向阻力力矩。

（3）转向控制阀　控制液压油的流向和流量，从而实现对转向动力缸的精确控制。

此外，液压动力转向系统还包括转向油罐、转向油泵（或液压泵）、流量控制阀、安全阀等辅助部件，如图 3-28 和图 3-32 所示。转向油泵由曲轴通过传动带驱动运转向外输出油压，转向油罐有进出油管接头，通过油管分别和转向油泵和转向控制阀连接。动力转向器为整体式动力转向器，转向控制阀用以改变液压油流动的方向，如图 3-28 所示。

液压动力转向系统工作压力高，部件尺寸小，工作无噪声，工作滞后时间短，且能吸收来自不平路面的冲击。因此，目前各类各级汽车上使用的动力转向系统仍有很多是液压动力转向系统。

1. 按液流形式分类

液压动力转向系统按液流形式的不同，可分为常压式和常流式两种，如图 3-32（a）、（b）所示。

（1）常压式液压动力转向系统　如图 3-32（a）所示为常压式液压动力转向系统的示意图，其在汽车直线行驶时，转向控制阀处于关闭状态，转向油泵输出的液压油充入蓄能器。当蓄能器压力增加到规定值时，转向油泵自动卸荷空转，从而使蓄能器压力得以限制在规定值以下。驾驶员转动转向盘时，机械转向器通过转向摇臂等杆件使转向控制阀转入开启（工作）位置。此时蓄能器中的液压油或压力油即流入转向动力缸。通过转向动力缸推杆输出的液压作用力作用在转向传动机构上，以克服机械转向器输出力不足的问题。转向盘一旦停止运动，转向控制阀便随之恢复到关闭位置。于是转向加力作用终止。由此可见，无论转向盘处于中立位置还是转向位置，也无论转向盘保持静止状态还是运动状态，液压系统工作管路中始终维持高压。

常流式液压动力转向系统

常压式的优点在于有蓄能器积蓄液压能，可以使用流量较小的转向油泵，而且还可以在转向油泵不运转的情况下保持一定的转向加力能力，使汽车有可能继续行驶一定距离。这一点对重型汽车而言尤为重要，所以常压式液压动力转向系统主要用于少数重型汽车。

（2）常流式液压动力转向系统　如图 3-32（b）所示为常流式液压动力转向系统的示意图，汽车不转向时，转向控制阀保持开启，转向动力缸由于其活塞两边的工作腔都与低压回油管路相通而不起作用。转向油泵输出的油液流入转向控制阀后，又由此流回转向油罐。由于转向控制阀的节流阻力很小，故转向油泵输出压力也很低，转向油泵实际处于卸荷空转状态。当驾驶员转动转向盘，通过机械转向器使转向控制阀处于与某一转向方向相应的工作位置时，转向动力缸的相应工作腔方与回油管路隔绝，转而与转向油泵输出管路相通，而转向动力缸的另一腔则仍然通回油管路。地面转向阻力经转向传动机构传到转向动力缸的推杆和活塞上，形成比转向控制阀节流阻力高得多的转向油泵输出管路阻力。于是，转向油泵输出压力急剧升高，直到足以推动转向动力缸活塞为止。转向盘停止转动后，转向控制阀随即恢复到中立位置，使转向动力缸停止工作。

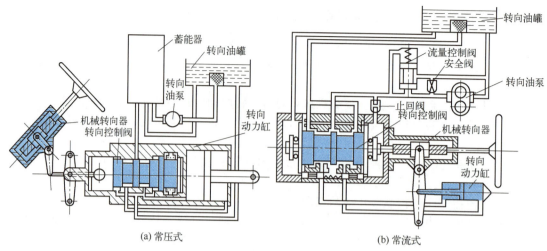

图 3-32　液压动力转向系统

常流式液压动力转向系统的特点是：无论汽车转向与否，转向控制阀均处于开启状态，油液常流；当液压助力系统不工作时，液压缸无压力差，转向油泵基本处于空转状态，从而使该系统结构简单，转向油泵使用寿命较长，泄漏较少，消耗功率较小。常流式液压动力转向系统是目前汽车上应用得最为广泛的一种。

2. 按转向器、转向控制阀和转向动力缸的布置和连接组合方式分类

液压动力转向系统按转向器、转向控制阀和转向动力缸的布置和连接关系不同分类，可分为整体式、半整体式和组合式三种，如图 3-33 所示。

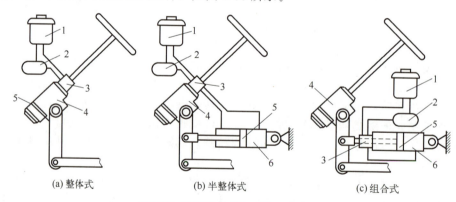

图 3-33　液压动力转向系统三种类型
1—转向油罐；2—转向油泵；3—转向控制阀；4—机械转向器；5—转向动力缸活塞；6—转向动力缸

（1）整体式液压动力转向系统　如图 3-33（a）所示，其特点是将转向控制阀、转向动力缸和机械转向器设计成一个整体，转向控制阀 3 由转向轴直接操纵。其优点是结构紧凑，安装和维修调整方便，现代轿车基本都采用整体式液压动力转向系统。

（2）半整体式液压动力转向系统　如图 3-33（b）所示，其特点是将转向控制阀 3 和机械转向器 4 设计成一个整体，而将转向动力缸 6 单独布置，转向控制阀 3 由转向轴直接操纵。由于转向动力缸的助力作用在转向传动机构上，因此在系统油压相同和动力缸活塞面积相等的条件下，与整体式液压动力转向系统相比可以获得更大的助力作用。

（3）组合式液压动力转向系统　如图 3-33（c）所示，其特点是将转向控制阀 3 和转向动力缸 6 设计成一个整体，转向控制阀不是由转向轴直接操纵的，故属于间接操纵式。其优

点是可以在不改变原来机械转向系统零部件的情况下，根据需要附加安装动力转向系统；缺点是零部件较多，安装调试比较麻烦，适用于某些改装车。

3. 按转向控制阀阀芯的运动方式分类

液压式动力转向系统按转向控制阀阀芯的运动方式，还可分为滑阀式和转阀式两种。

阀体沿轴向移动来控制油液流量的转向控制阀，称为滑阀式转向控制阀。阀体绕其轴线转动来控制油液流量的转向控制阀，称为转阀式转向控制阀。与滑阀式相比较，转阀式结构灵敏度高、密封件少，在各种车辆的液压动力转向系统中得到了广泛的应用。

三、常流式液压动力转向系统的结构和工作原理

（一）滑阀式常流式液压动力转向系统

1. 结构组成

如图 3-34 所示为滑阀式常流式液压动力转向系统结构与工作原理图。转向油罐 14 用来储存、滤清转向动力缸 8 所用的油液。由发动机驱动的转向油泵 15 将转向油罐 14 内的油液吸出，并将其压送入转向控制阀，其作用是将发动机输出的部分机械能转化为油液的压力能。固装在车架（或车身）上的转向动力缸 8 主要由缸筒和活塞组成。活塞将转向动力缸分为 L 和 R 两腔，活塞杆的伸出端与转向摇臂 7 中部铰接。转向动力缸的作用是将油液的压力能转化成机械能，实现转向加力。由阀体 4、滑阀 1、反作用柱塞 2 和滑阀复位弹簧 3 等组成的转向控制阀是转向动力缸的控制部分，用来控制转向油泵输出油液的流向，使转向器与转向动力缸协同动作。转向控制阀用油管分别与转向油泵（液压泵）15、转向油罐 14 和转向动力缸 8 连通。

滑阀 1 与阀体 4 为间隙配合。在阀体 4 的内圆柱面上开有三道环槽：环槽 A 是总进油道，与转向油泵 15 连通；环槽 D、E 是回油道，与转向油罐 14 连通。在滑阀 1 上开有两道环槽：B 是转向动力缸 R 腔进排油环槽，C 是转向动力缸 L 腔的进排油环槽。阀体内装有两个反作用柱塞 2，两个反作用柱塞之间装有复位弹簧 3。滑阀通过两个轴承支撑在转向轴上，它与转向螺杆 5 的轴向相对位置固定不变。但滑阀处于中间位置（相当于汽车直线行驶的位置）时，滑阀两端与阀体 4 的端面各保持 h 的间隙，转向时滑阀随同转向螺杆 5 可以相对阀体 4 自中间位置向滑阀 1 两端作 h 的微量轴向移动，使转向动力缸中一腔与转向油泵相通，另一腔与转向油罐相通，转向动力缸两腔间产生压力差，通过活塞来推动转向摇臂运动，实现转向助力。

2. 工作过程

（1）汽车直线行驶时　如图 3-34（a）所示，滑阀 1 在复位弹簧 3 和反作用柱塞 2 的作用下保持在中间位置，转向控制阀内各环槽相通。自转向油泵 15 输送出来的油液进入阀体环槽 A 之后，经环槽 B 和 C 分别流入动力缸 8 的 R 腔和 L 腔，同时又经环槽 D 和 E 进入回油管道流回油罐 14。这时，滑阀与阀体各环槽槽肩之间的间隙大小相等，油路通畅，动力缸 8 因其左、右两腔油压相等而不起加力作用。油泵泵出的油液仅需克服管道阻力流回油罐 14，故油泵负荷很小，整个系统处于低油压状态。

（2）汽车右转向时　如图 3-34（b）所示，驾驶员通过转向盘使转向螺杆 5 向右转动。开始时，由于转向车轮的偏转阻力很大，转向螺母 9 暂时保持不动，而具有左旋螺纹的转向螺杆 5 却在转向螺母 9 的轴向反作用力推动下向右轴向移动，同时带动滑阀 1 压缩复位弹簧 3 向右轴向移动，消除左端间隙 h［图 3-34（b）］。此时环槽 C 与 E 之间、A 与 B 之间的油路通道被滑阀和阀体的相应槽肩封闭。而环槽 A 与 C 之间的油路通道增大，转向油泵送来的油液自环槽 A 经 C 流入转向动力缸的 L 腔，形成高压油区。而转向动力缸 R 腔的油液则经环槽 B、D 及回油管流回转向油罐，R 腔成为低压油区。在压力差作用下，转向动力缸的

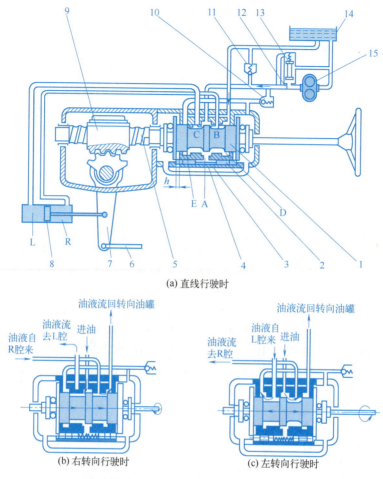

(a) 直线行驶时

图 3-34 滑阀式常流式液压动力转向系统工作原理图

1—滑阀；2—反作用柱塞；3—滑阀复位弹簧；4—阀体；5—转向螺杆；6—转向直拉杆；7—转向摇臂；
8—转向动力缸；9—转向螺母；10—止回阀；11—安全阀；12—量孔；13—溢流阀；14—转向油罐；
15—转向油泵；A—总进油环槽；B—转向动力缸 R 腔的进排油环槽；C—转向动力缸 L 腔的进排油环槽；
D,E—回油环槽；L—转向动力缸左腔；R—转向动力缸右腔

(b) 右转向行驶时   (c) 左转向行驶时

活塞向右移动，并通过活塞杆使转向摇臂逆时针转动，从而起转向助力作用。当这一力与驾驶员通过转向器传给转向摇臂的力合在一起，足以克服转向阻力时，转向螺母随着转向螺杆的转动而向左轴向移动，并通过转向直拉杆带动转向轮向右偏转。由于转向动力缸 L 腔的油压很高，汽车转向主要靠活塞的推力，所以驾驶员作用于转向盘上的力就可以大为减小。

（3）转向盘转过一定角度保持不动时 只要转向盘和转向螺杆继续转动，上述液压助力作用就一直存在。当转向盘转过一定角度保持不动时，转向螺杆作用于转向螺母的力消失，转向螺母不再相对于转向螺杆左移。但转向动力缸中的活塞在油压差作用下，仍继续向右移动（转向摇臂继续逆时针方向转动），从而使得转向螺母在转向摇臂上端的拨动下，带动转向螺杆及滑阀一起向左移动，直到滑阀恢复到中间稍偏右的位置。此时滑阀中间槽肩右边的缝隙小于左边的缝隙，由于节流作用，使得进入 L 腔的油压仍高于 R 腔的油压。此压力差在转向动力缸活塞上的作用力用来克服转向轮的回正力矩，使转向轮的偏转角维持不动，这就是转向的维持过程。

（4）"随动"作用 如欲使转向轮进一步偏转，则须继续转动转向盘，重复上述全部过程。显然，转向轮偏转的角度不同，其回正力矩的大小也不同，相应地，转向维持过程中滑

阀恢复到中间位置的偏离程度也不同。各种转向维持状态主要靠动力转向装置的作用，驾驶员只需轻轻地把住转向盘即可。

由上述可见，动力转向装置能使转向轮的偏转角随转向盘转角的增大而增大，转向盘保持不动而转向轮的偏转角也保持不动，即具有"随动"作用。转向动力缸只提供动力，而转向过程仍由驾驶员通过转向盘进行控制。在工作过程中，转向轮偏转的开始和终止较转向盘转动的开始和终止都略微滞后。

（5）解除转向时　若驾驶员由前述维持转向位置松开转向盘，滑阀就会在复位弹簧的张力和反作用柱塞上油压的推力作用下回到中间位置，转向控制阀中各环槽槽肩间的缝隙相等，转向动力缸 L 腔与 R 腔间的油压差随之消失，转向动力缸停止工作，转向轮在回正力矩的作用下自动回正，并通过转向螺母带动转向螺杆反向转动，使转向盘回到直线行驶位置。在此过程中，螺母作用在转向螺杆上的轴向力小于复位弹簧的预紧力，故滑阀不再轴向移动。因此，在转向轮自动回正过程中不会出现自动加力现象。

（6）缓冲和自动回正功能　汽车直线行驶时，若遇路面不平，转向轮有可能左右偏转而产生振动。这种振动将迫使转向摇臂摆动，使转向动力缸活塞在缸筒内轴向移动，转向动力缸 L、R 两腔充满着的油液便对活塞移动起阻尼作用，从而吸收振动能量，减轻了转向轮的振动。若路面冲击力很大，迫使转向轮偏转（设向右偏转，而驾驶员仍保持转向盘处于直线行驶位置），此时转向螺杆将受到一个向左的轴向力，这个力使滑阀向左移动，于是反向接通转向动力缸油路（L 腔为低油压区，R 腔为高油压区），动力转向装置的加力方向与转向轮偏转方向相反，使转向轮回正，抵消路面冲击的影响。因此，动力转向装置中即使装用逆传动效率较高的转向器，也不会出现"打手"现象。

由以上所述可见，装用液压动力转向系统的汽车，仍具有保持直线行驶和转向后自动回正的能力。

（7）汽车左转向时　驾驶员向左转动转向盘，动力转向装置的工作原理与上述（2）汽车右转向时相同。但开始时滑阀随同转向螺杆向左轴向移动 ［图 3-34（c）］，油液通路与右转向时相反，转向动力缸活塞的助力方向也与右转向时相反。

（8）"路感"　反作用柱塞的内端、复位弹簧所在的空间，在转向过程中总是与转向动力缸高压油腔相通，因而也充满了高压油液，此油压与转向阻力成正比，并作用在反作用柱塞的内端。所以在转向时，要使滑阀移动，驾驶员作用在转向盘上的力，不仅要克服转向器内的摩擦阻力和复位弹簧的张力，还要克服作用在反作用柱塞上的油液压力。转向阻力增大，作用在反作用柱塞上的油液压力也增大，驾驶员施于转向盘上的力也须相应增大。可见，转向阻力的变化体现为反作用柱塞所受油液压力的变化，并经反作用柱塞、转向器传到驾驶员手上，使驾驶员感觉到转向阻力的变化情况，这种作用称为"路感"。反作用柱塞即起"路感"作用。有些大吨位矿用车辆，由于车速较低及特定的使用条件，道路阻力变化对于驾驶员的操纵安全无大影响。为简化机构，其动力转向装置中不装设反作用柱塞，因而也就没有"路感"作用。

（9）动力转向系统失效时　如转向油泵不运转造成动力系统失效，则该动力转向系统不但不能使转向省力，反而会增加转向阻力。为了减小这种阻力，在转向控制阀的进油道和回油道之间，装有止回阀 10。在正常情况下，进油道的油压为高压，回油道则为低压，止回阀 10 在弹簧张力和油压差作用下关闭，进回油道互不相通。当转向油泵失效后，靠人力强制进行转向时 ［设向右转，如图 3-34（b）所示］，进油道变为低压（转向油罐中的油液已不能通过失效的转向油泵流入进油道），而回油道却因转向动力缸中活塞移动而具有稍高于进油道的油压。进回油道的压力差使止回阀 10 打开，两油道相通，转向动力缸活塞两侧油腔也相通，油液便从转向动力缸受活塞挤压的 R 腔，流向活塞移离后产生低压的 L 腔，从而减小了人力转向时的油液阻力。可见，止回阀 10 的作用是将不工作的转向油泵短路。

（10）辅助元件功能　动力转向系统工作时，转向动力缸活塞的移动速度除随转向盘的转动速度而变化外，还取决于转向油泵的输出油量。如果转向油泵输出油量不足，会使转向速度慢（转向轮的偏转明显滞后于转向盘的转动）而不灵敏，且转向沉重。若转向油泵输出油量过大，又会使转向过分灵敏，转向盘"发飘"。转向油泵的输出油量受发动机转速的影响很大。为了保证发动怠速时的供油充足，而在发动机高速运转时供油量不致过大，油路中装有量孔 12 和溢流阀 13。当转向油泵输出油量超过一定值时，油液在量孔 12 的节流作用下产生的油压差把溢流阀 13 打开，使多余的油液流回到转向油泵入口处。安全阀 11 的作用是限制转向油泵及系统内的最高压力值。

（二）转阀式常流式液压动力转向系统

转阀式常流式液压动力转向系统

1. 结构组成

图 3-35 所示为整体式动力转向器的液压动力转向系统，其齿轮齿条式机械转向器、转向动力缸和转向控制阀设计成一体，组成整体式动力转向器。其转向控制阀为转阀 12。转向动力缸活塞 19 与转向齿条制成一体。活塞 19 将转向动力缸分成左右两腔。转向控制阀与转向器组成整体，并且由转向轴直接操纵。目前，国产轿车上几乎毫无例外地采用了转阀式整体式动力转向装置，例如一汽大众生产的奥迪、捷达及上海桑塔纳等轿车。

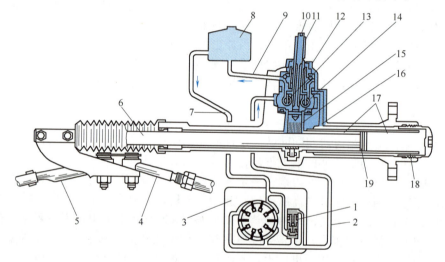

图 3-35　转阀式常流式液压动力转向系统

1—限压阀和溢流阀；2—高压油管；3—转向油泵（叶片泵）；4—右转向横拉杆；5—左转向横拉杆；6—齿条；
7—油管；8—转向油罐；9—回油管；10—齿轮轴；11—扭杆；12—转阀式转向控制阀；13—左阀芯；
14—右阀芯；15—左腔进油管；16—右腔进油管；17—压力腔；18—转向动力缸；19—活塞

转阀式转向控制阀的结构如图 3-36 所示，主要由阀体、阀套、阀芯及扭杆等组成。阀套制成圆筒形，外表面切有 3 条较宽深和 3 条较窄浅的环形槽。宽深的槽是油槽，其底部有与内壁相通的孔。窄浅的槽用于安装油封。阀套与转向齿轮制成一体。阀芯也呈圆筒形，其外表面与阀套间隙配合，两者可以相对转动。阀芯 4 与阀套 5 配合间隙很小，配合精度很高，组成偶件不可单独更换。阀芯 4 外表面切成与阀套 5 相对应的 8 条不贯通的纵向槽，并形成 8 条台肩，相间的 4 条台肩开有径向贯通油孔。

阀芯 4 通过销钉 2 与扭杆 3 和转向轴相连，阀套 5（转向齿轮 8）通过销钉 7 与扭杆 3 相连。因而转向轴可通过扭杆 3 带动转向齿轮 8 转动。扭杆 3 安装在阀芯 4 的孔中，转向时由于转向阻力力矩可使扭杆产生弹性变形。

该转阀具有 4 个互相连通的转阀进出油口 P、O，通道 A、B 分别与转向动力缸的左、右腔出油口连通。当阀芯 4 转过一个很小的角度时，从转向油泵来的压力油经进油口 P 流入通道 A 或 B，继而进入转向动力缸的一个腔内，相对应通道 B 或 A 的进油道被隔断，压力油不能进入，因而转向动力缸另一腔的低压油在活塞的推动下经转阀出油口 O 流回转向油罐。

2. 工作过程

（1）当汽车直线行驶时　汽车直线行驶时，转阀处于中间位置，如图 3-37（a）所示。转向动力缸两腔相通，并与转阀进油口 P、转阀出油口 O 通过阀芯径向油道相通，压力油流回转向油罐。因此，转向动力缸不起助力作用。

（2）当汽车左转向时　汽车左转向时，转向轴连同阀芯被逆时针转动。由于受到路面传来的转向阻力，转向动力缸活塞和转向齿条暂时不能运动，所以转向齿轮暂时不能随转向轴转动。这样，由转向轴传到转向齿轮的转矩只能使扭杆产生少许变形，使转向轴（即阀芯）得以相对转向齿轮（即阀套）转过少许角度，两者产生相对角位移，如图 3-37（b）所示。P 与 B 相通，A 与 O 相通，从而转阀使转向动力缸右腔成为高压油腔，左腔则成为低压油腔。作用在转向动力缸活塞上的向左的液压作用力，帮助转向齿轮迫使转向齿条向左移动，转向轮开始向左偏转。同时，转向齿轮本身也开始与转向轴同向转动。只要转向盘继续转动，扭杆的扭转变形便一直保持不变，转向控制阀所处的左转向位置也不变。一旦转向盘停止转动，转向动力缸暂时还继续工作，导致转向齿轮继续转动，使扭杆的扭转变形减小，直到扭杆恢复自由状态，转阀回到中间位置，转向动力缸停止助力。此时，转向盘即停在某一位置上不动，则车轮转角也保持一定。若转向盘继续转动，转向动力缸又继续工作。

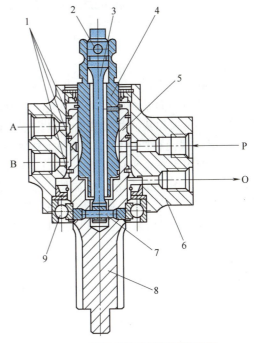

图 3-36　转阀式转向控制阀的结构
1—密封圈；2、7—销钉；3—扭杆；4—阀芯；
5—阀套；6—阀体；8—转向齿轮；9—轴承；
A—通转向动力缸左腔的油孔；B—通转向动力缸
右腔的油孔；O—出油孔（通转向油罐）；
P—进油孔（通转向油泵）

（3）当汽车右转向时　汽车右转向时，转向盘顺时针转动，则扭杆、转阀阀芯的转动方向以及转向动力缸活塞移动的方向均与前述相反，使转向轮向右偏转，如图 3-37（c）所示。

（4）"随动"原理　在转向过程中，若转向盘转动的速度快，阀体与阀芯的相对角位移量大，左右助力腔的油压差也相应加大，前轮偏转的速度也加快；转向盘转动得慢，前轮偏转得也慢；转向盘转到某一位置上不动，前轮也偏转到某一位置上不变。此即"快转快助，大转大助，不转不助"的"随动"原理。

（5）解除转向时　汽车转向后需回正时，驾驶员松开转向盘，阀芯在弹性扭杆作用下回到中间位置，失去了助力作用，转向轮在回正力矩的作用下自动回位。当驾驶员同时回转转向盘时，转向助力器会提供助力，帮助车轮回正。

（6）反作用力及自动回正功能　汽车直线行驶偶遇外界阻力使转向轮发生偏转时，阻力力矩通过转向传动机构、转向齿轮作用在阀体上，使之与阀芯之间产生相对角位移，使得转

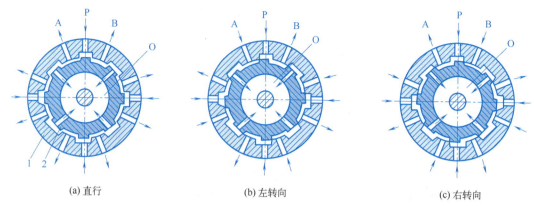

（a）直行　　　　　　　　（b）左转向　　　　　　　　（c）右转向

图 3-37　转阀式常流式液压动力转向系统的工作原理

1—阀套；2—阀芯；A—通转向动力缸左腔的油孔；B—通转向动力缸右腔的油孔；

O—出油孔（通转向油罐）；P—进油孔（通转向油泵）

向动力缸左右腔油压不等，产生与转向轮转向相反的助力作用。转向轮迅速回正，保证了汽车直线行驶的稳定性。

（7）动力转向系统失效时　当液压动力转向系统失效后，该动力转向器将变成机械转向器，其动力传递路线与机械转向系统完全一致。

3. 循环球式转向器的整体式动力转向系统

某些商用汽车常采用循环球式转向器的整体式动力转向器（系统），其转向控制阀也是转阀式的，如图 3-38 所示。转向器壳体 11 同时也是转向动力缸的缸体。转向螺母 9 也是转向动力缸的活塞，其上加工有齿条并与摇臂轴上的齿扇相啮合。转向螺母 9 的前端用密封圈 12 将转向动力缸分成前后两腔。转向螺杆 8 的前端用销 10 与扭杆 1 连接，后端制成圆筒形，其内圆面上加工有油道，并用轴承 14 支撑在转向器后端盖 4 上。扭杆 1 的后端用销 3 与转阀阀芯 2 连接。阀芯 2 与转阀阀体 5 用销 7 连接成一体。阀芯 2 用花键与转向轴连接。其工作原理与前述的轿车齿轮齿条式转向器的整体式转阀动力转向系统相同，这里不再赘述。

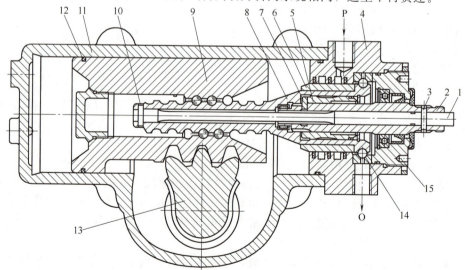

图 3-38　某商用车采用循环球式转向器的整体式动力转向器（系统）

1—扭杆；2—转阀阀芯；3，7，10—销；4—转向器后端盖；5—转阀阀体；6—转阀隔套；

8—转向螺杆；9—转向螺母；11—转向器壳体；12—密封圈；13—齿扇轴（摇臂轴）；

14，15—轴承；P—转阀进油道；O—转阀回油道

（三）转向油泵

转向油泵是动力转向系统的动力源，其作用是将发动机输出的机械能转化为驱动转向动
力缸工作的液压能，再由转向动力缸
输出转向力，驱动转向轮转向。转向
油泵的结构有多种形式，常见的有齿
轮式、叶片式、转子式、柱塞式等。
其中，叶片式转向油泵在现代汽车上
的应用广泛。

图 3-39 所示为双作用叶片式转向
油泵的结构及工作原理图。当发动机
带动转向油泵顺时针旋转时，叶片在
离心力的作用下紧贴在定子的内表面
上，工作容积开始由小变大，从吸油

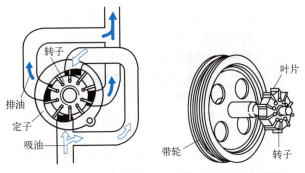

图 3-39 双作用叶片式转向油泵的结构及工作原理图

口吸进油液，而后工作容积由大变小，压缩油液，经压油口向外供油。再转 180°，又完成
一次吸压油过程，即旋转一周，实现两次吸压油过程，故称为双作用叶片泵。

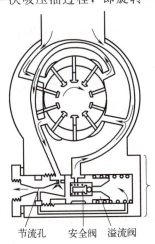

图 3-40 转向油泵卸荷
及流量调节原理图

转向油泵的转子是通过发动机驱动或电动机驱动的，工作
时油压及流量的变化是通过安全阀和溢流阀来实现的，它们组
合在一起形成安全阀和流量阀的组合阀。其工作原理如图 3-40
所示，差压式流量控制阀装在转向油泵进油腔和出油腔之间，
与转向油泵并联。安全阀则位于流量控制阀内。流量控制阀
（溢流阀）内的柱塞在弹簧的作用下处于左极限位置。柱塞右方
通转向油泵出油腔，左方通转向油泵出油口。在转向油泵出油
腔与出油口之间有节流孔。当油液自出油腔以一定速度流过节
流孔时，由于节流孔的节流作用，节流孔外侧的出油口压力低
于节流孔内侧的出油腔压力。转向油泵流量越大（即通过节流
孔的流速越高），则节流孔内外压力差越大。在转向油泵流量增
大到规定值，使柱塞两端压力差的作用力足以克服弹簧的预紧
力，将压缩弹簧，将柱塞向右推到柱塞右侧密封环带高于径向
油孔的边缘时，转向油泵出油腔即与进油腔连通。于是，出油
腔中的一部分油液便经流量控制阀流到进油腔，因而经节流孔

输出的流量便减小。流量减小到一定值以下时，节流孔内外两侧的压力差不足以平衡弹簧
力，柱塞便被弹簧推向左侧，重新切断进油腔到出油腔的通路。这样，转向油泵的流量便被
限制在规定流量范围内。

安全阀座（图 3-40）固定在流量控制阀柱塞右端。球阀及弹簧所处的柱塞内腔与转向
油泵进油腔相通，球阀右方油腔经泵体内的油道通向节流孔外的出油腔。转向油泵输出压力
升高到规定的最高值时，球阀开启，将出油口与进油腔接通，使出油口压力降低。

四、液压动力转向系统常见故障的诊断与排除

（一）转向沉重或助力不足

1. 现象
装有液压动力转向系统的汽车，在行驶中突然感到转向沉重。

2. 原因
一般是液压动力转向系统失效或助力不足造成的，其根本原因在于液（油）压不足。引

起转向系统液（油）压不足的主要原因如下。

① 转向油罐缺油或油液高度低于规定要求。

② 液压回路中渗入了空气。

③ 转向油泵（液压泵）驱动 V 带过松或打滑。

④ 各油管接头处密封不良，有泄漏现象。

⑤ 油路堵塞或滤清器污物太多。

⑥ 转向油泵磨损、内部泄漏严重。

⑦ 转向油泵安全阀、溢流阀泄漏，弹簧弹力减弱或调整不当。

⑧ 转向动力缸或转向控制阀密封损坏、卡滞。

3. 诊断与排除

① 用手压下转向油泵的驱动 V 带，检查 V 带的预紧度，若 V 带过松，应调整。

② 启动发动机，使发动机处于怠速运转，突然提高发动机的转速，检查转向油泵驱动 V 带有无打滑现象，其他驱动形式的齿轮传动有无损坏，发现问题后应按规定更换性能不良的部件。

③ 检查转向油罐内的油液质量和液面高度，若油液变质则应重新更换规定油液。若只是液面低于规定高度，应加油使液面达到规定高度。

④ 检查转向油罐内的滤清器。若发现滤网过脏，说明滤清器堵塞，应清洗；若发现滤网破裂，说明滤清器损坏，应更换。

⑤ 检查油路中是否渗入空气，如果发现转向油罐中的油液有气泡，说明油路中有空气渗入，应检查各油管接头和接合面的螺栓是否松动，各密封件是否损坏，有无泄漏现象，油管是否破裂等。对于出现故障的部位应进行修整和更换，并进行排气操作，最后重新加入油液。

⑥ 检查各油管接头等处有无泄漏，油路中是否有堵塞，查明故障后按规定力矩拧紧有关接头或清除污物。

⑦ 对转向油泵进行输出油压检查，如果转向油泵输出压力不足，说明转向油泵有故障。此时应分解转向油泵，检查转向油泵是否磨损或内部泄漏严重，安全阀、溢流阀是否漏装或卡滞、弹簧弹力是否减弱或调整不当，各轴承是否烧结或严重磨损等。对于叶片泵还应检查转子上的密封环或油封是否损坏，对于齿轮泵应检查齿轮间隙是否过大等，查明故障予以修理，必要时更换转向油泵。

（二）转向时有噪声

1. 现象

汽车转向时，转向系统有不太大的噪声是正常现象，但当噪声过大或影响汽车的转向性能时，必须对转向系统进行检查，并排除故障。

2. 原因

① 转向油罐中液面太低，转向油泵在工作时容易渗入空气。

② 液压系统中渗入空气。

③ 转向油罐滤网堵塞，或液压回路中有过多的沉积物。

④ 油管接头松动或油管破裂。

⑤ 转向油泵严重磨损或损坏。

⑥ 转向控制阀性能不良。

3. 诊断与排除

① 当转向盘处于极限位置或原地慢慢转动转向盘时，转向器发出"嘶嘶"声，如果这种异响严重，则可能是转向控制阀性能不良，应更换转向控制阀。

② 当转向油泵发出"嘶嘶"声或尖叫声时，应进行以下检查。

　　a. 检查转向油罐液面高度。液面高度不够时应查明泄漏部位并修理，然后按规定加足油液。

　　b. 检查转向油泵驱动 V 带是否打滑。若打滑应查明原因，并更换 V 带或调整 V 带张紧度。

　　c. 检查油液中有无泡沫。若有泡沫，应查找漏气部位并予以修理，然后排除空气。若无漏气，则说明油路有堵塞处或转向油泵严重磨损或损坏，应予以修复或更换。

（三）左右转向轻重不同

1. 现象

汽车行驶时，向左和向右转向操纵力不相等。

2. 原因

① 转向控制阀阀芯（或滑阀）偏离中间位置，或虽在中间位置但与阀体槽肩的缝隙大小不一致。

② 转向控制阀内有污物阻滞，使左右转动阻力不同。

③ 液压系统中转向动力缸的某一油腔渗入空气。

④ 油路漏损。

3. 诊断与排除

这种故障多是油液脏污所致，应按规定更换新油后再进行检查。

① 如果油质良好或更换新油后故障没有消除，应对液压系统进行排气并检查系统有无油液泄漏，液压系统中出现泄漏时，应更换泄漏部位的零部件。

② 如果故障仍不能排除，则可能是由于控制阀定中不良造成的。滑阀式转向控制阀可在动力转向器外部进行排除，通过改变转向控制阀阀体的位置来实现。如果滑阀位置调整后仍不见好转，应拆检滑阀测量其尺寸，若偏差较大，应更换滑阀；对于转阀式转向控制阀必须通过分解检查来排除故障。

（四）直线行驶转向盘发飘或行驶跑偏

1. 现象

汽车直线行驶时，难以保持正前方向而总向一边跑偏。

2. 原因

① 油液脏污、转向控制阀回位弹簧折断或变软，使转向控制阀不能及时回位。

② 转向控制阀阀芯（或滑阀）偏离中间位置，或虽在中间位置但与阀体槽肩的缝隙大小不一致。

③ 流量控制阀卡滞，使泵流量过大或油压管路布置不合理，造成油压系统管路节流损失过大，使转向动力缸左右腔压力差过大。

3. 诊断与排除

① 首先检查油液是否脏污。对于新车或大修以后的车辆，由于不认真执行走合维护的换油规定，使油液脏污。

② 对于使用较久的车辆，则可能是流量控制阀或转向控制阀回位弹簧失效所致，此时可在不启动发动机的情况下转动转向盘，凭手感判断控制阀是否开启运动自如，若有怀疑一般应拆卸检查。

③ 最后检查转向油泵流量控制阀是否卡滞和油压管路布置是否合理，发现故障予以修理。

（五）转向时转向盘发抖

1. 现象

发动机工作时转向，尤其是在原地转向时，滑阀共振，转向盘抖动。

2. 原因

① 转向油罐液面低。

② 油路中渗入空气。

③ 转向油泵驱动 V 带打滑。

④ 转向油泵输出压力不足。

⑤ 转向油泵流量控制阀卡滞。

3. 诊断与排除

① 首先检查转向油罐液面是否符合规定，否则按要求加注转向油液。

② 排放油路中渗入的空气。

③ 检查转向油泵驱动 V 带是否打滑，或其他驱动形式的齿轮传动等有无损坏，发现问题后应按规定调整 V 带张紧度或更换性能不良的部件。

④ 对转向油泵输出压力进行检查。压力不足时应分解转向油泵，检查转向油泵是否磨损或内部泄漏严重，安全阀及流量控制阀是否泄漏或卡滞，弹簧弹力是否减弱或调整不当，各轴承是否烧结或严重磨损等。对于叶片式转向油泵，还应检查转子上的密封环或油封是否损坏。对于齿轮式转向油泵，应检查齿轮间隙是否过大等。查明故障予以修理。必要时更换转向油泵。如果泵轴油封泄漏，也应更换转向油泵。

（六）转向盘回正不良

1. 现象

汽车完成转向后，转向盘不能回到中间行驶位置（直线行驶位置）。

2. 原因

① 转向油泵输出油压低。

② 液压回路中渗入空气。

③ 回油软管扭曲阻塞。

④ 转向控制阀或转向动力缸发卡。

⑤ 转向控制阀定中不良。

3. 诊断与排除

① 对液压系统进行排气操作，排气后按规定加足转向油液。

② 检查转向油泵输出油压。若油压不足应拆检转向油泵，检查转向油泵是否磨损或内部泄漏严重，安全阀及流量控制阀是否泄漏或卡滞，弹簧弹力是否减弱或调整不当，各轴承是否烧结或严重磨损等。查明故障予以修理。必要时更换转向油泵。如果泵轴油封泄漏，也应更换转向油泵。

③ 检查回油软管是否阻塞，若有应更换回油软管。

④ 拆检转向控制阀或转向动力缸，查明故障原因，然后视情况进行修复。对于损坏的零件，应更换。必要时更换转向控制阀或转向动力缸。

【任务实施】

液压动力转向系统维修

一、转向盘检查

1. 转向操纵力检查

① 检查转向操纵力时，将汽车停放在水平干燥的路面上，发动机机油温度达到 60～80℃，轮胎气压正常，并使前轮处于直线行驶位置。

② 发动机怠速运转，将一弹簧秤钩在转向盘边缘上，拉动转向盘，检查转向盘左右转

动一圈所需拉力变化。一般来说，如果转向操纵力超过 44.5N，说明动力转向工作不正常，应检查有无 V 带打滑或损坏，转向油泵输出油压或油量是否低于标准，油液中是否渗入空气，油管是否有压瘪或弯曲变形等故障。

2. 转向盘自动回位检查

检查时，车辆一面行驶一面检查下列各项。

① 缓慢或迅速转动转向盘，检查两种情况下的转向盘操纵力有无明显的差别，并检查转向盘能否回到中间位置。

② 使汽车以约 3.5km/h 的速度行驶，将转向盘顺时针或逆时针转动 90°，然后放开手 1～2s，如果转向盘能自动回转 70°以上，说明工作正常，否则应查明故障原因并予以排除。

二、液压动力转向系统检测

1. 转向油泵 V 带张紧力检查与调整

（1）快速方法　将汽车停在干燥路面，运转发动机使油液上升到正常温度，左右转动转向盘，此时驱动 V 带负荷最大，如果 V 带打滑，说明 V 带张紧度不够或泵内有机械损伤。

（2）常规检查方法　关闭发动机，用手以约 100N 的力从 V 带的中间位置按下，V 带应约有 10mm 挠度为合适，否则必须调整。

注意：汽车每行驶 1.5 万千米时，应检查 V 带的张紧力，必要时更换。

2. 动力转向油泵更换

（1）拆卸

① 支起车辆。

② 拆下转向油泵上回油管和进油管的泄放螺栓，排放液压油。

③ 拆下转向油泵前支架上的张紧螺栓。

④ 拆下转向油泵后支架上的固定螺栓。

⑤ 松开转向油泵中心支架上的固定螺母和螺栓。

⑥ 把转向油泵固定在台虎钳上，拆卸 V 形带轮和中间支架。

（2）安装　转向油泵安装顺序与拆卸顺序相反。转向油泵安装完毕后，应调整转向油泵 V 带的张紧度，并按规定加注转向油液。

3. 转向油罐油面检查

① 将车辆停放在平坦的地面上，使前轮处于直行位置。

② 启动发动机，并使其达到正常的工作温度。

③ 使发动机怠速运转大约 2min，左右打几次转向盘，使油温达到 40～80℃，关闭发动机。

④ 观察转向油罐的液面，此时液面应处于"MAX"（上限）与"MIN"（下限）之间，液面低于"MIN"时，应加至"MAX"。

⑤ 对于用油标尺检查的汽车：拧下带油标尺的封盖，用布将油位标尺擦净，将带油位标尺的封盖插入转向油罐内拧好，然后重新拧出，观察油位标尺上的标记，应处于"MAX"与"MIN"之间，必要时将转向油液加至"MAX"处。

4. 动力转向油液更换

（1）泄放转向油液

① 支起汽车前部，使两前轮离开地面。

② 拧下转向油罐盖，拆下转向油泵回油管，然后将转向油液放入容器中。

③ 发动机怠速运转，在放转向油液的同时，左右转动转向盘。

（2）加注转向油液与排气

① 向转向油罐内加注符合规定的转向油液。

② 停止发动机工作，支起汽车前部，并用支架支撑，连续从左到右转动转向盘若干次，将转向系统中多余空气排出。

③ 检查转向油罐中液面高度，视需要加至"MAX"标记处。

④ 降下汽车前部，启动发动机怠速运转，连续转动转向盘，注意油面高度的变化。当油面下降时应不断加注转向油液，直到油面停留在"MAX"处，并在转动转向盘后，转向油罐中不再出现气泡为止。

提示：在排除液压动力转向系统的故障后，不得重复使用转向油罐的转向油液；在拆换动力转向器和更换转向油罐的转向油液时，原则上要求更换转向油罐中的滤清器。

5. 系统的密封性检查

液压动力转向系统密封性的检查，应在热车时进行。

① 将转向盘快速向左右两侧转至极限位置（注意在极限位置停留不得超过 5s），并保持不动。目测检查转向控制阀、齿条密封（松开波纹管软管夹箍，再将波纹管推至一旁）、转向油泵、油管接头是否有漏油现象，若有渗漏应更换密封件。

② 如果发现转向油罐中缺少转向油液，应检查转向系统的密封性是否完好。

③ 当转向器主动齿轮不密封时，必须更换阀体中的密封环和中间盖板上的圆形绳环。

④ 如果转向器罩壳中的齿轮齿条密封件不密封，液压油可能流入波纹管套里。此时，应拆开转向机构，更换所有密封环。

⑤ 若油管接头漏油，应查找原因并重新接好油管。

6. 系统的油压检查

液压动力转向系统的油压可以反映转向油泵和助（动）力转向器的技术状况。为了检查转向系统的油压，在检查转向油罐液面高度之前，应在转向系统内装入油压测量器，如图 3-41 所示。油压测量器由油压表和截止阀串联组成。

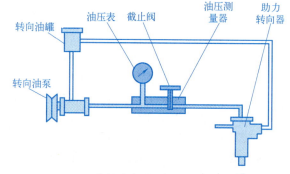

图 3-41　在转向系统中装入油压测量器

① 将油压测量器串联在动力转向器的进油管道上。

② 转动转向盘，使转向轮向右转至极限位置。

③ 怠速运行发动机，使其转速稳定在 1500～1600r/min。

④ 关闭截止阀，油压表指示压力应符合该车型规定值（一般不低于 7MPa），截止阀关闭时间不宜超过 10s，以免对转向油泵造成不良影响。

⑤ 关闭截止阀后，若 10s 内压力达不到规定值，说明转向油泵压力不足，应拆检维修。

⑥ 将转向盘转到左或右极限位置，打开截止阀，若压力达不到规定值，说明助力转向器内部存在油液泄漏，或者阀门调整不当，应拆检调整。

7. 流量控制阀工作性能检验

检查流量控制阀工作性能的方法有两种：一是检验发动机在怠速范围内急加速时转向系统内的油压回降情况；二是检验无负荷时的油压差。

（1）检验发动机在怠速范围内急加速时转向系统内油压回降情况的方法

① 将油压测量器串联在助力转向器的进油管道上，使发动机处于稳定怠速运行状态。

② 调整截止阀开度，使油压表指示油压为 3MPa。

③ 转向盘不动，在怠速范围内急加速，油压表指示油压应随发动机转速增大而提高。

④ 突然放松加速踏板，使发动机恢复至稳定怠速运行状态，油压表指示油压仍能恢复

到 3MPa，说明流量控制阀性能可靠。否则，说明流量控制阀卡滞或堵塞，应进行检修或更换流量控制阀。

（2）测量无负荷油压差的方法

① 将油压测量器串联在助力转向器的进油管道上。

② 完全打开截止阀。

③ 分别测量发动机转速在 1000r/min 和 3000 r/min 下的油压。油压差若小于 0.49MPa，说明流量控制阀性能良好；否则说明流量控制阀性能变差，需要检修或更换。

8. 回油压力检查

把油压测量器装在助力转向器回油管路中，让发动机处于怠速运行状态，此时油压表指示油压应小于 0.5MPa。若转向盘自动向左转动，说明回油压力过大，原因可能是回油管扭曲或堵塞，造成回油阻力过大，应进行拆检。

三、液压元件检修

1. 叶片式转向油泵检修

① 检查驱动带。用手下压驱动带，若压下量过大，说明驱动带过松，应调整或更换。

② 检查带轮。若带轮有缺损，或有其他原因导致其丧失平衡性，应进行更换。

③ 检查叶片与转子上的滑槽表面是否有划痕、烧灼痕迹以及疲劳磨损。若有，应更换新件。

④ 检查叶片与转子的配合间隙。若配合间隙过大，应更换叶片或总成。

⑤ 检查转子轴承的径向配合间隙。若配合间隙过大，应更换转子轴承。

⑥ 检查转子与凸轮环的配合间隙，及其工作面是否光滑、有无疲劳磨损和划痕等。若配合间隙过大，或工作面出现异常，应更换总成。

⑦ 检查流量控制阀的弹簧。若弹簧的弹力下降，或自由长度不符合该车型规定，应更换流量控制阀。

⑧ 检查流量控制阀的密封性。检查时，先堵塞进油孔，再从旁孔通入规定压力的压缩空气，若出油孔处漏气，应更换流量控制阀。

⑨ 检查转向油泵的进油管是否破裂。若破裂，应进行更换。

⑩ 检查转向油泵的密封圈是否损坏。若损坏，应更换新件。

2. 转向油罐中滤清器检修

取出转向油罐中的滤清器，观察滤网的状况。若发现滤网过脏，应清洗；若发现滤网破裂，应更换。

3. 滑阀检修

① 检查滑阀与阀体的定位孔。若定位孔出现裂纹、明显的磨损，或者滑阀在阀体内发卡，应更换阀体组件。

② 检查滑阀与输入轴的配合表面，上面不得有明显的磨损痕迹、划伤和毛刺，否则应进行更换。

 【维修案例】

轿车操纵转向盘转向时，左右转向轻重不同故障的检修

故障症状：一辆手动挡时尚型轿车，行驶里程 8.3 万千米。驾驶员反映转向时左转向轻，右转向重，给驾驶操纵造成困难。

故障诊断与排除：该车为液压动力转向系统，分析造成左右转向力矩不一致的原因如下。

① 左右悬架部位球头销及连接件磨损、润滑及紧固程度不一致。

② 车架变形，致使一侧转向连接部位转动卡滞。

③ 一边轮胎制动未解除或解除滞后。

在举升机上检查以上部位，均排除了以上的故障原因。

该车采用整体式动力转向系统，因此动力转向系统中管路、滑阀及活塞等部件的损坏及性能不良也会导致这样的故障。故对动力转向系统检测方法如下。

① 观察转向油罐，油液在最低标记线以上。

② 左右转动转向盘，转向油罐内无气泡及浑浊现象。

③ 观察通往转向油泵的管道，无漏油痕迹。

④ 接入油压表测试油压，转动转向盘，油压值变化较大。

故决定拆下转向油泵剖解检查，检查中发现分配阀中滑阀孔有堵塞，并且运动中总偏置一方，这就是故障根源，即故障原因是转向油泵分配阀中的滑阀孔堵塞。

更换动力转向系统中的转向油泵中的分配阀后试车，故障排除。

故障分析：由于滑阀孔道堵塞及在分配阀中位置变动，致使输出油液量及油压在左右位置时助力不一致，造成转向时左右力矩不同。

【汽车文化传承】

践行"工匠精神"，破解汽修难题

他，践行着精益求精、追求卓越的"工匠精神"，多年如一日，干一行，爱一行；他，刻苦钻研，勇于攻坚，破解了一道道汽修难题；他，生于岛城，扎根岛城，与一批汽修人一起，扛起了岛城的汽修大旗。他就是马坚钢，现任嵊泗康谊汽车修理有限公司电工车间主任。

"这辆车还能开，主要是电脑版程序出了故障，导致动力不足，需要钻到车底去检查维修。"对于马坚钢来说，这样的汽车故障已司空见惯。维修的车辆越来越多，遇到的维修技术难题也越发复杂，如何解决这些难题，马坚钢有自己的办法，"遇到难点就会查一些资料，与同行、4S店专业师傅一起讨论，慢慢把故障和难题解决掉。"凭借多年的技术积累，马坚钢整理出了一套实用的技术。以前修一辆车需要四五个人，现在只需要一两个人，并且花费的时间更短了。另外，他还对部分车辆的机械设备配件进行了改造革新。原本上万元的配件经过改造革新后，仅需一两千甚至几百元。这不仅节约了企业成本，也提升了客户体验。

功夫不负有心人，马坚钢以忘我的工作精神和娴熟的汽修技艺，赢得了客户及同行的一致认可，成为大家信赖的"技术能手"，打造出了一张嵊泗汽修的"名片"。他先后获得嵊泗县汽车维修竞赛第一名、舟山市汽车维修竞赛前十名、连续两届嵊泗县优秀技能人才、舟山首届优秀技能人才、嵊泗县技能大师等荣誉，每个奖项都来之不易。对于取得的成绩，马坚钢坚定地说："成绩是靠慢慢积累下来的，从初级工、中级工、高级工到技师都必须刻苦学习钻研，不能遇到问题就放弃。不仅不能放弃，还必须迎难而上，这样技能才能得到提高，才能继续深造学习，才能出成绩。"

马坚钢用三个词对自己做了简单评价，"坚守""节约"和"传承"。"坚守"是一种情怀，坚守在岛城，为岛城的汽修行业奉献自己的力量；"节约"是一种能力，节约企业和客户成本，为双方带来"双赢"；"传承"是一种贡献，传承精湛技艺，培养新一代汽修人。

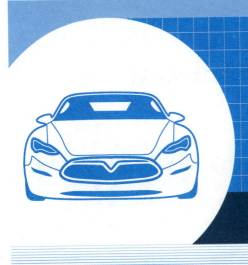

项目四
汽车制动系统检修

 ## 项目描述

　　汽车除了能够正常行驶外，还必须具备在行车过程中能及时减速至完全停车的功能、在下长坡时能稳定车速且不使速度越来越快的功能、停驶时能维持停驻的功能，这就是汽车制动系统的功能。汽车制动系统是保证汽车动力性能发挥和行车安全的最基本系统，是汽车行车安全的重要防线。若制动系统的性能变差或失效，可能会造成不可挽回的生命财产损失。

　　本项目主要介绍汽车制动系统及其各系统和组成部分的功用、结构、工作原理等，使学生能够对各系统和组成部分进行拆检与调试，同时能对常见故障进行诊断与排除。

 ## 学习目标

知识目标：1. 熟悉汽车制动系统的功用、类型、组成、工作原理及性能要求。
　　　　　2. 掌握制动器的功用、结构、类型及其工作原理、特点和应用。
　　　　　3. 掌握驻车制动系统的组成、类型及其结构特点、工作原理。
　　　　　4. 掌握液压制动系统的组成、类型及其结构特点、工作原理。
　　　　　5. 掌握气压制动系统的组成、类型及其结构特点、工作原理。
　　　　　6. 了解辅助制动系统的功用、类型及排气辅助制动系统的组成和工作原理。

技能目标：1. 能够正确使用拆装工具，按照维修技术标准完成汽车各制动系统的拆装与调试。
　　　　　2. 能够正确使用拆装工具和量具，按照维修技术标准对汽车各制动系统组成零部件进行拆装、检修和调整。
　　　　　3. 能够按照技术规范，对汽车各制动系统常见故障进行诊断与排除。

素质目标：1. 树立绿色环保、节能低碳的生态文明理念。
　　　　　2. 养成自主学习、协作学习、探究学习的意识。
　　　　　3. 培养恪守职业道德、弘扬奉献精神的品质。

任务一 汽车制动系统认识

【任务引入】

小王第一次买车，对很多东西都不了解。汽车 4S 店的销售员按他的需求给他介绍了很多款车型。说到其中几款车时，销售员大赞这几款车的制动系统比其他的都好，安全系数非常高，制动操作更轻便省力。销售员说这些汽车除了行车制动系统和驻车制动系统外，还配备了第二制动系统和辅助制动系统，同时还提到了一些其他的制动系统。这些专业术语让小王听得云里雾里。

小王回家研究一番后才知道，汽车制动系统类型很多，不同的制动系统所起的作用不同。因此，有些制动系统会同时存在于一辆汽车上，从而实现不同的制动作用，提升制动安全性。

【任务分析】

本任务是帮助小王了解汽车制动系统的类型及其功用特点等汽车制动系统的基本知识。要完成本任务，学生需要熟悉汽车制动系统的功用、类型、工作原理及其组成，熟悉汽车制动系统的性能要求，能够识别常见汽车制动系统的类型及其组成。

【知识准备】

驾驶员能根据道路和交通情况，利用装在汽车上的一系列专门装置，使路面对汽车车轮施加一定的与汽车行驶方向相反的外力，对汽车进行一定程度的强制制动。这种可控的外力称为制动力，用于产生制动力的一系列专门装置称为制动系统。

按照制动系统的功用分类

一、制动系统的功用

汽车制动系统的功用是按照需要使汽车减速或在最短距离内停车，下坡行驶时稳定车速，以及使汽车可靠地停放在原地保持不动。

汽车行驶过程中会遇到复杂多变的交通状况，如进入弯道、行经不平道路、两车交会、突遇障碍物等。为了保证行驶安全，要求汽车能在尽可能短的距离内将车速降低，甚至停车。当汽车下长坡时，在重力产生的下滑力作用下，汽车有不断加速的趋势，此时应能将车速限定在安全范围内，并保持相对稳定。对停驶的汽车，特别是在坡道上停驶的汽车，应能使之可靠地驻留在原地不动。

二、制动系统的类型

为了满足上述汽车制动系统的功用，现代汽车一般都设有几套相互独立的制动系统。

1. 按照制动系统的功用分类

按照功用的不同，汽车制动系统可分为行车制动系统、驻车制动系统、应急制动系统、安全制动系统和辅助制动系统。

（1）行车制动系统　用于使行驶中的车辆减速甚至停车的专门装置。制动器安装在全部的车轮上，通常由驾驶员用脚操纵。

（2）驻车制动系统　用于使已停驶的汽车驻留原地不动的专门装置。通常由驾驶员用手或脚操纵。

（3）应急制动系统　是用独立的管路控制车轮制动器的备用系统，其是在行车制动装置失效的情况下，保证汽车仍能实现减速或停车的专门装置，也被称为第二制动系统。在许多国家的法规中规定，备用制动系统是汽车必须具备的。

（4）安全制动系统　当制动压力不足时起制动作用，使车辆无法行驶。

（5）辅助制动系统　为了在汽车下长坡时减轻行车制动器的磨损而设的专门装置，其中以利用发动机排气来制动应用最广，如山区用汽车常配备此制动系统。

2. 按照制动能源分类

按照制动能源的不同，汽车制动系统可分为人力制动系统、动力制动系统和伺服制动系统。

① 人力制动系统是以驾驶员的肌体作为唯一制动能源的制动系统。按传动装置的结构形式不同，可分为机械式和液压式两种。

② 动力制动系统是完全依靠由发动机的动力转化而成的气压或液压能量，或者依靠电池储存的电能进行制动的制动系统。其制动能量来自发动机、空气压缩机、液压泵或车载电池，驾驶员的肌体仅用于控制能源，而不是产生能量。目前，常见的动力制动系统有气压制动系统、气顶液制动系统、全液压制动系统和线控制动系统四种类型。

③ 伺服制动系统是兼用人力和发动机动力或电能进行制动的制动系统。按伺服系统的输出力作用部位和对控制装置的操作方式的不同，可分为助力式（直接操纵式）和增压式（间接操纵式）两类；按伺服能量形式的不同，可分为真空伺服式、气压伺服式、液压伺服式和电伺服式四种，其伺服能量分别是真空能（负气压能）、气压能、液压能和电能。

3. 按照制动能量的传输方式分类

按照制动能量传输方式的不同，汽车制动系统可分为机械式、液压式、气压式、电磁式等。同时采用两种以上传输方式的制动系统称为组合式制动系统。

4. 按照制动系统回路的数量分类

按照制动系统回路数量的不同，汽车制动系统可分为单回路制动系统和双回路制动系统。

早期的车辆上采用单一的气压或液压制动系统，称为单回路制动系统。这种制动系统只要有一处损坏而漏气（油），整个系统即失效。因此，我国自 1988 年 1 月 1 日起，规定所有汽车必须采用双回路制动系统。在双回路制动系统中，所有制动器的气压或液压管路分属于两个彼此隔绝的回路。这样，即使其中一个回路失效，还能利用另一个回路获得一定的制动力，大大提高了汽车的安全性。

传动装置

三、制动系统的组成及工作原理

1. 制动系统的组成

汽车上设置有彼此独立的制动系统，它们起作用的时刻不同，但它们的组成是相似的。它们一般有以下四个组成部分，如图 4-1 所示。

（1）供能装置　包括供给、调节制动所需能量以及改善传能介质状态的各种部件，如气压制动系统中的空气压缩机、液压制动系统中的液压泵。

（2）控制装置　包括产生制动动作和控制制动效果的各种部件，如制动踏板、制动阀等。

（3）传动装置　用于将驾驶员或其他动力源的作用力传到制动器，同时控制制动器的工作，从而获得所需的制动力矩。包括将制动能量传输到制动器的各种部件，如制动主缸、制动轮缸等。

（4）制动器　产生阻碍车辆的运动或运动趋势的力的部件。

此外，较为完善的制动系统还可能包括制动力调节装置以及报警装置、压力保护装置等。

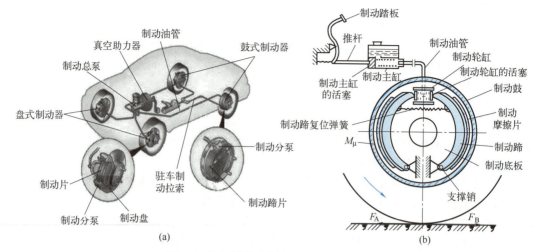

图 4-1　汽车制动系统的组成和工作原理

制动系统的工作原理

2. 制动系统的工作原理

制动系统的一般工作原理是：利用与车身（或车架）相连的非旋转元件和与车轮（或传动轴）相连的旋转元件之间的相互摩擦来阻止车轮的转动或转动趋势。

汽车制动系统由车轮制动器和液压式传动装置两部分组成，如图 4-1（b）所示。车轮制动器的旋转部分是制动鼓，它固定在轮毂上，并与车轮一起旋转。固定部分是制动蹄和制动底板等。制动蹄上铆有制动摩擦片，其下端套在支撑销上，上端用复位弹簧拉紧，压靠在制动轮缸内的活塞上。支撑销和制动轮缸都固定在制动底板上，制动底板用螺钉与转向节凸缘（前桥）或桥壳凸缘（后桥）固定在一起。制动蹄靠制动轮缸的活塞使其张开。

不制动时，制动鼓的内圆柱面与制动摩擦片之间保留一定间隙，制动鼓可以随车轮一起旋转。

制动时，驾驶员踩下制动踏板，推杆便推动制动主缸内的活塞右移，迫使制动液经管路进入制动轮缸，推动制动轮缸的活塞向外移动，使制动蹄克服制动蹄复位弹簧的拉力绕支撑销转动而张开，消除制动蹄与制动鼓之间的间隙后压紧在制动鼓上。此时，不旋转的制动摩擦蹄片对旋转的制动鼓产生摩擦力矩 M_μ，其方向与车轮的旋转方向相反，其大小取决于制动轮缸活塞的张开力、制动蹄与制动鼓间的摩擦因数及制动鼓和制动蹄的尺寸。制动鼓将此力矩 M_μ 传到车轮后，由于车轮与路面的附着作用，车轮即对路面作用一个向前的圆周力 F_A，与此相反，路面会给车轮向后的反作用力 F_B，这个力就是车轮受到的制动力。各车轮制动力的总和就是汽车受到的总制动力，它由车轮经车桥和悬架传给车架及车身，迫使整个汽车产生一定的减速度，制动力越大，减速度越大。

放松制动踏板，在制动蹄复位弹簧的作用下，制动蹄与制动鼓之间的间隙得以恢复，从而解除制动。

四、对制动系统的要求

为保证汽车能在安全的条件下发挥出高速行驶的能力，制动系统必须满足下列要求。

① 具有良好的制动性能。制动性能包括制动效能、制动效能的恒定性、制动时的方向稳定性三个方面。

制动效能的评价指标是制动距离、制动减速度、制动力和制动时间，即迅速减速停车，且制动距离短。

制动效能的恒定性是指抗"热衰退"和抗"水衰退"能力，即散热好、水湿后恢复快。

制动时的方向稳定性是指制动时保持原有行驶方向的能力，即制动时不跑偏、不侧滑。

② 操纵轻便。操纵制动系统所需的力不应过大。

③ 制动平顺性好。制动力矩能迅速而平稳地增加，也能迅速而彻底地解除。

④ 对挂车的制动系统，还要求挂车的制动作用略早于主车；挂车自行脱挂时能自动地进行应急制动。

 【任务实施】

汽车制动系统认识

① 请结合实训室实训车辆或总成零部件，认识汽车制动系统的类型、组成，各零部件的名称。

② 完成任务工单：四、2.写出下列汽车制动系统组成中各零件名称。

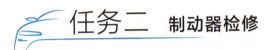
任务二 制动器检修

 【任务引入】

汽车向右跑偏故障的检修。故障症状：一辆轿车行驶里程约 12 万千米，客户反映其轿车在紧急制动时左前轮制动不良，出现汽车向右跑偏故障现象。

 【任务分析】

本任务是对汽车左前轮制动器制动不良进行检修。要完成本任务，学生需要熟悉汽车制动器的功用、结构、类型及其工作原理、特点和应用，掌握车轮制动器的拆装及其检修内容和调整方法。

 【知识准备】

制动器是制动系统中用于产生阻碍车辆运动或运动趋势的力矩的部件。一般制动器都是通过其中的固定元件对旋转元件施加制动力矩，使后者的旋转角速度降低，同时依靠车轮与路面的附着作用，产生路面对车轮的制动力，以使汽车减速或停车。

凡利用固定元件与旋转元件工作表面的摩擦作用产生制动力矩的制动器，都称为摩擦制动器。其基本原理是通过固定元件与旋转元件工作表面的摩擦，将汽车的动能转变为热能，并将热量散发到大气中，最终使车辆减速或停车。

根据制动器中旋转元件的不同，摩擦制动器可分为鼓式和盘式两大类。前者摩擦副中的旋转元件为制动鼓，其工作表面为圆柱面；后者的旋转元件则为圆盘状的制动盘，以端面为工作表面。

旋转元件固装在车轮或半轴上，即制动力矩分别直接作用于两侧车轮上的制动器，称为车轮制动器。旋转元件固装在传动系统的传动轴上，其制动力矩需要经过驱动桥再分配到两侧车轮上的制动器，称为中央制动器。车轮制动器一般用于行车制动，也可兼用于第二制动（应急制动）和驻车制动。中央制动器一般只用于驻车制动和缓速制动。

一、鼓式制动器

鼓式制动器有内张型和外束型两种。前者的制动鼓以内圆柱面为工作表面，在汽车上应用广泛；后者的制动鼓以外圆柱面为工作表面，目前只有极少数汽车将其用作驻车制动器。本文只介绍内张型鼓式制动器，故未特别说明类型的鼓式制动器均为内张型鼓式制动器。

鼓式制动器都将带摩擦片的制动蹄作为固定元件。位于制动鼓内部的制动蹄在一端承受促动力时，可绕其另一端的支点向外旋转，压靠到制动鼓内圆柱面上，产生摩擦力矩（制动力矩）进行制动，如图 4-2 所示。凡对制动蹄端加力使制动蹄转动的装置，统称为制动蹄促动装置。按照促动装置的不同，制动器可分为轮缸式制动器、凸轮式制动器和楔块式制动器。

（一）鼓式制动器的结构和工作原理

1. 鼓式制动器的结构

鼓式制动器的结构

固定部分（制动底板）

如图 4-2 所示，一般鼓式制动器主要由旋转部分、固定部分、促动装置和定位调整装置四部分组成。

（1）旋转部分　旋转部分多为制动鼓。制动鼓通常为浇铸件，受力小的制动鼓可用钢板冲压而成，如图 4-2 所示。

（2）固定部分　固定部分是制动底板和制动蹄。制动底板固装在车桥的凸缘盘上，通过支撑销与制动蹄相连。制动蹄常用钢板冲压后焊接而成或由铸铁或轻合金浇铸，采用 T 形截面，以增大刚度。制动摩擦片采用粘接或铆接的方式固定于制动蹄上，如图 4-2 所示。

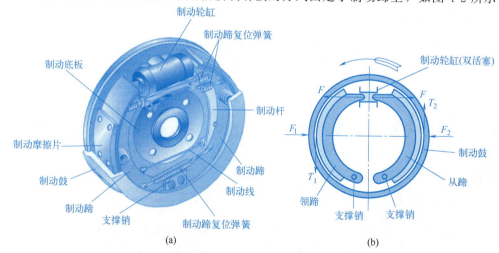

图 4-2　领从蹄式鼓式制动器结构组成图和示意图

（3）促动装置　促动装置的作用是对制动蹄加力使其向外张开。常用的促动装置有制动凸轮和制动轮缸，如图 4-2 所示。

（4）定位调整装置　定位调整装置的作用是保持和调整制动蹄与制动鼓间正确的相对位置，常用的有调整凸轮、偏心支撑销、调整螺母等。制动蹄在不工作的原始位置时，其摩擦片与制动鼓之间应有合适的间隙，一般为 0.25～0.5mm。间隙过小，易造成制动解除不彻底；但间隙过大，又将使制动踏板行程过大，以致使驾驶员操作不便，同时也会推迟制动器起作用的时刻。但是在制动过程中，摩擦片的不断磨损必将导致此间隙逐渐增大。因此，各种形式的制动器均设有检查、调整此间隙的装置，轿车中往往设置成自动调节装置。

2. 鼓式制动器的工作原理

汽车行驶中不需要制动时，制动踏板处于自由状态，制动主缸无制动液输出，制动蹄在复位弹簧的作用下压靠在制动轮缸的活塞上，制动鼓的内圆柱面与摩擦片之间保留一定间隙，制动鼓可以随车轮一起旋转，如图4-1和图4-2所示。

制动时，驾驶员踩下制动踏板，推杆便推动制动主缸内的活塞前移，迫使制动液经管路进入制动轮缸，推动制动轮缸的活塞向外移动，使制动蹄克服复位弹簧的拉力绕支撑销转动而张开，消除制动蹄与制动鼓之间的间隙后压紧在制动鼓上。此时，不旋转的制动蹄摩擦片对旋转的制动鼓产生一个摩擦力矩，其方向与车轮的旋转方向相反，阻止车轮旋转，如图4-1和图4-2所示。

鼓式制动器的工作原理

放松制动踏板，在复位弹簧的作用下，制动蹄与制动鼓的间隙又得以恢复，从而解除制动。

3. 制动蹄的助势和减势

如图4-2（b）所示，汽车前进时制动鼓的旋转方向如箭头所示。在制动过程中，两制动蹄在相等的促动力 F 作用下，分别绕各自的支撑销向外偏转紧压在制动鼓上。同时旋转的制动鼓对两制动蹄分别作用法向反力 F_1 和 F_2，以及相应的切向反力矩 T_1 和 T_2。T_1 作用的结果是使得左侧制动蹄在制动鼓上压得更紧，则 F_1 变得更大，这种情况称为"助势"作用，相应的制动蹄被称为"领蹄"；与此相反，T_2 作用的结果是右侧制动蹄有放松制动鼓的趋势，即 F_2 和 T_2 有减小的趋势，这种情况称为"减势"作用，相应的制动蹄被称为"从蹄"。这种结构的鼓式制动器称为领从蹄式鼓式制动器。

制动蹄的增势和减势

通过以上分析，得出这样的结论：虽然左右制动蹄（领、从蹄）所受的促动力相等，但是由于 T_1 和 T_2 的作用方向相反，使得两制动蹄所受到的法向反力 F_1 和 F_2 不相等，且 $F_1 > F_2$，相应的 $T_1 > T_2$。所以制动蹄作用到制动鼓上的法向力不相等，两制动蹄对制动鼓所施加的制动力矩也不相等，一般情况下领蹄产生的制动力矩为从蹄产生的制动力矩的2~2.5倍。这种领从蹄式鼓式制动器倒车制动时，制动鼓旋转方向相反，后蹄变成领蹄，前蹄变成从蹄，但整个制动器的制动效能还与前进制动时一样，这个特点称为制动器的制动效能"对称"。

领从蹄式鼓式制动器存在两个问题：一是在两蹄摩擦片工作面积相等的情况下，由于领蹄与从蹄所受法向反力不等，领蹄摩擦片上的单位压力较大，因而磨损较严重，两蹄寿命不等；二是由于制动蹄对制动鼓施加的法向力不平衡，则两蹄法向力之和只能由车轮轮毂轴承的反力来平衡，这就对轮毂轴承造成了附加径向载荷，使其寿命缩短。凡制动鼓所受来自两蹄的法向力不能相互平衡的制动器称为简单非平衡式制动器。为了使前后蹄摩擦片单位面积所受的压力一致，前蹄摩擦片长于后蹄，使两片的寿命尽量接近，以便于维修；但这样将使得两摩擦片不能互换，从而增加了零件种类和制造成本。

简单非平衡式制动器

（二）鼓式制动器的类型及其特点

根据制动过程中两制动蹄产生制动力矩的不同，鼓式制动器又可分为领从蹄式、（单向）双领蹄式、双向双领蹄式、（单向）双从蹄式、单向自增力式和双向自增力式等。

根据制动时两制动蹄对制动鼓作用的径向作用力之间的关系，鼓式制动器又可分为简单非平衡式、平衡式和自增力式三类。

1. 简单非平衡式制动器

制动鼓受来自两制动蹄的法向力不能互相平衡的制动器称为简单非平衡式制动器，如图4-2所示。其结构特点是：两制动蹄的支撑点都位于制动蹄的下端，而促动装置的作用点在制动蹄的上端，共用一个制动轮缸张开，且制动轮缸活塞直径是相等的，轴对称结构形式。其性能特点是：汽车前进或倒车制动时，各有一个"领蹄"和"从蹄"，即前进和倒车制动能力相同。领、从蹄对制动鼓的法向作用力不相等，而这个不平衡的法向作用力只能由车轮的轮毂轴承来承受。这种制动器也可称为领从蹄式制动器。

平衡式
制动器

单向平衡
式制动器

2. 平衡式制动器

制动鼓受来自两制动蹄的法向力互相平衡的制动器称为平衡式制动器。

（1）单向平衡式制动器　单向平衡式制动器的结构如图 4-3 所示。其结构特点是：两制动蹄各用一个单向活塞制动轮缸，且前后制动蹄与其制动轮缸、调整凸轮在制动底板上的布置是中心对称的，两制动轮缸用油管连接。其性能特点是：前进制动时，两制动蹄均为"领蹄"，有较强的制动能力；倒车制动时，两制动蹄均为"从蹄"，制动力较小。这种制动器也称为双领蹄式或单向双领蹄式制动器。

这种单向平衡式制动器如果将左右制动蹄的支撑端的支撑销和促动端的单向活塞制动轮缸互换，则变成前进时两制动蹄均为从蹄，这种制动器称为双从蹄式制动器或单向双从蹄式制动器。双从蹄式制动器和双领蹄式制动器的结构很相似，二者的差异只在于固定元件与旋转元件的相对运动方向不同。虽然双从蹄式制动器的前进制动效能低于双领蹄式制动器和领从蹄式制动器，但是其制动效能对摩擦因数变化的敏感程度较小，即具有良好的制动效能稳定性。

（2）双向平衡式制动器　双向平衡式制动器的结构如图 4-4 所示。其结构特点是：采用两个双向活塞式制动轮缸，制动蹄、制动轮缸、复位弹簧均为成对对称布置，形成了既轴对称又中心对称的结构。两制动蹄的两端采用浮式支撑，且支点在周向位置浮动，用复位弹簧拉紧。其性能特点是：汽车前进或倒车制动时，两个制动蹄均为"领蹄"，均有较强的制动能力，制动效果好，蹄片磨损均匀。

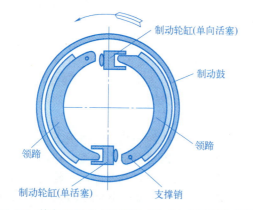

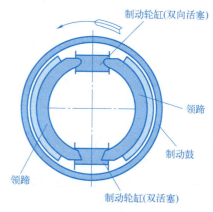

自增力式
制动器

图 4-3　单向平衡式（双领蹄式鼓式）制动器的结构　　图 4-4　双向平衡式（双向双领蹄式）制动器的结构

3. 自增力式制动器

（1）单向自增力式制动器　单向自增力式制动器的结构如图 4-5 所示，采用一个单向活塞制动轮缸，制动蹄和制动蹄的下端分别浮支在浮动的顶杆两端，制动器只在上方有一个支撑销。不制动时，两制动蹄上端均靠各自的复位弹簧拉靠在支撑销上。

单向自增力式制动器的工作过程：汽车前进制动时，单向活塞式制动轮缸只将促动力 F_{S1} 加于第一制动蹄（前蹄），使其上端离开支撑销，整个制动蹄绕顶杆左端支撑点旋转，并压靠在制动鼓上。显然，第一制动蹄是领蹄，并且在促动力 F_{S1}、法向合力 F_{N1}、切向（摩擦）合力 F_{T1} 和沿顶杆轴线方向的 F_{S3} 作用下处于平衡状态。由于顶杆是浮动的，自然成为第二制动蹄（后蹄）的促动装置，而将与力 F_{S3} 大小相等、方向相反的促动力 F_{S2} 施于第二制动蹄的下端，故第二制动蹄也是领蹄。因为顶杆是完全浮动的，不受制动底板约束，所以作用在第一制动蹄上的促动力和摩擦力不会像一般领蹄那样完全被制动鼓的法向反力和固定于制动底板上的支撑件反力所抵消，而是通过顶杆传到第二制动蹄上形成第二制动蹄促动力 F_{S2}。由于制动鼓对第一制动蹄的摩擦助势作用使得 F_{S2} 大于 F_{S1}，而且力 F_{S2} 对第二制动蹄支撑点的力臂也大于力 F_{S1} 对第一制动蹄支撑点的力臂，因此第二制动蹄的制动力矩必然大于第一制动蹄的制动力矩。由此可见，在制动鼓尺寸和摩擦因数相同的条件下，这种制动器的前进制动效能不仅高于领从蹄式制动器，而且也高于两制动蹄呈中心对称布置的双领蹄式制动器。

倒车制动时，第一制动蹄上端压靠支撑销不动。此时，第一制动蹄虽然仍是领蹄，且促动力 F_{S1} 仍与前进制动时相等，但其力臂却大为减小，因而第一制动蹄此时的制动效能比一般领蹄的要低得多；第二制动蹄则因未受到促动力而不起制动作用，即 $F_{S2} = 0$。因此，倒车时整个制动器的制动效能甚至比双从蹄式制动器的制动效能还低，故几乎没有实际应用。

（2）双向自增力式制动器 双向自增力式制动器的结构如图 4-6 所示。其特点是制动鼓正向和反向旋转时均能借助蹄鼓摩擦的自增力作用，即汽车前进和倒车的制动效能都非常高。它的结构不同于单向自增力式之处，主要是采用 1 个双向活塞式制动轮缸，可向两制动蹄同时施加相等的促动力 F_S。制动鼓正向（如箭头所示）旋转时，前蹄（左蹄）为第一制动蹄，后蹄（右蹄）为第二制动蹄；制动鼓反向旋转时，则情况相反。

双向自增力式制动器

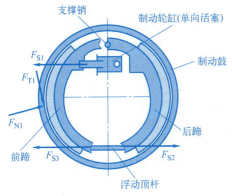

图 4-5 单向自增力式制动器的结构

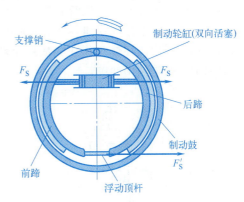

图 4-6 双向自增力式制动器的结构

由图 4-6 可见，制动时，第一制动蹄只受一个促动力 F_S，而第二制动蹄则有两个促动力 F_S 和 F'_S，且 $F'_S > F_S$。考虑到汽车前进制动的机会远多于倒车制动，且前进制动时制动器工作负荷也远大于倒车制动，故后蹄的摩擦片的面积做得较大。

鼓式制动器的特点

4. 各种鼓式制动器的应用

以上介绍的各类制动器各有利弊。就制动效能而言，在基本结构参数和制动轮缸工作压力相同的条件下，自增力式制动器居榜首，以下依次为双领蹄式制动器、领从蹄式制动器、双从蹄式制动器。但就制动效能的稳定性而言，自增力式制动器对摩擦因数的依赖性最大，因而其制动效能的稳定性最差，领从蹄式制动器制动效能的稳定性居中，双从蹄式制动器制动效能的稳定性最好。

双向自增力式制动器的制动力矩在某些情况下增长过快，故多用于轿车后轮，兼起驻车制动器的作用；单向自增力式制动器和单向双领蹄式制动器只用于中轻型汽车的前轮，因为其倒车时对前轮制动效能的要求不高；单向双从蹄式制动器具有制动稳定性好的优点，但已被盘式制动器取代，现在已无应用；双向双领蹄式制动器具有两个制动轮缸，便于布置双回路制动系统，且制动能力较强，故应用较为广泛；领从蹄式制动器制动效能和稳定性均居中，并且具有结构简单等优点，故现在仍应用广泛。

5. 鼓式制动器的特点

鼓式制动器的主要优点如下。

① 制造成本低：鼓式制动器的制造成本较低，适合大规模生产和应用。

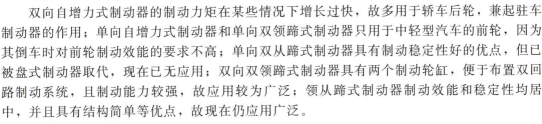

② 制动力大：在相等尺寸下，鼓式制动器的摩擦片与制动鼓的接触面积较大，因此制动力大。

③ 耐用性强：对于重型车辆来说，鼓式制动器的耐用性强，适合长时间使用。

鼓式制动器的主要缺点如下。

① 散热性差：鼓式制动器的散热性较差，容易因为温度升高而导致制动效能下降。

② 制动力稳定性不足：在不同路面上，鼓式制动器的制动力变化较大，不易控制。

③ 需要定期维护：鼓式制动器在使用一段时间后，需要定期调整制动蹄的间隙，甚至需要拆除制动鼓进行清理。

6. 制动间隙的调整

手动调整法

转动调整凸轮和带偏心轴颈的支撑销

鼓式制动器制动间隙的调整，有手动调整和自动调整两种方法。

（1）手动调整法　一般在制动鼓腹板外边开有一个检查孔，以便用塞尺检查摩擦片与制动鼓之间的间隙是否符合规定值，否则要用下列方法进行调整。

① 转动调整凸轮和带偏心轴颈的支撑销。例如，在BJ2020N型汽车制动器中，若发现制动间隙已增大到使制动效能明显降低，可按如图4-7箭头所示方向转动调整凸轮7，进行局部调整。这样沿摩擦片周向各处的间隙即被减小。当制动鼓磨损到一定程度时，需要重新加工修整其内圆面。在修理作业完成后重新装配制动蹄时，为保证蹄鼓的正确接触和间隙值，应当全面调整制动间隙。

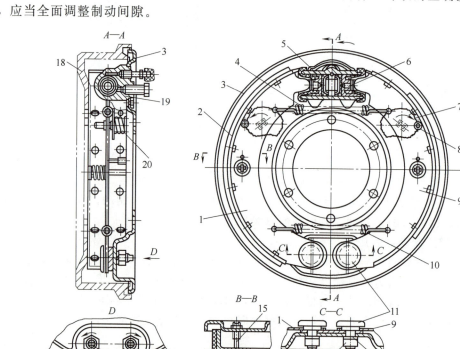

图4-7　领从蹄式制动器及其制动间隙的调整

1—前蹄；2—制动蹄摩擦片；3—制动底板；4,10—制动蹄复位弹簧；5—制动轮缸活塞；6—活塞顶块；7—调整凸轮；8—调整凸轮锁销；9—后蹄；11—支撑销；12—弹簧垫圈；13—螺母；14—制动蹄限位弹簧；15—制动蹄限位杆；16—弹簧盘；17—支撑销内端面上的标记；18—制动鼓；19—制动轮缸；20—调整凸轮压紧弹簧

全面调整除靠转动调整凸轮外，还要转动制动蹄下端的支撑销。从图4-7的剖面图C—C可以看出，支撑制动蹄的支撑销11的轴颈是偏心的。支撑销的尾端伸出制动底板外，并铣切出矩形截面，以便用扳手夹持使之转动。一般在支撑销的尾端面上打有标记，指明偏心

轴颈轴线偏移方向。将支撑销按箭头方向转动，各处（特别是摩擦片下端）的间隙即减小。注意：调整时两个支撑销要对称调整至一致，以便两制动蹄摩擦片间隙大小一致。

② 转动调整螺母。有些制动轮缸两端的端盖制成调整螺母（图4-8）。用一字旋具拨动调整螺母的齿槽，使螺母转动，带动螺杆的可调支座向内或向外做轴向移动，可使制动蹄上端靠近或远离制动鼓，使两者间隙减小或增大。间隙调整好后，用锁片插入调整螺母的齿槽中，使螺母的角位置固定。

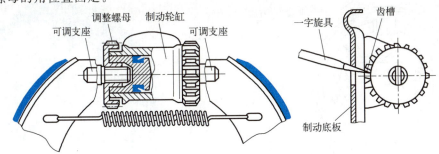

图4-8 转动调整螺母调整制动间隙的示意图

③ 调整可调顶杆长度。在自增力式制动器中，两制动蹄下端支撑在可调顶杆上，其结构及工作原理如图4-9所示。可调顶杆由顶杆体、调整螺钉和顶杆套组成。顶杆套一端具有带齿的凸缘，套内制有螺纹，调整螺钉借螺纹旋入顶杆套内，顶杆套与顶杆体做动配合。拨动顶杆套带齿的凸缘，可使调整螺钉沿轴向移动，改变可调顶杆的总长度，从而调整了制动间隙。

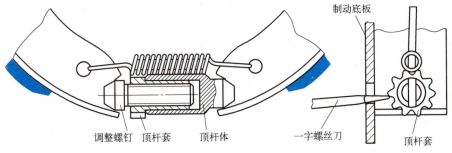

图4-9 调整可调顶杆长度来调整制动间隙的示意图

（2）自动调整法　对于乘用车中使用的鼓式制动器，为保证制动蹄摩擦片与制动鼓具有合适的间隙，普遍采用自动调整法。自动调整法种类很多，在此以桑塔纳轿车为例讲解。

如图4-10所示，桑塔纳轿车后轮制动器的间隙调整装置为在制动推力杆上装楔杆的自动调整装置。其结构和工作情况如下：两个制动蹄之间连有一根制动推力杆，楔杆的水平拉簧使楔杆与制动推力杆间产生摩擦力 F_1 防止楔杆下移，其垂直拉簧随时力图拉动楔杆下移。当制动间隙正常时，楔杆静止于相应的位置；当制动间隙大于规定值时，蹄片张开的行程被加大，垂直拉簧的力 F_2 增大，即 $F_2 > F_1$，楔杆下移，楔杆的下移使得水平拉簧的力也被加大，摩擦力 F_1 相应加大，则楔杆在新的位置静止。

放松制动后，制动蹄在复位弹簧的作用下收拢。由于制动推力杆已变长，只能被顶靠在新的位置，从而保持规定的制动间隙。此类自动调整装置属于一次性调准结构，前进或倒车制动均能自调。

（三）凸轮式制动器

目前，在所有国产汽车和部分国外汽车的气压制动系统中，采用了凸轮促动的鼓式制动器，而且车轮制动器大多设计成简单非平衡式（领从蹄式）。凸轮促动的双向自增力式制动器只适合用作中央制动器。

如图 4-11 所示为某货车前轮凸轮式制动器。制动蹄是可锻铸铁制造的，不制动时由复位弹簧拉靠在制动凸轮轴的凸轮上。制动凸轮轴通过制动凸轮轴支座固定在制动底板上。

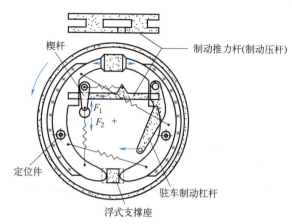

图 4-10　在制动推力杆上装楔杆的自调装置

图 4-11　某货车前轮凸轮式制动器

制动时，在制动气室推杆的推动下，带动制动凸轮轴转动，制动凸轮便迫使两制动蹄张开并压在制动鼓上产生制动作用。由于制动凸轮的工作表面轮廓中心对称，且制动凸轮只能绕固定轴线转动而不能移动，当制动凸轮转过一定角度时，两制动蹄张开的距离是相等的。在制动蹄与制动鼓之间摩擦力的作用下，前蹄（助势蹄）力图离开制动凸轮，而后蹄（减势蹄）却更加靠紧制动凸轮，造成制动凸轮对助势蹄的张开力小于减势蹄。从而使两制动蹄所受到的制动鼓的法向反力近似相等，使两制动蹄的制动力矩也近似相等。但由于这种制动器结构上不是中心对称，两制动蹄作用于制动鼓的法向等效合力虽大小近似相等，但其作用线不在一条直线上，不可能相互平衡，故这种制动器仍是简单非平衡式。

凸轮式制动器间隙的调整部位一般有三处：一是偏心支撑销，二是制动调整臂，三是制动凸轮轴支座。

盘式制动器

二、盘式制动器

盘式制动器摩擦副中的旋转元件是以端面为工作面的金属圆盘，称为制动盘。根据固定元件的结构形式，盘式制动器可分为钳盘式制动器和全盘式制动器。钳盘式制动器的固定元件为制动钳，制动钳中的制动块由工作面积不大的摩擦块与金属背板组成，每个制动器中有2~4个制动块。这些制动块及其促动装置都装在横跨制动盘两侧的夹钳形支架中，如图 4-12 所示。全盘式制动器的固定元件的金属背板和摩擦片都做成圆盘形，因而其制动盘的全部工作面可同时与摩擦片接触。钳盘式制动器目前被各级轿车和轻型货车用作车轮制动器，全盘式制动器只用于重型汽车。

钳盘式制动器根据制动盘结构的不同，分为实心盘式制动器和空心盘式制动器。多数经济型轿车的前轮安装空心盘式制动器，后轮安装实心盘式制动器。

钳盘式制动器按制动钳固定方式及结构形式的不同，可分为定钳盘式和浮钳盘式两种。

1. 定钳盘式制动器

定钳盘式制动器的结构如图 4-12 所示。制动盘固定在轮毂上，横跨在制动盘上的制动钳壳体固定在车桥上。它既不能旋转，也不能沿制动盘轴线方向移动，因而必须在制动盘两侧都装设制动块促动装置，以便分别将两侧的制动块压向制动盘。制动钳内装有两个活塞，分别位于制动盘两侧。活塞外面有充满制动液的制动轮缸。踩下制动踏板以后，制动轮缸的液压上升，活塞在液压力作用下移向制动盘，并将制动块压靠到制动盘上。此时，两侧制动块都压在制动盘上，夹住制动盘使其制动。

在定钳盘式制动器的结构中，制动轮缸间需用油道或油管连通，难以把驻车制动机构附装在一起；另外，钳壳体尺寸较大，制动轮缸散热差，热负荷大，油液易汽化膨胀，故制动热稳定性差。这些缺点使得定钳盘式制动器难以适应现代汽车的使用要求，现在已很少使用，仅在一些跑车、大型 SUV、轻型越野车和轻型客车中使用。

2. 浮钳盘式制动器

如图 4-13 和图 4-14 所示为某轿车前轮浮钳盘式制动器。浮钳盘式制动器的结构特点是制动钳在轴向处于浮动状态，只在制动盘的内侧设置液压缸，而外侧的制动块则附着在制动钳壳体上，制动钳壳体通过导向销与车桥相连，可以相对于制动盘轴向移动。

浮钳盘式
制动器

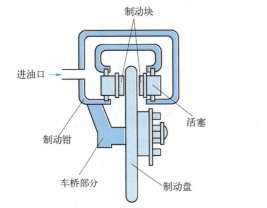

图 4-12 定钳盘式制动器的结构

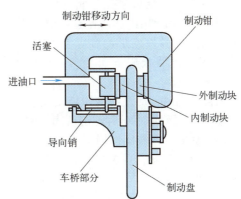

图 4-13 浮钳盘式制动器的结构

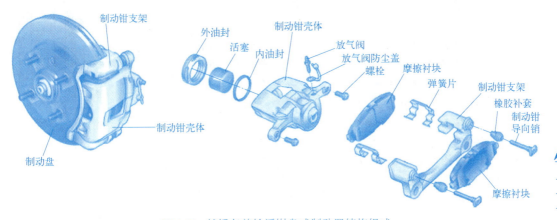

图 4-14 某轿车前轮浮钳盘式制动器结构组成

如图 4-13 所示，制动时，液压力推动活塞及其上的制动块向右移动，并压到制动盘上，于是制动盘给活塞一个向左的反作用力，使活塞连同制动钳壳体整体沿导向销向左移动，直到制动盘右侧的制动块也压到制动盘上。此时，两侧制动块都压在制动盘上，夹住制动盘并使其制动。

浮钳盘式制动器的优点是：外侧无液压件，不易产生气阻，热稳定性和水稳定性均好；结构简单、造价低廉；还可以利用内侧活塞附装驻车制动机构；浮钳的结构有利于整个制动器靠近车轮轮辐布置，使转向主销的下端点外移，实现负的偏移距（指主销延长线接地点在车轮接地点的外侧），提高汽车的抗制动跑偏能力。其缺点是内外摩擦片的磨损速度不一致，内摩擦片磨损速度快于外摩擦片。现在的轻型汽车上，特别是轿车、轻型越野车等，四个车轮均采用浮钳盘式制动器。

3. 制动间隙自动调整装置

盘式制动器的制动轮缸内壁安装有活塞密封圈（油封），其作用是防止制动液从活塞与制动缸体间的间隙中流出，对活塞起密封作用。盘式制动器就是利用活塞密封圈的弹性变形来实现制动间隙的自动调整的，其原理如图 4-15 所示。活塞密封圈嵌在制动轮缸的矩形槽内，活塞密封圈刃边与活塞外圆配合较紧，制动时活塞密封圈刃边在摩擦作用下随活塞移动，使活塞密封圈发生弹性变形，对应于极限摩擦

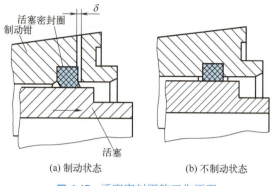

图 4-15　活塞密封圈的工作原理

力的活塞密封圈极限变形量 δ，应等于制动间隙为设定值时完全制动所需的活塞行程〔图 4-15（a）〕。

解除制动时，活塞密封圈恢复变形，活塞在密封圈弹力作用下退回原位〔图 4-15（b）〕。当制动盘与制动块磨损后，制动间隙超过设定值时，则制动时活塞密封圈变形量达到极限值 δ 后，活塞仍可在液压作用下克服活塞密封圈的摩擦力继续移动，直到实现完全制动为止。解除制动后，制动间隙恢复到设定值，因活塞密封圈将活塞拉回的距离仍然等于 δ，多余制动间隙消失。

因此，活塞密封圈不仅起到密封作用，而且兼起活塞复位弹簧和一次调准式间隙自动调整装置的作用。利用活塞密封圈的定量弹性变形来使活塞回位并自调间隙，可使制动钳结构简单、造价低廉，故其在轻中型轿车上获得广泛的应用。

4. 制动块磨损报警装置

许多盘式制动器上装有制动块磨损报警装置，它用来提醒驾驶员更换制动器上的制动块。该装置的传感器有声音传感器式、电子传感器式和触觉传感器式三种。

声音式传感器如图 4-16 所示，这种系统在制动块的背板上装有一小弹簧片，其端部到制动盘的距离刚好为制动块的磨损极限。当制动块磨损到需更换时，弹簧片与制动盘接触发出刺耳的尖叫声，警告驾驶员需要维修制动系统。

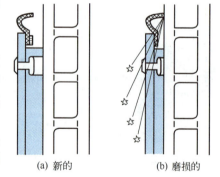

图 4-16　声音式制动块磨损报警装置

电子式传感器在制动块内预埋了电路触点，当制动块磨损到触点外露接触制动盘时，形成电流回路，接通仪表板上的警告灯，告知驾驶员需更换制动块。

触觉式传感器在制动盘表面有一传感器，在制动块上也有一传感器。当制动块磨损到两个传感器接触时，踏板产生脉动，警告驾驶员要维修制动系统。

5. 气压钳盘式制动器

气压钳盘式制动器主要用于各种商用汽车，由于其良好的制动效能与稳定性而受到重视，近年来发展迅速。如图 4-17 所示为一种采用气压驱动的滑动钳盘式制动器示意图。当制动系统工作时，制动气室中的制动气室推杆 9 推动杠杆 8 旋转。杠杆 8 的端部内圆面和外

圆面并不同心，因此，杠杆绕内圆面圆心旋转时，其外圆面即推动推杆 7 经制动钳挺杆 5 推动内制动块 4 压靠在制动盘 3 上，制动钳 1 在反作用力作用下沿导向销（图中未体现）带动外制动块 2 实现制动。

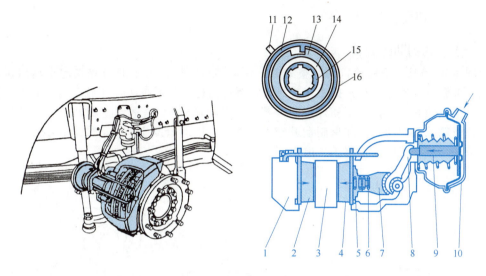

图 4-17 气压驱动的滑动钳盘式制动器示意图

1—制动钳；2—外制动块；3—制动盘；4—内制动块；5—制动钳挺杆；6—复位弹簧；7—推杆；
8—杠杆；9—制动气室推杆；10—制动气室；11—销；12—调整弹簧；13—套筒；
14—摩擦弹簧；15—毂；16—调节装置外壳

解除制动时，复位弹簧 6 迫使推杆 7 回位，保证内制动块 4 与制动盘的间隙恢复至设定值。间隙调整装置安装在杠杆 8 的下支撑端，通过摩擦弹簧 14 实现一次调准。

6. 盘式制动器的特点

盘式制动器与鼓式制动器相比较，有以下优点。

① 制动盘暴露在空气中，散热能力强。特别是空心式制动盘，空气可以流经内部，加强了散热。

② 浸水后制动效能降低较少，而且只需经一两次制动即可恢复正常。

③ 制动效能较稳定，平顺性好。

④ 制动盘沿厚度方向的热膨胀量极小，不会像制动鼓热膨胀那样使制动间隙明显增加，从而导致制动踏板行程过大。此外，也便于装设制动间隙自动调整装置。

⑤ 结构简单，制动块安装、更换容易，维修方便。

盘式制动器的缺点如下。

① 由于制动时无助势作用，故要求管路液压比鼓式制动器高，一般要采用伺服装置和较大直径的制动轮缸。

② 防污性能差，制动块摩擦面积小，磨损较快。

③ 兼用于驻车制动时，需要加装的驻车制动传动装置较鼓式制动器复杂。

目前，随着带驻车制动机构的盘式制动器日益成熟，大部分轿车已经采用了前后轮均为盘式制动器的布置形式。在商用汽车上，盘式制动器制动稳定性好的优势更加明显。汽车下长坡时，气压盘式制动器的热稳定性大大优于凸轮式鼓式制动器；另外，由于装用盘式制动器的车轮制动力差异小，也使汽车的行驶与制动稳定性得到极大的改善。因此，气压盘式制动器在商用车上得到日益广泛的应用。

盘式制动器的特点

【任务实施】

制动器维修

一、鼓式制动器维修

（一）鼓式制动器拆装

如图 4-18 为某车辆后轮自动调整式鼓式制动器分解图。分解时首先支起车辆后桥，用轮胎螺母拆卸机（拆卸工具）拆去车轮螺母，拆卸后轮；然后拆去后轮轮毂盖，剃平锁紧螺母锁片，拧下锁紧螺母，取下锁片垫圈；最后拧出轮毂轴承预紧度调整螺母，用拉拔器从转向节上拉下轮毂及制动鼓。如果制动鼓较难取下，可用螺丝刀插入制动鼓上的小孔，向上压楔形调节块，使制动蹄外径缩小后取下制动鼓。

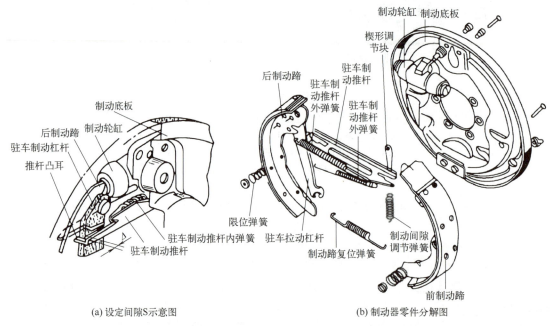

(a) 设定间隙S示意图　　　　(b) 制动器零件分解图

图 4-18　某自动调整式鼓式制动器分解图

首先用拉簧钩拆下制动蹄复位弹簧和驻车制动推杆外弹簧，接着用钳子压下后制动蹄限位弹簧座并转动 90°后，取下定位销钉、弹簧座和弹簧，然后用钳子把手动制动拉索从后制动蹄驻车拉动杠杆上取下，取下后制动蹄。用钳子压下前制动蹄限位弹簧座并转动 90°后，取下定位销钉、弹簧座、弹簧及前制动蹄总成。从前制动蹄总成上拆下制动间隙调节弹簧和楔形调节块，再拆下驻车制动推杆内弹簧和驻车制动推杆等。最后旋下螺栓，从制动底板上取下制动轮缸。前轮制动器的拆卸基本与之相同。

鼓式车轮制动器的装配按上述步骤相反顺序操作。但要注意：在装复过程中，两制动蹄的位置不能互换，其上端面要与制动轮缸工作面完全贴合，支撑销端部的标记朝内相对。装复后用力踩一下制动踏板，使车轮制动器正确就位，摩擦片与制动鼓的间隙得到自动调整。

（二）鼓式制动器检修

1. 制动鼓检修

制动鼓的常见损伤主要是工作表面的磨损、变形和裂纹。

① 外观或敲击检查制动鼓，不得有任何性质的裂纹，否则换新。外观检查若有烧损、

刮痕和凹陷，如不能修磨应更换新件。

② 用专用游标卡尺测量制动鼓内孔直径，如图 4-19 所示，不得大于使用极限，超过规定应更换。

③ 制动鼓内孔磨损检测。如图 4-19 所示，用专用测量工具测量制动鼓内孔的圆度误差，一般不得大于 0.125mm，且无明显沟槽。制动鼓内圆工作表面对旋转轴线的径向全跳动误差不得大于 0.10mm。

鼓式制动器的检修

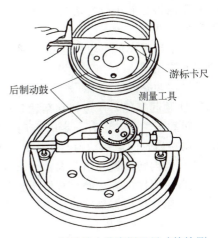

图 4-19　制动鼓内孔磨损及尺寸的检测

制动鼓圆度误差、径向全跳动误差超过规定时，应对制动鼓进行镗削。镗削后的制动鼓内径不得超过极限值，且同轴两侧制动鼓的直径差应小于 1mm。若制动鼓内径超过使用极限，一律换用新件。制动鼓内圆表面的镗削，应在专用的制动鼓镗削机上进行。将制动鼓装在轮毂上，以轮毂内外轴承外座圈内锥面的公共轴线为基准配镗，因此镗削前应检查两轴承内锥面的滚道有无斑点、剥落、松旷，轮毂承孔有无损伤等。如果发现问题，需更换轴承，并在更换轴承之后再进行镗削。

2. 制动蹄检测

制动蹄的常见损伤形式为摩擦片磨损、龟裂，制动蹄支撑销孔磨损等。

① 制动蹄不得有裂纹和变形，支撑销孔与支撑销的配合应符合原设计的规定。

② 摩擦片不得疲劳剥落、有油污等。用游标卡尺测量某制动蹄摩擦片的厚度，标准值为 5mm，使用极限为 2.5mm，其铆钉在摩擦片上的表面深度不得小于 1mm，以免铆钉头刮伤制动鼓内表面。在未拆下车轮时，后制动蹄摩擦片的厚度可从制动底板的观察孔中检查。

③ 制动蹄摩擦片与制动鼓接触面积的检查如图 4-20 所示，将后制动蹄摩擦片表面打磨干净后，靠在后制动鼓上，检查两者的接触面积，应不小于 60%，否则应继续打磨摩擦片的表面。

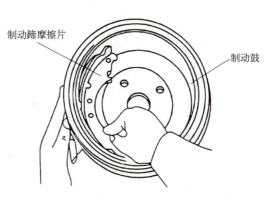

图 4-20　制动蹄摩擦片与制动鼓接触面积的检查

3. 其他零部件检测

① 制动蹄复位弹簧及其他弹簧断裂，或其自由长度增长率达 5%，则应更换新弹簧。同一车桥左右车轮制动器制动蹄复位弹簧的性能应尽量一致。

② 直观检查制动底板出现明显变形或裂纹时，应换用新件。将制动凸轮轴装入制动底板上的支撑销孔中，用百分表进行检查，其配合间隙应不大于 0.60mm，否则应更换制动凸轮轴衬套。用磁力探伤法检验制动凸轮轴，当其出现裂纹时，应换用新件。

③ 车辆大修时，轮毂油封应换用新件。轮毂轴承与转向节的配合间隙应不大于 0.10mm，轴承外圈与轮毂配合不得松动，滚道及滚珠表面应无麻点及烧蚀现象，不符合要求时应更换。

（三）鼓式车轮制动器调整

车轮制动器的调整分为局部调整和全面调整两种。局部调整只需调整制动蹄的张开端，通常用于车辆在运行过程中因蹄鼓间隙变大而进行的调整。全面调整需同时调整制动蹄两端

（张开端和支撑端）的位置，通常在更换制动蹄衬片或镗削制动鼓后，为保证制动蹄与制动鼓的正确接触而进行的调整。对于不设置固定端的自动增力式车轮制动器而言，没有全面调整和局部调整之分。

以某越野车的车轮制动器为例，前轮为单向双领蹄式，后轮为领从蹄式，前后制动器的调整方法相同。

局部调整的步骤如下。

① 顶起车轮，一边转动车轮，一边向外转动调整凸轮螺栓，直至制动蹄压紧制动鼓为止。转动车轮时，应有一定的方向，即调整前轮两制动蹄和后轮的前制动蹄时向前转动车轮，调整后轮的后制动蹄时向后转动车轮。

② 向内转动调整凸轮螺栓，直至车轮能自由转动而制动蹄与制动鼓不碰擦。

③ 用同样的方法调整其他调整凸轮螺栓。

④ 用塞尺检查蹄鼓间隙应符合规定。

全面调整的步骤如下。

① 按局部调整的方法转动调整凸轮螺栓，直至制动鼓不能转动为止。

② 向能够转动支撑销的方向转动支撑销。

③ 重复上述的①、②两步，直至调整凸轮螺栓与支撑销均不能转动为止。

④ 锁紧支撑销后，向内转动调整凸轮螺栓，直至车轮能自由转动且制动蹄与制动鼓不碰擦。

⑤ 利用检视孔用塞尺测量蹄鼓间隙。支撑销端为 0.15mm，张开端为 0.3mm。

⑥ 用同样方法调整其他制动器。

二、盘式制动器维修

盘式制动器的维修

（一）盘式制动器拆装

首先拆卸车轮，接着拆卸制动钳体螺栓，然后取下制动钳体并挂于悬架上，最后拆卸内外制动块及附属弹簧片等。盘式制动器的装配顺序与拆卸顺序相反。

装配、更换制动块时要先用专用工具把制动轮缸活塞压回制动钳体内。为减小推压活塞复位时的阻力，可将制动钳上的放气螺钉拧开排气，并用橡胶管引到专用容器中存放。

组装时，应注意润滑制动钳的滑轨或滑销。装复后要用力将制动踏板踩到底，连踩几次，以便使制动器自动将制动间隙调整到正确位置；并且在踩下几次制动踏板后，检查制动盘的运转是否有较大阻力。

（二）盘式制动器检修

1. 制动盘的检修

① 制动盘不得有裂纹，否则应更换。

② 制动盘的工作表面的轻微锈斑、划痕、烧蚀和沟槽，可用砂纸打磨清除。

③ 制动盘的工作表面如有严重磨损或划痕，可进行车削。但车削后的极限值应不小于原厂的规定，如帕萨特的标准厚度为 20mm，磨损极限为 17.8mm；一汽奥迪的标准厚度为 22mm，磨损极限为 20mm。

④ 使用精度达到微米级的千分尺测量制动盘外缘 10mm 处圆周上均匀分布的 4 个或更多个点的厚度，如图 4-21 所示。其最小厚度值不应小于其磨损极限值，否则应更换新制动盘。

计算所记录的最大厚度和最小厚度的测量值之差，一般厚度偏差值不超过 0.013mm。如果超过，则制动盘需要进行表面修整或更换。

⑤ 用磁力座表在距制动盘外缘 10mm 处测量端面圆跳动，其误差一般不大于 0.06mm（图 4-22），否则制动盘需要进行表面修整或更换。

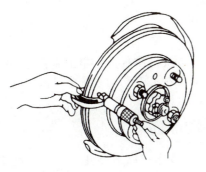

图 4-21 制动盘厚度测量

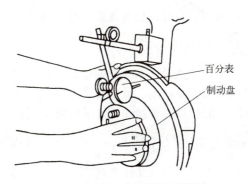

图 4-22 制动盘端面圆跳度检测

更换制动盘时，同一轴的两个制动盘必须同时更换，以确保左右两轮的制动力相等。

2. 制动块检修

① 制动块不能有油污、疲劳剥落、损坏或严重的不均匀磨损等，否则应更换。

② 制动块损坏或制动块的厚度小于极限值时（如帕萨特制动块总厚度低于 7mm 时），应更换新的制动块总成。有些制动块有磨损标记，也可通过其判断是否需要更换。

③ 一般当汽车行驶 2.5 万千米或者制动块厚度（包括制动底板）小于 7mm 时，说明制动块已磨损到极限，必须更换新的制动块。

注意：如果车轮未拆下，对外侧的制动块可通过轮辐上的检视孔，用手电筒目测检查；对内侧的制动块，可利用反光镜目测厚度，判断是否需要更换。

 【维修案例】

紧急制动时左前轮制动不良，汽车向右跑偏故障的检修

故障症状：一辆老款轿车，行驶里程约 12 万千米。客户反映在紧急制动时左前轮制动不良，出现汽车向右跑偏故障现象。

故障诊断与排除：维修技师根据该车故障现象，初步判断左前轮制动器出现故障。但在进行制动器检查前要先排除液压制动系统问题。

首先排除液压制动系统中的空气。方法是：由一人踩下制动踏板，另一人拧松左前轮制动底板后面的轮缸放气螺钉，放出泡沫状油液，直至放出的油液无气泡为止。

然后检查左前轮制动器的制动蹄和制动鼓之间的间隙。检查结果发现间隙较大，按规定予以调整。为此，用千斤顶支起汽车前桥，使前轮悬空。撬开制动底板后面的蹄鼓间隙调整孔橡胶堵塞，将专用工具和旋具伸进孔内，拨动制动器调整螺母的带齿凸缘，使可调顶杆伸出量加大，以减小制动蹄和制动鼓之间的间隙，直至用手不能转动车轮为止。最后回拨调整螺母带齿凸缘 5～6 个齿，使制动蹄片与制动鼓保持 0.5～0.6mm 的正常间隙。

制动间隙调整后，再进行试车，车辆制动正常，故障排除。

任务三 驻车制动系统检修

 【任务引入】

轿车驻车制动系统制动不良故障的检修。故障症状：一辆轿车行驶里程为 8 万千米左右。客户反映轿车在大一点坡度上起步时，即使驻车制动系统将手刹或驻车制动杆拉到最

高，车辆仍有轻微后滑现象，驻车制动系统制动不良。

 【任务分析】

本任务是对汽车驻车制动系统制动不良进行检修。要完成本任务，学生需要熟悉汽车驻车制动系统的功用、类型及其结构、工作原理和特点，掌握驻车制动系统常见故障的诊断与排除，能够对驻车制动系统进行拆装、检修和调整。

 【知识准备】

驻车制动系统又称手刹制动系统，其主要作用是使汽车可靠地停驻，便于在坡道上起步，在行车制动器失效后临时使用，或配合行车制动器进行紧急制动。

驻车制动系统长期以来都采用人力机械式制动系统，近年来电子驻车制动系统得到了越来越广泛的应用。

驻车制动系统类型

一、驻车制动系统类型

驻车制动系统按操作方式不同，可分为手制动、脚控式和电子驻车三种。

驻车制动系统按制动器安装位置的不同，可分为中央制动式和车轮制动式两种。中央制动式的驻车制动器安装在变速器或分动器之后，制动力矩作用在传动轴上。车轮制动式的驻车制动器安装在车轮上，可以单独安装驻车制动器，也可以与行车制动器共用一套制动器总成，只是传动结构是相互独立的。中型以上的客货车多采用中央制动式驻车制动系统，轿车、轻型客货车多采用车轮制动式驻车制动系统。

驻车制动系统按驻车制动器结构形式的不同，可分为盘式、鼓式、带式、弹簧作用式和电子式等，目前电子式驻车制动系统应用越来越广泛。

中央制动式驻车制动系统

二、中央制动式驻车制动系统

中央制动式驻车制动系统主要由驻车制动器和驻车驱动机构两部分组成。中央制动式驻车制动系统按照驻车制动器结构的不同，常见的有凸轮式和蹄盘式两种。

1. 采用凸轮式制动器的驻车制动系统

如图 4-23 所示为采用凸轮式制动器的驻车制动系统。其制动鼓通过螺栓与变速器输出轴的凸缘盘紧固在一起，制动底板固定在变速器输出轴轴承盖上。两个制动蹄通过偏心支撑销支撑在制动底板上，其上端装有滚轮。在复位弹簧的作用下，滚轮紧靠在凸轮的两侧。凸轮轴支撑在制动底板的上部，轴外端与摆臂连接，摆臂的另一端与穿过压紧弹簧的拉杆相连，拉杆再通过摆臂传动杆与驻车制动杆相连。

驻车制动时，将驻车制动杆上端向上拉动，则驻车制动杆的下端向前摆动，传动杆带动摇臂顺时针转动，

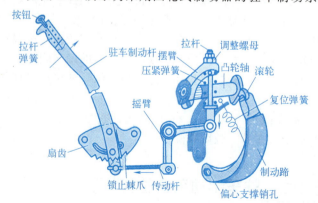

图 4-23 采用凸轮式制动器的驻车制动系统

拉杆则带动摆臂顺时针转动，凸轮轴亦顺时针转动，凸轮则使两制动蹄以偏心支撑销为支点向外张开，压靠到制动鼓上，产生制动作用。当驻车制动杆拉到制动位置时，锁止棘爪嵌入扇齿上的棘齿内，起锁止作用。

解除制动时，按下驻车制动杆上的按钮使棘爪脱离棘齿，向下推动驻车制动杆，则传动

杆、拉杆、凸轮轴按逆时方向转动，制动蹄在复位弹簧的作用下复位，制动蹄与制动鼓间恢复制动间隙，制动解除。

2. 采用蹄盘式制动器的驻车制动系统

如图 4-24 所示为采用蹄盘式制动器的驻车制动系统。制动蹄支架 1 用螺栓固定在变速器壳体后壁。铸铁的通风式制动盘 2 用螺栓与变速器第二轴后端的凸缘盘连接。制动蹄 3 通过销轴与制动蹄臂 7 和 10、支架 1、拉杆臂 11 连接，并利用拉簧 6 和定位弹簧 8 使制动蹄和制动盘之间保持一定的间隙。驻车制动杆 15 用销轴与固定于变速器壳上的扇齿 14 及传动拉杆 12 铰接，其下端装有棘爪 13，利用棘爪拉杆和手柄上的弹簧，能将制动器锁止在某一位置。

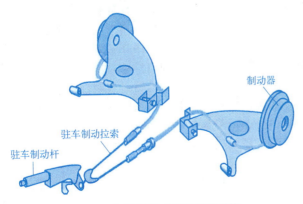

图 4-24　蹄盘式制动器的驻车制动系统

1—制动蹄支架；2—制动盘；3—制动蹄；4—调整螺钉；5—销；6—拉簧；7—后制动蹄臂；8—定位弹簧；9—蹄臂拉杆；10—前制动蹄臂；11—拉杆臂；12—传动拉杆；13—棘爪；14—扇齿（棘轮）；15—驻车制动杆

不制动时，驻车制动杆 15 处于最上位置，在定位弹簧 8 及拉簧 6 的作用下，两制动蹄摩擦片与制动盘之间保持一定的间隙，制动器无制动作用。

制动时，将驻车制动杆 15 上端向下扳动，传动拉杆 12 前移，使拉杆臂 11 逆时针方向摆动，推动前制动蹄臂 10 后移压向制动盘，同时通过蹄臂拉杆 9 拉动后制动蹄臂 7 压缩定位弹簧 8，使后制动蹄前移，两制动蹄即夹紧制动盘，产生制动作用，并由棘爪 13 将驻车制动杆锁止在制动位置。

解除制动时，按下制动杆上端的拉杆按钮，使下端棘爪脱出，然后将制动杆扳向最下端位置，前后两蹄臂在定位弹簧作用下回位到不制动位置。

蹄盘式制动器具有散热性好、摩擦片更换方便和使用可靠、使用寿命长等优点。制动间隙通过调整制动拉杆长度来实现；两制动蹄 3 平行度的调整通过调整螺钉 4 实现（图 4-24）。

三、车轮制动式驻车制动系统

车轮制动式驻车制动系统的驻车制动器一般与行车制动器共用，是在后轮制动器上增加一套机械操纵机构，用驻车制动杆（也称驻车制动手柄）控制，主要由驻车制动杆、驻车制动拉索、制动器等组成，如图 4-25 所示。

车轮制动式驻车制动系统中的驻车制动器可分为鼓式和盘式两大类。以前的轿车多为前轮为盘式制动器、后轮为鼓式制动器，其中后轮的鼓式制动器兼作驻车制动器。为了提高制动效能，现在越来越多的轿车前后轮皆采用盘式制动器。但为了实现驻车制动功能，有些车型在后轮的盘式制动器上增加了一个

制动器

驻车制动拉索

驻车制动杆

图 4-25　车轮制动式驻车制动系统

鼓式制动器，即所谓的"盘中鼓"；也有部分车型采用行车制动和驻车制动共用一个盘式制动器，但通过两套独立的传动系统分别实现驻车制动和行车制动功能。在有些高级轿车或跑

车上，制动盘上安装两个钳盘式制动器，一个为行车制动器，一个为驻车制动器。

1. 鼓式驻车制动器

如图 4-10、图 4-18 所示，均为行车制动器和驻车制动器复合安装在一起的鼓式制动器。

驻车制动时，拉起驻车制动杆，操纵力通过操纵机构使驻车制动拉索收紧，驻车制动拉索则拉动驻车制动杠杆的下端，使之绕上端支点顺时针转动。在驻车制动杠杆转动过程中，其中间支点推动驻车制动推杆左移，使前蹄压向制动鼓。前蹄压靠制动鼓后，驻车制动推杆停止运动，则驻车制动杠杆的中间支点变成其继续移动的新支点，于是驻车制动杠杆的上端右移，使后蹄压靠在制动鼓上，产生制动力。此时，驻车制动杠杆上棘爪嵌入扇齿上的棘齿内，起锁止作用。

解除驻车制动时，按下驻车制动杆上的按钮，使棘爪脱离棘齿。将驻车制动杆回到释放制动位置，松开驻车制动拉索，则制动蹄在复位弹簧的作用下复位。

对于 4 个车轮都采用盘式制动器的轿车来说，驻车用的小型鼓式驻车制动器内置于后轮盘式制动器中，并通过拉索和连杆等机构固定在盘式制动器上。

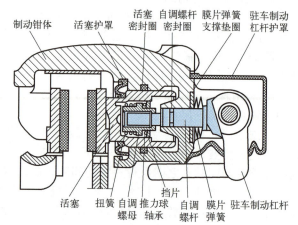

图 4-26　凸轮促动的盘式驻车制动器

2. 盘式驻车制动器

图 4-26 所示为一种带凸轮促动机构的盘式驻车制动器。自调螺杆穿过制动钳体的孔，旋装在切有粗牙螺纹的自调螺母中，自调螺母凸缘的左侧部分被扭簧紧箍着。扭簧的一端固定在活塞上，而另一端则自由地抵靠自调螺母凸缘。推力球轴承固定在自调螺母凸缘的右侧，并被固定在活塞上的挡片封闭。推力球轴承与挡片之间的装配间隙（即等于制动器间隙）为标准值时，是完全制动所需的活塞行程。膜片弹簧使自调螺杆右端斜面与驻车制动杠杆的凸轮斜面始终贴合。

驻车制动时，在驻车制动杠杆的凸轮推动下，自调螺杆连同自调螺母一起左移，直到自调螺母接触活塞的底部。此时，由于扭簧的阻碍，自调螺母不可能相对于自调螺杆向右移动，于是轴向推力便通过活塞传到制动块上而实现制动。

解除驻车制动时，自调螺杆在膜片弹簧的作用下，随着驻车制动杠杆复位。

在制动间隙大于标准值的情况下进行行车制动时，活塞在液压作用下左移。到挡片与推力球轴承间的间隙消失后，活塞所受液压推力便通过推力球轴承作用在自调螺母凸缘上。因为自调螺杆受凸轮斜面和膜片弹簧的限制，不能转动，也不能轴向移动，所以这一轴向推力便迫使自调螺母转动，并且随活塞相对于自调螺杆左移，直到制动器过量间隙消失为止。此时扭簧张开，且其自调螺杆密封圈直径略有增大。撤除液压后，活塞密封圈使活塞退回到制动间隙等于标准值的位置，而扭簧的自由端则由于所受摩擦力矩的消失而转回原位。这样，自调螺母保持在制动前的轴向位置不动，从而保证了挡片与推力球轴承之间的间隙为原值。

这种制动器兼有行车制动和驻车制动功能，且制动性能稳定，但结构相对复杂。现在乘用车上除了凸轮促动式外，还有钢球促动式、偏心轴和推杆促动式等盘式驻车制动器。

四、电子驻车制动系统

目前，越来越多的车型采用电子驻车制动（electrical park brake，EPB）系统。电子驻车制动与传统驻车制动相比，起步时可不用手动关闭电子驻车制动系统，踩加速踏板起步时电子驻车制动系统会自动关闭，故操作更为简单省力。此外，电子驻车制动系统使用小巧的按钮取代了驻车制动杆，让车内空间得到更好的利用。电子驻车制动系统配合相关的电控单元及机构，可以在适当的时候使车辆制动和驻车。

电子驻车制动系统常见类型有拉索式与卡钳式两种。拉索式电子驻车制动系统与传统拉索式驻车制动系统差别不大，只是驻车制动力由电子控制按钮通过电动机拉紧制动器产生，从而实现停车制动，如图 4-27 所示。卡钳式电子驻车制动系统是通过整合在盘式制动器上的电动机驱动制动钳压紧制动盘来实现制动的。

图 4-28 所示为某轿车的整体式盘式（卡钳式）电子驻车制动器的结构图，其驱动部件由电动机、传动带、斜盘式齿轮、螺杆以及活塞组成。整个电子驻车制动系统的执行部件均位于后轮盘式制动器的钳体上，信号通过导线传送，这种控制方式也称为线控制动系统。

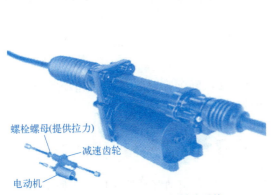

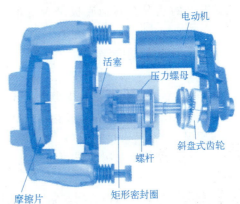

图 4-27 拉索式电子驻车制动系统   图 4-28 整体式盘式电子驻车制动器的结构图

当驾驶员上拉电子驻车制动系统按钮时，电子驻车制动系统电控单元（控制模块）接收来自按钮的信号。如果当前车辆的行驶状态符合电控单元中预设的条件（如当车速小于 7km/h 时），电控单元会向执行机构的电动机施加 12V 电压让其转动。电动机的转矩通过传动带、斜盘式齿轮减速机构传递到螺杆，螺杆通过螺栓螺母机构推动制动活塞轴向运动实现对后轮的制动。

车辆在结束驻车制动时，驾驶员通过踩加速踏板或踩制动踏板（使制动力达 1000N），可实现自动释放驻车制动器。

当车速大于 7km/h 时，驾驶员拉住电子驻车制动器按钮，会启动动态紧急制动功能。当行车制动器工作正常时，会通过 ESP 系统（电子稳定程序系统）控制行车制动器对四个车轮的制动。

注意：在正常情况下，电子驻车制动器的操作范围比传统驻车制动器要窄，只能用于车辆低速时制动及驻车。

五、驻车制动系统常见故障的诊断与排除

（一）驻车制动不良

1. 现象
汽车停在坡路上时，因驻车不良而自行滑移。

2. 原因
① 驻车制动器自由行程过大。

② 制动鼓工作表面磨损、起槽、裂纹，摩擦片与制动鼓贴合不良或摩擦片与制动鼓配合间隙过大。

③ 摩擦片表面有油污、泥水，磨损过薄或烧蚀。

④ 制动蹄摩擦片在支撑底板中卡住或支撑底板变形致使制动蹄轴歪斜。

⑤ 汽车起步时操作失误，未拉驻车制动杆而导致摩擦片烧蚀。

3. 诊断与排除

① 将变速杆回到空挡位置，拉紧驻车制动杆，支起后轮，这时用手转动传动轴（车轮），如能转动，则说明驻车制动不良。

② 检查驻车制动杆的自由行程是否过大。当把驻车制动杆从放松的极限位置上拉起时，以能听到两声响为合适。否则，进行调整或检查各连接处是否松动。

③ 用塞尺检测摩擦片与制动鼓配合间隙是否符合技术标准，否则应进行调整。

④ 若上述情况良好，则检测驻车制动器制动鼓圆度误差，检查摩擦片是否有油污、与制动鼓贴合的状况及制动底板是否变形、制动蹄轴是否锈蚀。若有问题，应维修或换用新件。

（二）驻车制动拖滞

1. 现象

变速器挂低挡，松开离合器踏板，放松驻车制动杆，汽车难以起步或者起步后稍减供油，汽车急速降速，或行驶一段路程后驻车制动鼓发热。

2. 原因

① 制动蹄摩擦片与制动鼓间间隙过小，局部有粘连接触；制动蹄复位弹簧弹力小、过软或折断。

② 制动蹄与制动蹄轴装配过紧，转动困难或锈蚀，导致制动蹄复位缓慢或不回位。

③ 由于齿板上的限位片丢失或未装配，当驻车制动杆放松时，造成制动凸轮反向转动，将制动蹄摩擦片张开与制动鼓接触。

3. 诊断与排除

① 先检查齿板上的限位片是否丢失或未装。

② 用塞尺检测摩擦片与制动鼓间间隙是否符合技术标准，否则应调整。

③ 若以上情况良好，应拆检驻车制动器。

 【任务实施】

驻车制动系统维修

一、驻车制动系统检查

① 检查驻车制动拉索。清洁驻车制动拉索表面，检查驻车制动拉索外层有无破裂，驻车制动拉索接头是否损坏，线钢丝有无折断。若有缺陷，应更换驻车拉索总成。

② 检查驻车制动装置。检查驻车制动杆锁止齿板与棘爪是否变形或损坏，锁止是否可靠，放松是否灵活。若有缺陷，应更换制动杆总成。

③ 检查制动杆套。检查制动杆套是否破裂或损伤、松脱。若有不良情况，应更换制动杆套，并装配稳固可靠。

④ 检查驻车制动杆按钮。拉起驻车制动杆时，手柄锁止应可靠；放松驻车制动杆时，按下驻车制动杆按钮应解除锁止，驻车制动杆回位正常。否则，应调整驻车制动杆按钮或制动系统。

⑤ 检查驻车制动拉索复位弹簧。检查驻车制动拉索复位弹簧挂钩是否正确，弹簧弹力有无下降，弹簧是否被折断或变形。若有缺陷，应予以更换。

二、驻车制动系统调整

（1）驻车制动杆行程检查　用手拉动驻车制动杆，检查驻车制动杆的行程是否在规定的槽数内（拉动驻车制动杆时可以听到咔嗒声，一般为 4～7 声）。如果不符合标准，应调整驻车制动杆的行程。

（2）驻车制动器的调整　驻车制动器由钢丝拉索驱动后轮，驻车制动杆的自由行程为 2 齿，当松开驻车制动杆时两个后轮都应能转动自如。驻车制动器的调整方法和步骤如下。

① 松开驻车制动杆。

② 用力踩一下制动踏板，把驻车制动杆拉紧 2 齿（自由行程）。

③ 如图 4-29 所示，将锁紧螺母拧松，拧动调整螺母使驻车制动拉索变短，从而改变驻车制动杆的行程，直到用手不能旋转两个被制动的后轮为止。

④ 松开驻车制动杆，两后轮能旋转自如即为调整合适。

当驻车制动杆行程的调整不能达到标准要求时，则应先调整后轮制动蹄摩擦片或驻车制动蹄摩擦片的间隙，再调整驻车制动杆的行程。

（3）检查驻车制动指示灯的工作情况　在点火开关位于"ON"时，检查并确保拉动驻车制动杆时，在听到第一个咔嗒声前，驻车制动指示灯就已经点亮。

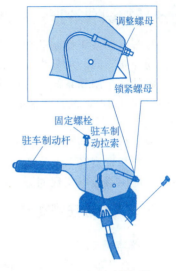

图 4-29　驻车制动的调整

【维修案例】

轿车驻车制动系统制动不良故障的检修

故障症状：一辆奥迪轿车，行驶里程为 8 万千米左右。驾驶员反映轿车在坡度大一点的斜坡上起步时，即使将驻车制动杆提高到最高，车辆仍有轻微后滑现象，驻车制动系统制动不良。

故障诊断与排除：根据轿车在坡度大一点的斜坡上起步时，即使将驻车制动杆提高到最高，车辆仍有轻微后滑现象，判定是驻车制动不良。

首先进行驻车制动杆行程检查。用手拉动驻车制动杆，仅能听到 2～3 声咔嗒，故进行驻车制动杆自由行程的调整。

松开驻车制动杆，用力踩一下制动踏板，把驻车制动杆拉紧 2 齿（自由行程）。将锁紧螺母拧松，拧动调整螺母使驻车制动拉索变短，从而改变驻车制动杆的行程，直到用手不能旋转两个被制动的后轮为止。

松开驻车制动杆，两后轮能旋转自如，驻车制动故障排除。

任务四　液压制动系统检修

【任务引入】

客户的大众奥迪 A6L 轿车制动不良故障的检修。故障症状：一辆一汽大众奥迪 A6L 2020 款 30 FSI 舒适型轿车，行驶里程为 6.1 万千米。客户反映制动太软，将制动踏板急踩到底时才有制动效果，若遇紧急情况，要连续踩两脚制动踏板才能停住车。

【任务分析】

本任务是对汽车液压制动系统的制动不良进行检修。要完成本任务，学生需要熟悉汽车液压制动系统的功用、类型及其结构、工作原理和特点；掌握液压制动系统常见故障的诊断与排除；能够对液压制动系统及主要零部件进行拆装、检修和调整。

【知识准备】

行车制动系统按制动能源不同，可分为人力制动系统、动力制动系统和伺服制动系统；按传动介质不同，可分为机械式、液压式、气压式、气顶液等几种。机械式行车制动系统就是传统的驻车制动系统。液压式行车制动系统简称液压制动系统，其结构简单，制动滞后时间短（仅 0.2s），没有摩擦的影响，制动稳定性好，能适应多种制动器，故广泛应用于各种轻型汽车上。

液压行车制动系统以制动液作为传动介质，通过液压能实现制动，被广泛用于各种轿车、微型和轻型客车及货车上。为了保证足够的制动能力，液压制动系统中广泛应用真空助力器、增压器等以实现伺服制动。

一、人力液压制动系统

基本组成
与工作
原理

1. 基本组成与工作原理

人力液压制动系统是利用制动液作为传力介质的制动系统，将驾驶员施加的控制力通过车架上的制动主缸转换为液压能，再通过装在车轮制动器内的制动轮缸将液压能转换为机械能，促使制动器进入工作状态。它广泛用于小型汽车上。

（1）基本组成　人力液压制动系统主要由制动踏板、车轮制动器、液压传动装置（包括制动主缸、制动轮缸、制动油管等）等组成，如图 4-30 所示。由于车轮是通过弹性悬架与车架联系的，而且有的还是转向轮，制动主缸与制动轮缸的相对位置经常变化，故制动主缸与制动轮缸间的连接油管除金属管（铜管）外，还有特制的橡胶制动软管。各液压元件之间及各段油管之间还有各种管接头。

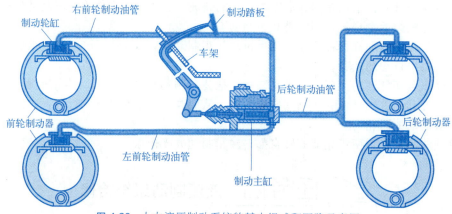

图 4-30　人力液压制动系统的基本组成和回路示意图

（2）基本原理　踩下制动踏板，制动主缸将制动液经油管压入前后制动轮缸，将制动蹄推向制动鼓。在制动器间隙消失之前，管路中的液压不可能很高，仅足以平衡制动蹄复位弹簧的张力以及油液在管路中的流动阻力。在制动器间隙消失并开始产生制动力矩时，液压与制动踏板力方能继续增长，直到完全制动。从开始制动到完全制动的过程中，由于在液压作用下油管（主要是橡胶制动软管）的弹性膨胀变形和摩擦元件的弹性压缩变形，制动踏板和制动轮缸活塞都可以继续移动一段距离。放开制动踏板，制动蹄和制动轮缸活塞在复位弹簧作用下复位，将制动液压回制动主缸。

（3）制动踏板自由行程　在不制动时，制动主缸的推杆球头与活塞之间应保持一定间隙（1~2mm），以确保活塞彻底回位，保证完全解除制动，防止制动时的拖滞现象。制动时，为了消除这一间隙所需的制动踏板行程称为制动踏板自由行程，一般为5~20mm。为了制动踏板有适当的自由行程，要确保推杆球头与活塞之间的间隙，一般推杆长度可用螺纹调节。

（4）制动踏板感　管路液压和制动器产生的制动力矩是与制动踏板力成线性关系的。若轮胎与路面间的附着力足够，则汽车所受到的制动力也与制动踏板力成线性关系。制动系统的这项性能称为制动踏板感（或称路感），驾驶员可以凭此直接感觉到汽车制动的强度，以便及时地加以必要的控制和调节。

（5）制动系统的传动比　制动系统的传动比等于制动踏板机构杠杆比乘以制动轮缸与制动主缸面积之比。传动比越大，则为获得同样大的制动力矩所需的制动踏板力越小，但制动踏板行程越大，操作越不便。故要求人力液压制动系统的传动比要合适，保证制动踏板力较小，同时制动踏板行程又不太大。对于人力液压制动系统，在制动器允许磨损量的范围内，制动踏板全行程不应超过150mm（轿车）至180mm（货车）。制动器间隙调整正常时，从踩下制动踏板到完全制动的制动踏板工作行程一般不应超过全行程的50%~60%，最大制动踏板力一般不超过350N（轿车）至550N（货车）。

人力液压制动系统中若有空气侵入，将严重影响液压的升高，甚至使液压制动系统完全失效。因此，在结构上必须采取措施以防止空气侵入，并要便于将已侵入的空气排出。

2. 双回路液压制动系统的布置形式

为了提高汽车行驶的安全性，并根据交规的要求，现代汽车的行车制动系统都采用了双回路制动系统。目前采用双回路液压制动系统的几乎都是伺服制动系统或动力制动系统。但是，在某些微型或轻型汽车上，为使其结构简单，仍采用双回路人力液压制动系统。

双回路利用彼此独立的双腔制动主缸，通过两套独立管路，分别控制两桥或三桥车轮制动器。其特点是若其中一套管路发生故障而失效时，另一套管路仍能继续起制动作用，从而提高了汽车制动的可靠性和行驶安全性。双回路的布置方案应用较为广泛的有前后桥制动器独立型（H型）和前后桥制动器交叉型（X型），如图4-31和图4-32所示。

双回路液压制动系统布置形式

（1）前后桥制动器独立型（H型）　如图4-31所示，前后车桥各设一套管路，这种布置形式最为简单，可与单轮缸鼓式制动器配合使用。其优点是当一个回路失效时，两侧车轮制动力仍然相等。缺点是当一个回路失效时，前后桥制动力分配的比值被破坏；并且当后轮失效时，前轮易抱死导致车辆丧失转向能力；对于乘用车，前轮失效而只用后轮制动时，制动力可能严重不足。这种布置多用于发动机前置后轮驱动汽车上，如南京依维柯等。

（2）前后桥制动器交叉型（X型）　如图4-32所示，前后桥对角线方向上的两个车轮制动器共用一回油管路，在任一回路失效时剩余制动力总能保持在正常情况下的制动力的一半；但同时也可能造成左右制动力大小不等，从而使车辆制动时跑偏。这种布置形式多用于发动机前置前轮驱动轿车上，如大众帕萨特、迈腾等。

除此之外，还有HH型、LL型和HT型管路布置形式。这些形式适用于车轮中有两个以上轮缸的制动器，同一制动器中每个轮缸连接不同的管路，从而构成更为复杂的双回路布置形式。

3. 制动主缸

制动主缸又称制动总泵，其作用是将制动踏板输入的制动力转换成液压能。制动主缸可分为单腔和双腔两种，分别用于单回路制动系统和双回路制动系统。单腔制动主缸的结构、工作原理与离合器主缸基本相同，在此不再阐述。

制动主缸
（单缸）

制动主缸
（双腔）

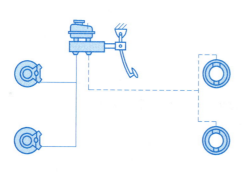

图 4-31　前后桥制动器独立型（H 型）

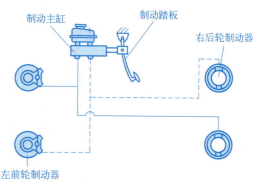

图 4-32　前后桥制动器交叉型（X 型）

双回路制动系统的制动主缸常用串列双腔制动主缸（图 4-33）。目前，国内轿车及大多数国外轿车都采用等径制动主缸，即制动主缸前后两腔的缸径相同。而某些国外轿车上装用了异径制动主缸，即制动主缸前后两腔的缸径不相等。

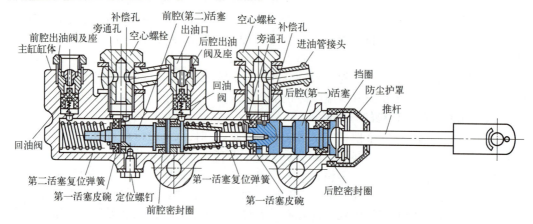

图 4-33　串列双腔制动主缸

如图 4-33 所示，串列双腔制动主缸主要由储液罐、主缸缸体，第一活塞、第二活塞及其复位弹簧、皮碗，推杆，密封圈，出油阀等组成。缸体内装有两个活塞，将主缸内腔分成两个工作腔。储液罐（图中未标出）中的油液经每一腔的空心螺栓（其内腔形成储液室）和各自的旁通孔、补偿孔流入主缸前后腔。第一活塞在其复位弹簧的作用下压靠在挡圈上，使其处于补偿孔和旁通孔之间。密封圈用来防止主缸漏油。每个活塞上都装有皮碗，以便两腔建立油压，并保证密封。

不制动时，推杆球头端与活塞之间保留有一定的间隙，以保证活塞在弹簧的作用下完全恢复到最右端位置，前后两工作腔内的活塞头部与皮碗正好位于前后腔内各自的旁通孔和补偿孔之间。制动时，为了消除推杆球头与活塞之间的间隙所需的制动踏板行程，称为制动踏板自由行程。

当踩下制动踏板时，制动踏板传动机构通过推杆推动第一活塞前移，直到皮碗掩盖住旁通孔后，第一工作腔液压升高。油液一方面推开出油阀进入相应制动管路；另一方面对第二活塞产生推力，在此推力和第一活塞复位弹簧的共同作用下，第二活塞也向前移动，前腔压力也随之升高，油液推开出油阀进入相应制动管路。当继续踩下制动踏板时，前后腔的液压继续升高，使前后轮制动器制动。

解除制动踏板力后，制动踏板机构、主缸前后腔活塞和轮缸活塞在各自的复位弹簧作用下复位，管路中的制动液借其压力推开回油阀流回主缸，于是解除制动。

当迅速放开制动踏板时，由于油液的黏性和管路阻力的影响，油液不能及时流回主缸并填充因活塞右移而让出的空间，因而在旁通孔开启之前，压油腔中产生一定的真空度。此时，进油腔液压高于压油腔，因而进油腔的油液便从前后腔活塞的密封皮碗的边缘与缸壁间的间隙流入各自的压油腔以填补真空。与此同时，储液罐中的油液经补偿孔流入各自的进油腔。活塞完全复位后，旁通孔已开放，由制动管路继续流回主缸而显多余的油液便可经前后腔的旁通孔流回储液罐。液压制动系统中因密封不良而产生的制动液泄漏及因温度变化而引起的制动液膨胀或收缩，都可以通过补偿孔和旁通孔得到补偿。当制动器间隙过大或液压制动系统进入空气，致使制动踏板踩到极限位置仍感到制动力不足时，可迅速放松制动踏板随即再踩下。如此反复几次，使压入管路中的油液增多，油压升高，以进一步加大制动力。

若与前腔连接的制动管路损坏漏油，则在踩下制动踏板时只有后腔中能建立液压，前腔中无压力。此时在液压差作用下，前腔活塞迅速前移到前缸活塞前端顶到主缸缸体上。此后，后腔工作腔中的液压方能升高到制动所需的值。

若与后腔连接的制动管路损坏漏油，则在踩下制动踏板时，因后腔工作腔中不能建立液压，起先只是后腔（第一）活塞前移，而不能推动前腔（第二）活塞；但在后腔活塞顶杆直接顶触前腔活塞时，前腔活塞前移，使前腔工作腔建立必要的液压而制动。

由上述可见，双回路液压制动系统中任一回路失效时，主缸仍能工作，只是所需制动踏板行程加大，但将导致汽车的制动距离增长，制动效能降低。

4. 制动轮缸

制动轮缸又称制动分泵，其作用是把油液压力转变为轮缸活塞的推力，推动制动蹄压靠在制动鼓上，产生制动作用。如图 4-34 所示，制动轮缸主要由缸体、活塞、皮碗、弹簧、放气阀和活塞防尘罩等组成。制动器因形式的不同，制动轮缸的数目和形式各异，常见的有双活塞式、单活塞式、阶梯式等多种形式。

制动轮缸

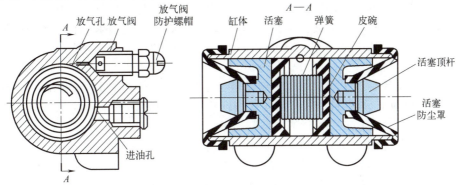

图 4-34 双活塞式制动轮缸

（1）双活塞式制动轮缸　如图 4-34 所示为双活塞式制动轮缸，缸体用螺栓固定在制动底板上，缸内有两个活塞，二者之间的内腔由两个皮碗密封。制动时，制动液自油管接头和进油孔进入，活塞在液压力作用下向外移动，通过顶杆推动制动蹄。弹簧保证皮碗、活塞、制动蹄紧密接触，并保持两活塞之间的进油间隙。活塞防护罩除防尘外，还可防止水分进入，以免活塞和制动轮缸生锈而卡住。在制动轮缸缸体上方还装有放气阀，以便放出液压制动系统中的空气。

（2）单活塞式制动轮缸　如图 4-35 所示为单活塞式制动轮缸。为缩小轴向尺寸，液压腔密封件不用抵靠活塞端面的皮碗，而采用装在活塞导向面上切槽内的皮碗，进油间隙靠活塞端面的凸台保持。放气阀的中部有螺纹，尾部有密封锥面，平时旋紧压靠在阀座上。与密封锥面相连的圆柱面两侧有径向孔，与阀中心的轴向孔相通。需要放气时，先取下活塞防护罩，再连踩几下制动踏板，对缸内空气加压，然后踩下制动踏板不动，将放气阀旋出少许，空气即可排出；待空气排出，将放气阀旋闭后再放松制动踏板。如此反复几次，直到空气排尽。

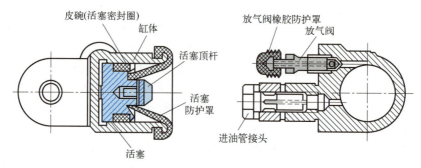

图 4-35   单活塞式制动轮缸

（3）阶梯式制动轮缸   主要用于简单非平衡式制动器中，其作用是使前后制动蹄摩擦片摩擦均匀。在工作时，制动轮缸的大端推动后制动蹄（从蹄），小端推动前制动蹄（领蹄）。

5. 制动液

（1）使用要求   制动液是液压制动系统的重要组成部分，其品质的好坏对制动系统的工作可靠性影响很大，其性能要求如下：

① 高沸点，高温下不易汽化，否则易产生气阻，使制动系统失效；

② 低温下有良好的流动性；

③ 不会使与之经常接触的金属件腐蚀，不会使橡胶件膨胀、变硬和损坏；

④ 良好的润滑作用；

⑤ 吸水性差而溶水性好。

（2）制动液的标准   为保证汽车行驶安全，各国不断制定、修订汽车制动液标准。

国外有代表性的汽车制动液标准是美国交通部（DOT）制定的联邦机动车辆安全标准（FMVSS），具体是 FMVSS NO.116 DOT3、DOT4、DOT5，这是世界公认的汽车制动液通用标准。

我国汽车制动液标准为《机动车辆制动液》（GB 12981—2012），该标准按机动车辆安全使用要求将制动液分为 HZY3、HZY4、HZY5 三个级别，分别对应 DOT3、DOT4 和 DOT5。目前大多数轿车都采用 DOT4 型制动液。

（3）制动液的选用   汽车制动液的选择应坚持两个原则：一是选择合成制动液；二是品质等级以 FMVSS NO.116 DOT 标准为准。制动液的更换以汽车的行驶里程或时间确定，一般行驶里程超过 3 万千米或时间超过 2 年需更换。

汽车制动液使用应注意下列事项：不同规格的制动液不能混用；防止水分或矿物油混入；制动缸橡胶皮碗不可长时间暴露在空气中；汽车制动液多以有机溶剂制成，易挥发、易燃，因此管理和使用时要注意防火；避免制动液进入眼睛；避免制动液溢洒到漆膜表面，若出现该种情况立即用冷水冲洗。

二、液压伺服制动系统

汽车高速化后，采用人力液压制动的汽车要求制动液压力升高（可达 10～20MPa）方能产生与车速相适应的制动力矩，靠人力制动是难以实现的。特别是盘式制动系统，由于制动器无助势作用，因此必须加大制动液压力。

伺服制动系统兼用人力和发动机作为制动能源，在正常情况下，制动能量大部分由动力伺服系统供给，可以减轻驾驶员施加于制动踏板上的力，增加车轮制动力，以达到操纵轻便、制动可靠的目的。在动力伺服系统失效时，伺服制动转变为人力制动。

液压伺服制动系统是在人力液压制动系统中加装真空加力装置实现的。按真空加力装置不同，可分为增压式和助力式两种形式。增压式是通过增压器将制动主缸的液压进一步增加，增压器装在制动主缸之后；助力式是通过助力器来帮助制动踏板对制动主缸产生推力，助力器装在制动踏板与制动主缸之间。

1. 真空增压式液压制动系统

（1）组成与原理　图 4-36 所示为跃进 NJ1061A 型汽车的真空增压式液压制动系统。它在液压制动系统中加装了一套真空增压系统，包括由发动机进气歧管、真空单向阀、真空罐组成的供能装置，作为控制装置的控制阀，作为传动装置的真空伺服气室、辅助缸和安全缸。

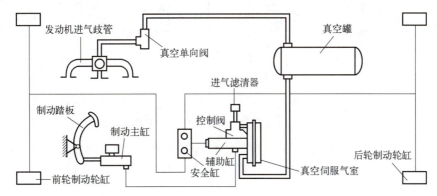

图 4-36 跃进 NJ1061A 型汽车的真空增压式液压制动系统

发动机工作时，在进气歧管真空度作用下，真空罐中的空气经真空单向阀被吸入发动机，因而真空罐中产生并积累了一定的真空度，作为制动加力的动力源。

踩下制动踏板时，制动主缸输出的制动液先进入辅助缸，一方面传入前后轮制动轮缸作为促动力，另一方面作为控制压力进入控制阀，推动控制阀使真空伺服气室产生的推力与来自制动主缸的液压力一起作用在辅助缸活塞上，从而使辅助缸输送到各制动轮缸的压力远高于制动主缸的压力，实现增大制动液压力的目的。

安全缸的作用是当前后轮制动管路之一损坏漏油时，该管路上的安全缸（即自动封堵）保证另一管路仍能保持其中的压力。

（2）真空增压器　真空增压器的作用是将发动机产生的真空度转变为机械推力，使从制动主缸输出的制动液增压后再输入各制动轮缸，以增大制动力。

① 结构。真空增压器的结构如图 4-37（a）所示，它由辅助缸、控制阀和真空伺服气室等组成。

a. 辅助缸。辅助缸是将低压制动液变为高压制动液的装置。装有皮圈的辅助缸活塞将辅助缸内腔分隔为两部分，左腔经出油管通向前后制动轮缸，右腔经进油接头与制动主缸相通。推杆后端与真空伺服气室膜片相连，前端嵌装着球阀，其阀座在辅助缸活塞上。不制动时，推杆前部的球阀与阀座之间保持一定距离，以保证辅助缸两腔相通。

b. 控制阀。控制阀是控制真空伺服气室起作用的随动机构，是由真空阀和空气阀组成的双重阀门。不制动时，空气阀在弹簧的作用下处于关闭状态，真空阀在膜片复位弹簧的作用下处于开启状态。膜片座中央有孔道使气室 A 和气室 B 相通，因此不制动时 4 个气室 A、B、C、D 相通，且具有相等的真空度，如图 4-37（b）所示。

c. 真空伺服气室。真空伺服气室是将进气歧管产生的真空度与大气压的压力差转变为机械推力的总成。膜片将真空伺服气室分成前后两气室，前气室 C 经前壳体端面上的真空管接头通向真空源，后气室 D 与控制阀上气室 A 相通，并通过真空阀与下气室 B 和前气室 C 相通。

② 工作原理。真空增压器的工作原理如图 4-37（b）所示。

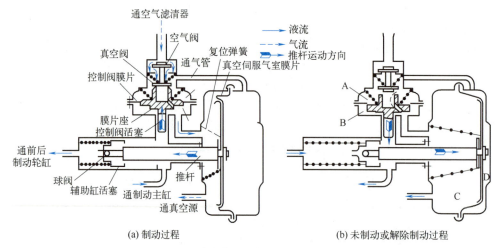

(a) 制动过程　　　　　　　　　　(b) 未制动或解除制动过程

图 4-37　真空增压器的结构与工作原理

未制动时，空气阀关闭，真空阀开启。控制阀 4 个气室相通，且具有相等的真空度，推杆在复位弹簧的作用下处于最右端位置，推杆前部的球阀与阀座之间保持一定距离，辅助缸两腔相通，如图 4-37（b）所示。

制动时，踩下制动踏板，制动主缸的制动液输入到辅助缸中，一部分制动液经活塞中间的小孔进入各制动轮缸，制动轮缸液压即等于制动主缸液压。与此同时，液压还作用在控制阀活塞上，当制动液压力升到一定值时，控制阀活塞连同膜片上移，首先关闭真空阀，同时关闭气室 C、D 通道；膜片座继续上移将空气阀打开，于是空气经空气阀进入气室 A 并到气室 D。此时，气室 B、C 的真空度仍保持不变，这样气室 D、C 产生压力差，推动伺服气室膜片使推杆左移，球阀关闭辅助缸活塞中的孔，制动主缸与辅助缸左腔隔绝，如图 4-37（a）所示。此时在辅助缸活塞上作用着两个力：制动主缸液压作用力和伺服气室输出的推杆力。因此，辅助缸左腔及各制动轮缸的压力高于制动主缸的压力。

维持制动时，制动踏板踩到某一位置不动，制动主缸不再向辅助缸输送制动液，作用在辅助缸活塞和控制阀活塞上的力为一定值。但随着进入真空伺服气室的空气量的增加，气室 A 和 B 的压力差增大，对控制阀膜片产生向下的作用力，因而使膜片座及活塞向下移动，空气阀、真空阀开度逐渐减小，直至落座关闭。此时处于"双阀关闭"状态。制动液压力对控制活塞向上的压力与气室 A、B 压力差造成的向下压力相平衡。气室 D、C 压力差作用在膜片上的总推力与控制油压作用在辅助缸活塞右端的总推力之和，与高压制动液作用在辅助缸左端的总阻力相抗衡，辅助缸活塞即保持相对稳定的状态，维持了一定的制动强度。这一稳定值的大小取决于控制阀活塞下面的液压（制动主缸油压），即取决于制动踏板力和制动踏板行程。

放松制动踏板后，控制油压下降，控制阀活塞连同膜片座下移，空气阀仍处于关闭状态，而真空阀开启。于是 D、A 两气室的空气经 B、C 两气室被吸出，从而使 A、B、C、D 各气室均具有一定的真空度。推杆、真空伺服气室膜片及辅助缸活塞在弹簧力的作用下各自回位，制动轮缸制动液从辅助缸活塞的小孔流回，从而解除制动，如图 4-37（b）所示。

2. 真空助力式液压制动系统

（1）系统组成　图 4-38 所示为部分乘用车的真空助力式液压制动系统管路布置图。真空助力器装在制动主缸前，利用发动机进气歧管产生的真空对驾驶员的踏板力增压。真空伺服气室工作时产生的推力，也与制动踏板一样直接作用在制动主缸的活塞推杆上，帮助驾驶员踩踏制动踏板，故称为助力式。

（2）真空助力器的结构　如图 4-39 所示为某轿车液压制动系统中的真空助力器的结构图。真空助力器和制动主缸用 4 个螺钉固定在车身前围上，借推杆与制动踏板连接。真空伺服气室由前后壳体组成，其间夹装有膜片 3，它的前腔 A 经单向阀 28 通进气歧管或真空罐；

真空助力式液压制动系统

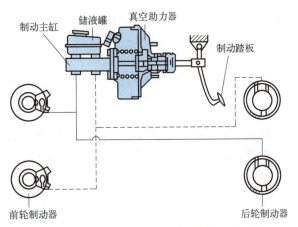

图 4-38　真空助力式液压制动系统管路布置图

后腔膜片座毂筒中装有控制阀，其中装有与推杆固接的空气阀和限位板（图 4-39 中未标注空气阀和限位板），橡胶阀门 8 与在膜片座上加工出来的阀座组成真空阀。

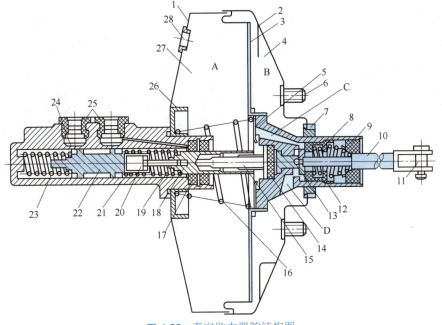

图 4-39　真空助力器的结构图

1—前壳体；2—后壳体；3—真空伺服气室膜片；4—后气室；5—控制阀体；6—螺钉；7,25—密封套；
8—橡胶阀门；9,12,16,19,23—弹簧；10—推杆；11—销；13—球铰链；14—橡胶式反作用盘；
15—后推杆；17—油封；18—前推杆；20—弹簧座；21—制动主缸；22—活塞；24—过滤器；
26—连接盘；27—前气室；28—单向阀；C—真空通道；D—空气通道

真空助力器的工作情况

（3）真空助力器的工作情况

① 不制动时。如图 4-40（a）所示，复位弹簧 16 将推杆 10 连同空气阀 29 推至右极限位置，空气阀 29 紧压阀座而关闭；橡胶阀门 8（真空阀）被压缩离开阀座而开启。真空通道 C 开启，伺服气室 A、B 两腔相通，并与大气隔绝。控制阀处于非工作状态，即真空阀开、空气阀关。发动机运转后，单向阀 28 被吸开，A、B 两腔内均处于一定的真空状态。

② 制动时。如图 4-40（b）所示，推杆 10 连同空气阀 29 和橡胶阀门 8 共用阀座向左移动，消除了与橡胶式反作用盘的间隙后，压缩橡胶式反作用盘中心部分产生压凹变形，并推

动推杆 15 向左移动，使制动主缸油压上升，并传入各制动轮缸。与此同时，推杆先将真空阀关闭，使 A 腔与 B 腔隔绝，进而空气阀与阀座分离而开启，外界空气经空气滤清器、空气阀 29 的开口和通气道 D 进入伺服气室的后腔 B。前腔 A 为真空，后腔 B 为大气，在伺服气室膜片的两侧出现压力差，再加上驾驶员的踏板力一起推动膜片和活塞推杆 18 左移。此时，伺服气室推力较踏板力大得多，从而使制动主缸输出的液压成数倍的增高，实现助力作用。

维持制动时

③ 维持制动时。如图 4-40（c）所示，踏板踩下后停止在某一位置，推杆 10 和空气阀 29 推压橡胶式反作用盘 14 的推力不再增加，膜片两边压力差使橡胶式反作用盘中心部分的凹下变形恢复，空气阀重新落座而关闭，出现双阀关闭的平衡状态，制动力保持不变。

④ 放松制动时。复位弹簧 9 使推杆 10 和空气阀 29 后移，真空阀离开阀座，真空阀打开，空气阀仍关闭。伺服气室 A、B 两腔相通，成为真空状态。膜片和膜片座在复位弹簧 16 的作用下回位，制动主缸解除制动。

⑤ 真空助力器失效时。推杆 10 通过空气阀 29 直接推动膜片座和活塞推杆 15 移动，使制动主缸产生制动液压，但踏板力要大得多。

推杆和活塞推杆之间使用的是橡胶式反作用盘，可以准确地传递路感。

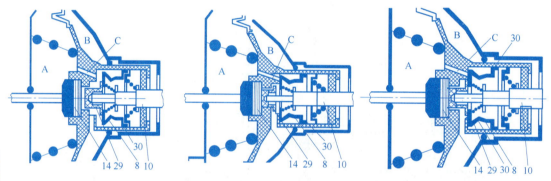

(a) 不制动时：真空阀开，空气阀关　　(b) 制动时：真空阀关，空气阀开　　(c) 维持制动时：真空阀与空气阀均关

图 4-40　真空助力器控制阀部分放大图及其工作过程（序号同图 4-39）

29—空气阀；30—限位板

制动力分配调节装置（比例阀）

三、制动力分配调节装置

汽车制动时，作用在车轮上的制动力随着踏板力的增加而增加，但最大制动力受到轮胎与路面附着力的限制，制动力不能超过附着力，否则车轮将被"抱死"。无论前轮先抱死还是后先抱死，都会严重影响汽车行驶的安全性，并加剧轮胎的磨损。

汽车既能得到尽可能大的制动力，又能保持行驶方向的稳定性，就必须使汽车前后轮同时达到抱死的边缘。其条件是：前后轮制动力之比等于前后轮对路面垂直载荷之比。

但是，汽车装载量的不同和汽车制动时减速度的不同，引起了载荷的转移。汽车前后轮的实际垂直载荷比是变化的。因此，要满足最佳制动状态的条件，汽车前后轮制动力的比例也应是变化的。为使前后轮获得理想的制动力，这就促使现代汽车越来越多地采用各种制动力调节装置，使前后促动管路压力的实际分配特性曲线在不同程度上接近于相应的理想分配特性曲线。

在电子控制技术应用于制动系统之前，曾出现多种被动式制动力分配调节装置（如限压阀、比例阀、感载阀及惯性阀等），它们一般都串联在后促动管路中；也有一些调节装置（如滞后阀），是串联在车辆前促动管路中的。这些装置曾经广泛应用于各种轻型车辆，用于调节车辆前后制动力分配关系。

而电子制动力分配（Electronic Brake-force Distribution，EBD）系统可使前后促动管路压力的实际分配特性曲线更接近于相应的理想分配特性曲线，是性能更为优越的制动压力调节装置。现在随着 EBD 系统的普及，各种被动式制动压力分配调节装置已经逐渐被淘汰，只有一些不装备 EBD 系统的微型客车、轻型货车和农用车中仍有采用，在此不再阐述。

四、液压制动系统常见故障的诊断与排除

汽车液压制动系统常见故障有制动失效、制动不良、制动跑偏和制动拖滞等。

（一）制动失效

1. 现象
踩下制动踏板，车辆不减速，即使连续几脚制动也无明显减速作用。

2. 原因
① 制动储液室（罐）无制动液或严重缺少制动液。
② 制动主缸皮碗严重破裂或制动系统有严重的泄漏之处。
③ 制动软管或金属管断裂。
④ 机械连接部位脱开，如制动踏板至制动主缸连接脱开。

3. 诊断与排除
若连续踩下制动踏板，踏板不升高，且感到无阻力。首先检查制动主缸储液室内制动液是否充足，若不足，则观察泄漏之处。若制动主缸推杆防尘套处的制动液泄漏严重，多属主缸皮碗踩翻或严重损坏；若车轮制动鼓边缘有大量制动液，则说明该车轮轮缸皮碗压翻或严重破损。若无漏油处，应检查各机械连接部位有无脱开，若有应修复。

（二）制动不良

1. 现象
汽车制动时，驾驶员感到减速度不足；汽车紧急制动时，制动距离太长。

2. 原因
① 制动主缸、制动轮缸、管路或管接头漏油。
② 制动主缸储液室油量不足或其中一室无油。
③ 制动液变质（变稀或变稠）或管路内壁积垢太厚。
④ 制动液中有空气。
⑤ 制动主缸、制动轮缸皮碗、活塞或缸筒磨损过度。
⑥ 制动主缸旁通孔、补偿孔或储液室（罐）通气孔堵塞。
⑦ 制动主缸出油阀、回油阀不密封，活塞复位弹簧预紧力太小，活塞前端贯通小孔堵塞或制动主缸皮碗发黏、发胀。
⑧ 制动轮缸皮碗发黏、发胀。
⑨ 增压器或助力器效能不佳或失效。
⑩ 制动管路凹瘪或软管内孔不畅通。
⑪ 制动踏板自由行程太大。
⑫ 制动蹄摩擦片与制动鼓（盘）贴合面不佳或制动间隙调整不当。
⑬ 制动摩擦片品质欠佳或使用中表面硬化、烧焦、油污及铆钉头露出。
⑭ 制动鼓磨损过甚或制动时变形。
⑮ 制动管路工作时胀大。

3. 诊断与排除
① 踩下制动踏板，若制动踏板位置太低，则连续两次或几次踩制动踏板，若其高度随

之增加且制动效能好转，则应检查制动踏板自由行程及制动间隙。

② 维持制动时踏板的高度，若缓慢或迅速下降，说明制动管路某处破裂、接头密封不良、制动轮缸皮碗密封不良或制动主缸皮碗密封不良等。可首先踩下制动踏板，观察有无制动液渗漏部位。若外部正常，则应检查修理制动主缸故障。

③ 连续几次制动时，制动踏板高度仍过低，并且在第一次制动后，感到制动主缸活塞未复位，踩下制动踏板即有制动主缸推杆与活塞碰击响声，故障为制动主缸皮碗破裂或其复位弹簧太软。

④ 连续几次制动时，制动踏板高度稍有增加，并有弹性感，说明制动管路中渗入空气。

⑤ 连续几次制动时，制动踏板均被踩到底，并感到制动踏板毫无反力，说明制动主缸储液室内制动液严重亏缺。

⑥ 连续几次制动时，制动踏板高度低而软，故障为制动主缸进油孔或储液室螺塞通气孔堵塞。

⑦ 一次或两次制动时，制动踏板高度适当，但太硬且制动效能不良。首先，应检查真空助力器的工作性能；其次，检查制动管路是否老化、凹瘪，制动液是否太稠；最后，检查各轮制动器摩擦片驱动端与制动鼓的间隙是否小于另一端，若间隙正常，则需检查制动鼓与摩擦片表面状况。

（三）制动跑偏

1. 现象

汽车制动时，车辆行驶方向发生偏斜；紧急制动时，方向急转或车辆甩尾。

2. 原因

汽车制动跑偏的根本原因是左右制动力不等，具体表现在以下几个。

① 左右车轮制动摩擦片与材料不一致或新旧程度不一样。

② 左右车轮制动摩擦片与制动鼓（盘）的接触面积、位置不一样或制动间隙不等。

③ 左右车轮轮缸的技术状况不一致，造成起作用时间或张开力大小不等。

④ 左右车轮制动蹄复位弹簧拉力不同。

⑤ 左右车轮轮胎气压、直径、花纹或花纹深度不一样。

⑥ 左右车轮制动鼓的厚度、直径、工作中变形程度和工作面粗糙度不一致。

⑦ 单边制动管凹瘪、阻塞或漏油，单边制动管路或制动轮缸内有气阻。

⑧ 单边制动蹄与支撑销配合紧或锈蚀。

⑨ 车架车桥在水平平面内弯曲，车架两边的轴距不等或左右两边悬架技术状况不一致。

3. 诊断与排除

① 汽车路试制动时，汽车向左偏斜，即为右轮制动性能差；反之，则为左轮制动性能差。

② 制动停车后，查看轮胎在路面上的拖印情况。若拖印短或没有拖印的车轮，即为制动有故障的车轮。

③ 查出有故障的车轮后，先检查该车轮制动管路是否漏油、轮胎气压与花纹等是否合适；如果正常，检查制动间隙是否符合规定，不符合时予以调整；与此同时，排除制动轮缸里的空气。若仍无效，应拆下制动鼓，按原因逐一检查各零部件，特别是制动鼓的尺寸和精度要严格检查。

④ 经上述检修后，若各车轮拖印基本符合要求，但制动仍跑偏，则故障不在制动系统，应检查车架、前轴和悬架等技术状况。如果出现忽左忽右的跑偏现象，则应检查是否有前束或直拉杆、横拉杆球头销是否松旷。

（四）制动拖滞

1. 现象

抬起制动踏板后，全部或个别车轮的制动作用不能立即完全解除，以致影响了车辆重新起步、加速行驶或滑行，且行驶阻力大、制动器发热。

2. 原因

① 制动踏板无自由行程。

② 制动踏板与其轴的配合缺油、锈污或者制动踏板复位弹簧脱落、拉断及拉力太小等。

③ 制动主缸活塞复位弹簧折断或顶紧力太小；皮碗的长度太长或皮碗发胀、发黏；补偿孔被污物堵塞。

④ 制动轮缸皮碗发胀、发黏或活塞发卡。

⑤ 制动蹄复位弹簧脱落、折断或弹力下降。

⑥ 制动蹄与支撑销锈污，制动蹄在支撑销上不能自由转动。

⑦ 制动蹄与制动鼓（盘）的间隙调整不当，制动踏板放松后仍局部摩擦。

⑧ 通往各制动轮缸的制动管路凹瘪或堵塞，导致回油不畅。

⑨ 制动液太脏、黏度太大，回油困难。

⑩ 不制动时增压器辅助缸活塞中心孔打不开。

3. 诊断与排除

① 先判断故障是在制动主缸还是车轮制动器。行车中出现拖滞，若所有制动鼓均过热，表明制动主缸有故障。若个别制动鼓过热，则属于该车轮制动器工作不良。

② 维修作业后出现制动拖滞，可将汽车举升，变速器置于空挡并放松驻车制动操纵杆，然后转动各车轮再踏下制动踏板。若抬起制动踏板后各轮均难以立即扳转，则故障在制动主缸；如个别车轮不能立即转动，说明该车轮制动器有故障。

③ 若故障在制动主缸，应先检查制动踏板自由行程。如果制动踏板无自由行程，一般为制动主缸推杆与活塞的间隙过小或没有间隙，应调整。

如果制动踏板自由行程符合标准，则应拆下制动主缸储液室加油螺塞，踩下制动踏板慢慢回位，看其回油状况。若不回油，则为回油孔堵塞。若回油缓慢，则为皮碗发胀或复位弹簧无力；或是油液太脏、黏度太大。此时，应检查油液清洁度。如果油液清洁度和黏度适当，则应检查制动主缸，同时检查制动踏板复位弹簧；若正常，应拆检制动主缸，必要时应更换活塞、皮碗。

④ 若故障在制动轮缸，可顶起有故障的车轮，旋松制动轮缸放气螺钉，如果制动液随之急速喷出，车轮也立即旋转自如，说明管路堵塞、制动轮缸不能回油，此时应疏通油管。

如果旋转车轮仍有拖滞，可检查制动间隙和复位弹簧；若正常，应拆检制动轮缸，必要时应更换活塞、皮碗。

（五）其他故障诊断与排除

1. 制动噪声

汽车制动时发出"哽、哽"的噪声，其故障原因和排除方法如下。

① 制动摩擦片磨损超过极限，蹄片铁或铆钉直接与制动鼓（盘）接触，应更换制动蹄。

② 制动摩擦片松动或复位弹簧折断，应更换不合格的制动零件。

③ 制动盘或制动鼓破裂、磨出沟痕，应更换制动盘或制动鼓。

④ 摩擦片硬化或破裂，应打磨或更换摩擦片。

⑤ 制动蹄弯曲、变形或破碎，应更换损伤的制动蹄。

⑥ 制动盘表面铁锈过多，应清洁制动盘周围铁锈。

⑦ 制动钳有毛刺或生锈，应清洁制动钳上的毛刺或铁锈。

2. 制动踏板脉动

行车制动时，制动踏板产生周期性跳动的现象称制动踏板脉动。制动踏板脉动使脚部产生不适，与制动力不足和制动跑偏有关。

主要原因是制动盘摆动、制动鼓偏心过大或制动底板摆动，有时会因车轮变形而引起。因此，应区别情况分别对待，在检测分析后决定对策。

3. 制动液泄漏

在管路连接处泄漏，应擦干净，确定泄漏零件，然后拆卸更换接头。

管路有擦碰破漏，检查泄漏部位，拆换部分管路，改善管路支架及夹紧部件，与车身部件擦碰处装上橡胶保护套。

制动主缸泄漏，检查泄漏部位，更换皮碗等密封件。制动轮缸处泄漏，更换密封件。

 【任务实施】

液压制动系统维修

一、制动踏板行程检查与调整

制动踏板行程的检查与调整

1. 制动踏板自由行程的检查与调整

条件：

① 检查制动踏板应良好：制动踏板能够完全踩下且反应灵敏、无异响、松旷。

② 如为真空助力式液压制动，需停止发动机运转，踩几次制动踏板，使真空助力器无真空后，再进行检测制动踏板自由行程。

方法：用手压下制动踏板感到有阻力时，压下制动踏板的距离为自由行程。一般标准制动踏板自由行程在 5～20mm 之间，不同车型标准不同，具体查阅维修手册。若不符合规定，首先消除真空助力器与制动主缸的间隙而排除空气。

调整：一般调整制动踏板下的推杆（制动主缸推杆或真空助力器推杆）上的调整螺母或调节叉，来改变推杆的长度，个别车辆靠调整制动踏板上的偏心螺栓，实现制动踏板自由行程的调整。

2. 制动踏板总行程和制动踏板板面到转向盘垂直距离的检查

制动踏板的总行程要求小于等于 180mm，且制动踏板板面到转向盘最低点的最小距离为

制动系统中空气的排除

598mm。若不符合规定，应调整制动踏板下的推杆上的调整螺母或调节叉，改变推杆的长度。

3. 制动踏板有效行程的检查

用 400N 的力踩制动踏板时，制动踏板的有效行程不大于 135mm 或距底板距离不小于 45mm。若达不到此规定，应检查制动蹄与制动鼓间隙，以及制动主缸与分缸的密封情况。

4. 制动灯检查与调整

检查：调整完制动踏板高度后应检查制动灯，放松制动踏板后观察制动灯是否熄灭。

调整：在调整制动踏板高度前，首先将制动灯开关完全拧松，然后松开制动主缸推杆或真空助力器推杆的锁紧螺母，按照制造厂提供的数据调整好制动踏板的高度，并用锁紧螺母将推杆锁死调整制动灯开关与制动踏板的距离，旋转制动灯开关直至它的壳体轻轻接触到制动踏板的挡块为止。

二、制动系统中空气排除

液压制动系统修复安装后或制动系统中有空气造成制动不良故障时，应加注制动液并排出制动系统中的空气，否则将造成制动不良。常用的排气方法有人工法和压力法。

1. 人工法

采用人工法排除空气，需要由两个人协同进行，一人在驾驶室内，另一人在车下。具体排气方法如下。

① 打开制动液储液罐的盖子，擦净盖子周围灰尘，加足制动液（达到 MAX 处）。

② 一人车内，一人车下。车下人取下右后轮制动轮缸放气螺塞上的防尘套，在放气螺塞上接一软管并将软管放入容器内，同时准备好扳手。

③ 驾驶室内的人踩制动踏板，注意踩下时要快，放松时要慢，连续几次踩动后，踩下制动踏板保持不动。

④ 另一车底下的人用扳手拧松制动轮缸放气螺塞（拧出全部螺纹的 1/4～1/2），此时制动液在制动主缸活塞的作用下，连同空气一起从软管喷入容器中，然后尽快将放气螺塞拧紧。

注意：随着制动系统中空气排出，制动踏板就会松动，但这时仍应踩着制动踏板不放，切不可将制动踏板抬起，以免空气从放气处进入制动系统。

⑤ 重复操作步骤③、④，直到将空气完全排出（制动液中无气泡）为止。

⑥ 用上述排气方法排除其他车轮的制动轮缸中空气，一般按照右后轮→左后轮→右前轮→左前轮的顺序逐个排气。

注意事项：在人工排气过程中，必须随时检查储液室内的液面高度并不断加注制动液，直到符合要求为止。

2. 加注机加压法

将专用加液-放气装置 VW1238/I 连接在储液罐上，在制动轮缸放气螺塞上接一软管并将软管放入容器内，然后根据右后轮→左后轮→右前轮→左前轮顺序，对各制动轮缸进行放气。

此装置以一定的压力把制动液充到制动系统中，使空气排出。最后储液罐的液面高度必须达到 MAX 标记处。

三、真空助力器检查

1. 真空助力器的工作情况检查

（1）气密性检查 启动发动机，怠速运转 1～2min 后停机。用同样的力量踩制动踏板若干次，若第一次行程较大，后面行程逐渐减小，即制动踏板高度一次比一次高，说明真空助力器气密性良好。否则，说明单向阀密封性不良。

（2）助力作用检查 用适中的力踩动制动踏板，使之停留在制动位置上，然后启动发动机，进气歧管中重新产生真空度，如果制动踏板位置有所下降，说明真空助力器性能良好。若制动踏板位置保持不动，则说明真空助力器或单向阀损坏。

（3）有负荷时气密性检查 在发动机运转时，踩下制动踏板不动并将发动机熄火，在 30s 内制动踏板高度保持不变，表明其气密性良好；若制动踏板降低，表明其气密性不好，应更换真空助力器或检查真空管路是否漏气或堵塞。

2. 真空助力器真空度检测

① 将 T 形管、真空表、软管及卡紧装置等按图 4-41 所示连接好。

② 启动发动机，怠速运转 1 min。

③ 卡紧与进气歧管相连的真空管上的卡紧工具，切断真空助力器单向阀与进气歧管之间的通路。

④ 将发动机熄火，观察真空表的变化。如果在规定时间内真空度下降过多（BJ2020 规定在 15s 内真空度下降不大于 3386.35Pa），说明真空助力器膜片或真空阀损坏。

3. 真空助力器的单向阀检测

如图 4-42 所示，拆下与单向阀相连的真空管，将手动真空泵软管与单向阀真空源接口相连。

扳动手动真空泵手柄给单向阀加上 50.80～67.70kPa 的真空度，在正常情况下，真空度应保持稳定。如果真空泵指示表上显示出真空度下降，则表明单向阀损坏。

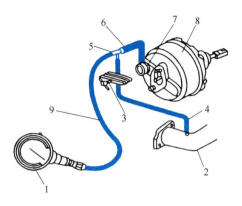 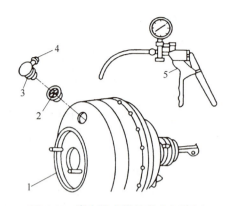

图 4-41　真空助力器的真空度检测
1—真空表；2—进气歧管；3—卡紧工具；
4,6,9—软管；5—三通接头；
7—真空助力器单向阀；8—真空助力器；

图 4-42　真空助力器的单向阀检测
1—真空助力器；2—单向阀密封圈；3—真空助力
器单向阀；4—单向阀真空源接口；5—手动真空泵

如果拆卸下来单向阀，可以用嘴吹气，单向导通，反向截止。

四、制动主缸拆检

1. 串联双腔制动主缸拆装

① 放出制动主缸中制动液，拆下前、后出油接头。

② 从车架上拆下制动主缸后，取下防尘罩及推杆。

③ 将制动主缸夹在台虎钳上，用螺丝刀顶住活塞，拆下弹簧片（卡簧），然后慢慢放松螺丝刀，依次取出后活塞、皮碗及后活塞弹簧。

④ 拆下限位螺钉，依次取出前活塞、皮碗及前活塞弹簧。

2. 串联双腔制动主缸装配和调整

串联双腔制动主缸的装配按上述相反顺序操作，并注意下列事项。

① 所有零件在装合前应用制动液或酒精清洗，疏通各通道、油路，并用压缩空气吹干，然后将零件全部浸泡在清洁的制动液内润滑。

② 活塞与缸筒的配合间隙应符合规定。

③ 制动主缸活塞的位置不当会引起回油孔的堵塞或使制动发生作用时间延迟，故装配时应注意。

④ 装合后应检查回油孔，使其不被皮碗堵住。

⑤ 制动主缸装配后应检查其密封性。

3. 制动主缸检修

① 直观检查缸筒内壁工作面的磨损状况，工作面上不允许有麻点和划痕。用百分表检测圆柱度，误差如大于 0.025mm，或缸筒内壁磨损大于 0.12mm，或缸筒与活塞配合间隙大于 0.15mm 时，应换用新件。

② 检测活塞与缸筒配合间隙。过大时，若是由于活塞磨损过多而造成的，只需更换活塞即可。

③ 直观检查缸筒内壁上有锈蚀、麻点，如果不在皮碗行程内，允许继续使用。

④ 直观或敲击检查缸体，不得有任何性质的裂纹、缺口、破损等，否则一律换用新件。

⑤ 直观检查活塞上的星形阀是否松脱、破裂，轻微者应予以焊修，严重者换用新件。

⑥ 直观检查出回油阀是否失效，皮碗、密封圈是否发胀、变形、破损等，否则一律换用新件。

⑦ 用弹力测试仪检查制动主缸、制动轮缸复位弹簧弹力，弹力值应符合技术标准。如不符合要求，一律报废，换用新件。

⑧ 个别车辆制动主缸及真空助力器损坏时，应换用新总成，不允许解体维修，如上海桑塔纳 LX 型轿车等。

4. 制动轮缸检修

① 制动轮缸主要零件检修与制动主缸基本相同。需要注意的是，在更换制动轮缸时，其规格需与原车制动轮缸相同。

② 同一车桥上的两个制动轮缸的内径必须相同，以保证得到相等的制动力，防止制动跑偏。

③ 检查放气螺塞的锥面应平滑、规整，不得有凹槽和破损，否则应予以修复。

④ 上海桑塔纳 LX 型前轮缸缸筒直径磨损大于 0.10mm 或缸筒与活塞的配合间隙大于 0.15mm 时，应更换制动钳总成。后轮缸筒磨损大于 0.08mm 或缸筒与活塞表面出现划痕及锈蚀时，应更换制动轮缸总成。

 【维修案例】

轿车制动不良，要连续踩两脚制动踏板时才能停住车

故障症状：轿车行驶里程为 6.1 万千米。驾驶员说制动太软，将制动踏板急踩到底时才有制动效果，若遇紧急情况，要连续踩两脚制动踏板才能停住车。

故障诊断与排除：

① 首先检查制动液的液面，液面正常。检查制动管路没有漏油处。拆检四个车轮制动器，均工作正常。按由远及近的顺序对四个车轮制动轮缸进行放气，发现只有左后轮有少量气泡，其他车轮无气泡。放气后试车，制动效果明显好转。由于制动液两年多未更换过，于是更换制动液并排净制动系统内的空气。但车辆在使用几天后，又发生了相同的故障。

② 检查后发现左后轮有少量气泡。拆检四个车轮，发现制动轮缸都不漏油，于是怀疑制动主缸工作不良。于是更换制动主缸，但故障仍不能排除。

③ 根据左后轮在放气时有少量气泡的现象，重点检查左后轮制动轮缸。拆开左后轮，仔细检查发现制动轮缸靠近底板处有少许油污，被摩擦片磨下来的粉末盖住。拆下左后轮制动轮缸及其两侧防尘套，发现一侧防尘套的内部有油，另一侧则没有，说明制动轮缸密封不良。

更换左后轮制动轮缸，试车，故障排除。

故障分析：由于左后轮制动轮缸密封不良，当踩制动踏板时有少量制动液漏出，放松制动踏板时空气被吸入制动轮缸。因空气有可压缩性，造成整个制动系统的压力降低，制动不良。紧急制动时，踩第一脚制动踏板时，左后轮制动轮缸内的空气被排出；连续踩第二脚制动踏板时，空气还未来得及进入制动轮缸，因此制动效果略有好转。因为是轻微漏油，漏出的制动液储存在制动轮缸防尘套内，从外表不能被发现，造成类似制动主缸损坏的假象。

任务五　气压制动系统检修和辅助制动系统认识

 【任务引入】

汽车制动阀漏气故障的检修。故障症状：汽车发动机工作时储气罐有气。制动阀不工作时，排气口处漏气，且气压越高，漏气越严重，而工作时一切良好。

 【任务分析】

该任务是对汽车气压制动系统的制动阀漏气故障进行检修，诊断排除故障。要完成本任务，学生需要了解汽车动力制动系统和辅助制动系统的功用、类型及其基本原理；熟悉气压制动系统的结构、工作原理和各组成部件的结构及其工作过程；掌握气压制动系统常见故障的诊断与排除；能够对气压制动系统及其主要部件进行拆装、检修和调整。

 【知识准备】

一、气压制动系统

液压制动系统靠人力的作用制动，但重型车辆需要更大的制动力，则需要动力制动系统。在动力制动系统中，制动所用的能量主要是由汽车发动机驱动的空气压缩机产生的气压能或由液压泵形成的液压能，驾驶员仅作为控制能源。

动力制动系统有气压制动系统、气顶液制动系统、全液压制动系统和线控制动系统四种类型。

气顶液制动系统的供能装置、控制装置与气压制动系统相同，但其传动装置包括气压和液压两部分。全液压制动系统中的供能装置、控制装置和传动装置全是液压式。线控制动系统以电子元件代替部分机械元件，以电能为能量来源，由传感器感知驾驶员操作，由控制器识别驾驶员意图，由电控执行器完成制动动作。

气压制动系统利用压缩空气作为动力源，并将气体压力转变为机械推力，使车轮产生制动。驾驶员可通过控制制动踏板的行程调整气体压力的大小，可获得不同的制动力，从而得到不同的制动强度。气压制动系统的特点是制动踏板行程较短、操纵轻便、制动力较大、消耗发动机的动力、结构复杂、制动不如液压式柔和，一般多用于中重型汽车上。

本文主要讲解中重型货车上广泛采用的双回路气压制动系统，其他气顶液压制动系统和全液压制动系统等在此不再阐述。

1. 双回路气压制动系统的基本构造

图 4-43 所示为解放 CA1091 型汽车双回路气压制动系统的布置示意图。空气压缩机 1 由发动机驱动，其中压缩空气经过单向阀 9 先流入湿储气筒 4（其上装有安全阀 5 和放气阀 3）。压缩空气在湿储气筒 4 内冷却，且在油水分离之后，分别经两个单向阀 9 进入储气筒 8 的前后腔。储气筒 8 前腔与串联双腔式制动阀 14 的上腔相连，可向后制动气室 11 充气；储气筒 8 后腔与串联双腔式制动阀 14 的下腔相连，可向前制动气室 2 充气。

 此外，储气筒 8 两腔的气压都经三通管 6 与气压表 15 相连。气压表 15 为双指针式，上指针表示储气筒前腔气压，下指针表示储气筒后腔气压。另外，储气筒后腔还通过气管与单向阀 9 相连，当该储气筒后腔气压增大到规定值时，单向阀便使空气压缩机空转而停止向储气筒供气，储气筒最高气压为 0.8MPa。

当踏下制动踏板，通过拉杆机构拉动控制阀使之工作，储气筒前后腔的压缩空气便通过串联双腔式制动阀的上腔和下腔进入后前轮制动气室，使前后轮制动。与此同时，通过前后制动回路之间并联的双通单向阀接挂车制动控制阀，将湿储气筒与通向挂车的通路切断，使挂车进行放气制动。

气压制动系统主要由空气压缩机、储气筒、调压阀、制动阀、制动气室、快放阀与继动阀及其他有关附件组成。

2. 空气压缩机

空气压缩机是整个制动系统的动力源。最常见的结构是空气冷却往复活塞式空气压缩机，它与往复活塞式发动机结构相似。空气压缩机按气缸数量的不同，可分为单缸式和双缸式两种。

以风冷单缸式空气压缩机为例，其结构如图 4-44 所示。空气压缩机固定于发动机一侧

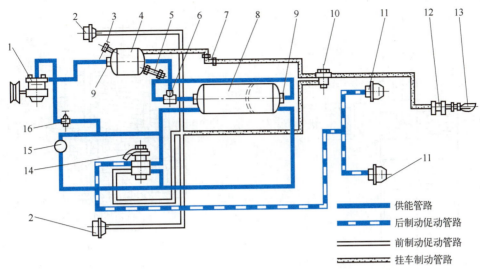

图 4-43 解放 CA1091 型汽车双回路气压制动系统的布置示意图

1—空气压缩机；2—前制动气室；3—放气阀；4—湿储气筒；5—安全阀；6—三通管；7—管接头；8—储气筒；
9—单向阀；10—挂车制动阀；11—后制动气室；12—分离开关；13—连接头；
14—串联双腔式制动阀；15—气压表；16—调压器

的支架上，由曲轴带轮通过齿轮或 V 带驱动。进气口经气管通向空气滤清器，出气口经气管通向湿储气筒。发动机运转时，空气压缩机随之运转。当活塞下行时，进气阀开启，外界空气经空气滤清器、进气阀被吸入汽缸。活塞上行时，进气阀在弹簧作用下关闭，汽缸内空气被压缩并顶开出气阀，压缩空气经出气口和气管送到湿储气筒。高压柱塞上部安装有调压器，承受储气筒内的气压。当储气筒内的气压达到 0.7～0.81MPa 时，卸荷柱塞顶开进气阀，使空气压缩机汽缸与大气相通，不再压缩空气，卸掉活塞上的载荷，减少了发动机的功率损失。

3. 调压阀

调压阀的作用是保持储气筒内的气压在规定的范围内，且在过载时实现空气压缩机的卸荷空转，以减少发动机的功率消耗。

东风 EQ1090E 型汽车调压阀如图 4-45 所示。调压阀由膜片组件、阀门、调压弹簧及阀体等机件组成。通储气筒管接头接储气筒，管接头接空气压缩机的卸荷装置。阀体与阀盖之间夹装有膜片组件。膜片组件中心用螺纹连接并与阀体中央孔做间隙配合的芯管，其上部有径向孔道，与其轴向孔道相通。其预紧力由调整螺钉调定的调压弹簧将膜片连同芯管压推到下极限位置。芯管下端面（出气阀座）紧密压住阀门，并使之离开阀体上的排气阀座。当储气筒压力过高时，调压阀的排气阀开启、出气阀关闭。此时空气压缩机卸荷装置与储气筒隔绝，而经调压阀的排气口与大气相通，实现空气压缩机卸荷，不向储气筒供气，实现系统压力调整。

4. 串联双腔活塞式制动阀

制动阀的作用是控制储气筒进入各个车轮制动气室和挂车制动控制阀的压缩空气量。它具有的随动作用，可以保证足够强的"踏板感"，即在输入压力一定的情况下，使其输出压力与踏板行程成一定的递增关系，且保证输出压力渐进式变化。

制动阀的类型有双回路双腔式和多回路三腔式，大多数车辆采用双回路双腔式制动阀。而双回路双腔式制动阀又有串联双腔式和并联双腔式两种。解放 CA1092 型汽车使用的是串联双腔活塞式制动阀，而东风 EQ1090E 型汽车采用并联双腔活塞式制动阀。下面主要介绍串联双腔活塞式制动阀。

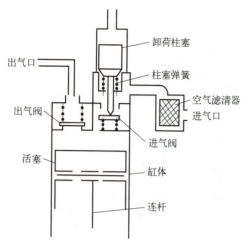

图 4-44 风冷单缸式空气压缩机的结构

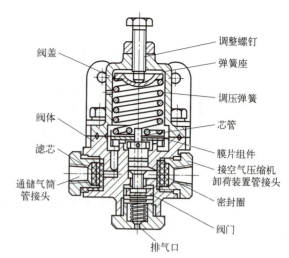

图 4-45 东风 EQ1090E 型汽车调压阀

（1）结构组成 图 4-46 所示为解放 CA1092 型汽车串联双腔活塞式制动阀的结构示意图。它由上盖 5、上阀体 7、中阀体 10 和下阀体 13 等组成，并用螺钉连接在一起。中阀体上的通气口 A_1 和 B_1 分别接后桥储气筒和后桥制动气室；下阀体上的通气口 A_2 和 B_2 分别接前桥储气筒和前桥制动气室。上阀体中装有上腔活塞；下阀体中装有下腔活塞，下腔活塞由大小两个活塞套装在一起，下腔小活塞 12 对下腔大活塞 2 能进行单向分离。上腔阀门 11 滑动地套装在芯管上，其外圆有密封隔套。上腔阀门 11 既是进气阀的阀门又是排气阀的阀座，为两用阀。下腔阀门 14 滑动地套在有密封圈的下阀体 13 的中心孔中，中空的芯管和下腔小活塞 12 制成一体。下腔阀门 14 同样既是进气阀的阀门又是排气阀的阀座，也为两用阀。

（2）工作过程

① 不制动时。上下活塞和芯管组在其复位弹簧的作用下，处于腔室上端的极限位置。两阀腔的两用阀门的进气阀都处于关闭状态，芯管和阀门间存在着排气间隙 ［上腔阀门 11 与上腔活塞 8 上的芯管间的排气间隙值为（1.2±0.2）mm］，使控制管路通过排气间隙、中空芯管和排气孔与大气相通，如图 4-47 所示。

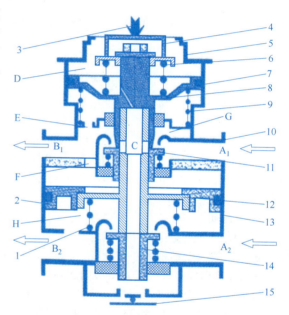

图 4-46 解放 CA1092 型汽车串联双腔活塞式
制动阀的结构示意图（制动状态）

1—下腔大活塞复位弹簧；2—下腔大活塞；3—滚轮（未绘出）；4—推杆；5—上盖；6—平衡弹簧；7—上阀体；8—上腔活塞；9—上腔活塞复位弹簧；10—中阀体；11—上腔阀门；12—下腔小活塞；13—下阀体；14—下腔阀门；15—防尘片；A_1—接后桥储气筒；A_2—接前桥储气筒；B_1—接后桥制动气室；B_2—接前桥制动气室；C—排气口；D—上腔排气口；E，F—通气孔；G—G 腔；H—H 腔

② 制动时。驾驶员将制动踏板踩下一定程度，通过滚轮 3、推杆 4 使平衡弹簧 6 及上腔活塞 8 向下移动，先消除排气间隙，再推开上腔阀门 11。此时，从储气筒来的压缩空气经通气口 A_1、上腔阀门 11 与中阀体上的进气阀座间的进气间隙充入 G 腔，并经通气口 B_1 进

入后桥制动气室，使后轮制动；又经通气孔 E 充入上活塞下腔，使上平衡气室的气压平稳地增长。与此同时，进入 G 腔的压缩空气通过通气孔 F 充入大活塞的上腔，推动大小活塞和芯管下移，关闭排气阀后打开下腔阀门 14，使前桥储气筒的压缩空气经通气口 A_2、下腔阀门 14 进入 H 腔，并经通气口 B_2 充入前桥制动气室，使前轮制动，如图 4-46 所示。

注意：因为后桥制动管路较长，且制动气室容积较大，所以制动阀的下阀排气间隙较大，从而使下阀开启时间比上阀晚，这就是串联双腔式制动阀的上腔接后桥制动管路、下腔接前桥制动管路的原因。

③ 维持制动时。制动踏板保持在某一位置不动时，进入 G 腔的气压作用及复位弹簧 9 的张力之和与平衡弹簧 6 的压紧力相平衡时，上腔阀门 11 及排气阀处于"双阀关闭"状态。与此同时，因下腔大活塞上的控制气压与平衡气室的气压相等，待其下腔制动气压的作用力和其复位弹簧张力之和的合力，稍大于其上腔控制气压对活塞的作用力时，其大小活塞即上移，进而使下腔阀门 14 及排气阀处于"双阀关闭"状态。这样，上下两个活塞虽大小不等但两制动管路内保持着相等的且与制动踏板行程相适应的稳定气压，维持制动的稳定状态。

若驾驶员感到制动强度不足，可将制动踏板再踩下一些，此时上腔阀门 11 和下腔阀门 14 重新开启，使 G 腔和 H 腔及制动气室进一步充气，直到 G 腔中的气压又一次与平衡弹簧 6 的压力相平衡，H 腔的气压又一次与下腔活塞的上腔气压相平衡。在此新的平衡状态下，制动气室所保持的稳定压力较以前提高。同时，平衡弹簧 6 的压缩量和踏板力也较以前大。

④ 放松制动踏板时。操纵摇臂复位，对平衡弹簧、上腔活塞和芯管的上压力解除，上腔活塞和芯管及平衡弹簧在平衡气室内的气压和复位弹簧的作用下上移，排气阀完全开启，形成排气间隙。后桥制动气室的压缩空气经 G 腔排气间隙和其下面的排气口 C 排入大气；与此同时，下腔大活塞及下腔小活塞受复位弹簧的张力作用而上移，下腔活塞带动芯管上移打开排气阀，前桥制动气室的压缩空气也经排气间隙和排气口排入大气，如图 4-47 所示。

⑤ 某一管路失效时。若前桥管路失效，阀的上腔仍能按上述方式工作，因而后桥制动气室照常工作；若后桥管路失效，由于下腔活塞上方建立不起控制气压而无法工作，平衡弹簧将通过上腔活塞、上腔阀门推动小活塞及其芯管与大活塞单向地分离而下移，推开下腔阀门使前桥控制管路建立制动气压。此时，由于下腔的排气间隙大，故制动踏板的自由行程加大。

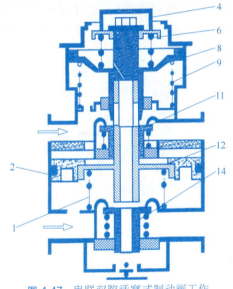

图 4-47 串联双腔活塞式制动阀工作情况（排气状态）（图注同图 4-46）

（3）总结 串联双腔活塞式制动控制阀有以下几个工作特点。

① 随动作用。一定的踏板行程或制动踏板力，对应一定的平衡弹簧张力，对应一定的制动气压，也代表了一定的制动力，并成线性关系。这保证了驾驶员有良好的制动踏板感。当驾驶员踩下制动踏板保持在某一位置时，阀体中某一腔的气压作用力（和复位弹簧作用力之和）与平衡弹簧的压紧力相平衡，通向前后轮的制动回路均关闭，各腔室中的气压保持稳定状态，即制动阀处于平衡状态。当制动力不够时，制动踏板再踩下一些，给平衡弹簧新的变形，破坏原来的平衡，再给相关腔室充气，压力升高建立新的平衡，此时制动气室的稳定力比以前更高，同时平衡弹簧的压缩量和踏板力比以前更大。

② 一回路失效，自由行程增大。正常制动时，上下两腔的工作都由制动踏板工作情况

控制，并能保证当一个回路漏气时另一回路仍能工作。上腔回路漏气时，只有前桥制动器能够制动，但制动踏板的自由行程加大。

③ 制动踏板的自由踏板调整。由于串联双腔活塞式制动阀最大工作气压等于储气筒的气压，所以无需进行最大气压的调整。该阀的调整部位只有一处，即上腔活塞芯管与上腔阀门间的排气间隙，标准值为（1.2±0.2）mm，若该间隙不符合要求，可通过制动阀拉臂上的调整螺钉进行调整。调整螺钉旋入芯管下移，排气间隙变小，制动踏板的自由行程减小；反之，排气间隙变大，制动踏板的自由行程增加。其调整工艺是：将锁紧螺母旋松，慢慢旋入调整螺钉，当听到制动阀有"咝咝"的泄气声，应停止旋入，慢慢退回螺钉，到细听时没有泄气声后，再退回1/4圈螺钉，调整后锁止调整螺钉，检查制动踏板自由行程是否合适和制动有无拖滞情况。如有拖滞，可旋出螺钉至合适为止。

5. 制动气室

制动气室的功用是将送来的压缩空气的压力转变为制动凸轮的机械力而输出使车轮制动器产生制动力矩。制动气室可分为膜片式和活塞式两种。膜片式制动气室结构简单，多用于中型货车；活塞式制动气室结构复杂、成本高，多用中重型货车。

解放 CA1092 型汽车和东风 EQ1090E 型汽车都采用膜片式制动气室。图 4-48 所示的是膜片式制动气室。橡胶膜片 1 的周缘用卡箍 7 夹紧在壳体 3 和盖 2 的凸缘之间，盖 2 与橡胶膜片 1 之间的腔室为工作气室，借橡胶软管与制动控制阀接出的钢管连通，橡胶膜片的右方则与大气相通。弹簧 4 通过推杆 5 上的支撑盘 10 将橡胶膜片 1 推到紧靠盖 2 的极限位置。推杆 5 的右端经连接叉 6 与制动器的制动臂相连。

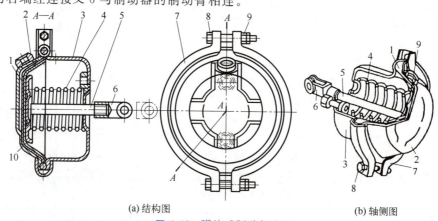

(a) 结构图　　　　　　　　　　(b) 轴侧图

图 4-48　膜片式制动气室

1—橡胶膜片；2—盖；3—壳体；4—弹簧；5—推杆；6—连接叉；7—卡箍；8—螺栓；9—螺母；10—支撑盘

当踩下制动踏板时，从制动阀传来的压缩空气充入制动气室的工作腔，使橡胶膜片向右拱曲，将推杆推出，使制动臂和制动凸轮转动而实现制动。当放松制动踏板时，制动气室的工作腔则经制动阀的排气口通大气，橡胶膜片与推杆都在复位弹簧作用下回位而解除制动。

膜片式制动气室受橡胶膜片变形的限制，推杆的最大行程较小，一般不大于 40mm。大于该值时需及时调小蹄鼓间隙。

活塞式制动气室的推杆行程较膜片式的大，其活塞工作寿命也比膜片长，使用中不必频繁地调整制动器的间隙，但整个气室结构复杂、成本较高。外壳若碰撞变形，活塞的移动易被卡住。

6. 继动阀

（1）功能与结构　若在储气筒与制动气室之间只通过制动阀连接，则储气筒向制动气室充气和制动气室向大气放气均需经过制动阀。在储气筒、制动气室与制动阀相距较远时，这样的迂回充放气会导致制动、解除的滞后性，不利于及时制动和制动后的及时加速。在制动阀与制动气室之间的回路中装设了继动阀，如图4-49所示。它的作用是使压缩空气不流经制动阀，制动气室的气压通过继动阀可迅速地就近充入或排出，提高了汽车使用性能。

如图4-50所示，行车继动阀由壳体1、控制活塞2、排气阀3、进气阀4和复位弹簧5等组成。壳体上有四个进出气口：A为控制腔进口，接行车制动阀；B为充气腔进口，接后桥储气筒；C为输出腔口，接制动气室；D为排气口，与大气相通。

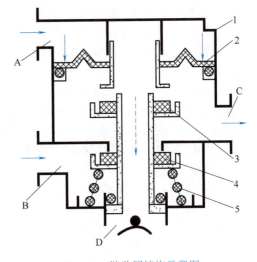

图4-49　继动阀安装位置示意图
1—制动阀；2—储气筒；3—继动阀；4—制动气室

（2）工作过程

① 不制动时。不制动时，控制腔进口A通过制动阀的排气口与大气相通。此时，控制活塞2处于上极限位置，排气阀打开，进气阀在复位弹簧5的作用下处于关闭状态。后桥制动气室通过芯管和排气口与大气相通，制动作用解除。

② 制动时。踩制动踏板时，从行车制动阀来的控制气体从A口充入时，控制活塞2迅速下移，其芯管先关闭排气阀，然后压开进气阀，使制动气室与储气筒相通而充气，而不需要流经制动阀，大大缩短了制动气室的充气管路，加速了制动气室的充气过程。

③ 维持制动时。保持制动踏板位置不动时，充入控制活塞上方的压缩空气不再增加，控制活塞上方的控制气压不再升高，而进气阀仍然开启，使控制活塞下方的气压继续升高。当控制活塞下面的平衡气压加上复位弹簧的作

图4-50　继动阀结构示意图
1—壳体；2—控制活塞；3—排气阀；4—进气阀；
5—复位弹簧；A—控制腔进口；B—充气腔进口；
C—输出腔口；D—排气口

用力大于控制气压时，控制活塞和进排气阀一同上行，进气阀关闭，继动阀处于"双阀关闭"的平衡状态，制动作用得以保持。

④ 解除制动时。放松制动踏板时，控制活塞上方的控制气体排出，控制活塞下方的平衡气压将活塞快速推到上极限位置，排气阀开启，进气阀在复位弹簧的作用下处于关闭状态。制动气室的压缩空气就近通过芯管的排气口D排入大气，制动作用解除，缩短了排气时间。

由于该阀的控制气压是渐进随动变化的，继动阀在行车制动时也是渐进随动控制输出压力的。

（3）常见故障　继动阀常见故障是控制活塞密封圈失去弹性，使活塞自行下落，造成排气不彻底，进气阀关闭不严而漏气，引起制动鼓发热。如排气阀关闭不严出现排气口漏气，应及时维护或更换。

7. 快放阀

（1）功能　快放阀作用是保证解除制动时制动气室快速放气。快放阀布置在制动阀与制动气室之间的管路上，靠近制动气室。由于离制动气室近，制动气室排气所经过的回路短，放气速度较快。

（2）结构和工作过程　如图4-51所示，快放阀的进气口A通制动阀，两出气口B分别通向左右两侧的制动气室。制动时，由制动阀输送过来的压缩空气自进气口A流入，将阀

门推离进气阀座，进而使之压靠在阀盖内端的排气阀座上，这样压缩空气自出气口 B 流向制动气室。此时，快放阀起三通接头的作用，如图 4-51（a）所示。解除制动时，进气口 A 经制动阀通大气，阀门在弹簧的作用下使进气口 A 关闭、排气口 C 开启。制动气室的压缩空气就近经排气口 C 排入大气，而不需要迂回流经制动阀，如图 4-51（b）所示。

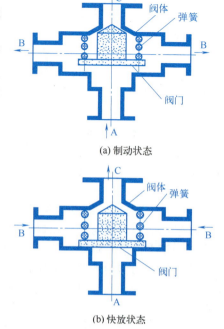

(a) 制动状态

(b) 快放状态

图 4-51 快放阀结构和工作状态示意图

二、辅助制动系统

1. 功能和类型

主要行驶于矿山或山区公路上的汽车经常要下长坡，为不使汽车在本身重力作用下不断加速到危险程度，应当对汽车进行持续制动，将由势能转化成的动能再转化成热能而逸散掉，从而使汽车速度稳定在某个安全值。此外，经常在行车密度很高、交通情况复杂的城市街道上行驶的汽车（如市内公共汽车），为避免交通事故发生，需要进行频繁的不同强度的制动。在这些情况下，单靠行车制动系统是难以完成这样的制动任务的。因为制动器长时间频繁地工作将使其温度大大升高，以致制动效能衰退甚至完全失效，故在这种行驶条件下运行的汽车，往往有必要增设辅助制动系统。

辅助制动系统的作用是在不使用或少使用行车制动系统的条件下，使车辆速度降低或保持稳定，但不能将车辆紧急制停，这种作用称为缓速作用。

辅助制动系统中用以产生制动力矩而对车辆起缓速作用的部件，称为缓速器。缓速器属于制动器范畴。

根据产生缓速作用的方法不同，常见类型有如下几种。

2. 发动机缓速

对行驶中的汽车发动机停止供给燃料，并将变速器挂入某一前进挡，使汽车得以通过驱动轮和传动系统带动发动机曲轴继续旋转。这样，本来是汽车动力源的发动机就变成消耗汽车动能而对汽车起缓速作用的空气压缩机。在这种情况下，汽车对发动机输入的动能大部分损耗在发动机的进气、压缩、排气过程中，小部分动能消耗于对水泵、油泵、空气压缩机、发电机等附件的驱动中。发动机及上述各附件阻碍曲轴旋转的力矩即是制动力矩，通过传动系统放大后传给驱动轮。

为了强化发动机缓速作用，可以采取阻塞进气通道或排气通道、改变进排气门开启关闭时刻等措施，以增加发动机内进气、排气、压缩等方面的功率损失。其中，应用最广的措施是在发动机排气管中设置可以阻塞排气通道的排气节流阀。这种发动机缓速法可称为排气缓速。

3. 牵引电动机缓速

对于采用电传动系统的汽车，可以对电动驱动轮中的牵引电动机停止供电，使之受驱动轮驱动而成为发电机，将汽车的部分动能转变成电能，再使之通过电阻转变为热能而耗散。这时电动机对驱动轮的阻力矩即是制动力矩。

4. 液力缓速

液力缓速是利用专设的液力缓速器来产生缓速作用的。液力缓速器中有固定叶轮和旋转叶轮，后者一般由变速器驱动。固定叶轮通过流动的液体加于旋转叶轮的阻力矩即为制动力矩，将其通过变速器和驱动桥放大后传到驱动轮。由旋转叶轮输入的汽车动能即通过液力缓速器内的液力阻尼作用转变成热能。

5. 电磁缓速

电磁缓速是利用专设的电磁缓速器来产生缓速作用的。电磁缓速器的主要零件包括由驱动轮通过传动系统带动的盘状金属转子和由若干个固定不动的电磁铁组成的定子。两者端面留有不大的间隙（0.5～1.5mm）。当有电流通过定子的励磁线圈时，便产生磁场，对在此磁场中旋转的转子造成阻力矩，即制动力矩。在磁场作用下，在转子中产生的涡电流可将转子及整个汽车的部分动能转换成热能。

6. 空气动力缓速

空气动力缓速是采用使车身的某些活动表面板件伸展，以加大作用于汽车的空气阻力的方法来起缓速作用的。这种方法目前只用于竞赛汽车。

下面将以排气缓速式辅助制动系统为例进行说明。

7. 排气缓速式辅助制动系统

排气缓速主要用于柴油车，原因是柴油机压缩比比汽油机压缩比大。作为空气压缩机，其缓速效果优于汽油机，而且很容易做到在施行排气缓速时先切断燃油供给。对于汽油机，则需要通过较复杂的装置方能做到这一点。

图4-52所示为排气缓速式辅助制动系统示意图。其排气节流阀操纵机构是气压式的。图中所示为不施行排气缓速时的状态。排气缓速操纵阀3的出气口与进气口隔绝而与大气相通。排气节流阀16处于限位块17限定的全开位置。需要施行排气缓速时，可使排气缓速操纵阀3转入工作位置。于是，来自前制动储气筒的压缩空气便经排气缓速操纵阀充入排气缓速操纵汽缸14，推动排气节流阀操纵臂15将排气节流阀16旋到关闭位置，从而实现排气缓速制动。

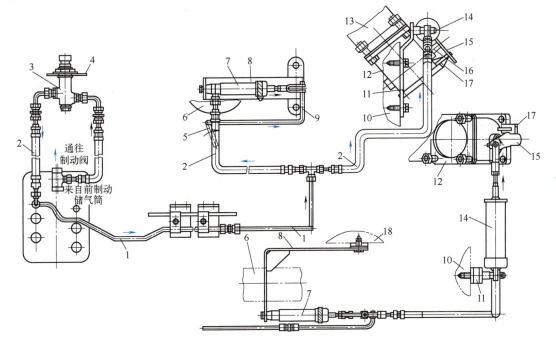

图4-52 排气缓速式辅助制动系统示意图

1—钢管；2—软管；3—排气缓速操纵阀；4—驾驶室底板；5—摇臂；6—喷油泵壳体；7—断油操纵汽缸；
8,11—支架；9—推杆；10—发动机机体（后端）；12—排气节流阀壳体；13—发动机排气管；14—排气缓速操纵
汽缸；15—排气节流阀操纵臂；16—排气节流阀；17—限位块；18—发动机机体（右侧）

同时，压缩空气还充入断油操纵汽缸 7，推动推杆 9 和摇臂 5，将喷油泵供油量调节拉杆推到停止供油的位置，使发动机熄火。

三、气压制动系统常见故障的诊断与排除

（一）制动失效

1. 现象

汽车行驶中使用制动时，不能减速或停车，制动阀无排气声或制动突然失效。

2. 原因

① 储气筒内无压缩空气或气量不足。

② 制动控制阀的进气阀不能打开或排气阀不能关闭。

③ 制动气管堵塞，制动控制阀或制动气室膜片破裂漏气。

④ 制动踏板与制动控制阀拉臂脱节。

3. 诊断与排除

① 首先检查储气筒内有无压缩空气，若无压缩空气，应查找有无漏气之处。若无漏气，则为空气压缩机故障，应进行检修。

② 若空气压缩机工作正常，则可检查制动踏板与制动控制阀拉臂是否脱节、制动控制阀调整螺钉是否松动。如果上述情况都正常，则应拆检制动控制阀、疏通气道。

（二）制动不良

1. 现象

汽车行驶中，将制动踏板踩到底后汽车减速度不够、制动距离过长。

2. 原因

① 储气筒内压缩空气不足，气压表指示压力不足。

② 制动踏板自由行程过大。

③ 制动控制阀和制动气室膜片破裂。

④ 制动臂调整蜗杆调整不当，使制动气室推杆行程过长。

⑤ 气管破裂或接头松动漏气。

⑥ 制动蹄片与制动鼓间隙过大或接触面积过小或制动蹄片上有油污、泥水、烧焦或磨损过度。

⑦ 制动鼓失圆、起槽、磨损严重。

⑧ 制动凸轮轴或制动蹄片轴锈蚀，转动阻力大。

3. 诊断与排除

① 启动发动机并且中速运转数分钟，检查气压表值是否达到标准。如果气压不足，说明故障在空气压缩机，应检查风扇传动带是否松动或折断。如果良好，再检查空气压缩机至储气筒一段有无漏气。如均良好，应检查空气压缩机。

② 发动机运转时，未踩下制动踏板，储气筒内气压不断升高，而当发动机熄火后气压又不断下降，则为空气压缩机至制动控制阀之间的气道漏气。

③ 储气筒内气压符合标准，若踩下制动踏板，气压不断下降，即为制动控制阀至各制动气室之间有漏气处或制动气室膜片破裂而漏气。

④ 如无漏气，则检查制动踏板自由行程是否符合规定。检查摩擦片与制动鼓间隙是否过大，再检查制动臂蜗杆的调整是否适当，必要时应进行调整修理。

（三）制动跑偏

1. 现象

制动时左、右轮制动力不等或制动生效时间不一致，导致汽车制动力较大或制动作用较

早一侧跑偏。

2. 原因

① 左右轮制动间隙大小不等，或制动鼓与制动摩擦片接触面积相差太大；或摩擦片材料不一致；或质量不同。

② 左右车轮制动鼓内径相差过大，或复位弹簧拉力相差很大。

③ 个别车轮摩擦片有油污、硬化或铆钉外露，或个别制动气室、气管或接头漏气，或左右制动气室性能不一致。

④ 车架变形，前轴位移，前后轴不平行，两前钢板弹簧弹力不等。

⑤ 左右轮胎气压大小不一致，轮胎花纹不一样。

3. 诊断与排除

① 汽车行驶中使用制动，汽车向左偏斜，即为右轮制动性能差；反之，则为左轮制动性能差。通常根据路试后轮胎拖印判断，拖印短或没有拖印的车轮即为制动效能不良。

② 发现某个车轮制动不良时，首先排除轮胎气压、花纹等不一致情况，然后检查制动气室。一人踏住制动踏板，另一人检查该车轮制动气室、气管或接头有无漏气。若有漏气之处，应修复；若无漏气处，应检查制动气室推杆伸缩情况，检查是否有弯曲、变形或卡住现象，检查左右推杆行程是否一致。

③ 如果上述情况良好，可将车轮架起，从制动鼓检视孔观察摩擦片是否有油污，测量制动间隙是否过大。如果上述情况良好，可踩下制动踏板并迅速抬起，检查制动蹄回位是否迅速自如。若制动蹄不能迅速回位，多为制动蹄复位弹簧拉力不足或凸轮轴卡住，应进行修理或更换。

④ 如上述检查调整无效，应拆下制动鼓检查是否失圆、摩擦片是否磨损严重或硬化、铆钉头是否外露以及弹簧拉力是否符合标准、调整臂凸轮轴转动是否灵活。检查后，可根据需要进行修理或换件。

⑤ 因摩擦片材料不同而引起制动跑偏时，若是在更换摩擦片后出现，应换摩擦片。

四、制动拖滞

1. 现象

抬起制动踏板后摩擦片与制动鼓仍然接触，致使汽车起步困难、行驶无力、制动器发热。

2. 原因

① 制动踏板无自由行程或制动间隙过小。

② 制动阀调整不当或排气阀弹簧失效，使排气阀不能完全打开，管路不畅通。

③ 制动踏板与制动阀拉臂之间传动件卡滞。

④ 制动气室推杆伸出过长或因变形而卡住。

⑤ 制动凸轮轴与衬套锈滞或同轴度超差，使凸轮转动不灵活。

⑥ 桥壳、轮毂轴承、半轴套管之间配合松旷。

⑦ 制动鼓圆度误差过大或摩擦片破损卡阻。

3. 诊断与排除

① 抬起制动踏板时，制动阀排气缓慢或不排气，大多属于制动阀故障；若排气快或继续排气而制动拖滞，则属于个别车轮制动故障。用手摸试各车轮制动鼓温度，如果是制动阀故障，则所有车轮制动鼓发热。若个别车轮制动器有故障，则该车轮制动鼓发热，应拆检该车轮制动鼓。

② 如果确定制动阀有故障，应先检查制动踏板自由行程。若制动踏板自由行程正常，则拆检制动阀排气阀弹簧及弹簧座。若拆检良好，则检查制动阀挺杆是否锈滞。若制动踏板

不能完全抬起，一般是制动踏板传动卡滞。

③ 个别车轮拖滞，可在抬起制动踏板时，观察制动气室推杆情况。若其回位缓慢或不回位，应检查制动凸轮轴与支架间润滑程度和同轴度。若推杆回位正常，可检查制动间隙。如果架起车轮检查间隙与落下检查的间隙有变化，则轮毂轴承松旷、半轴套管与桥毂轴承松旷、半轴套管与桥毂配合松动等。如上述情况良好，则应拆下制动鼓，检查制动器各机件，进行必要的维修或更换新件。

 【任务实施】

气压制动系统维修

一、制动踏板自由行程检查与调整

（1）检查方法　同液压制动系统的制动踏板自由行程，用钢板尺测出制动踏板自由行程。

（2）调整方法　自由行程是由制动阀的排气间隙产生的。因此，调整排气间隙即可调整制动踏板自由行程。排气间隙由制动阀上相应的调整螺钉来调整。

二、空气压缩机拆检与调整

1. 空气压缩机传动带张紧度调整

① 传动带张紧度的检查。以 29.4～49N 的力垂直压下传动带，传动带挠度应为 15～20mm，如果过松应进行调整。

② 传动带张紧度的调整。将空气压缩机的固定螺栓松开，拧动调整螺钉，待传动带达到合适张紧度后，将固定螺栓紧固即可。

2. 空气压缩机拆装

① 拆掉空气压缩机的进出油管接头及气路接头，拆掉支架上的三个螺栓，将空气压缩机从发动机上拆下来。

② 拆掉缸盖总成，拆开底板，解体连杆活塞组合体。

③ 拆下曲轴及带轮。

④ 拆下活塞销挡圈，压出活塞销。

空气压缩机的装配按上述相反顺序操作，并注意下列事项：①装配前必须清洗拆下的零件。②活塞环的缺口不能对正，需错开。③注意连杆的安装方向。④各螺栓的拧紧力矩必须符合要求。

3. 空气压缩机检修

① 缸体与缸盖的检修用刀口尺和塞尺进行。缸盖与缸体、曲轴箱与底盖的平面度误差不大于 0.05mm，否则应予以磨修。直观或敲击检查，缸体、缸盖若有裂纹，应换用新件。

② 汽缸内径磨损状况用量缸表检测。若圆柱度误差大于 0.25mm、圆度误差大于 0.08mm，应进行镗磨。镗磨时，应按修理尺寸进行，一般分五级，每一级加大 0.25mm。

当汽缸镗磨至最后一级修理尺寸时，可重新镶套修复。进行镶套时，其过盈配合量应为 0.05～0.12mm。

③ 曲轴的检修。直观检查，若曲轴出现裂纹，应换用新件。检测曲轴轴颈与滚珠轴承配合间隙大于 0.02mm 时，可对轴颈镀铬或堆焊修理或换用新件。若连杆轴颈的圆度误差超过 0.10mm，应磨修或换用新件；若超过极限磨损量，必须换用新件。

④ 活塞连杆组的检修。若连杆出现弯曲变形，应进行校正。若有裂纹，应换用新件。选用新活塞时应达到技术标准，活塞与汽缸的配合间隙为 0.03～0.09mm。活塞环的配合间

隙符合标准。连杆轴承与轴颈的配合间隙大于 0.12mm 时，应换用新轴承。

⑤ 其他零件的检修。检查进排气阀阀片及卸荷阀复位弹簧、油堵弹簧，如弹力减弱或折断，均换用新件。进排气阀阀座磨损出凸痕时应更换阀板总成。各密封垫圈均换用新件。空气滤清器滤芯脏污时，可用清洗剂清洗，若严重脏污应换用新件。

4. 空气压缩机磨合与试验

空气压缩机装复后，应进行磨合与试验，试验可在专用试验台或发动机上进行。

（1）试验台上试验

① 低速磨合试验，不装汽缸盖，转速为 600r/min，机油压力不低于 147～196kPa。

② 高速磨合试验，转速为 1200r/min，仍不装汽缸盖，主要磨合运动副的工作表面。此时，活塞顶部不应有积油现象，机油压力为 196～294kPa。

③ 充气效率试验，转速为 1200r/min，装上汽缸盖，并按规定力矩紧固固定螺栓。当气压表达到一定压力时，所需时间应符合要求。最高气压试验转速为 1200r/min，运转 15min，此时最高气压一般达到 882kPa。

（2）发动机上试验

① 发动机以 1200～1350r/min 的转速运转，观察气压表达到一定气压所需时间和能达到的最高气压。气压表指示的储气筒压力与充气时间关系应符合空气压缩机充气特性。同时检查空气压缩机有无漏油、杂音、轴承过热等现象。

② 发动机停止运转后，当压力为 686kPa 时储气筒压力开始下降，在 1min 内下降不得大于 19.6kPa。

若空气压缩机需要进行镗缸、磨曲轴、换活塞销及衬套等，应予以报废，换用新的空气压缩机总成。

三、制动阀拆装与检修

1. 制动阀的拆装

① 拆开制动阀与气管连接的螺母，拆掉拉臂与踏板拉杆的连接销，拆掉制动阀与车架的连接螺栓、螺母，拆掉制动灯开关接头上的导线，把制动阀从车上拆下。

② 拆下上阀体、下阀体的连接螺栓，卸掉拉臂与上阀体连接的拉臂轴，整个阀体即可解体。

③ 拧下柱塞座，松开螺母，拧下调整螺栓，下阀体总成全部解体。

④ 用卡簧钳卸掉挡圈，膜片总成全部解体。

制动阀的装配按上述相反的顺序操作，并注意下列事项：装复前，仔细检查拆散的零件（橡胶件勿用油清洗）；装复前，在各相互运动的工作表面均匀涂上润滑油。

2. 制动阀的检修

① 用塞尺检测制动阀壳体接合面平面度，误差不能大于 0.10mm，否则进行修磨。若阀门压痕深度超过 0.50mm，应换用新件。

② 直观检查各弹簧是否断裂或弹力是否明显减弱，如是则应换用新件。各弹簧的技术状况应符合要求。

③ 检查进排气阀和阀座，若有刮伤凹痕或磨损过度，应换用新件，若有轻微磨损，可在接触面上均匀涂上细研磨膏进行研磨。

④ 检查制动信号灯开关工作是否正常。若有裂纹或螺纹损坏，应换用新件。

⑤ 若进行大修，解体后各种橡胶密封圈及膜片均应换用新件。推杆与衬套配合松旷时，也应换用新件。

3. 制动阀密封性检查

在串联双腔活塞式制动阀的上下进气腔与储气筒之间接一个容积为 1L 的容器和一个阀

门，通入压力为 784kPa 的压缩空气。

首先闭阀门，检查 D、E 腔的密封性，要求在 5min 内气压表指针下降不大于 24.5kPa。然后将拉臂拉到极限位置，检查 A、B 腔的密封性，要求在 1min 内气压表指针下降不大于 49kPa。

四、调压阀的检修

① 调压阀的阀体和阀盖不得有裂纹和严重变形。

② 调压弹簧和阀门弹簧不得锈蚀、变形和折断。膜片变形、老化、有裂痕应换用新件。

③ 每行驶 12000km 后要清洗、检查进气口上的滤芯。

④ 检查阀门总成的密封性，必要时换用新件。

五、膜片式制动气室拆装、检修与调整

1. 膜片式制动气室拆装

① 旋下推杆连接叉。

② 在制动气室外壳与外壳盖上做好标记，卸下连接螺栓，将盖与壳分开。

③ 逐次顺序取出橡胶膜片、推杆总成及复位弹簧。

膜片式制动气室的装配按上述相反顺序操作。

2. 制动气室检修

① 膜片如有裂纹、变形或老化等情况，应予以更换。制动软管内径大小、膜片厚度、同一轴上的左右轮必须一致，否则予以调整更换。

② 弹簧有明显变形、弯曲或严重锈蚀时，应予以更换。各制动气室的弹簧张力应一致，不符合规定时应予以调整或更换。

③ 制动气室外壳与外壳盖如有裂纹和凹陷或推杆孔磨损过多，可堆焊修复。制动气室外壳盖和膜片凸缘接触面的平面度误差不大于 0.2mm。推杆不允许有弯曲，压板紧铆在推杆上不允许有松动。

④ 制动气室装复后，推杆伸出部分不得超过 40mm，以免膜片受压变形，降低制动效果。前轮制动气室推杆行程为 15～35mm，后轮为 20～40mm。通入空气时，制动气室推杆应迅速运动，灵活无阻，当气压达 882kPa 时不得有漏气现象。

3. 制动气室调整与装配要点

首先把弹簧套在推杆上，再把推杆插入制动气室外壳的孔中，装上连接叉。然后按拆时所做的记号装复制动气室外壳和制动气室外壳盖，并分两次均匀对称地拧紧制动气室外壳盖上的螺母。当把连接叉拧到推杆螺纹底部时，推杆外露部分的长度应符合技术标准。装复后用压力为 882kPa 的压缩空气试验时，不能有漏气现象。

调整连接叉孔与制动调整臂孔时，可转动推杆叉或制动臂蜗杆进行调整，使连接叉孔与调整制动调整臂孔重合。但要注意，推杆外露部分不能过长，而且左右车轮保持一致，不允许用拉动推杆的方法对准叉孔。

 【维修案例】

汽车制动阀故障的检修

故障症状：一辆解放 CA1090 型汽车发动机工作时储气筒有气。制动阀不工作时，排气口处漏气，且气压越高，漏气越严重，而工作时一切良好。

故障诊断与排除：解放 CA1090 型汽车采用的是串联双腔活塞式制动阀。根据故障症

状，首先怀疑是制动阀各橡胶密封圈密封不严所致。于是对制动阀进行分解检查，没有发现明显问题，保养后装复，故障依旧存在。

接下来，仔细分析该车制动系统工况。虽然该车没有加挂车，但是挂车制动阀是装在主车上的，并随制动阀一起工作。由挂车制动阀结构和工作原理可知，倘若挂车制动阀漏气，则漏气即可通过控制管道从制动阀排气口排出，造成制动阀漏气假象。为了验证这一分析，拆下挂车制动阀与制动阀相通的气管进行试验，结果挂车制动阀确实漏气。随后对该阀进行分解检查，发现该阀上气室膜片锁紧螺钉松动，芯杆平衡孔堵塞，上下气室O形密封圈老化。经保养、更换，故障排除。

故障分析：由于挂车制动阀芯杆平衡孔堵塞，在制动阀不工作时，挂车制动阀上气室漏出的压缩空气不能直接排出，而通过管道由制动阀排气孔排出。当制动阀工作时，排气孔关闭，制动系统工作良好。

【汽车文化传承】

中国新能源汽车的逆袭与超越之路

回溯历史，中国新能源汽车的探索早在20世纪90年代就已悄然起步。面对能源与环境的双重压力，以及汽车产业变革的历史机遇，中国毅然踏上新能源汽车的发展道路。从"八五"计划开始，国家持续投入科研经费，连续四个"五年计划"推进电动汽车研究，为产业发展奠定了初步的技术基础。

进入21世纪，中国新能源汽车产业迎来关键转折点。2001年，科技部启动"十五"国家高技术研究发展计划（863计划）"电动汽车重大科技专项"，确立"三纵三横"研发布局，产学研各界携手攻克关键技术。比亚迪、北汽、吉利等车企积极投身其中，从无到有搭建起新能源汽车技术体系。尽管初期技术水平有限，续航短、成本高、配套设施不完善等问题突出，但凭借坚定信念和不懈努力，中国新能源汽车产业艰难成长。

2013年，多部委联合发布新能源补贴标准，一系列支持政策相继出台，为产业发展注入强大动力。在政策引导下，社会资本大量涌入，新能源汽车市场规模迅速扩大，产业发展驶入快车道。2015年，中国一举成为全球最大的新能源汽车生产和消费国，此后一直保持领先。

在电池技术方面，宁德时代等企业脱颖而出，研发出能量密度更高、成本更低、安全性更好的动力电池，使中国在全球电池产业占据领先地位；在智能网联领域，华为、百度等科技企业跨界入局，推动智能驾驶、车联网等技术快速发展，让中国新能源汽车在智能化方面走在世界前列；车企也不断加大研发投入，比亚迪推出的多款新能源车型凭借先进技术和卓越性能，在国内外市场广受好评。

随着国内市场的蓬勃发展，中国新能源汽车开启出海征程。2023年，中国新能源汽车出口120.3万辆，同比增长77.6%，中国以491万辆的成绩跻身全球第一大汽车出口国。中国新能源汽车不仅输出产品，还实现技术输出，大众、丰田等国际车企纷纷与中国品牌展开技术合作。

如今，中国新能源汽车产业已形成完整产业链，从上游的电池材料供应，到中游的电池、电机、电控系统制造，再到下游的整车生产，各环节协同发展，具备强大的国际竞争力。2024年，中国新能源汽车年产销量均首次突破1000万辆，连续10年位居全球第一。

［1］ 姚为民. 汽车构造（下册）. 4 版. 北京：机械工业出版社，2021.

［2］ 关文达. 汽车构造. 4 版. 北京：机械工业出版社，2016.

［3］ 孔令来. 汽车底盘构造与维修. 北京：机械工业出版社，2022.

［4］ 杨志勇，黄艳玲，李培军. 汽车底盘机械系统构造与检修一体化教程. 北京：机械工业出版社，2021.

［5］ 李涛，江尧，陈玥，等. 汽车底盘构造与维修. 西安：西北工业大学出版社，2023.

［6］ 张维军，王明虎. 汽车底盘构造与维修. 上海：上海交通大学出版社，2022.

［7］ 金加龙. 汽车底盘构造与维修. 4 版. 北京：机械工业出版社，2016.

［8］ 周林福，封建国. 汽车底盘构造与维修. 4 版. 北京：人民交通出版社，2019.

［9］ 杜文锁，冯斌. 汽车故障诊断与检测技术. 北京：化学工业出版社，2016.

［10］ 张立新，李培军. 汽车底盘机械系统检测与修复. 北京：机械工业出版社，2016.

［11］ 郑劲，胡天明. 汽车底盘构造与维修. 2 版. 北京：化学工业出版社，2014.

［12］ 李凡，朱礼贵. 汽车底盘构造与原理. 北京：机械工业出版社，2023.

汽车底盘机械系统检修

任务工单

班级：＿＿＿＿＿＿＿

姓名：＿＿＿＿＿＿＿

学号：＿＿＿＿＿＿＿

化学工业出版社

·北京·

目　　录

项目一　汽车传动系统检修

任务一　汽车底盘认识

任务工单——汽车底盘认识

一、任务目的

1. 熟悉汽车底盘的功用和基本组成；
2. 掌握汽车传动系统的布置形式及其特点和应用；
3. 能够识别汽车底盘各组成部分及布置形式。

二、学生分组

以 5～8 人为一组，选出组长、安全员，进行任务分工，并填入下表。

班级		组号		指导教师	
小组成员	姓名	学号		任务分工	
组长					
安全员					
组员					

三、工作准备

1. 获取信息：在进行具体工作前，需要掌握汽车底盘基本组成、传动系统的布置形式等相关知识。请各组长组织组员收集相关资料，回答以下问题。

引导问题 1：汽车底盘的基本组成和功用。

引导问题 2：汽车底盘各组成部分的功用和组成。

引导问题 3：汽车传动系统的布置形式及其特点和应用。

2. 制订计划：查阅汽车维修手册、教材等，熟悉汽车底盘的基本组成等；学生们阐述自己的工作计划，小组充分质疑答疑、讨论，制订最佳工作计划。

四、任务实施

1. 【任务实施】实训室汽车底盘认识操作要点及问题记录。

步骤序号	主要操作步骤及内容	问题及解决方法等说明

2. 写出下列汽车传动系统的布置形式。

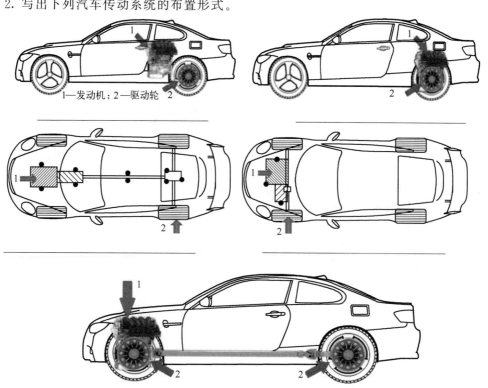

1—发动机；2—驱动轮

五、考核评价

项目名称	评价内容	分值	评价分值		
			自评	师评	组分
职业素质考核项目（40分）	穿戴整洁、规范	6			小组任务完成质量、效率综合考评得分
	安全意识、环保意识、责任意识强	10			
	积极参加教学活动，能够完成教学任务	8			
	有团队合作意识，沟通协调能力强	8			
	现场整洁、干净，工具整洁归位	8			
专业能力考核项目（60分）	专业理论知识（引导问题）	8			
	实践操作步骤正确、规范	20			
	实践操作快速熟练、工作效率高	8			
	测量规范正确，结果记录规范	8			
	测量结果分析、处理合理	10			
	工量具的正确规范使用	6			
合计		100			
总评	自评（20%）+组分（30%）+师评（50%）			指导教师（签字）	

六、总结反思（理论知识和技术技能的总结梳理，学习和实践操作中问题的总结归纳）

任务二　离合器检修

任务工单——离合器检修

一、任务目的

1. 熟悉汽车离合器的功用、类型和组成；
2. 掌握摩擦式离合器的构造与工作原理；
3. 熟悉离合器操纵机构的结构和工作原理；
4. 能够对离合器进行拆装检修和常见故障的诊断与排除。

二、学生分组

以 5～8 人为一组，选出组长、安全员，进行任务分工，并填入下表。

班级		组号		指导教师	
小组成员	姓名	学号		任务分工	
组长					
安全员					
组员					

三、工作准备

1. 获取信息：在进行具体工作前，需要掌握汽车离合器的功用、类型、组成和工作原理等相关知识。请各组长组织组员收集相关资料，回答以下问题。

引导问题 1：汽车离合器的功用、类型和组成。

引导问题 2：汽车摩擦式离合器的构造与工作原理。

引导问题 3：离合器操纵机构的类型、结构及其工作原理。

引导问题 4：如何调整离合器踏板自由行程。

引导问题 5：装配离合器总成时应注意的问题。

2. 制订计划：查阅汽车维修手册、教材等，熟悉汽车离合器的功用、组成等；学生们阐述自己的工作计划，小组充分质疑答疑、讨论，制订最佳工作计划。

四、任务实施

1. 【任务实施】离合器故障检修操作要点及问题记录。

步骤序号	主要操作步骤及内容	问题及解决方法等说明

2. 【任务实施】检修结果记录。(是√,否×)

(1) 目视检查。从动盘是否变形,摩擦片是否有裂纹、油污,减振器是否弹簧断裂,铆钉是否外露、松动,花键毂花键是否扭曲、变形等情况。(   )

(2) 检查从动盘摩擦片磨损程度。用游标卡尺测量摩擦片厚度为____ mm,是否正常。(   )

(3) 检查从动盘摩擦片上的铆钉深度。用游标卡尺测量从动盘摩擦片上的铆钉深度为____ mm,是否正常。(   )

(4) 检查离合器盖和压盘。目视检查离合器盖是否有裂纹、变形,压盘表面是否有明显沟槽、裂纹和烧蚀。若有沟槽,沟槽深度为____ mm,是否正常。(   )

(5) 检查压盘平面度。用刀口尺和塞尺测量压盘平面度为____ mm,是否正常。(   )

(6) 检查离合器盖与飞轮接合面的平面度。离合器盖与飞轮的接合面的平面度为____ mm,是否正常。(   )

(7) 检查膜片弹簧的磨损程度。用游标卡尺测量膜片弹簧与分离轴承接触部位磨损的深度为____ mm,宽度为_____ mm,是否正常。(   )

(8) 检查膜片弹簧。检查膜片弹簧分离指是否不在同一高度,是否有断裂、磨损过度。(   )

(9) 分离轴承的检查。用手固定分离轴承内圈,转动外圈,同时在轴向施加压力,是否有阻滞或有明显间隙感。(   )

(10) 飞轮目视检查。检查齿圈轮齿是否磨损或打齿,飞轮表面是否有烧蚀、沟槽、翘曲和裂纹;轴承是否转动不灵活,有阻滞和明显间隙感。(   )

(11) 检查飞轮端面圆跳度。将磁力座表安装在发动机机体上,百分表指针抵在飞轮工作面最外缘内侧10mm左右处,垂直压缩1mm,转动飞轮至少一圈,圆跳度量应小于0.1mm。实际测得_____ mm。是否需要修磨或更换飞轮。(   )

(12) 检查储液罐中制动液液位是否处于MIN线与MAX线之间。(   )

(13) 如果离合器液位低于MIN线,检查是否有泄漏,并加注液压油型号____。(   )

(14) 对离合器管路进行排气工作,检查离合器管路中的空气是否已全部放出。(   )

(15) 检查离合器踏板的高度为_____ mm,是否正常。(   )

(16) 检查离合器踏板的自由行程为_____ mm,是否正常。(   )

（17）检查周布螺旋弹簧离合器的分离杠杆内端平面度为_____mm，一般不得超过0.2mm；另外，分离杠杆内端着力面到飞轮工作面的距离应符合标准，是否正常。（　　　）

（18）检查_____（类型）操纵机构是否正常。（　　　）

五、考核评价

项目名称	评价内容	分值	评价分值		
			自评	师评	组分
职业素质考核项目（40分）	穿戴整洁、规范	6			小组任务完成质量、效率综合考评得分
	安全意识、环保意识、责任意识强	10			
	积极参加教学活动,能够完成教学任务	8			
	有团队合作意识,沟通协调能力强	8			
	现场整洁、干净,工具整洁归位	8			
专业能力考核项目（60分）	专业理论知识(引导问题)	8			
	实践操作步骤正确、规范	20			
	实践操作快速熟练,工作效率高	8			
	测量规范正确,结果记录规范	8			
	测量结果分析、处理合理	10			
	工量具的正确规范使用	6			
合计		100			
总评	自评(20%)＋组分(30%)＋师评(50%)		指导教师(签字)		

六、总结反思（理论知识和技术技能的总结梳理，学习和实践操作中问题的总结归纳）

任务三　手动变速器检修

任务工单——手动变速器检修

一、任务目的

1. 熟悉手动变速器的功用、组成及类型；
2. 能够分析手动变速器各挡位动力传递路线；
3. 熟悉同步器的功用、类型及其工作原理；
4. 熟悉手动变速器操纵机构的结构和工作原理；
5. 了解四轮驱动类型、特点及分动器的功能、类型、结构及其工作原理等；
6. 能够规范拆装与检修手动变速器；
7. 能够对手动变速器常见故障进行诊断与排除。

二、学生分组

以 5～8 人为一组，选出组长、安全员，进行任务分工，并填入下表。

班级		组号		指导教师	
小组成员	姓名	学号		任务分工	
组长					
安全员					
组员					

三、工作准备

1. 获取信息：在进行具体工作前，需要掌握手动变速器相关知识。请各组长组织组员收集相关资料，回答以下问题。

引导问题 1：手动变速器的功用、组成和类型。

引导问题 2：两轴式和三轴式变速器的结构特点及其应用。

引导问题 3：同步器的功用、类型及其工作原理。

引导问题 4：变速器操纵机构的功用、要求及其类型。

引导问题 5：手动变速器的主要检修内容及其常见故障。

2. 制订计划：查阅汽车维修手册、教材等，熟悉手动变速器拆装和检修要点等；学生们阐述自己的工作计划，小组充分质疑答疑、讨论，制定最佳工作计划。

四、任务实施

1. 【任务实施】变速器拆装操作要点及问题记录。

步骤序号	主要操作步骤及内容	问题及解决方法等说明

2. 【任务实施】绘制所拆装手动变速器齿轮变速机构简图，并写出各挡位动力传递路线。

3. 【任务实施】手动变速器的检测结果记录。（是√，否×）

（1）检查变速器壳体的变形、裂纹及轴承孔、定位销孔、螺纹孔磨损等是否正常。（　　）

（2）检查变速器盖裂纹情况，测量与变速器壳体接合平面的平面度公差为_____mm；拨叉轴与承孔的间隙为_____mm，是否正常。（　　）

（3）齿轮与花键

① 目视检查齿轮上是否有明显的疲劳斑点、划痕或阶梯形磨损等。（　　）

② 检查斜齿轮齿面的磨损程度，磨损量是否超过原齿面的15%。（　　）

③ 检查齿轮齿面的啮合面中线应在齿高的中部，接触面积是否不小于工作面的60%。（　　）

④ 检查齿轮与齿轮、齿轮与轴及花键之间各啮合间隙是否符合规定值。齿轮与轴间隙最大值为_____mm，齿轮间隙最大值为_____mm，花键磨损间隙最大值为_____mm，是否正常。（　　）

（4）变速器轴

① 目视检查变速器轴上是否有裂纹或破损等。（　　）

② 检查变速器轴弯曲变形情况，输入轴径向圆跳动为____mm，输出轴径向圆跳动为____mm，中间轴径向圆跳动为____mm，拨叉轴直线度为____mm，是否正常。（　　）

③ 用游标卡尺测量变速器轴颈（或定位凹槽），测量值为____mm，是否正常。（　　）

（5）检查轴承转动是否灵活，滚动体与内外圈滚道不得有麻点、麻面、斑疤和烧灼磨损等缺陷；保持架完好，轴承径向间隙为____mm，是否正常。（　　）

（6）同步器

① 用塞尺测量锁环和换挡齿轮齿圈端面之间的间隙，测量值为____mm，是否正常。（　　）

② 检查同步器滑块和滑块槽磨损是否正常，锁环、接合套的接合齿端是否正常，滑块支承弹簧是否断裂、弹力等是否正常。（　　）

（7）操纵机构

① 检查操纵机构各零件的连接部位是否松旷。（　　）

② 检查变速杆、换挡杆、内选挡杆及拨叉、拨叉轴的变形情况，是否正常。（　　）

③ 检查拨叉与接合套、拨叉与拨叉轴、换挡轴等处磨损是否正常。拨叉与接合套拨槽的配合间隙为_____mm，是否正常。（　　）

④ 检查定位钢球、定位销、锁止弹簧、复位弹簧等是否正常。（　　）

⑤ 进行所有挡位的换挡操纵是否正常。（　　）

五、考核评价

项目名称	评价内容	分值	评价分值		
			自评	师评	组分
职业素质考核项目（40分）	穿戴整洁、规范	6			小组任务完成质量、效率综合考评得分
	安全意识、环保意识、责任意识强	10			
	积极参加教学活动，能够完成教学任务	8			
	有团队合作意识，沟通协调能力强	8			
	现场整洁、干净，工具整洁归位	8			
专业能力考核项目（60分）	专业理论知识（引导问题）	8			
	实践操作步骤正确、规范	20			
	实践操作快速熟练，工作效率高	8			
	测量规范正确，结果记录规范	8			
	测量结果分析、处理合理	10			
	工量具的正确规范使用	6			
合计		100			
总评	自评（20%）＋组分（30%）＋师评（50%）			指导教师（签字）	

六、总结反思（理论知识和技术技能的总结梳理，学习和实践操作中问题的总结归纳）

任务四　万向传动装置检修

任务工单——万向传动装置检修

一、任务目的

1. 熟悉万向传动装置的功用、组成及其应用场合；
2. 熟悉万向节的类型及其结构组成、工作原理和应用；
3. 熟悉传动轴、中间支撑的功用、类型及结构特点；
4. 能够规范拆装与检修万向传动装置；
5. 能够对万向传动装置常见故障进行诊断与排除。

二、学生分组

以 5~8 人为一组，选出组长、安全员，进行任务分工，并填入下表。

班级		组号		指导教师	
小组成员	姓名	学号		任务分工	
组长					
安全员					
组员					

三、工作准备

1. 获取信息：在进行具体工作前，需要掌握万向传动装置相关知识。请各组长组织组员收集相关资料，回答以下问题。

引导问题 1：万向传动装置的功能、组成。

引导问题 2：万向传动装置在汽车上的应用。

引导问题 3：万向节的分类、类型及其应用场合。

引导问题 4：汽车上采用两个普通十字轴万向节实现等速传动的条件。

引导问题 5：中间支撑的作用。

2. 制订计划：查阅汽车维修手册、教材等，熟悉汽车万向传动装置拆卸技术要点等；学生们阐述自己的工作计划，小组充分质疑答疑、讨论，制订最佳工作计划。

四、任务实施

1. 【任务实施】操作要点及问题记录。

步骤序号	主要操作步骤及内容	问题及解决方法等说明

2. 【任务实施】检修结果记录。（是√，否×）

（1）检查内外等速万向节中各部件的磨损情况和装配间隙是否正常。（   ）

（2）检查万向节球笼、星形套与钢球有无凹陷与磨损，万向节间隙是否过大。（   ）

（3）检查万向节防尘罩、卡箍、弹簧挡圈等是否损坏。（   ）

（4）检查传动轴套管是否有裂纹、变形或过度磨损。（   ）

（5）用百分表测量传动轴弯曲程度为____ mm，是否超过规定值。（   ）

（6）检查传动轴轴颈轴向侧隙为____ mm，是否超过规定值。（   ）

（7）检查十字轴是否完整、密封良好以及没有变形。（   ）

（8）十字轴转动时，是否有噪声或受阻。（   ）

（9）将传动轴握紧，左右、上下转动连接轴叉，此时从十字轴上是否感到有明显的松旷。（   ）

（10）检查中间支撑的橡胶垫环是否开裂，油封磨损是否过甚而失效，轴承是否松旷或内孔磨损是否严重。（   ）

（11）检查中间支撑吊架固定螺栓是否紧固良好。（   ）

（12）检查万向节凸缘盘连接螺栓是否紧固良好。（   ）

（13）检查传动轴花键，在两个相反的方向上来回转动传动轴数次，是否感觉有明显的间隙。（   ）

（14）检查花键部分是否过度磨损，以及传动轴管部是否有焊接缺陷。（   ）

（15）在传动轴两端装上万向节之后，检查两端的万向节叉是否在同一平面上。（   ）

五、考核评价

项目名称	评价内容	分值	评价分值		
			自评	师评	组分
职业素质 考核项目 （40分）	穿戴整洁、规范	6			小组任务完成质量、效率综合考评得分
	安全意识、环保意识、责任意识强	10			
	积极参加教学活动，能够完成教学任务	8			
	有团队合作意识，沟通协调能力强	8			
	现场整洁、干净，工具整洁归位	8			
专业能力 考核项目 （60分）	专业理论知识（引导问题）	8			
	实践操作步骤正确、规范	20			
	实践操作快速熟练，工作效率高	8			
	测量规范正确，结果记录规范	8			
	测量结果分析、处理合理	10			
	工量具的正确规范使用	6			
合计		100			
总评	自评（20%）+组分（30%）+师评（50%）		指导教师（签字）		

六、总结反思（理论知识和技术技能的总结梳理，学习和实践操作中问题的总结归纳）

任务五 驱动桥检修

任务工单——驱动桥检修

一、任务目的

1. 熟悉驱动桥的功用、组成和类型；
2. 熟悉主减速器和差速器的类型及其结构组成、工作原理和应用；
3. 熟悉半轴、桥壳的功用、类型及结构特点；
4. 能够规范拆装与检修驱动桥；
5. 能够对驱动桥常见故障进行诊断与排除。

二、学生分组

以5~8人为一组，选出组长、安全员，进行任务分工，并填入下表。

班级		组号		指导教师	
小组成员	姓名	学号		任务分工	
组长					
安全员					
组员					

三、工作准备

1. 获取信息：在进行具体工作前，需要掌握驱动桥相关知识。请各组长组织组员收集相关资料，回答以下问题。

引导问题1：驱动桥的功用、组成和类型。

引导问题2：主减速器的功用、类型、结构组成和调整内容。

引导问题3：差速器的功用、类型、结构组成、工作原理和应用。

引导问题4：半轴的功用、类型及其特点。

引导问题5：桥壳的功用、类型及其特点。

2. 制订计划：查阅汽车维修手册、教材等，熟悉驱动桥拆卸技术要点等；学生们阐述自己的工作计划，小组充分质疑答疑、讨论，制订最佳工作计划。

四、任务实施

1.【任务实施】操作要点及问题记录。

步骤序号	主要操作步骤及内容	问题及解决方法等说明

2.【任务实施】检修结果记录。(是√，否×)

(1) 主减速器的检测调整

① 检查主动锥齿轮轴承预紧度是否符合规定。(　　　)

② 检查从动锥齿轮轴承预紧度是否符合规定。(　　　)

③ 拧动从动锥齿轮轴承两侧的调整螺母。拧入调整螺母，轴承预紧度是否变大；反之，轴承预紧度是否变小。(　　　)

④ 检查齿面啮合印痕，是否位于齿高的中间偏小端，并占齿宽60%以上。(　　　)

⑤ 齿侧啮合间隙的调整。将百分表抵在从动锥齿轮正面的大端处，用手把住主动锥齿轮，然后轻轻地往复摆转从动锥齿轮，读取间隙值为_____mm。间隙值是否符合规定。(　　　)

(2) 差速器的检修

① 用游标卡尺测量差速器行星轮止推垫圈的厚度值为_____mm，是否正常。(　　　)

② 用游标卡尺测量差速器行星轮轴的外径为_____mm，是否正常。(　　　)

③ 测量差速器行星轮和半轴齿轮的啮合间隙为_____mm，是否正常。(　　　)

(3) 驱动桥齿轮油的检查与更换

① 检查驱动桥齿轮油的油面在加油螺塞开口最低点以下_____mm，是否正常。(　　　)

② 驱动桥齿轮油的油位低时，检查齿轮油是否泄漏。(　　　)

③ 检查手动变速驱动桥齿轮油是否变质，所加齿轮油型号为_____。(　　　)

五、考核评价

项目名称	评价内容	分值	评价分值		
			自评	师评	组分
职业素质考核项目(40分)	穿戴整洁、规范	6			小组任务完成质量、效率综合考评得分
	安全意识、环保意识、责任意识强	10			
	积极参加教学活动,能够完成教学任务	8			
	有团队合作意识,沟通协调能力强	8			
	现场整洁、干净,工具整洁归位	8			
专业能力考核项目(60分)	专业理论知识(引导问题)	8			
	实践操作步骤正确、规范	20			
	实践操作快速熟练,工作效率高	8			
	测量规范正确,结果记录规范	8			
	测量结果分析、处理合理	10			
	工量具的正确规范使用	6			
	合计	100			
总评	自评(20%)+组分(30%)+师评(50%)		指导教师(签字)		

六、总结反思 （理论知识和技术技能的总结梳理，学习和实践操作中问题的总结归纳）

项目二　汽车行驶系统检修

任务一　车 架 检 修

任务工单——车架检修

一、任务目的

1. 熟悉汽车车架的功用和基本要求；
2. 掌握车架的类型及其结构特点和应用；
3. 掌握车架的检修内容和方法。

二、学生分组

以 5～8 人为一组，选出组长、安全员，进行任务分工，并填入下表。

班级		组号		指导教师	
小组成员	姓名	学号		任务分工	
组长					
安全员					
组员					

三、工作准备

1. 获取信息：在进行具体工作前，需要掌握汽车车架的类型及其结构特点等相关知识。请各组长组织组员收集相关资料，回答以下问题。

引导问题 1：汽车车架的功用和要求。

引导问题 2：汽车车架的类型和构造。

引导问题 3：汽车各类车架的结构特点和应用。

2. 制订计划：查阅汽车维修手册、教材等，熟悉汽车车架的功用和要求等；学生们阐述自己的工作计划，小组充分质疑答疑、讨论，制订最佳工作计划。

四、任务实施

1.【任务实施】操作要点及问题记录。

步骤序号	主要操作步骤及内容	问题及解决方法等说明

2. 检修结果记录。(是√，否×)

（1）外观检查

撞击痕迹与变形：外观检查车架是否变形，特别是靠近驾驶室前围板左右角、后侧左右角等易受损位置，及车轮悬架等部位。（　　）

锈蚀与油污：车架表面是否存在锈蚀和油污，特别是底部和连接处更易出现锈蚀和油污。（　　）

（2）变形检测与校正

使用专业工具或简易测量工具测量车架变形程度，评估其是否影响车辆行驶安全。如需矫正，采用车架校正设备对变形部位进行校正，校正后车架恢复原有形态，无明显变形。（　　）

（3）裂纹检测与处理

通过目视和敲击检测，检查车架是否存在裂纹。如有，对裂纹进行清理、打磨，并使用高强度焊条进行焊接修复，修复后裂纹处平整，无漏焊、夹渣等缺陷。（　　）

（4）锈蚀处理

检查车架是否有锈蚀。如有，使用砂纸、磨光机对锈蚀部位进行除锈处理，并清理油污；对车架锈蚀部位进行防锈漆喷涂，特别是底部和连接处，确保车架具有足够的防锈能力。（　　）

（5）连接件检查与紧固

检查车架所有螺栓和铆钉的紧固情况，是否有松动。如有，对松动的螺栓和铆钉进行紧固，对磨损严重的进行更换，确保车架连接稳固。（　　）

（6）其他检查

车架焊接点检查：检查车架所有焊接点，是否发现开焊、虚焊等问题。（　　）

车架结构完整性：经过全面检查，车架结构是否完整，有无明显损伤。（　　）

五、考核评价

项目名称	评价内容	分值	评价分值		
			自评	师评	组分
职业素质考核项目（40分）	穿戴整洁、规范	6			小组任务完成质量、效率综合考评得分
	安全意识、环保意识、责任意识强	10			
	积极参加教学活动,能够完成教学任务	8			
	有团队合作意识,沟通协调能力强	8			
	现场整洁、干净,工具整洁归位	8			
专业能力考核项目（60分）	专业理论知识(引导问题)	8			
	实践操作步骤正确、规范	20			
	实践操作快速熟练,工作效率高	8			
	测量规范正确,结果记录规范	8			
	测量结果分析、处理合理	10			
	工量具的正确规范使用	6			
合计		100			
总评	自评(20%)+组分(30%)+师评(50%)		指导教师(签字)		

六、总结反思（理论知识和技术技能的总结梳理，学习和实践操作中问题的总结归纳）

任务二 车桥检修

任务工单——车桥检修

一、任务目的

1. 了解车桥的功能、类型及其结构特点；
2. 掌握转向桥的作用和结构；
3. 熟悉转向轮定位的四个参数及其作用和工作原理；
4. 掌握转向驱动桥的作用、布置形式及其结构、工作原理；
5. 能够对车桥及其各零部件进行拆装、检修和调整。

二、学生分组

以 5～8 人为一组，选出组长、安全员，进行任务分工，并填入下表。

班级		组号		指导教师	
小组成员	姓名	学号		任务分工	
组长					
安全员					
组员					

三、工作准备

1. 获取信息：在进行具体工作前，需要掌握车桥各部件的名称、作用和结构特点、转向轮定位的四个参数等相关知识。请各组长组织组员收集相关资料，回答以下问题。

引导问题1：车桥的功用和分类。

引导问题2：转向桥的作用和结构组成。

引导问题3：转向轮定位的四个参数及其作用。

引导问题4：转向驱动桥的作用和结构形式。

2. 制订计划：查阅汽车维修手册、教材等，熟悉车桥各部件的名称、作用和结构特点等；学生们阐述自己的工作计划，小组充分质疑答疑、讨论，制订最佳工作计划。

四、任务实施

1. 【任务实施】操作要点及问题记录。

步骤序号	主要操作步骤及内容	问题及解决方法等说明

2.【任务实施】检修结果记录。(是√，否×)

（1）前轴的检修

钢板弹簧座平面磨损____mm，定位孔磨损____mm，是否需要修理或更换。（　　）

主销轴承孔与主销：车辆型号为_____，配合间隙为____mm，是否需要修理或更换。（　　）

前轴是否有弯曲和扭转变形，检测方法为_____。（　　）

（2）转向节的检修

轴颈与轴承的配合间隙为____mm，是否需要更换新件。（　　）

锁止螺母是否能用手拧入，判断螺纹中径磨损是否松旷。（　　）

主销衬套与主销的配合间隙为____mm，衬套是否需要更换。（　　）

（3）轮毂的检修

轮毂变形通过测量凸缘圆跳动公差为____mm，是否符合标准。（　　）

轮毂轴承可以用手横向摇晃车轮及转动车轮，查看轴承是否松旷、过紧或异响等。（　　）

（4）定位参数的检测：车辆型号为_____车架号为_____里程为_____。

前轮定位：主销后倾角为_____，主销内倾角为_____，前轮外倾角为_____，前轮前束角为_____。后轮定位：后轮外倾角为_____，后轮前束角为_____，是否在正常范围内。（　　）

（5）其他检查

转向节与转向拉杆接头是否磨损松旷，转向系统是否转动卡滞、异响或其他不良。（　　）

转向驱动桥的半轴两端球笼是否异响，防尘罩是否破损等。（　　）

车桥与悬挂系统的连接部件是否完好，无损坏。（　　）

五、考核评价

项目名称	评价内容	分值	评价分值		
			自评	师评	组分
职业素质考核项目（40分）	穿戴整洁、规范	6			小组任务完成质量、效率综合考评得分
	安全意识、环保意识、责任意识强	10			
	积极参加教学活动，能够完成教学任务	8			
	有团队合作意识，沟通协调能力强	8			
	现场整洁、干净，工具整洁归位	8			
专业能力考核项目（60分）	专业理论知识（引导问题）	8			
	实践操作步骤正确、规范	20			
	实践操作快速熟练，工作效率高	8			
	测量规范正确，结果记录规范	8			
	测量结果分析、处理合理	10			
	工量具的正确规范使用	6			
合计		100			
总评	自评（20%）+组分（30%）+师评（50%）			指导教师（签字）	

六、总结反思（理论知识和技术技能的总结梳理，学习和实践操作中问题的总结归纳）

任务三　车轮与轮胎检修

任务工单——车轮与轮胎检修

一、任务目的

1. 熟悉车轮总成的功能和组成；
2. 熟悉车轮和轮辋的结构、类型及其应用；
3. 掌握轮辋的规格及其表示方法；
4. 熟悉轮胎的结构、类型、规格及其表示方法；
5. 熟悉车轮和轮胎常见故障的诊断与排除；
6. 掌握轮胎的正确使用、维护和检查。

二、学生分组

以 5~8 人为一组，选出组长、安全员，进行任务分工，并填入下表。

班级		组号		指导教师	
小组成员	姓名	学号		任务分工	
组长					
安全员					
组员					

三、工作准备

1. 获取信息：在进行具体工作前，需要掌握车轮与轮胎相关知识。请各组长组织组员收集相关资料，回答以下问题。

引导问题 1：车轮总成的组成和功能。

引导问题 2：车轮的组成和类型。

引导问题 3：轮辋的类型和规格表示方法。

引导问题 4：轮胎的作用、分类和外胎结构。

引导问题 5：轮胎的规格与表示方法。

引导问题 6：轮胎异常磨损的类型。

2. 制订计划：查阅汽车维修手册、教材等，熟悉车轮与轮胎相关知识等；学生们阐述自己的工作计划，小组充分质疑答疑、讨论，制订最佳工作计划。

四、任务实施

1. 【任务实施】操作要点及问题记录。

步骤序号	主要操作步骤及内容	问题及解决方法等说明

2. 【任务实施】检修结果记录。（是√，否×）

（1）车轮部分

车轮表面是否平整，无变形；车轮边缘是否完好，无损伤。（　　）

车轮气门嘴、气门芯是否缺失或损坏；挡圈和锁圈是否变形、锈蚀。（　　）

轮胎规格是否与车轮匹配，车轮螺母和螺栓是否齐全、紧固。（　　）

轮毂轴承是否转动灵活，无卡滞；是否不可以用手横向摇晃，轮毂轴承无松旷。（　　）

车轮轮毂轴承是否异响，或轮毂轴承过紧造成轮毂轴承过热或跑偏。（　　）

（2）轮胎部分

1）轮胎外观检查：

轮胎花纹是否不清晰，深度是_____mm，并查看轮胎磨损标记，是否需要更换轮胎。（　　）

轮胎是否有胎体变形、鼓包、橡胶开裂及穿刺异物等不良情况。（　　）

轮胎胎面是否有异常磨损或偏磨现象等，异常磨损记录_____。（　　）

通过前后轮胎胎面磨损情况，是否要轮胎换位，换位_____。（　　）

2）轮胎气压检查：车辆型号为_____车架号为_____里程为_____。

左前轮轮胎气压是_____，右前轮轮胎气压是_____，气压是否左右一致。（　　）

左后轮轮胎气压是_____，右后轮轮胎气压是_____，气压是否前后一致。（　　）

制造商规定前轮轮胎气压是_____，后轮轮胎气压是_____，是否合适。（　　）

3）轮胎动平衡检查：

轮胎动平衡测试值_____，是否需要调整，最终动平衡测试值_____。（　　）

五、考核评价

项目名称	评价内容	分值	评价分值		
			自评	师评	组分
职业素质考核项目（40分）	穿戴整洁、规范	6			小组任务完成质量、效率综合考评得分
	安全意识、环保意识、责任意识强	10			
	积极参加教学活动，能够完成教学任务	8			
	有团队合作意识，沟通协调能力强	8			
	现场整洁、干净，工具整洁归位	8			

项目名称	评价内容	分值	评价分值		
			自评	师评	组分
专业能力考核项目（60分）	专业理论知识(引导问题)	8			小组任务完成质量、效率综合考评得分
	实践操作步骤正确、规范	20			
	实践操作快速熟练,工作效率高	8			
	测量规范正确,结果记录规范	8			
	测量结果分析、处理合理	10			
	工量具的正确规范使用	6			
合计		100			
总评	自评(20%)＋组分(30%)＋师评(50%)		指导教师(签字)		

六、总结反思 （理论知识和技术技能的总结梳理，学习和实践操作中问题的总结归纳）

任务四 悬 架 检 修

任务工单——悬架检修

一、任务目的

1. 熟悉悬架的功用、组成与类型；
2. 掌握各种弹性元件的类型、性能特点及其应用；
3. 掌握双向作用筒式减振器的结构、工作原理及其性能特点；
4. 掌握非独立悬架和独立悬架系统的特点、基本结构、类型及其应用；
5. 熟悉悬架常见故障的诊断与排除；
6. 能够对悬架进行拆装、检修和调整。

二、学生分组

以 5～8 人为一组，选出组长、安全员，进行任务分工，并填入下表。

班级		组号		指导教师	
小组成员	姓名	学号		任务分工	
组长					
安全员					
组员					

三、工作准备

1. 获取信息：在进行具体工作前，需要熟悉悬架系统的相关知识。请各组长组织组员收集相关资料，回答以下问题。

引导问题 1：悬架的功用、组成与类型。

引导问题 2：弹性元件的类型、性能特点及其应用。

引导问题 3：双向作用筒式减振器的结构与工作原理。

引导问题 4：非独立悬架和独立悬架系统的特点、常见类型及其应用。

2. 制订计划：查阅汽车维修手册、教材等，熟悉汽车悬架系统技术要点等；学生们阐述自己的工作计划，小组充分质疑答疑、讨论，制订最佳工作计划。

四、任务实施

1.【任务实施】操作要点及问题记录。

步骤序号	主要操作步骤及内容	问题及解决方法等说明

2.【任务实施】检修结果记录。（是√，否×）

车辆信息确认：车辆型号为_____，车架号为_____，行驶里程为_____。

（1）前悬架检查：

a. 外观检查悬架各部件是否有明显损坏或变形。（   ）

b. 外观检查悬架各连接件（如螺栓、螺母）是否紧固良好。（   ）

c. 减振器是否漏油，是否有异常响声或过热等工作不良情况。（   ）

d. 检查悬架减振器前托架、横向稳定杆和下摆臂是否有变形或裂纹。（   ）

e. 检查减振器悬架上支撑处轴承是否磨损与损坏，支撑是否不能灵活转动。（   ）

f. 检查减振器悬架上支撑处轴承橡胶挡块是否损坏或老化。（   ）

g. 检查横向稳定杆的橡胶支座和橡胶衬套、下摆臂（梯形臂）衬套是否损坏或老化。（   ）

h. 检查下摆臂铰接点处的下球铰的轴向间隙是否不为 0，拉力和扭力是否不合适。（   ）

（2）后悬架检查：

a. 外观检查悬架各部件是否有明显损坏或变形。（   ）

b. 外观检查悬架各连接件（如螺栓、螺母）是否紧固不良好。（   ）

c. 减振器是否漏油，是否有异常响声或过热等工作不良情况。（   ）

（3）钢板弹簧检查：车辆型号为_____，车架号为_____，行驶里程为_____。

a. 直观检查钢板弹簧是否有裂纹或断裂，弹簧夹子、夹子螺栓是否缺失或损坏。（   ）

b. 左右两侧钢板片总数是否不等，厚度差是否大于 5mm，弧高差是否大于 10mm。（   ）

c. 钢板弹簧相邻两片在总接触长度的 1/4 长度内，间隙是否大于 1.2mm。（   ）

（4）路试

车辆是否有异常颠簸、行驶跑偏、异响、抖动及转向迟缓、卡滞等情况。（   ）

五、考核评价

项目名称	评价内容	分值	评价分值		
			自评	师评	组分
职业素质考核项目（40分）	穿戴整洁、规范	6			小组任务完成质量、效率综合考评得分
	安全意识、环保意识、责任意识强	10			
	积极参加教学活动，能够完成教学任务	8			
	有团队合作意识，沟通协调能力强	8			
	现场整洁、干净，工具整洁归位	8			

续表

项目名称	评价内容	分值	评价分值		
			自评	师评	组分
专业能力考核项目（60分）	专业理论知识（引导问题）	8			小组任务完成质量、效率综合考评得分
	实践操作步骤正确、规范	20			
	实践操作快速熟练，工作效率高	8			
	测量规范正确，结果记录规范	8			
	测量结果分析、处理合理	10			
	工量具的正确规范使用	6			
合计		100			
总评	自评（20%）＋组分（30%）＋师评（50%）		指导教师（签字）		

六、总结反思（理论知识和技术技能的总结梳理，学习和实践操作中问题的总结归纳）

项目三 汽车转向系统检修

任务一 机械转向系统检修

任务工单——机械转向系统检修

一、任务目的

1. 熟悉汽车转向系统的功用、类型及组成；
2. 掌握机械转向系统的主要部件作用、构造及其工作原理；
3. 掌握机械转向系统常见故障的诊断与排除；
4. 能够对机械转向系统和转向器进行拆装、检修和调整。

二、学生分组

以 5～8 人为一组，选出组长、安全员，进行任务分工，并填入下表。

班级		组号		指导教师	
小组成员	姓名	学号		任务分工	
组长					
安全员					
组员					

三、工作准备

1. 获取信息：在进行具体工作前，需要掌握汽车机械转向系统的功用、类型、组成及特点等相关知识。请各组长组织组员收集相关资料，回答以下问题。

引导问题 1：汽车转向系统的功用、类型及其组成。

引导问题 2：汽车转向时，所有车轮作纯滚动的条件。

引导问题 3：机械转向器的功用、类型。

引导问题 4：常见转向器的组成、特点及其应用。

引导问题 5：转向操纵机构的组成及其安全转向柱类型。

2. 制订计划：查阅汽车维修手册、教材等，熟悉汽车机械转向系统的基本组成等；学生们阐述自己的工作计划，小组充分质疑答疑、讨论，制订最佳工作计划。

四、任务实施

1.【任务实施】操作要点及问题记录。

步骤序号	主要操作步骤及内容	问题及解决方法等说明

2.【任务实施】检修结果记录。（是√，否×）

（1）转向盘转矩为_____，自由行程为_____，车轮最大转向角为_____，是否符合要求。（   ）

（2）用双手握住转向盘，在轴向和径向方向上用力摇晃，观察转向盘是否移位，安装是否不紧固；转向柱管安装是否不稳固，支撑轴承是否松旷。（   ）

（3）转向柱管支架是否断裂、变形或损坏，紧固螺栓是否松动，轴承是否磨损与烧蚀。（   ）

（4）用手检查万向节在十字轴的两个方向的径向间隙是否合适，安装位置是否合适。（   ）

（5）检查轿车转向柱上的安全销是否损坏，橡胶衬套及套管是否损坏。检查橡胶支撑环是否老化、损坏。检查弹簧是否损坏或弹力减弱。（   ）

（6）检查转向摇臂上端的锯齿花键是否有磨损、损坏，其锁紧螺母是否螺纹有损伤；检查转向摇臂下端和各拉杆球头销的连接情况，是否松旷、连接不牢固、不能可靠工作。（   ）

（7）检查转向直拉杆和转向横拉杆的杆体是否有裂纹、弯曲，螺纹部位是否有损坏或与螺塞配合松旷，各球头销、球头座是否出现裂纹、起槽或磨损程度超过规定值。（   ）

（8）检查转向直拉杆和转向横拉杆各连接部位的是否有松动。可往复急转转向盘，检查拉杆接头与球座的间隙。若转向直拉杆、转向横拉杆的球头销松动，可用扳手旋转螺塞进行调整。（   ）

（9）检查转向节臂和转向梯形臂是否有裂纹，臂两端部的固定与连接部位是否松动。（   ）

（10）检查转向减振器是否漏油，其支撑是否开裂，如出现上述情况，应及时修理或更换。（   ）

（11）检查转向减振器伸张和压缩行程阻力大小及行程是否合适，不合适应及时更换。（   ）

（12）齿轮齿条转向器各零件是否出现裂纹，齿条的直线度误差是否大于 0.30mm，齿面是否疲劳剥落及严重磨损，齿条衬套是否磨损或损坏，齿轮齿条啮合间隙是否不符合要求。（   ）

（13）循环球式转向器壳体、侧盖是否开裂，转向螺杆与螺母的钢球滚道是否有疲劳磨损、划痕等损耗，钢球与滚道的配合间隙是否大于 0.10mm，方法_____。（   ）

五、考核评价

项目名称	评价内容	分值	评价分值		
			自评	师评	组分
职业素质考核项目（40分）	穿戴整洁、规范	6			小组任务完成质量、效率综合考评得分
	安全意识、环保意识、责任意识强	10			
	积极参加教学活动，能够完成教学任务	8			
	有团队合作意识、沟通协调能力强	8			
	现场整洁、干净，工具整洁归位	8			
专业能力考核项目（60分）	专业理论知识(引导问题)	8			
	实践操作步骤正确、规范	20			
	实践操作快速熟练，工作效率高	8			
	测量规范正确，结果记录规范	8			
	测量结果分析、处理合理	10			
	工量具的正确规范使用	6			
合计		100			
总评	自评(20%)＋组分(30%)＋师评(50%)			指导教师(签字)	

六、总结反思（理论知识和技术技能的总结梳理，学习和实践操作中问题的总结归纳）

任务二　液压动力转向系统检修

任务工单——液压动力转向系统检修

一、任务目的

1. 熟悉汽车动力转向系统的功用、类型及其结构、工作原理和特点；
2. 掌握常流式液压动力转向系统的结构组成、工作原理；
3. 掌握液压动力转向系统常见故障的诊断与排除；
4. 能够对液压动力转向系统及主要零部件进行拆装、检修和调整。

二、学生分组

以 5～8 人为一组，选出组长、安全员，进行任务分工，并填入下表。

班级		组号		指导教师	
小组成员	姓名	学号		任务分工	
组长					
安全员					
组员					

三、工作准备

1. 获取信息：在进行具体工作前，需要掌握汽车动力转向系统的功用、类型、组成及特点等相关知识。请各组长组织组员收集相关资料，回答以下问题。

引导问题 1：汽车动力转向系统的功用及其类型。

引导问题 2：电控动力转向系统的特点、类型及其组成和工作原理。

引导问题 3：电动式电控动力转向系统优点、组成、类型及特点。

引导问题 4：液压动力转向系统的类型和特点。

引导问题 5：滑阀和转阀式常流式液压动力转向系统的组成和基本工作原理。

2. 制订计划：查阅汽车维修手册、教材等，熟悉汽车动力转向系统相关知识等；学生们阐述自己的工作计划，小组充分质疑答疑、讨论，制订最佳工作计划。

四、任务实施

1. 【任务实施】实训室汽车动力转向系统检修操作要点及问题记录。

步骤序号	主要操作步骤及内容	问题及解决方法等说明

2. 【任务实施】检修结果记录。(是√，否×)

(1) 转向盘转矩为____，其检查条件为_____，转向盘自动回位是否良好。( )

(2) 检查转向油液液位是否处于"MAX"与"MIN"之间，颜色是否清澈无杂质。( )

(3) 转向泵传动带张紧度与磨损情况是否正常。用手约100N力中间按下挠度有____mm。( )

(4) 热车时，按规定左右转动转向盘，检查各零件接头和密封件部位是否有漏油现象。( )

(5) 将油压测量器串联在转向器进油管上，按规定条件检测系统压力为____MPa，是否合适。( )

(6) 流量控制阀工作性能检验：一是发动机在怠速范围内急加速时转向系统油压回降情况；二是测量发动机在1000r/min和3000r/min下油压无负荷油压差为____MPa，是否正常。( )

(7) 让发动机处于怠速运行状态，回油管路油压为____MPa，是否合适。( )

(8) 检查叶片泵的叶片与转子上的滑槽表面是否有划痕、烧灼痕迹以及疲劳磨损。( )

(9) 检查叶片与转子配合间隙为____mm，转子轴承径向配合间隙为____mm，是否合适。( )

(10) 检查转子与凸轮环的工作面是否光滑、无疲劳磨损和划痕等。( )

(11) 检查流量控制阀弹簧的弹力或自由长度是否符合车型规定，否则更换流量控制阀。( )

(12) 检查流量控制阀的密封性。检查时，先堵塞进油孔，再从旁通孔通入规定压力的压缩空气，若出油孔处漏气，应更换流量控制阀。( )

(13) 转向油罐的滤网是否有过脏、破裂情况，如有应更换。( )

(14) 检查滑阀与阀体定位孔是否有裂纹、明显的磨损或发卡，输入轴配合表面是否有明显的磨损痕迹、划伤或毛刺，如有应进行更换相应零件。( )

五、考核评价

项目名称	评价内容	分值	评价分值		
			自评	师评	组分
职业素质 考核项目 (40分)	穿戴整洁、规范	6			小组任务完成质量效率综合考评得分
	安全意识、环保意识、责任意识强	10			
	积极参加教学活动,能够完成教学任务	8			
	有团队合作意识、沟通协调能力强	8			
	现场整洁、干净,工具整洁归位	8			
专业能力 考核项目 (60分)	专业理论知识(引导问题)	8			
	实践操作步骤正确、规范	20			
	实践操作快速熟练,工作效率高	8			
	测量规范正确,结果记录规范	8			
	测量结果分析、处理合理	10			
	工量具的正确规范使用	6			
合计		100			
总评	自评(20%)+组分(30%)+师评(50%)		指导教师(签字)		

六、总结反思(理论知识和技术技能的总结梳理,学习和实践操作中问题的总结归纳)

项目四　汽车制动系统检修

任务一　汽车制动系统认识

任务工单——汽车制动系统认识

一、任务目的

1. 熟悉汽车制动系统的功用和类型；
2. 熟悉汽车制动系统的组成与工作原理；
3. 掌握对汽车制动系统的性能要求；
4. 能够识别汽车制动系统类型、各组成部分及零部件名称。

二、学生分组

以 5～8 人为一组，选出组长、安全员，进行任务分工，并填入下表。

班级		组号		指导教师	
小组成员	姓名	学号		任务分工	
组长					
安全员					
组员					

三、工作准备

1. 获取信息：在进行具体工作前，需要掌握汽车制动系统功用、类型、组成及其工作原理等相关知识。请各组长组织组员收集相关资料，回答以下问题。

引导问题 1：汽车制动系统的功用和类型。

引导问题 2：汽车制动系统的组成。

引导问题 3：汽车制动系统的要求。

2. 制订计划：查阅汽车维修手册、教材等，熟悉汽车制动系统的功用、组成和类型等；学生们阐述自己的工作计划，小组充分质疑答疑、讨论，制订最佳工作计划。

四、任务实施

1. 【任务实施】实训室汽车制动系统认识操作要点及问题记录。

步骤序号	主要操作步骤及内容	问题及解决方法等说明

2. 写出下列汽车制动系统组成中各零部件名称。

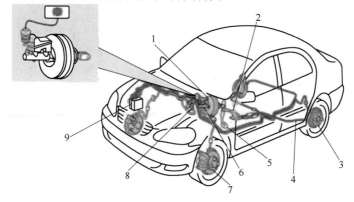

1 ＿＿＿＿＿＿；2 ＿＿＿＿＿＿；3 ＿＿＿＿＿＿；4 ＿＿＿＿＿＿；
5 ＿＿＿＿＿＿；6 ＿＿＿＿＿＿；7 ＿＿＿＿＿＿；8 ＿＿＿＿＿＿；9 ＿＿＿＿＿＿。

五、考核评价

项目名称	评价内容	分值	评价分值		
			自评	师评	组分
职业素质考核项目（40分）	穿戴整洁、规范	6			小组任务完成质量、效率综合考评得分
	安全意识、环保意识、责任意识强	10			
	积极参加教学活动，能够完成教学任务	8			
	有团队合作意识、沟通协调能力强	8			
	现场整洁、干净，工具整洁归位	8			
专业能力考核项目（60分）	专业理论知识（引导问题）	8			
	实践操作步骤正确、规范	20			
	实践操作快速熟练，工作效率高	8			
	测量规范正确，结果记录规范	8			
	测量结果分析、处理合理	10			
	工量具的正确规范使用	6			
合计		100			
总评	自评（20%）+组分（30%）+师评（50%）		指导教师（签字）		

六、总结反思（理论知识和技术技能的总结梳理，学习和实践操作中问题的总结归纳）

任务二 制动器检修

任务工单——制动器检修

一、任务目的

1. 熟悉制动器的功用、类型；
2. 熟悉鼓式制动器的特点、类型及其结构组成、工作原理和应用；
3. 熟悉盘式制动器的特点、类型及其结构组成、工作原理和应用；
4. 能够规范拆装与调试各类制动器；
5. 能够对各类制动器检修、维护保养。

二、学生分组

以 5~8 人为一组，选出组长、安全员，进行任务分工，并填入下表。

班级		组号		指导教师	
小组成员	姓名	学号		任务分工	
组长					
安全员					
组员					

三、工作准备

1. 获取信息：在进行具体工作前，需要掌握制动器相关知识。请各组长组织组员收集相关资料，回答以下问题。

引导问题 1：制动器的功用和类型。

引导问题 2：鼓式制动器的特点、类型及其结构组成和应用。

引导问题 3：盘式制动器的特点、类型及其结构组成和应用。

引导问题 4：盘式制动器制动轮缸中的活塞密封圈的作用。

引导问题 5：鼓式制动器制动间隙的调整。

2. 制订计划：查阅汽车维修手册、教材等，熟悉制动器拆装、检修和调整等技术要点等；学生们阐述自己的工作计划，小组充分质疑答疑、讨论，制订最佳工作计划。

四、任务实施

1.【任务实施】操作要点及问题记录。

步骤序号	主要操作步骤及内容	问题及解决方法等说明

2.【任务实施】检修结果记录。（是√，否×）

（1）鼓式制动器的检修

1）检查制动底板是否变形，制动蹄接触面是否严重磨损、是否有机械损伤等缺陷。（　　）

2）用游标卡尺测量制动蹄片的厚度为＿＿ mm，标准值为＿＿ mm，使用极限为＿＿ mm，其铆钉与摩擦片的表面深度为＿＿ mm，是否正常。（　　）

3）检查制动鼓内侧是否有烧损、刮痕和凹陷等。（　　）

4）用游标卡尺检查制动鼓内径尺寸为＿＿ mm，标准值为＿＿ mm，使用极限为＿＿ mm，是否正常。（　　）

5）测量制动鼓内径的圆度误差为＿＿ mm，使用极限为＿＿ mm，是否正常。（　　）

6）检查后制动蹄衬片与后制动鼓接触面积是否大于60％。（　　）

7）检查后制动器定位弹簧、上复位弹簧、下复位弹簧和楔形调整板拉簧的自由长度增长率是否达5％。（　　）

（2）盘式制动器的检修

1）拆卸盘式制动器时，在制动盘和车桥轮毂上是否做好装配标记。（　　）

2）检查钳体是否变形或有裂纹，轮缸缸孔是否不均匀磨损，防尘罩是否损坏或变质，活塞是否在不均匀磨损中损坏。（　　）

3）用直尺测量制动摩擦片衬块厚度为＿＿ mm，标准厚度为＿＿ mm，是否正常。（　　）

4）检查盘式制动器支撑板是否有足够的弹性，是否无变形、裂纹或磨损等情况。（　　）

5）用千分尺测量制动盘厚度为＿＿＿ mm，标准厚度为＿＿＿ mm，是否正常。（　　）

6）用百分表测量制动盘的端面圆跳动为＿＿ mm，最大端面圆跳动为＿＿ mm，是否正常。（　　）

7）安装前制动盘时，是否对准制动盘和车桥轮毂的装配标记。（　　）

8）制动器摩擦片或制动盘摩擦面上是否有油污或润滑脂。（　　）

五、考核评价

项目名称	评价内容	分值	评价分值		
			自评	师评	组分
职业素质考核项目（40分）	穿戴整洁、规范	6			小组任务完成质量、效率综合考评得分
	安全意识、环保意识、责任意识强	10			
	积极参加教学活动,能够完成教学任务	8			
	有团队合作意识、沟通协调能力强	8			
	现场整洁、干净,工具整洁归位	8			
专业能力考核项目（60分）	专业理论知识(引导问题)	8			
	实践操作步骤正确、规范	20			
	实践操作快速熟练,工作效率高	8			
	测量规范正确,结果记录规范	8			
	测量结果分析、处理合理	10			
	工量具的正确规范使用	6			
合计		100			
总评	自评(20%)＋组分(30%)＋师评(50%)		指导教师(签字)		

六、总结反思（理论知识和技术技能的总结梳理，学习和实践操作中问题的总结归纳）

任务三 驻车制动系统检修

任务工单——驻车制动系统检修

一、任务目的

1. 熟悉汽车驻车制动系统的功用、类型及其结构、工作原理和特点；
2. 掌握驻车制动系统常见故障的诊断与排除；
3. 能够对驻车制动系统进行拆装、检修和调整。

二、学生分组

以 5～8 人为一组，选出组长、安全员，进行任务分工，并填入下表。

班级		组号		指导教师	
小组成员	姓名	学号		任务分工	
组长					
安全员					
组员					

三、工作准备

1. 获取信息：在进行具体工作前，需要掌握驻车制动系统相关知识。请各组长组织组员收集相关资料，回答以下问题。

引导问题 1：驻车制动系统的作用。

引导问题 2：驻车制动系统的类型。

引导问题 3：中央制动式驻车制动系统的组成和类型。

引导问题 4：车轮制动式驻车制动系统的组成和类型。

引导问题 5：电子驻车制动系统的优点及类型。

引导问题 6：驻车制动系统常见故障及其原因。

2. 制订计划：查阅汽车维修手册、教材等，熟悉驻车制动系统检修和调整等技术要点等；学生们阐述自己的工作计划，小组充分质疑答疑、讨论，制订最佳工作计划。

四、任务实施

1.【任务实施】操作要点及问题记录。

步骤序号	主要操作步骤及内容	问题及解决方法等说明

2.【任务实施】检修结果记录。（是√，否×）

（1）检查拉索外层有无破裂，拉索接头是否损坏，线钢丝有无折断。（　　）

（2）检查驻车制动杆锁止齿板与棘爪是否变形或损坏，锁止是否可靠，放松是否灵活。（　　）

（3）检查制动杆套是否破裂或损伤、松脱，安装是否牢固。（　　）

（4）检查制动杆按钮，拉起制动杆时，手柄锁止是否可靠；放松驻车制动杆时，按下制动杆按钮是否解除锁止，制动杆是否回位正常。（　　）

（5）检查制动拉索复位弹簧挂钩是否正确，弹簧弹力是否下降，是否被折断或变形。（　　）

（6）缓慢将驻车制动杆向上拉到底，并计算咔嗒声次数____，是否正常。（　　）

（7）点火开关位于"ON"时，检查并确保拉动驻车制动杆时，在听到第一个咔嗒声前，驻车制动指示灯就已经点亮。（　　）

五、考核评价

项目名称	评价内容	分值	评价分值		
			自评	师评	组分
职业素质考核项目（40分）	穿戴整洁、规范	6			小组任务完成质量、效率综合考评得分
	安全意识、环保意识、责任意识强	10			
	积极参加教学活动,能够完成教学任务	8			
	有团队合作意识、沟通协调能力强	8			
	现场整洁、干净,工具整洁归位	8			
专业能力考核项目（60分）	专业理论知识(引导问题)	8			
	实践操作步骤正确、规范	20			
	实践操作快速熟练,工作效率高	8			
	测量规范正确,结果记录规范	8			
	测量结果分析、处理合理	10			
	工量具的正确规范使用	6			
合计		100			
总评	自评(20%)+组分(30%)+师评(50%)		指导教师(签字)		

六、总结反思（理论知识和技术技能的总结梳理，学习和实践操作中问题的总结归纳）

任务四 液压制动系统检修

任务工单——液压制动系统检修

一、任务目的

1. 熟悉行车制动的功用和类型；
2. 熟悉汽车人力液压制动系统的组成、工作原理和布置形式及其特点；
3. 熟悉汽车液压伺服制动系统的功用、类型及其工作原理和特点、应用；
4. 掌握液压制动系统常见故障的诊断与排除；
5. 能够对液压制动系统及主要零部件进行拆装、检修和调整。

二、学生分组

以 5～8 人为一组，选出组长、安全员，进行任务分工，并填入下表。

班级		组号		指导教师	
小组成员	姓名	学号		任务分工	
组长					
安全员					
组员					

三、工作准备

1. 获取信息：在进行具体工作前，需要掌握驻车制动系统相关知识。请各组长组织组员收集相关资料，回答以下问题。

引导问题 1：行车制动的功用和类型。

引导问题 2：人力液压制动系统的组成、布置形式及其特点。

引导问题 3：液压伺服制动系统的功用、类型及其组成和特点。

引导问题 4：制动力分配调节装置的作用和常见装置。

引导问题 5：液压制动系统常见故障及其原因。

2. 制订计划：查阅汽车维修手册、教材等，熟悉驻车制动系统检修和调整等技术要点等；学生们阐述自己的工作计划，小组充分质疑答疑、讨论，制订最佳工作计划。

四、任务实施

1.【任务实施】操作要点及问题记录。

步骤序号	主要操作步骤及内容	问题及解决方法等说明

2.【任务实施】检修结果记录。（是√，否×）

（1）测量制动踏板与底板间的距离为＿＿mm，到转向盘最下沿距离为＿＿mm，是否正常。（ ）

（2）测量制动踏板的自由行程为＿＿mm，有效行程为＿＿mm，总行程为＿＿mm，是否正常。如需调整制动踏板自由行程，调整部位及方法：＿＿＿＿＿＿＿＿＿＿＿＿＿＿＿＿＿＿＿＿＿＿。（ ）

（3）检查储液罐中制动液液位是否正常，若不足，加注制动液型号为＿＿＿＿＿＿。（ ）

（4）检查管路中的空气是否已全部放出。制动管路排气顺序为＿＿＿＿＿＿＿＿＿＿＿＿。（ ）

（5）启动发动机，怠速运转1～2min后停机。用同样的力量踩制动踏板若干次，检查制动踏板情况：＿＿＿＿＿＿＿＿＿＿＿＿＿＿＿＿＿，判断真空助力器气密性是否良好。

（6）用适中的力踩动制动器踏板，使它停留在制动位置上，然后启动发动机，检查制动踏板情况：＿＿＿＿＿＿＿＿＿＿＿＿＿＿＿＿＿，判断真空助力器性能是否良好。（ ）

（7）在发动机运转时，踩下制动踏板不动并将发动机熄火，检查在30s内制动踏板情况：＿＿＿＿＿＿＿＿＿＿＿＿＿＿＿＿＿，判断真空助力器有负荷时气密性是否良好。（ ）

（8）启动发动机，怠速运转1 min，切断真空助力器单向阀与进气歧管之间的通路。将发动机熄火，观察真空表15s内真空度下降＿＿＿＿Pa。判断助力器膜片或真空阀是否损坏。（ ）

（9）用手动真空泵或简单人工吹气判断真空助力器的单向阀是否良好。（ ）

（10）直观检查制动主缸缸筒内壁和活塞工作面是否有麻点、划痕、锈蚀及破损等。（ ）

（11）测量制动主缸缸筒与活塞配合间隙为＿＿＿mm，是否符合标准，是否要换用新件。（ ）

（12）直观检查制动轮缸缸筒内壁和活塞工作面是否有麻点、划痕、锈蚀及破损等。（ ）

（13）测量制动轮缸缸筒与活塞配合间隙为＿＿＿mm，是否符合标准，是否要换用新件。（ ）

（14）检查制动轮缸、制动主缸的复位弹簧、皮碗、密封圈、防尘罩等是否良好。（ ）

五、考核评价

项目名称	评价内容	分值	评价分值		
			自评	师评	组分
职业素质考核项目（40分）	穿戴整洁、规范	6			小组任务完成质量、效率综合考评得分
	安全意识、环保意识、责任意识强	10			
	积极参加教学活动，能够完成教学任务	8			
	有团队合作意识、沟通协调能力强	8			
	现场整洁、干净，工具整洁归位	8			
专业能力考核项目（60分）	专业理论知识(引导问题)	8			
	实践操作步骤正确、规范	20			
	实践操作快速熟练，工作效率高	8			
	测量规范正确，结果记录规范	8			
	测量结果分析、处理合理	10			
	工量具的正确规范使用	6			
合计		100			
总评	自评(20%)+组分(30%)+师评(50%)			指导教师(签字)	

六、总结反思（理论知识和技术技能的总结梳理，学习和实践操作中问题的总结归纳）

任务五　气压制动系统检修和辅助制动系统认识

任务工单——气压制动系统检修和辅助制动系统认识

一、任务目的

1. 了解汽车动力制动系统和辅助制动系统的功用、类型及其基本原理；
2. 熟悉气压制动系统的结构组成、工作原理和各组成部件的结构及其工作过程；
3. 掌握气压制动系统常见故障的诊断与排除；
4. 能够对气压制动系统及其主要部件进行拆装、检修和调整。
5. 了解排气辅助制动系统的基本组成和工作原理及其应用。

二、学生分组

以5~8人为一组，选出组长、安全员，进行任务分工，并填入下表。

班级		组号		指导教师	
小组成员	姓名	学号		任务分工	
组长					
安全员					
组员					

三、工作准备

1. 获取信息：在进行具体工作前，需要掌握气压制动系统和辅助制动系统相关知识。请各组长组织组员收集相关资料，回答以下问题。

引导问题1：动力制动系统的类型及其基本工作原理。

引导问题2：双回路气压制动系统的基本构造及其工作过程。

引导问题3：制动气室的功用、类型及其特点和应用。

引导问题4：继动阀和快放阀的作用及布置位置。

引导问题5：辅助制动系统的作用、类型及其特点、应用。

引导问题6：气压制动系统常见故障及其原因。

2. 制订计划：查阅汽车维修手册、教材等，熟悉气压制动系统检修和调整等技术要点等；学生们阐述自己的工作计划，小组充分质疑答疑、讨论，制订最佳工作计划。

四、任务实施

1.【任务实施】操作要点及问题记录。

步骤序号	主要操作步骤及内容	问题及解决方法等说明

2.【任务实施】检修结果记录。(是√，否×)

（1）测量制动踏板与底板间的距离为____mm，到转向盘最下沿距离____mm，是否正常。（　　）

（2）测量制动踏板的自由行程为____mm，有效行程为____mm，总行程为____mm，是否正常。如需调整制动踏板自由行程，调整部位及方法：_____。（　　）

（3）以29.4~49N的力垂直压下空气压缩机传动带，其挠度为____mm，是否正常。（　　）

（4）直观或敲击检查空气压缩机的缸体、缸盖是否有裂纹。（　　）

（5）用刀口尺和塞尺测量空气压缩机的缸盖与缸体平面度误差是____mm，曲轴箱与底盖平面度误差是____mm，是否正常。（　　）

（6）气缸内径用量缸表检测，其圆柱度误差为____mm、圆度误差为____mm，是否符合标准。（　　）

（7）直观检查曲轴、连杆是否有裂纹，检测连杆是否弯曲。（　　）

（8）曲轴轴颈与滚珠轴承配合间隙为____mm，连杆轴颈圆度误差为____mm，是否合适。（　　）

（9）活塞与气缸配合间隙为____mm，连杆轴承与轴颈配合间隙为____mm，是否合适。（　　）

（10）检查进排气阀阀片及卸荷阀复位弹簧、油堵弹簧，是否弹力减弱或折断。
（　　）

（11）用塞尺检测制动阀壳体接合面平面度为____mm，阀门压痕深度为____mm，是否合适。（　　）

（12）检查进排气阀和阀座是否有刮伤凹痕或磨损过度。（　　）

（13）检查调压阀各组成是否正常，其密封性是否良好。（　　）

（14）检查制动气室膜片是否有裂纹、变形或老化等情况。（　　）

（15）制动气室的推杆伸出部分长度为____mm，前轮制动气室推杆行程为____mm，后轮制动气室推杆行程为____mm，当气压达882kPa时是否有漏气现象，测量数值是否合适。（　　）

五、考核评价

项目名称	评价内容	分值	评价分值		
			自评	师评	组分
职业素质考核项目（40分）	穿戴整洁、规范	6			小组任务完成质量、效率综合考评得分
	安全意识、环保意识、责任意识强	10			
	积极参加教学活动，能够完成教学任务	8			
	有团队合作意识、沟通协调能力强	8			
	现场整洁、干净，工具整洁归位	8			
专业能力考核项目（60分）	专业理论知识（引导问题）	8			
	实践操作步骤正确、规范	20			
	实践操作快速熟练，工作效率高	8			
	测量规范正确，结果记录规范	8			
	测量结果分析、处理合理	10			
	工量具的正确规范使用	6			
合计		100			
总评	自评(20%)＋组分(30%)＋师评(50%)			指导教师(签字)	

六、总结反思（理论知识和技术技能的总结梳理，学习和实践操作中问题的总结归纳）